一口气读完中国战史 **2**

大漠烽烟

——唐帝国战争史（626—790）

顾晓绿 赵 恺｜著

团结出版社

UNITY PRESS

图书在版编目（CIP）数据

大漠烽烟：唐帝国战争史：626-790 / 顾晓绿，郭强著 . -- 北京：团结出版社，2016.9（2023.3 重印）

ISBN 978-7-5126-4428-1

Ⅰ . ①大… Ⅱ . ①顾… ②郭… Ⅲ . ①战争史 – 中国 – 唐代 – 626-790 Ⅳ . ① E294.2

中国版本图书馆 CIP 数据核字 (2016) 第 204244 号

出　　版：团结出版社
　　　　　（北京市东城区东皇城根南街 84 号　邮编：100006）
电　　话：（010）65228880　65244790（出版社）
　　　　　（010）65238766　85113874　65133603（发行部）
　　　　　（010）65133603（邮购）
网　　址：http://www.tjpress.com
E-mail：zb65244790@vip.163.com
　　　　　tjcbsfxb@163.com（发行部邮购）
经　　销：全国新华书店
印　　装：三河腾飞印务有限公司

开　　本：170mm×240mm　　16 开
印　　张：20.25
字　　数：316 千字
版　　次：2016 年 10 月　第 1 版
印　　次：2023 年 3 月　第 6 次印刷

书　　号：978-7-5126-4428-1
定　　价：38.00 元

突厥、唐王朝，两者在建国之初的联系是什么样的？大唐在立国之初，得到了突厥怎么样的帮助？为何在渭水之耻中，李世民会怒斥突厥人背约入侵？两者之间又有着怎样的恩怨往事？

　　武德九年，玄武门之变，李渊退位为太上皇，年轻的李世民登基为帝。然而新皇登基不过数日，突厥颉利、突利二可汗率铁骑十万南下，兵锋至长安不过四十余里的泾阳，京师震动。李世民与侍中高士廉、中书令房玄龄等六人，骑马驰至渭水上，与颉利隔河而谈，怒斥其背约入侵。由于此时唐军诸军会集渭河之畔，突厥人见唐军旌甲蔽野、军容甚盛，遂请和。数日后，李世民斩白马，与颉利可汗盟于便桥之上，"渭水之盟"后，突厥撤军退走。但"空府库"以抚突厥的耻辱，也为此后两者之间的战争埋下了伏笔。

　　渭水之耻后，李世民积极对付突厥，挑拨颉利可汗与突利可汗以及突厥与周围诸部的关系。贞观元年东突厥的藩属薛延陀、回纥、拔也古、同罗诸部纷纷脱离，改立薛延陀部为可汗，次年朔方人梁洛仁杀盘踞夏州的梁师都，归降唐朝。加之又遇到大雪侵袭，突厥的牲畜大多被冻死、饿死。这种情况下，大唐帝国以兵部尚书李靖出定襄道，李世勣出通漠道，柴绍出金河道，李道宗出大同道，卫孝节出恒安道，薛万彻出畅武道，凡六总管，共十余万人，统归李靖节度，征讨突厥。在突利可汗、郁射设、荫奈特勤等率所部投唐后，贞观四年正月，李靖率骁骑三千，夜袭定襄，破突厥军，擒颉利可汗，东突厥汗国亡。隔年北方各族入贡长安，诸民族尊称李世民为天可汗。

　　贞观十四年，李世民以侯君集率唐军攻克高昌，后又陆续攻取了焉耆、龟兹等地，原西突厥的附属国纷纷脱离西突厥转而归附于唐。在感到威胁之后，西突厥开始对唐发动战争。贞观十六年，突厥以兵侵伊州，被郭孝恪击败，阿史那贺鲁归附唐，被封为左卫将军，并为大唐征讨其他西突厥部落，但不久，阿史那贺鲁趁着李世民驾崩的机会，自立为沙钵罗可汗，夺取西州、庭州等地，统一西突厥部众，同唐对抗。

永徽三年，唐高宗李治以梁建方、契苾何力攻突厥；永徽六年，又以程知节、王文度征讨。显庆二年闰正月二十一日，大唐以大军分南北两路讨伐西突厥，北路苏定方，南路为右卫大将军阿史那弥射和左屯卫大将军阿史那步真。此一战，突厥大败，萧嗣业追擒阿史那贺鲁于石国，献俘于长安太庙，西突厥汗国至此灭亡。

调露元年冬十月，单于大都护府下属突厥酋长阿史德温傅、奉职率所辖二部反唐，立阿史那泥熟匐为可汗。二十四州突厥酋长响应他们，部众共达数十万人，由此拉开了持续数十年的漠北战事。张仁愿趁默啜可汗西征突骑施，在河套北岸筑三受降城，作为打击和防御的壁垒。数十年来，唐与北突厥反复拉锯，各有胜负。唐玄宗天宝四年，在唐朝和九姓铁勒回纥等部长达数十年的联合打击下，存在了半个多世纪的北突厥终于灭亡了。

开元三年，阿拉伯帝国倭马亚王朝与吐蕃联合，发兵攻打唐朝属国拔汗那国。监察御史张孝嵩与安西都护吕休率旁侧戎落兵万余人，击败吐蕃大食联军，夺得中亚重要的属国拔汉那。两年后，突骑施联合吐蕃和阿拉伯人再次攻打四镇，被唐军再次击败。面对阿拉伯人的步步紧逼，为了对抗他们在西域的扩张，唐帝国利用突骑施，作为打击入侵的主要力量，渴水日之战、臨路战役都是阿拉伯军队损失惨重的战事。

750年，阿拉伯内乱，阿拔斯王朝取代倭马亚王朝，这个定都巴格达的王朝同样执意于东进，而此时，安西都护府大都督高仙芝以昭武九姓之一的石国无藩臣礼节为由，发动了对石国的战争，由此拉开了决战的序幕。怛罗斯之战的起因、过程、争议及后续，这场战争对唐、阿拉伯，乃至整个世界都有巨大的影响。

天宝十四年，安史之乱爆发，唐王朝将朔方、河西、陇右边军大量内调，平息叛乱，于是边防力量虚弱，吐蕃趁着唐朝的内乱攻略陇右诸州。东西阻绝，西陲四镇沦为分隔飞地，但与突厥、阿拉伯、吐蕃之间的战争却没有结束。

目 录

前　记

如今的中国，疆域之广，南北、东西跨度之大，的确让人颇为感慨，然而在近现代之前，燕山往北，便是茫茫草原、荒凉戈壁。对中原来说相对贫瘠的土地，并不适合耕种居住，因此被视作是"非王化之地"，倒是流放罪人的好去处。

然而那里自古便是草原民族的摇篮，先秦时代便有牧民在此间生活、繁衍，他们有自己的风俗习惯、自己的政治制度，也有自己的生活方式、美食和信仰。在中国古代史书中，这些游牧民族有着各种各样的名称：三胡、匈奴、柔然、突厥、契丹……而这其中，对于世界历史影响最为巨大的莫过于突厥。

突厥，一支分布于北亚和中亚的游牧民族，其起源至今没有一个准确的定义，《北史》记载"突厥者，其先居西海之右，独为部落，盖匈奴之别种也。又曰突厥之先，出于索国，在匈奴之北"，似乎突厥本出自匈奴，但西方史学者却认为突厥最早是生活在咸海边的"塞种人"，后东迁至叶尼塞河南方，受铁勒同化而成的。根据《隋书》上的记录，这一点似乎是有依据的，史载"自西海以东，依据山谷，多有铁勒。在独洛河，即土剌河以北，有仆骨（仆固）、同罗、拔也固、韦纥（回纥）、

"塞种人"（saka）的复原想象图

浑、斯结（思结）"，认为突厥和铁勒是有着密不可分的关系的。

但是关于突厥和铁勒之间的联系，中国学者的认知并非是前者为后者所同化，而是突厥部落首领土门大败铁勒部落，收降铁勒部众五万余户。对铁勒的吞并，可谓是突厥部落成长的开始。在此之前突厥部落游牧于阿尔泰山区，长期归附于柔然，为其"炼铁奴"。

随着柔然在长期与高车的战争中被削弱，突厥酋长土门乃向柔然求婚，要求柔然可汗阿那瑰将公主下嫁，阿那瑰大怒而拒，辱之曰："尔是我锻奴，何敢发是言也！"其意思是说"你不过是我的一个打铁的奴隶，也敢说求婚这种话语"。正所谓"打人不打脸"，土门大怒之下，杀柔然使者，断绝与柔然的关系，而后遣使向柔然的死对头西魏求婚，并和波斯萨珊王朝通好。在西魏将长乐公主嫁与土门之后，土门起兵东征，于怀荒镇以北击败阿那瑰并杀之。此后自称伊利可汗，在鄂尔浑河流域建立了一个以漠北为中心的奴隶制政权，称为"突厥汗国"。

伊利可汗死后，其子乙息记可汗又于沃野北木赖山击破柔然末代可汗邓叔子，彻底灭亡柔然政权，从而一举成为漠北第一大势力。突厥汗国的牙帐设在于都斤山（又称郁督军山，今蒙古国境内杭爱山脉），由于突厥人以狼为图腾，故而帐前大旗称"狼头大纛"，在土门之次子、第三任突厥可汗木杆可汗的治下，突厥达到了极盛，在《资治通鉴》中被描述为"状貌奇异，性刚勇，多智略，善用兵"的可汗在位期间，突厥疆域东至辽海（辽河上游），西濒西海（今咸海），北至北海（今贝加尔湖），南临阿姆河南，可谓雄霸一方。

此时，欧亚地区总共有三大帝国，即东亚的北魏帝国、中亚波斯帝国和西亚的拜占庭帝国。刚刚兴起的突厥汗国正处在这三大帝国势力的真空地带，如果突厥想要继续扩张，势必是阻力重重。在这种情况下，突厥人明智地采取了远交近攻策略，他们先与波斯萨珊王朝结盟，从而联手灭掉了位于汗国西部的劲敌嚈哒人，并瓜分其地。但随后，突厥人立即撕毁与波斯的议约，占据了嚈哒故地全部，从而与拜占庭帝国在西亚的边境相连，控制了丝绸之路。

对丝绸之路的控制，令突厥收获了极大的经济利益，他们把在与中原王朝作战时获得的丝绸等财物转手卖到西方，经过拜占庭帝国再入欧洲，一时间获利甚丰。不过一口吞下了嚈哒故地的做法显然很不厚道，

拜占庭军队中的突厥雇佣兵（左一）

面对强大的波斯帝国，突厥人知道，他们必须有一个新的盟友，才能够确保自己。这种情况下，一个突厥使团来到君士坦丁堡，觐见了拜占庭皇帝查士丁尼二世，双方结成同盟，以东西对进，联合进攻波斯。在突厥人的挑唆下，三者之间的战争持续了二十年。虽然波斯帝国因此而衰弱，但作为主要出兵力量的拜占庭也付出了沉重的代价。

由于东罗马帝国和波斯帝国的衰落，此时的突厥很是强大，所谓"戎狄之盛，近代未有也"，甚至后来的达头可汗在给拜占庭皇帝的信中，狂妄而目空一切地自称"七姓大首领，世界七国之主人"，但这位突厥领袖显然是过分自大了，坐井观天的他们没有意识到，突厥的势力远远未能达到与高度文明和高度强盛的三大帝国相抗衡的地步，他们注定要为自己的狂妄付出代价。

其实突厥人也明白，虽然控制了辽阔的疆域，但是他们始终不得不面临着来自于南方的威胁，汗国兴起之时，正逢中原内地五胡十六国和南北朝的分裂和动乱时期，所以他们才得以时时闯入长城以南，劫掠财富人口，而一旦南方中央王朝完成了统一，那情况就不一样了。

中原农耕文明面对北方游牧民族，自古以来都无非是两种手段，即"怀柔"和"教化"，虽然中原的那群文人平日里把诗书什么的挂在嘴上，但内心里却都非常清楚，这些礼仪纲常都是虚的，真正算数的还是铁骑刀枪，若游牧民族兵强马壮，那就得"怀柔"、就得"招抚"；若是自己兵强马壮，那就少废话了，直接开过去"教化蛮夷"，告诉他们什么叫作"普天之下"，什么叫作"率土之滨"。所以，满口仁义道德的中原人，才是最可怕的。

隋帝国建立时，突厥沙钵略可汗因隋朝对其礼薄，打着"为其妻北周千金公主的宗室复仇"的旗号，与前北齐营州刺史高宝宁联兵攻陷临榆关，并约同各部落准备大举攻隋。面对强敌压境，隋文帝杨坚不得不下令于北方边地增筑亭障、修缮长城，并加强幽州、并州、乙弗泊、临洮、武威等地的守备。

曾送千金公主至沙钵略可汗处的长孙晟因在突厥留住一年有余，对沙钵略可汗及其叔侄兄弟之间的矛盾有所了解，他认为突厥大小贵族各统强兵，俱称可汗，分居四面，内怀猜忌，所以对突厥难以力征，易可离间，于是上书隋文帝提出了"远交而近攻、离强而合弱"的提议。隋文帝览表后大悦，召长孙晟面晤。长孙晟"复口陈形势，手画山川，写其虚实，皆如指掌"。

采纳了长孙晟的提议后，隋文帝即遣太仆元晖为使者至西面的达头可汗处，特赐狼头纛，故意表示钦敬，礼数甚优。而达头可汗回访时，隋文帝又故意将其使者引于沙钵略可汗的使者之上。在这套连续的反间计实施后，沙钵略可汗与达头可汗之间果然发生了猜疑。此后，文帝又授长孙晟为车骑将军，出黄龙道，携带大量钱财，赐予奚、契丹等部族。

由于隋帝国对突厥汗国采取分化离间兼以军事进攻等政策，突厥汗国的致命弱点迅速暴露了出来。所谓的突厥汗国，不过是一个靠军事力量建立起来的多民族联盟而已，各部落之间、各民族之间经济、文化、人口、强弱等参差不齐，这些矛盾表面上被历代可汗的铁腕政策所压制，但其内部的矛盾却是暗流涌动。正是利用对手的这一弱点，隋帝国实行"远交而近攻，离强而合弱"的策略，最终使突厥内讧更甚，以至于走向分裂。

等到隋帝国"兵强马壮"之时，所谓"教化蛮夷"自然也就无法避免了，在隋帝国的连连反击下，突厥汗国分裂成了东、西突厥的汗国。突厥汗国的分裂，使中原与突厥的战略态势发生了根本改变。当时西突

隋炀帝杨广

厥在阿尔泰山以西，东突厥则控制着东起兴安岭西到阿尔泰山的广大地区，两者彼此相互为敌，但却又同样面临着来自于中原帝国的打击。面对强大的军事压力，接连遭到重创的东突厥选择了归附隋朝。

此后数十年间，隋帝国曾几次联合归附天朝的东突厥，出兵对西突厥汗国进行军事打击，这种连续的攻势使得西突厥实力大为衰弱。但很快这种攻守态势便宣告易手，随着604年隋文帝杨坚殡天，好大喜功的隋炀帝杨广继位，隋帝国开始将注意力转向东北方向的高句丽。

隋大业五年（609），臣服于隋的东突厥启民可汗死，其子始毕可汗立。是年，通晓突厥事务并亲手制定策略毁灭了这个伟大汗国的长孙晟去世，时年五十八。始毕可汗趁机发展壮大，在经过长期蛰伏、养精蓄锐之后，突厥汗国逐渐复苏，他们等待的只是一个时机。

大业八年、九年、十年，隋炀帝三次发起对高句丽的战争，劳师糜饷，大量士兵、民夫死于战争和劳役，以至于极度缺乏劳力和耕畜，导致大量土地荒芜，社会经济受到严重破坏。在难以生活下去的情况下，农民起义自然也就发生了。始毕可汗趁着中原内乱这一时机，兴兵反叛。是时天下已乱，正处于崩溃边缘的隋帝国再也无暇顾及北方。

大业十一年，始毕可汗率十万骑兵攻隋，当时炀帝正在依例北巡长城，始毕可汗率兵将其围困在雁门，时间长达一月余。在感慨"向使长孙晟在，不令匈奴至此"之时，炀帝发诏要求各地兵马勤王，同时派人向始毕之妻、隋义成公主求救，在公主遣使告知始毕"北边有急"，加上援军相继抵达的情况下，突厥人这才撤围而去。次年，突厥大军再次进犯，大军直扑马邑，但却为唐国公右骁卫将军李渊所击退。

此时突厥虽然号称"控弦百万"，但始毕可汗也很清楚，仅仅依靠自己的力量，还不足以吞下南方那个强大的帝国，尽管这个帝国已经快要土崩瓦解了。当年始毕可汗随父臣服于隋帝国，亲眼目睹并且亲身经历中央王朝那套"离强合弱"的外交手腕，因此他也制定了一系列的政治策略。大业十三年，随着李密建魏，各路反隋势力相继称王，一时间，中原大地，处处是王，始毕可汗也开始通过出兵相助和册封等手段，来分化操纵中原。

马邑郡的鹰扬府校尉刘武周因与太守王仁恭的侍女私通，恐事发，集乡闾豪杰，与张万岁、杨伏念、苑君璋等杀王仁恭，据郡起兵，自称太守，开仓放粮，及后依附突厥。隋雁门郡丞陈孝意与虎贲将王智辩合兵征讨刘武周，困之于桑干镇。始毕可汗闻讯后，以兵救援，与刘武周合兵，大败隋军，王智辩兵败被杀，陈孝意奔还雁门。刘武周随即依仗突厥人的军势，破楼烦郡，进取隋帝行宫汾阳宫，将俘获的宫女献给突厥，突厥方面则以塞外战马回报，从而使得刘武周的军队兵威益振、气势更炽，先陷定襄，又回军马邑。此后，始毕可汗册封刘武周为"定杨可汗"，并授予他狼头纛，而刘武周也正是在突厥人的撑腰下，才敢自称皇帝，改元天兴。

除了刘武周之外，始毕可汗还扶植了另一位军阀——梁师都。梁师都出身夏州朔方，是当地豪族，仕隋后官拜鹰扬郎将。在杀郡丞唐世宗、占据朔方郡、称大丞相起兵自立后，他立即联兵突厥攻占弘化、延安等郡，随后称帝，国号为梁，后建元永隆。始毕可汗遗以狼头纛，封他为大度毗伽可汗、解事天子。梁师都的回报是：引突厥居河南之地，攻破盐川郡。

刘武周、梁师都等北方势力，都臣服于始毕可汗，这些人的臣服正是始毕可汗那套"离强合弱"政策所带来的结果。

甚至大唐立国之初时，也有突厥的影子，当初李渊诛杀炀帝派来监视他的王威、高君雅起兵之时，就曾经遣刘文静使于突厥，始毕可汗曰："唐公起事，今欲何为？"刘文静曰："皇帝废冢嫡，传位后主，致斯祸乱。唐公国之懿戚，不忍坐观成败，故起义军，欲黜不当立者。愿与可汗兵

依附突厥的军阀刘武周

唐高祖李渊

马同入京师，人众土地入唐公，财帛金宝入突厥。"

面对刘文静的许诺，始毕可汗的回应是"唐公自做天子，我则从行"，如果"唐公欲迎隋主，共我和好，我不能从"，这个回答倒不是突厥人一心想让李渊当皇帝，当初李渊为右骁卫将军时，其和马邑郡守王仁恭奉诏北击突厥，以擅长骑射者两千，吃住皆仿效突厥，为疑兵，另外选善射者为伏兵，大败突厥，由此可见，其也是有雄心而有才能之人。后隋炀帝被围雁门之时，李渊之子李世民等人更是积极率兵勤王。对于突厥人来说，李家父子皆是"旧敌"，此时始毕可汗许以"唐公自做天子，我则从行"，无非是希望中原再多个割据势力，而自己便于掌控罢了。

始毕可汗的这套手段，自然瞒不过政治老手李渊，才有了"将佐皆喜，请从突厥之言，渊不可"的记载，但李渊也深知为保护太原根据地的安全，起兵南下的同时必须处理好与突厥的关系，否则突厥包抄后路，后果不堪设想。当初在出任太原留守时，他就曾对其子李世民说："历山飞不破，突厥不和，无以经邦济时也。"而如今情况比当初更为复杂，并州的北部已全是突厥的势力范围。为了免除太原的后顾之忧，使突厥的力量不为他人所用而与己为敌，他谦卑地修书一封，要求突厥助他逐鹿中原："我今大举义兵，欲宁天下，远迎主上，还共突厥和亲，更似开皇之时，岂非好事？且今日陛下虽失可汗之意，可汗宁忘高祖之恩也？若能从我，不侵百姓，征伐所得，子女玉帛，皆可汗有之。必以路远，不能深入，见与通和，坐受宝玩，不劳兵马，亦任可汗。一二便宜，任量取中。"同时却是决定"尊天子（隋炀帝）为太上皇，立代王为帝，以安隋室；移檄郡县；改易旗帜，杂用绛白，以示突厥"。

之所以这样做，李渊私下曾经对刘文静说："胡骑进入中国，是黎民百姓的大害。我之所以要突厥人发兵，是怕刘武周勾结突厥一起成为边境上的祸患。另外，胡马是放牧饲养的，不用耗费草料，我只是要借突厥人的兵马以壮声势，几百人也就够了，没有别的用途。"果然，在李渊表示臣服之后，始毕可汗做出了"遣其柱国康鞘利等送马千匹诣李渊为互市，许发兵送渊入关，多少随所欲"的承诺，在仅派遣了数百名士兵之后，突厥人给李渊送来了大批的马匹，唐与突厥之间的盟约初步建立。

不过当李渊于长安称帝之后，突厥方面的政策开始做出了一些调整。武德二年初，刘武周接受宋金刚"入图晋阳，南向以争天下"的建议，遂率兵两万南侵并州，始毕可汗以兵马相助。在突厥铁骑的帮助下，刘武周击破并州总管齐王李元吉所部，此后接连攻占榆次、平遥、介州。不得已之下，李渊下令太常少卿李仲文为行营总管，与左卫大将军姜宝谊率兵救援并州，然而来援之唐军却被刘武周部将黄子英击败于雀鼠谷。

虽然李渊很快又以右仆射裴寂为晋州道行军总管督军抗击刘武周，但大军至介休时，又遭宋金刚据城相拒，双方战于索原度，唐军全军溃败，裴寂几乎只身逃回晋州。此后刘武周势如破竹，进逼晋阳。面对强敌压境，李渊的四儿子——齐王李元吉居然连夜弃城奔还长安，刘武周趁势一举攻占了李唐的起家之地——晋阳。

至十月，刘武周又派遣宋金刚南下攻陷晋州，进逼绛州，攻取龙门、浍州。与此同时，夏县吕崇茂自号"魏王"与刘武周相呼应，而隋朝旧将王行本则据蒲坂与宋金刚相联合。至此，河东大部尽归刘武周统辖，唐在黄河东岸只剩晋西南一隅之地，一时间关中震动，"贼势如此，难与争锋，宜弃大河以东谨守关西"的呼声频频出现。当刘武周起兵进攻晋阳之时，始毕可汗也率兵渡过黄河进攻夏州，不得已之下，李渊只得遣右武侯骠骑将军高静带着财物前去面见始毕可汗，可当高静至丰州时，得知始毕可汗已死，于是长安遂"诏留金币"。

眼看着自己的老可汗死了，长安就不给钱了，突厥人自然大怒，欲挥军继续南下劫掠。惊慌之下，李渊只能再次遣高静出塞，送上丰厚的"葬礼礼金"，突厥方才作罢。仅仅数月之后，八月，突厥人再次入侵延州，在兵力捉襟见肘的情况下，大唐帝国不得不"尽发关中兵"，才算是稳定了局面。

因始毕可汗之子尚幼，东突厥改立始毕之弟俟利弗为可汗，是为处罗可汗。这位可汗继位后，先是以义成公主为妻（义成公主在突厥生活近三十年，先后嫁给启民可汗、始毕可汗、处罗可汗、颉利可汗，而后三个都是启民可汗的儿子），随后又收留了隋炀帝的皇后萧氏及齐王暕之子杨政道，并立政道为隋王，还把留在境内的中原人交给杨政道的政权管治。可处罗可汗才继位一年就去世了，在义成公主的干涉下，处罗嫡子奥射设阿史那摸末没有能够继可汗位，而是处罗之弟咄苾得以为可汗，是为颉利可汗。

颉利，自为可汗以来，便是一心想要如父亲一样伟大，让南人在铁骑下颤抖，为此，他的军队频频南下侵扰。武德三年九月，突厥入侵凉州，劫掠人口数千，此时因为中原尚未平定，大唐只能通过献礼，以安抚颉利可汗。转眼至武德五年，代州总管李大恩上奏朝廷，言突厥境内受灾、遇有饥荒，请求朝廷派兵攻取马邑。李渊随即令殿内少监独孤晟率兵前往代州，会同李大恩进攻苑君璋，相约会师于马邑。由于独孤晟的大军行动迟缓，李大恩无奈只好屯兵新城。但颉利可汗却先下手为强，派出骑兵数万与逃到突厥的刘黑闼所部一起围攻新城，李渊虽然派出右骁卫大将军李高迁领兵来救，可援军还未赶到新城，李大恩所部就因粮尽，而被迫突围，结果半道遭到突厥军伏击，唐军大败，李大恩战死。

当年八月，突厥大军再次南下，十五万骑兵入雁门，扰并州，别部扰原州。李渊则以长子李建成出豳州道、二子李世民出秦州道、云州总管李子和出云中，左武卫将军段德操自夏州截断突厥大军的归路。虽已做出部署，但在京都长安，李渊还是招集群臣商议和战。太常卿郑元寿主张与突厥议和，而中书令封德彝则反对议和，主张先战，待取得一定的胜绩之后，再议和，方才有利，李渊采纳了封德彝的建议。虽然并州大总管襄邑郡王李神符及汾州刺史萧寿分别在汾东等地取得一定的胜利，但突厥来势凶猛，先犯廉州，后陷大震关。突厥精锐骑兵十万众，布满从介休到晋州数百里之间，兵锋锐不可当，朝廷不得不遣太常卿郑元寿往见颉利可汗。郑元寿见到颉利可汗后，指责他背信弃义，进犯大唐，并言和亲之利，劝说其退兵休战，两国重归于好。突厥可汗听从了郑元寿的劝说，方才率兵返回。

次年，武德六年，高满政降唐，朝廷遣右武侯大将军李高迁协助高满政所部守马邑，不久之后苑君璋率突厥兵万骑，试图夺取马邑，但为高满政所败。颉利闻知后，大怒，亲率突厥大军围攻马邑。李高迁胆怯避战，率二千部下趁夜出逃，却被突厥军半路截杀，大败，随后突厥军猛攻马邑。长安得知马邑被围后，以行军总管刘世让率兵救援马邑。然而刘世让的军队行进到松子岭时，却因为惧怕突厥大军，而停滞不前，甚至退回崞城固守。此时颉利倒也不赶尽杀绝，他选择了向大唐求婚，李渊虽然诏准，但条件是突厥退兵，从马邑撤走。

可这个时候，义成公主却从中作梗，阻止颉利倒求婚，于是，突厥大军继续围攻马邑。由于城中粮食已绝，加之援兵不至，高满政无奈只好打算放弃马邑，向朔州突围。然而此时军中右虞候杜士远担心城破被杀，于是谋害了高满政，率兵投降突厥颉利可汗。马邑城破之后，颉利可汗继续请求与唐和亲，并同意把马邑归还给大唐帝国。面对突厥人年年南下掠劫，李渊在艰难中做出了选择，他任命秦武通为朔州总管，主管朔州军事。

自晋阳起兵已有近十年，大唐建立也有七年了。武德七年，随着太子李建成俘斩刘黑闼，平定了河北地，加之刘武周、王世充的败北，出函谷关而入关东的大唐终于平定四方，统一了全国。突厥人自然知道南方中原王朝的统一意味着什么，于是这一年，颉利可汗倾其全部人马，南下入侵。

当年三月二十七日，突厥侵掠原州，随后在五月又扰劫朔州；次月，突厥侵扰武周城，但被代州兵击败。七月初一，苑君璋又引突厥军侵朔州，但被秦武通率兵击退。七月初十，突厥再次侵掠原州，朝廷命宁州刺史鹿大师率军前去救援，同时令灵州总管杨师道出兵大木根山，以截断突厥归路。但十二日，突厥却突然出现在陇州，以至于长安不得不临时抽调尉迟敬德匆匆率兵迎战，可三日之后的七月十五日，突厥却又侵掠阴盘，一时间，关中震动，长安戒严。

面对突厥骑兵的机动灵活，唐军一筹莫展，各地折冲府疲于应付，结果是处处设防而处处不防。当年闰七月，尽管突厥人大军压境，长安城内一场辩论却是热火朝天，辩论的主题是"是否要迁都"。原来在突厥兵锋直指长安的境况之下，朝中有人认为"突厥之所以进攻关中地区，是因为财富和人口都集中在长安，如果将长安焚毁而不再为都，迁都他处，则突厥的进攻自会停止"。李渊、东宫太子李建成、齐王李元吉及尚书省左仆射裴寂都持赞成态度，而宋国公尚书省右仆射萧瑀等人虽然不赞成，但也不敢进谏，唯有天策上将军尚书令兼左右十二卫大将军、雍州牧、秦王李世民对此表示了强烈的反对。

虽然李渊已经遣中书侍郎宇文士及到邓州查看是否可以建都，但被突厥人讥称为"唐童"的李世民还是极力劝谏当今皇帝陛下不要迁都。既然不迁都，那么只能和突厥死战到底，是年闰七月二十一日，李渊下诏命李世民出豳州道抵御突厥。

而此时突厥的骚扰也正处于高峰期，八月初一，突厥军侵扰原州；初五，突厥军出现在了忻州；初九，突厥骑兵袭扰并州；十一日，突厥攻绥州，为绥州刺史刘大俱所败。次日，颉利可汗率精骑万人，在豳州以南的五陇坂与李世民所率之唐军主力遭遇。

由于关中地区连日淫雨绵绵，而唐军因连日行军跋涉已疲惫不堪，加之粮道受阻、武器受雨，故而此战无任何取胜的把握，军中将领都很忧虑。然而李世民深知颉利和始毕可汗之子突利之间矛盾重重、互不信任，于是他利用了这一点，乃率百名精骑驰至突厥阵前，厉声指责颉利同意和亲而今又违约，实乃背盟失约；而后李世民又策马上前谓突利，说："你过去与我结盟，言明有急相救，今乃引兵相向，何无手足之情！"突利亦避而不答。

颉利见李世民百骑出战，又听到他与突利谈到盟约等话，怀疑他们之间早有联系，担心自己被两面夹击，乃遣使劝李世民不要进军，自己亦引军稍退。此时雨越下越大，李世民对诸将说，"虏所恃者弓矢耳，今积雨弥时，筋胶俱解，弓不可用，彼如飞鸟之折翼；吾屋居火食，刀槊犀利，以逸制劳，此而不乘，将复何待"，于是率军"潜师夜出，冒雨而进，突厥大惊"。虽然颉利一度打算出战，但李世民早派人与突利相会，并晓之以厉害，于是对于颉利的出兵要求，突利居然不从。

无奈之下，颉利只得派突利和阿史那思摩来见李世民，请求和亲，李世民予以答应，在与突利结为兄弟，双方订立盟约之后，各自撤军。史学界通常都将武德七年看作是唐与突厥的战争开始之年，此后两年间，唐帝国和东突厥在关中、陇右等地多次交锋，而态势多为东突厥进攻，唐帝国采取防守姿势，多轮交锋，双方互有胜负。

西方画家笔下的突厥骑兵

第一章　渭水之盟

1. 府兵卫国

自武德七年八月，李世民与始毕可汗之子突利结为兄弟、互立盟约之后，大唐帝国的北方边境稍稍安宁了一段时间，当然，这种安宁只是因为突厥人传统的入侵时节已经过去，并不等于突厥人真的会来和大唐"和平共处"，毕竟突厥人"时战时和"的做法，也是并不新鲜了。

而对于大唐帝国来说，武德七年的这次入侵所带来的影响是前所未有的。突厥人大军压境至长安之北，甚至使得帝国内部就"迁都"问题进行了大讨论。而也就从这次入侵开始，帝国中枢意识到：突厥，这个来自于北方草原上的游牧民族，其威胁不仅是巨大的，也是长期的。

然而新兴的唐帝国却并没有太好的应对办法，虽然每至突厥人传统的入侵时节之前，帝国便开始加强塞防力量，但处处设防往往是处处不防，至于外交手段，自武德四年起，那位颉利可汗就几乎是连年用兵，显然并不是一个乐于与大唐之间保持和平的家伙。而他麾下的突厥大军不仅频频侵扰边塞，并且多次南下关陇之地，可以说，颉利的狼子野心已是昭然若揭。至于军事上，虽然帝国与那些突厥铁骑几次交手结果是双方互有胜负，但总体来说大唐处于劣势。

也因此，虽然武德七年的这次入侵被挫败了，但谁都知道，下一次的入侵已是迫在眉睫了，故而为了能够加强防御力量，李渊下诏，恢复十二军建置。所谓的"十二军"，是武德二年时所置设的，史载"及诸起义以相属与降群盗，得兵二十万。武德初，始置军府，以骠骑、车骑两将军府领之"，这也就是说，李渊从晋阳起兵时，以最初的三万"元从"作为家底，兵发关中，而至夺取长安时，加上一路上收编、投诚、归降

　　　　　　　　　　　　　　　　　大漠烽烟

的兵马，他手中已有二十万大军了。

李渊于长安登基称帝之后，这二十万兵马便全部被配置在关中地区，以拱卫京畿。而为了能够更方便地统辖这二十万大军，帝国还一并将整个关中地区分为了十二道，曰：万年道、长安道、富平道、醴泉道、同州道、华州道、宁州道、岐州道、豳州道、麟州道、泾州道、宜州道，每道都置有一军，这样总共有十二军。又设立了若干骠骑府、车骑府，统属这十二军。

到了武德三年的时候，十二军又取象天官为名号，即以万年道为参旗军，长安道为鼓旗军，富平道为玄戈军，醴泉道为井钺军，同州道为羽林军，华州道为骑官军，宁州道为折威军，岐州道为平道军，豳州道为招摇军，麟州道为苑游军，泾州道为天纪军，宜州道为天节军。每军设将、副将各一人，督率府兵且耕且战，以车骑府统之。

可是武德六年二月，皇帝下诏"废参旗等十二军"，而对于当时皇帝为什么要废十二军的原因，史书中记载的很是模糊，根据《新唐书·兵志》的记载，说是"六年，以天下既定，遂废十二军"，也就是因为"天下既定"所以皇帝才决定废除十二军的。很显然，当时这个举措的错误性，在此后应对突厥大军入侵时，被凸显了出来，以至于李渊不得不又下诏，在被废仅一年多之后，又恢复了十二军建置。

不过当初废止了十二军，不等于大唐帝国在关中地区到了无兵可用的地步，关于这段时间内，帝国在关中地区的兵力，《唐会要》是有记载的："关内置府二百六十一，精兵士二十六万，举关中之众以临四方。"也就是说，总兵力是二百六十一个军府，约有精兵二十六万。

唐初实施的是"府兵制度"，而这"府兵制"原是起于北魏时期"鲜卑人当兵、汉人务农"的政策，也就是所谓"府兵"，本泛指军府之兵。但北魏在"六镇之乱"后，分为东魏和西魏，东魏地广国富，人口逾两千万，兵强马壮，而西魏地狭国贫，人口不满千万，为了与东魏相抗衡，西魏文昭皇帝大统八年，"军政大事尽出其手"的丞相、都督中外诸军事、大行台宇文泰，把流入关中地区的六镇之兵和原在关中的鲜卑诸部，加上贺拔岳的武川镇军团、侯莫陈悦军团中的李弼所部以及当初随孝武帝入关的北魏宿卫禁旅，统一编为六军。

次年，实际上掌握着东魏军政大权的高欢将兵十万，渡过黄河，据

隋文帝

邙山列阵，与宇文泰大军战于邙山，此战西魏大败，士卒损失六万余，经过数年经营建立起来的关中军团几乎损失大半。而当时关陇地区的鲜卑族人数有限，故而为了补充和扩大队伍，在此后几年，宇文泰开始不断收编关陇豪右的乡兵部曲，选任当州豪望为乡帅。至大统十六年时，西魏已经建立起了"八柱国、十二大将军、二十四开府"的府兵组织系统。

由于府兵全家可以免除赋役，当兵成为鲜卑人的专利，故而这政策明显地带有民族隔离的色彩。为了打破这层壁垒，宇文泰对那些被募充作府兵的汉人给予"赏赐"，令有功的汉人诸将继承鲜卑三十六国及九十九姓，如李虎赐姓大野氏、李弼赐姓徒何氏、赵贵赐姓乙弗氏，凡所统领的士兵皆以他们主将的鲜卑姓为自己的姓氏。通过给汉人将佐涂上一层鲜卑部落的色彩，宇文泰成功地将庞大的汉族人口并入了府兵体系。

可到了北周后期，迫于形势，鲜卑人已经不再占据着统治地位了，而府兵制所存在的那层鲜卑化的色彩也渐渐褪去，大隋帝国的开创者——隋文帝杨坚，在为北周大丞相时，就下令西魏受赐鲜卑姓的汉人可恢复为汉姓，从而开始彻底破除"鲜卑人当兵、汉人务农"的旧制。值得注意的是，杨坚之父杨忠早年初随尔朱氏、独孤信征战，后入西魏，并得到宇文泰的重用，因战功赫赫，而不断升官晋爵，而后最大的荣誉便是赐姓"普六茹氏"。

开皇十年，隋文帝再次下诏："凡是军人可悉属州县，垦田籍帐，一与民同，军府统领，宜依旧式。"这等于是让府兵全家一律归入州县户籍，受田耕作，而变军籍为民籍，兵士本人则由军府统领，这等于是彻底改变了府兵制，使之与最初的"府兵"完全不同。

在西魏、北周时期，府兵被编为二十四军，每军设一开府将军，简称"开府"，全称为"骠骑大将军、开府仪同三司"，而开府将军下有"仪同将军"，全称为"车骑大将军、仪同三司"。到了隋初时，掌管军府的军官改名为"骠骑将军"和"车骑将军"，军府也被改称为"骠骑府"。这个时期，由中央直属的诸"卫府"与"东宫率府"所构成的军府结构体系已经逐步完整，其内部主要职能间的分工也日益明晰，即以"左右卫"、"左右武卫"、"左右武候"六个府各领"军坊"、"乡团"，统率府兵，军士也开始编入户籍，从事生产，不过从总体来说，还是继承周制的。

可到了隋炀帝时，原先不领府兵的"卫"或"府"也都开始加领府兵，这样领率府兵的就有左右翊卫、左右骁卫、左右武卫、左右屯卫、左右御卫、左右候卫，共十二卫。而军府也从"骠骑府"改称"鹰扬府"，主官改为"鹰扬郎将"、"鹰击郎将"。这个时候，卫府制度趋于完善，军府按"中外相维、重首轻足"的方略，分置在京城及冲要地区，十二卫的作用除了临时受命征伐外，平时主要担任京城宿卫和其他军事要地或重要设施的驻守。府兵也与禁军及地方军等其他力量一起，相互为用，相互钳制，以便皇帝控制军队和维护全国统一。

李渊自晋阳起兵时，最初只是"有众三万人"，而也正因有这些人，这位大隋帝国的唐国公才能够开置"大将军府"。在他起事之时，由于之前隋炀帝下诏征天下兵马，先后三次征讨高句丽，而且皆告失败，包括十二卫在内的大隋帝国的主要军事力量在炀帝的"穷兵黩武、好大喜功"中已是损失惨重，而层出不穷的民变和叛乱更使得帝国仅存的兵力疲于应付，晋阳起兵没有遇到太大的阻碍。

在大业十二年初，隋炀帝还曾任命李渊为太原道安抚大使，并拥有"黜陟选补郡文武官、征发河东兵马"的特权，加之太原乃"天下精兵处"，大隋自建国以来，对晋阳的军需物资储备就一直十分重视，经多年的积蓄，城中已是"府库盈积"，"太原粮饷可支十年"，正因此，李渊父子才能够盘踞于晋阳，通过"倾财赈施，卑身下士"的方式来交结英俊、密招豪友，发展壮大自身的势力，等待着时机的成熟。

在起兵檄文中喊出了"兴甲晋阳，奉尊代邸，扫定咸洛，集宁寓县"的口号后，区区三万人便是李渊手里的全部家当，他以长子李建成为左领大都督，统领左三军；以次子李世民为右领大都督，督率右三军；第四子李元吉则担负掌管中军的职务，镇守太原。随后，李渊便携李建成与李世民，率一众"义师甲士"南下，长驱关中，由于进军长安的途中不断吸纳各路义军及"盗贼"，至长安时，总计兵众已达到二十万，正是依靠这股军事力量，李渊这位前隋太原留守才得以迅速取得了关中地域的控制权，问鼎天下。

而在建立大唐王朝之后，大唐帝国仍是沿用隋炀帝大业年间的中央卫府及东宫率府统领地方的"鹰扬府"制度，并从编户农民中征兵，而所有农丁则由保、闾、族、县、州等各级地方政权管理。按照当时的制度，每保五户，而每户成丁以二人计算，则共有十人，也就是从这十人中征二人为府兵，就这样，建立了唐帝国最初的"军府"。

此外李渊还颁授军、将、卫、府各级军号并给予实权，如以李神通为右翊卫大将军、窦抗为左武侯大将军、王伯当为左武卫大将军，负责教阅军队；以史万宝为右翊卫将军出镇熊州、刘感为骠骑将军出镇泾州，镇守地方；同时又以秦王李世民领左右十二卫大将军，齐王李元吉为领军大将军、并州大总管，总以领授方面；至于领军将军安兴贵、左武卫将军段德操、骠骑将军魏道仁、车骑将军元韶等人，则负责统兵以拒突厥。

当然了，武德年间的军制还是有一些调整的，但都是细微的，譬如改"鹰扬郎将"为"军头"，改"鹰击郎将"为"府副"，但很快又袭用隋初的旧制，即以"军头"为"骠骑将军"、"府副"为"车骑将军"，而军府则称为"骠骑府"、"车骑府"。到了武德二年，又以"车骑将军府"隶属"骠骑府"。直到武德五年，天下初定时，李渊才对沿袭的隋时中央卫府制进行了大规模的调整，改"左右翊卫"曰"左右卫府"、"左右骁骑卫"曰"左右骁骑府"、"左右屯卫"曰"左右威卫"、"左右御卫"曰"左右领军卫"、"左右备身府"曰"左右府"，唯左右武卫府、左右监门府、左右候卫，仍依隋不改。至武德七年定令时，总共置有十四卫府，即左右卫、左右骁卫、左右领军、左右武侯、左右监门、左右屯、左右领，同时又改军府名称为"统军府"，骠骑将军为"统军"，车骑将军为"别将"。

从制度上讲，武德年间的府兵既是担负保卫京畿的宿卫军，又是地方戍守军，此外还是野战军，可以说是"一身三任、三位一体"。而那些府兵们则是以番代的形式轮流变换角色，平时是地方军，宿卫京畿时就是卫军，出征边疆时则是野战军。但在实际的军事运作过程中，作为"府兵"这一主流体制的补充，武德年间的唐军其实还有"三位分离体制"，"府兵"之外还有禁军、州兵和镇戍兵这三种军事力量，这些军队相较于"府兵"担负着专门的职务，也由府兵以外的其他兵员所组成。

禁军的来源主要是当年跟从武德皇帝自晋阳起兵的那三万兵卒，由于这些人最早跟随天子"举义"，而且在随后进军关中的战事中出生入死，并立下赫赫的开国战功，加之这些人不仅忠诚，还属于开国功臣，故而武德皇帝自初定天下、定都长安之后，就对这些助其"开国"的将士们重礼优待，这三万兵卒中的多数人除了被赐予关中地区的肥沃粮田外，还被编成了屯驻于太极宫北门——"玄武门"外的"北门屯营"，号为"元从禁军"。而既然作为禁军，这支在北门宿卫的"左右屯营"从设立之初，其目的就不是在外征战，而是作为皇帝的私兵所存在着，所有兵士都是"子承父业、代代相传"。

州兵又称兵募、募人、征人，最初只是为了应付临时征行而征集的兵员，所谓"征人，谓非卫士，临时募行者"，因此性质和府兵不同，没有番上宿卫的责任，而且这个时期的兵募也不同于此后的募兵，而是由州县强制征发的。征发的过程是中央、州、县、里逐级发传征兵令，然后由里正差发，县主管官员审定。在征发完毕后，兵募要以州为单位集中，统一发放军行器物，然后亦以州为单位实施编组，所以兵募名为"招募"实为"征发"。

镇戍兵也叫边防镇军，主要通过兵募而来，主要负责"掌捍防守御"，其编制包括镇、戍两个不同级别的组织，史载"凡天下之上镇二十，中镇九十，下镇一百三十有五；上戍十有一，中戍八十有六，下戍二百三十有五"，镇戍的兵力则为"每防人五百为上镇，三百人为中镇，不及者为下镇；五十人为上戍，三十人为中戍，不及者为下戍"。

镇戍兵募的戍期通常较短，"防人番代，皆十月一日交代"，戍期一年。

由于武德年间主要实施的是"举关中之众以临四方"和"内重外轻"的军事布局，即对京师长安所在的关中实施重点防御，故而除了左右卫、左右骁卫、左右领军、左右武侯、左右监门、左右屯、左右领"十四卫"及参旗军、鼓旗军、玄戈军、井钺军、羽林军、骑官军、折威军、平道军、招摇军、苑游军、天纪军、天节军这"十二军"之外，其实还有太子东宫诸率府以及秦王、齐王的左右六护军府及左右亲事府、帐内府等力量。

由太子李建成直接掌握的"东宫六率"，即"太子左右卫率"、"太子左右司御率"、"太子左右清道率"。"东宫六率"为太子直属的亲兵，各领军府三至五不等，为太子直属的亲兵，由其直接掌握。此外，李建成在长安及四方招募勇士二千人为东宫卫士，分屯于东宫的左右长林门，号为"长林兵"。

秦王、齐王则是各有左右六护军府、左右亲事府、帐内府。左一右一"护军府"设护军各一人以掌率统军以下侍卫陪从，此外还有副护军各二人、长史各一人、录事参军各一人、仓曹参军各一人、兵曹参军各一人、铠曹参军各一人，另有"统军"各五人、"别将"各十人，分掌"领亲勋卫"及外军。而左二右二"护军府"、左三右三"护军府"则是各有"统军"三人、"别将"六人，余职员与左一右一"护军府"相同。左右"亲事府"则是各置"统军"一人以掌率左右别将侍卫陪从，其下各置左右"别将"一人，长史、录事、铠曹、兵曹等参军各一人。至于"帐内府"，其职员品秩与"统军府"完全相同。

当然在武德年间虽然关中是府兵的集中地，但除了关中和京畿之外，河东道由于是"龙兴之地"，加之这里历来也是突厥南侵的要冲地带，故而也是军府的主要部署地，甚至河东的府兵一度占到全国府兵总数的四分之一左右，仅次于京畿所在的关内道。

武德七年，李渊下诏重新恢复十二军，正是在"举关中之众以临四方"这一思想下，为了防御突厥进攻而做出的政策调整。此番重置十二军，以太常卿窦诞为参旗将军、吏部尚书杨恭仁为鼓旗将军、淮安王神通为玄戈将军、右骁卫将军刘弘基为井钺将军、右卫大将军张瑾为羽林将军、左骁卫大将军长孙顺德为奇官将军、右监门将军樊世兴为天节将军、右武侯将军安修仁为招摇将军、右监门卫大将军杨毛为折威将军、左武侯将军王长谐为天纪将军、岐州刺史柴绍为平道将军、钱九陇为苑游将军，并要求十二军必须"简练士马，以备战争之需"。

很显然武德七年的这次危机让大唐帝国意识到了突厥的威胁性，而且帝国中枢也已经开始积极准备应对突厥的下一次入侵了，就在这个时候，却发生了一件对后来的历史影响较大的事情。

武德八年四月，西突厥的统叶护可汗忽然派遣使节入唐，而此番西突厥使节前来长安的目的只有一个，那就是"求婚"。统叶护可汗其实是达头可汗之孙、射匮可汗的弟弟，其在继位为可汗后，西突厥依靠武力，接连开疆辟土，先是北并铁勒余部，继而西南逾过阿姆河，而且还占领了吐火罗故地，并拓境至罽宾北界，武功极盛。《旧唐书·突厥下》这样描述统叶护的全盛时期："统叶护可汗，勇而有谋，善攻战。遂北并铁勒，西拒波斯，南接罽宾，悉归之。控弦数十万，霸有西域，据旧乌孙之地。又移庭于石国北之千泉。其西域诸国王悉授颉利发，并遣吐屯一人监统之，督其征赋。西戎之盛，未之有也。"

此外，西突厥汗国的大军还曾多次入侵波斯萨珊王朝，根据东罗马帝国的史料记载，拜占庭帝国（东罗马帝国）希拉克略王朝第一任皇帝弗拉维斯·希拉克略正是设法与统叶护可汗达成同盟，共同向萨珊王朝发起袭击，才使东罗马帝国在尼尼微战役中取得了决定性的胜利，而且这位希拉克略王朝的缔造者还曾在第比利斯城下与统叶护可汗会面过。

不过，统叶护可汗虽然号称"有控弦之士数十万，武功超过历代可汗"，在他的统治下，西突厥汗国的疆域东起高昌，南至信度河流域，可谓是强盛无比，可这"强盛"的背后却也是矛盾重重。按照史料的记载，在统叶护为可汗时期，将西域诸国国王纳入突厥的军事行政体制之内，即授予"颉利发"官号，另派"吐屯"一名驻扎监视，督征赋税，加上统叶护自负强盛，用政苛猛，这也就导致那些西域小国很是不满，许多部族纷纷反抗，尤其是葛逻禄人最为激烈。对于这些反抗，统叶护可汗采取的是"铁腕"统治手段，而不是"怀柔"抚慰，大军的镇压，反而激起了更多反抗，这自然使得西突厥其实在其控制地区并不是那么受欢迎了。

此外，统叶护可汗又将汗国的政治重心西移，置新牙帐于石国的千

尼尼微战役中东罗马帝国军队采用了类似于游牧民族的骑射战术

泉，直接控制战略要地碎叶川和丝绸之路的热海道，这自然会与同样强大的东突厥发生冲突了。不过此番统叶护可汗派遣使节入唐求婚，倒是给了大唐帝国一个机会。李渊与侍臣商讨应该怎么处理这件事时，面对李渊"西突厥去我悬远，急疾不相得力，今来请婚，计将安在"的询问，中书令封德彝、民部尚书裴矩等人的主张或者是答应其请婚，以结好西突厥，继而"远交而近攻"；或者是"当今之务，莫若远交而近攻，正可权许其婚，以威北狄。待三数年后，中国全盛，徐思其宜"。在这种意见的左右下，李渊遂派高平郡王李道立出使西突厥。

不过大唐帝国在做和亲准备的同时，也在展开积极的军事行动，在唐帝国的北方边境地区，除了那些东突厥人之外，还有两个割据政权对于大唐的国家安全构成了严重威胁，一个是占据了河东道北部、据守恒安的苑君璋，另一个则是控制了关内道北部、据守夏州的梁师都。

此二"贼"之中，苑君璋的威胁较小。此人本是朔州马邑人，出生自豪族，因为娶了刘武周的妹妹，故而与刘武周之间有着密切关系。在刘武周被突厥人册封为"定杨可汗"时，苑君璋又被任命为内史令。武德二年，刘武周接受了部下宋金刚的建议，准备"入图晋阳，南向以争天下"。苑君璋立即表示了强烈的反对，他审时度势，为刘武周分析天下大势，以说明此举不可为，并规劝刘武周说："唐主举一州之兵，定三辅之地，郡县影附，所向风靡。此固天命，岂曰人谋？且并州以南，地形险阻，若悬军深入，恐后无所继。不如连和突厥，结援唐朝，南面称孤，足为上策。"

然而对于苑君璋的建议，刘武周并不以为然，他选择了自率大军南下，而留苑君璋守朔州。后来，果然如苑君璋所料。直到大败之后，刘武周方才懊悔，他甚至流着泪对苑君璋说："恨不用君言，乃至于此！"武德五年刘武周逃往突厥被杀之后，苑君璋率余众依附于突厥，突厥人任命其为大行台，还让他统领刘武周的余部，但同时也派兵"协助"镇守马邑，就近对其展开监视。为了自保，苑君璋成了突厥人南侵大唐的先锋。

但在大唐帝国面前，苑君璋没有占到多大便宜，武德四年，苑君璋先是被代州总管李大恩以兵击败；次年三月，当并州总管刘世让驻扎在雁门时，苑君璋又与颉利可汗、高开道合兵攻之，结果不逞；武德六年，其与刘武周旧将高满政率兵夜袭代州，但依然未能攻下……不过虽然苑君璋连连骚扰边境，对于此人，李渊倒也不是没有派人招抚过，可他非但拒不接受，反而再次进犯代州，却被代州刺史王孝德击败，又一次吃了败仗，这连连的败仗不仅搞得苑君璋灰头土脸，也使得部下们对他越发不满起来，于是高满政站了出来。

本来高满政是劝说苑君璋尽杀城内的突厥，继而内归的，可是苑君璋不从。在当时，马邑早就人心浮动了，因为困于兵祸，不但城内百姓哀怨、人人厌乱，而且军卒们也不想听命于突厥人，于是高满政利用人心所向，准备杀死苑君璋，继而降唐。可谁也没有想到，高满政精心策划的夜袭计划却走漏了风声，苑君璋连夜逃奔突厥，但他的一些部下和一个儿子，以及城内的两百突厥人就没有那么幸运了，高满政在发难之后，迅速控制了马邑，这些倒霉蛋都被高满政杀死。随后高满政率众投降了大唐，并因为"功劳"而被拜为朔州总管，晋封为荣国公。

"杀子夺城之仇"自然要报，苑君璋狼狈出逃跑到突厥之后，首先向突厥人求得援兵，随即率众发起了反扑，武德六年六月二十三日，苑君璋率部前来攻打马邑，但却是先败于高满政，随后又在七月初二日为右武侯大将军李高迁与高满政合兵击败于腊河谷。

虽然两次进犯皆遭失败，但在当年十月，急于报仇的苑君璋再次以突厥兵攻打马邑，这一次，突厥大军的攻势更为猛烈，唐帝国右武侯大将军李高迁居然临阵脱逃，直接导致了高满政被围困在马邑城内。不久之后，高满政被他的部下右虞候杜士远所杀，随后马邑开城。但苑君璋在率突厥人入城尽杀高满政党羽之后，并没有在马邑继续盘踞，而是退兵据守恒安。

之所以放弃马邑，原因很简单，虽然大仇得报，不过苑君璋却也陷入到了危机之中，由于部下都是汉人，而且他们都不愿为突厥效力，所以此时的苑君璋面临着众叛亲离的局面，他虽然也希望能够归附大唐，却又担心被诛杀，于是请求李渊，希望能够"献奉北境以为赎罪"，李渊允诺让其继续在北疆，并派遣雁门人元普送来丹书铁券。可这时，突厥颉利可汗也派人来招降，面对大唐和突厥，苑君璋犹豫不决了。

他的另一个儿子苑孝政谏劝他道："父亲大人既答应降于大唐，又要贰于颉利可汗，这是自取灭亡。如今粮食殆尽人心又离，不及时决断，恐怕发生意外变故，孝政不忍见此惨祸！"可儿子的劝说并没有让不知道该怎么选择的苑君璋最终下定决心，他反而召集众人前来商议。恒安人郭子威建议："恒安地势险要城墙坚固，突厥正强盛，正应该依靠它再观察形势的变化，不宜束手受制于人。"对此深表赞同的苑君璋此时做了决断，于是立即派人拘捕元普，并将之送到突厥，而突厥的颉利可汗对他的这一选择则是"感其诚义，送以锦裘羊马"。

这个选择显然导致了他的部下们的不满，甚至竟有人送来"死亡威胁"，在这份匿名信中，赫然写着"不早日降唐，父子诛灭"。对于满门尽灭的死亡威胁，苑孝政害怕了，他倒是想南下去投大唐，却被自己的父亲所拘禁。苑君璋思考再三之后，最终还是决定继续占据恒安，以观局势。

相比之下，梁师都对大唐构成的威胁要比苑君璋大多了，自隋炀帝大业十三年二月初一，梁师都起兵造反以来，先是占据朔方郡，自称"大丞相"，随后又与突厥联手击败了前来镇压的隋将张世隆，派兵攻占了雕阴、弘化、延安等郡，并自行称帝，国号为"梁"，由于他在祭祀上天于城南之时，因掘地埋玉而得印，故而以为符瑞，于是建元年号为"永隆"。在梁师都即皇帝位时，突厥始毕可汗曾给他送来狼头大纛，并封其为"大度毗伽可汗"、"解事天子"，梁师都为了表现他对突厥人的忠心，便引导突厥兵占据了河南之地。

从此之后，梁师都便成了大唐北方地区的一大"祸患"，而双方之间所爆发的战事也是接连不断，不过显然梁师都并不是大唐的对手。武德元年七月初四，梁师都率部进犯灵州，为骠骑将军蔺兴粲所败；次年三月初一日，他再犯灵州，被灵州长史杨则所击退；当年九月，梁师都与突厥千余骑扎营于野猪岭时，延州总管段德操先是按甲不战，等到梁师都所部士气懈怠时，忽然派兵出击，两军酣战之际，段德操亲领轻骑从其阵旁掩击过来，于是梁师都大败而逃，而唐军则跟踪追击二百里路，俘获甚多。

不久，不甘心失败的梁师都又一次率军进犯，这一次，他统领步骑五千人，浩浩荡荡南下，可遭受的失败更大，对手依然是段德操，只不过这次这位延州总管下手也狠，不但将梁师都五千步骑俘斩一空，而且招降其堡将张举、刘旻。大败而归的梁师都很不甘心，于是他派遣尚书陆季前去游说突厥处罗可汗出兵，并让陆季转告处罗："比者中原丧乱，分为数国，势均力敌，所以北附突厥。今武周既灭，唐国亦大，师都甘从亡破，亦恐次及可汗。愿可汗行魏孝文帝之事，遣兵南侵，师都请为向导。"

在陆季的摇舌鼓动下，处罗可汗颇为心动，于是他以莫贺咄设侵入五原，又以泥步设与梁师都合兵前往延州，自己则亲自率兵攻打大唐的龙兴之地——太原，并让突利可汗所部即奚、霫、契丹、靺鞨等一众附庸，由幽州道向南进犯，会同窦建德的大军，自滏口西入，最终多路大军会师于晋、绛地区。

虽然这个计划看起来很是不错，但在还没有开始实施的时候，却因为处罗可汗的去世而骤然夭折，突厥兵马未出，而孤军南下的梁师都就再次倒了大霉，本想借着突厥人的大军，一雪前耻，结果反倒是自己再次被段德操以兵攻破，一败涂地而归。

武德六年，由于对梁师都不满，其部将贺遂、索周率所部十二州归降大唐，延州总管段德操于是伺机尽起边兵，大举进击梁师都，甚至一

唐代武士

度攻拔其东城，使得梁师都只得退保西城不敢出战，所幸突厥颉利可汗同意发兵来援，这才让他避过覆灭之灾。但从此之后，梁师都兵势益衰、一蹶不振，只能依附突厥，充当突厥大军南下入寇的先锋。

对于大唐帝国来说，要想做好和突厥全面战争的准备，便要首先拔除掉苑君璋、梁师都这两个分别楔入在河东道北部、关内道北部的"钉子"，从而打开局面。于是武德八年的正月，李渊便派遣右武卫将军段德操出兵夏州，对梁师都展开了新一轮的打击。而西突厥可汗统叶护在武德八年的这次遣使请婚，无疑给予了大唐趁机在扫荡苑君璋、梁师都势力的同时，联合西突厥打击颉利的最好机会。唐帝国虽然同意与西突厥联姻，不过因为当时颉利可汗频繁入寇，通往西域的道路完全被阻塞了，故而联姻方案最终不了了之，统叶护可汗也在不久之后死于西突厥内部的政变。

尽管和西突厥之间的联姻及联合进攻东突厥的计划没有实现，但在武德八年正月，当帝国中枢在派遣右武卫将军段德操出兵夏州的同时，却也在着手应对突厥的下一轮进攻，春节刚过，这一年的备边问题就被提上了议事日程。李渊数次召开御前会议，与重臣们讨论边防事务。其实对于防范突厥，并没有太好的方案，尽管朝中诸臣各抒己见，但大多是消极防御。

譬如，将作大匠于筠提出的一个建议"甚妙"，那就是"末若多造船舰于五原、灵武，置舟师于黄河之中，足以断其入寇之中路"，而中书侍郎温彦博则提议"昔魏文帝掘长堑以遏匈奴，亦因循其事"。前者建议在灵州造战船，在黄河设置水师，以阻挡突厥入寇，而后者则主张师学魏文帝曹丕挖掘长堑阻遏匈奴的做法，开挖堑壕，以用来隔断北部的重要道路，从而使得突厥大军无法南下。显然，这两个主意都是消极防御，但李渊却对这两个主张都予以肯定，于是派遣右武侯将军桑显和前去北方主持挖掘堑壕以隔断北方要路的工程，同时开始征募江南习水之士，在灵武、五原设舟师、造战舰，以扼制突厥南下。

　　不过正当这一年的边防准备工作紧张而又有条不紊地进行着的时候，在京师长安，太子李建成与秦王李世民之间的关系却更紧张了起来。太子李建成乃李渊嫡长子，秦王李世民则为次子，晋阳起兵时，兄弟二人倒也同心协力，但终因权力之争两人起了隔阂，一来秦王自以为功劳远超太子，故而觊觎起储君之位，二来太子也因为秦王的巨大声望而对其戒备有加，兄弟之间的争斗不休。不过这都不是主要的，最主要的原因在于二人所代表的不同势力。

2. 玄武惊变

　　李建成宅心仁厚，喜欢倾财赈施，卑身下士，大唐开创之后被立为太子，协助李渊处理政事时，李建成也是治政谨慎、思虑清明，且知人善用，所用之人如王珪、魏徵之流皆为当世大才，故而深受文官及高门权贵所喜。至于李世民，破薛举，浅水原平定陇西薛仁杲，又败宋金刚、刘武周，收复并、汾失地，在虎牢之战中一举攻灭王世充、窦建德，可谓是战功赫赫。当然了，李渊也没有"亏待"自己这个能征善战的儿子，刚刚登基称帝，便册封李世民为秦王，武德元年，授尚书令，领右翊卫大将军，掌管尚书省，又加右武侯大将军、太尉，陕东道大行台尚书令，整个关东悉由他做主。

　　武德二年，以李世民为左武侯大将军，兼领凉州总管。武德三年四月，又加益州道行台尚书令，次年二月，平定王世充、窦建德后，又以其功高，古官号不足以称，加号天策上将，领司徒、陕东道大行台尚书令，位在王公上，增邑户至三万，赐衮冕、金辂、双璧、黄金六千斤，前后鼓吹九部之乐，班剑四十人，文武显禄尽皆给予，可谓是尊荣无比。只不过，李渊所忽略的是，此时的世民已经不再是他那个乖巧的儿子了，而是武官集团的代言人。

　　其实在武功方面，从太原起兵到进入长安称帝建唐，李建成的功业并不亚于弟弟。隋大业十三年，李渊被任命为太原留守时，李建成携领家属在河东居住，于是李渊密令李建成在河东秘密结交有才能的人。刘武周据马邑起兵，并破楼烦郡、进占汾源宫之后，李渊迅速以讨贼为名，展开募兵的同时派密使到河东催促李建成来太原商议，正是在李建成、李世民、刘文静、裴寂等人的多次劝谏下，最终才有了晋阳起兵。

在起兵之后，李建成首先便奉令前去讨伐西河，由于军纪严明，秋毫无犯，一时间城内众人纷纷来投，只有郡丞高德儒不肯归降，郡司法书佐朱知瑾悄然开城，将李建成兵马引进，于是西河被平定。最终李建成只是将高德儒生擒后斩首，其他人等全部赦免，加上在路途中的时间，此战仅仅九天，以至于班师后，李渊非常高兴地说："用这样的方法用兵，可以横行天下。"而在进图关中时，又是李建成率刘文静、王长谐等人据守潼关，兼守永丰仓，以防止进攻长安的大军腹背受敌。

除此之外，李建成还有平定山东之功。武德二年，司竹盗贼祝山海作乱，自称护乡公，是李建成率军前往将其平定的；同年四月，安兴贵杀死割据凉州的大凉皇帝李轨，平定河西，也是李建成前往原州接应的；次年，秦王李世民征讨王世充，李渊以李建成镇守蒲州，防备突厥，保障了李世民通过虎牢关一战，击败窦建德，并最终迫降了王世充；武德四年，稽胡大帅刘仚成拥众数万作乱，又是李建成率军前往征讨。武德五年，刘黑闼引突厥军作乱山东，太子中允王圭、太子洗马魏徵认为李建成虽然是太子，但功绩远不如秦王，于是说"秦王功盖天下，内外归心，而殿下不过是因为年长才被立为太子，没有大功可以镇服天下。现在刘黑闼的兵力分散逃亡之后，剩下不足一万人，又缺乏粮食物资，如果用大军进逼，势如摧枯拉朽，殿下应当亲自去攻打以获得功劳名望，趁机结交山东的豪杰，也许就可以保住自己的地位了"。李建成听从了魏徵等人的建议，请缨去征讨刘黑闼，当年十二月，李建成于魏州大获全胜，擒斩刘黑闼，平定山东。

不过，即便是有平定山东之功，但无论是战功，还是在军中威信，李建成皆不及李世民。李建成知道李世民终不肯屈为人臣，而李世民也认为是自己奠下帝国的开国基业，这种情况下，太子与齐王李元吉联合，而秦王也与太子、齐王之间猜忌日深，文官集团与武官集团之间也开始互相倾轧，但总体来说，太子李建成占据着上风，于是在这种情况下，发生了"杨文干兵变"。

武德七年六月，庆州总管杨文干于李渊在铜川县北玉华山中的仁智宫避暑时，举兵造反。由于杨文干本是太子李建成的宿卫，故而此事牵扯到太子及许多东宫僚属。李渊命李世民出兵庆州平叛，并许诺废李建成而立其为太子。由于太子听从詹事主簿赵弘智的意见，前往行宫面上，以"自投于地、不能起"方式叩头请死，加之中书令封德彝等人说情，李渊在回到长安后只处罚了太子的幕僚，却没有废掉太子。

此事之后，太子与秦王之间的矛盾完全公开，两者之间各有优势。太子与李渊最宠爱的尹德妃、张婕妤两人关系密切，她们经常在皇帝面前替太子美言，说什么"至尊万岁后，秦王得志，臣妾母子定无孑遗"，又说"东宫慈厚，必能养育臣妾母子"等话语，加上尚书左仆射裴寂等人与太子交厚，使得李建成一直保持皇帝对他的信任，此外，太子还获得齐王李元吉的支持。不过最重要的原因还是，李渊担心如果"废长立次"，那么以武功见长的秦王李世民会不会如同他的表兄隋炀帝杨广那样穷兵黩武，使得大唐帝国历二世即亡。

其实李渊不是糊涂蛋，杨文干造反，最初是东宫两名卫率统军率先叩报的，一人名叫乔公山，另一人叫尔文焕，本是奉东宫左卫率韦挺之命，给在庆州的杨文干运送一批甲仗军器的。杨文干虽然是拜庆州兵马总管，兼领本州刺史，可李渊消暑的行宫"仁智宫"所在的玉华山却是位于庆州治下的铜川县，也因此，二人没去庆州总管府驻节的庆阳，而是径直跑来了仁智宫，向李渊奏报杨文干要反。而彭原尉、杜凤举也跑来告发，说是杨文干叛乱，这才引得李渊大乱。至于两名职不过七品的卫率统军如何能够直入行宫向皇帝面奏机密，杜凤举又是何人，却被人忽略了。此后，前任庆州刺史司农寺卿宇文颖衔敕离宫，去招降杨文干，却在私下向杨文干泄漏了乔公山、尔文焕告密的消息，也正是在他的蛊惑下，杨文干方才公开扯旗造反。

虽说杨文干最终是造反了，并且他也不该越过朝廷兵部直接向东宫行文索要甲仗，此外东宫左卫率违背制度私自调运盔甲兵器给庆州总管府也是实有其事，但此事终究是疑点重重，于是李渊最终下敕夷杨文干三族，同时严词训斥了李建成，却并未废黜其太子之位，而是将东宫中允王珪、太子左卫率韦挺远发巂州，秦王的腹心幕僚天策上将府兵曹参军文学馆学士杜淹流嶲州。就这样，李渊以较为高超的手段，处置了这场惊动天卜、震撼朝野的大案。但从此之后，李渊对秦王李世民的猜疑也变得越发加重了。

其实李渊对于太子李建成还是比较满意的，在李渊眼里，李建成不仅宅心仁厚，而且治政谨慎，思虑清明，任何时候都不会意气用事，文官们对其赞赏有加，从某种程度上来说，确实是个很好的继位者。从武德元年开始，这位大唐储君多次以"监国摄政"的名义单独处理朝政事务，不但从不曾出过什么纰漏失误，而且任何事情都是处理得有条不紊，加之儒家本就是主张立嫡以长，故而李建成继位，本是无可厚非。但武德建元以来，民间坊内、朝内朝外，立秦王为太子的呼声就不绝于耳，从那位瓦岗首领自称"魏公"、后入朝拜为光禄卿、封邢国公，最终被熊州副将盛彦师斩杀于熊耳山的李密，再到曾为前隋晋阳令、天子故交、力劝皇帝晋阳起兵、后为民部尚书领陕东道行台左仆射、封鲁国公的刘文静，以及曾雄霸江南、后为太子太保兼行台尚书令、封楚王的杜伏威，还有李氏宗族的淮安郡王李神通，人人都希望皇帝能够立"二郎"为储君。

李渊也知道秦王功高，若不立李世民为太子，仅以一个"功高不赏"，就足以让他在自己"身后"丢了性命。可最终呢，李渊还是选择了李建成，李世民获得了个"天策上将军"的殊荣，但却与储君之位失之交臂，说到底，李渊还是认为，皇位的继承人无论是用人，还是行政上，都要老成练达，才华固然难得，心性却更加重要，如果李建成的文治和李世民的武功能够集中于一人之身，那就完美了，可是天下哪有这么如意的事情？

不过李渊只看到了一面，满朝王公文武，只是钦服秦王东征西讨攻无不取战无不胜的武略，却少有人知道这位李二郎的抚民治政之能，秦王不仅有尚书右仆射萧瑀、任城郡王李道宗等人的支持，而且最重要的是，他的天策府里聚集了各路人才，文臣有长孙无忌、杜如晦、房玄龄、虞世南、孔颖达、姚思廉、薛元敬、薛收、杜淹、许敬宗、盖文达、陆德明、蔡允恭、苏勖、颜师古、颜相时、于志宇、苏世长、李守素、阎立本、高士廉、温大雅、刘政会等，而武将则有尉迟敬德、侯君集、段志玄、程咬金、罗士信、长孙顺德、秦叔宝、邱行恭、邱师利、史万宝、刘弘基、柴绍、张亮、刘师立、屈突通、张士贵、独孤彦云、张公瑾、史大奈、公孙武达、杜君卓、郑仁泰、殷开山、长孙安业等人，正是在这些人的辅佐下，陕东陇西，其经略数年，百姓生计渐有开皇之初的气象。

说到底，太子和秦王，无论文治武功，皆是治理天下的长才，无论谁克承大统，均能振兴社稷，开启一代盛世局面，只是李渊无法去选择……就这样，大唐在内有太子、秦王之争，外有突厥威胁的情况下，进入一个相对动荡的时期，也许注定了武德八年会是一个不平静的年份。

武德八年六月，进入初夏后，随着突厥传统入侵时节的临近，大唐帝国的中枢也开始更为紧张起来，为了能够在原有备御措施的基础之上，进一步加强防御，六月十四日，李渊下诏，遣左翊卫燕郡王大将军李艺率天节军出泾州，大军驻屯于华亭县及弹筝峡，随后又以水部郎中姜行本率军断石岭道，以防止突厥突袭。

其实从这两道命令来看，帝国中枢很显然是希望通过一系列的举措来加强关内道和河东道这两个方向上的防御部署，毕竟这两个方向实在太重要了，关内道是京畿所在，而河东道则是龙兴之地晋阳所在，对于大唐来说，无论如何，也要确保这两个方向，可偏偏这两个方向也是历年突厥进犯的主要方向。

根据《唐代交通图考》第二卷"长安西通凉州的北道"中的记载，"（原州）平凉又西北行三十五里至胡谷堡，即彰信堡，堡西道入弹筝峡，约尽三十五里。自邠州以西皆略循泾水河谷而上，至此峡，近水源，群山怒起，路随峰转，绕行涧底"，"形势奇险，为戍守要地"。可以看出，弹筝峡是原州西入幽州、进而到达京师长安的咽喉要道，而对于关内道和京畿的防御部署来说，此峡谷显然有着很大的军事意义。而华亭县，行政上则属于陇州，不过和弹筝峡一样，这里也是长安西北方向最为重要的军事要点。

在用人方面，李渊选择左翊卫大将军燕郡王李艺出镇长安西北的两个要点，也是用心良苦。李艺，本名罗艺，襄州襄阳县人，他的父亲罗荣本是隋代的监门将军，按照史书上的记载，罗艺这个人"生性刚愎残酷"，使得一手好槊，几乎就是一个天生的将才，加之他作战勇猛，故而很快便在军中崭露头角，至隋炀帝大业间，便以战功升至虎贲郎将。隋炀帝大业八年发兵征讨高句丽时，曾经敕命罗艺督军北平郡，归属右武卫大将军李景节度。由于罗艺自幼掌军，故而号令严整，加之辖下所部战力颇强，因此深受李景器重。

后来天下大乱，群雄并起，罗艺也开始在这乱世中进一步得以施展自己的统帅之才。由于罗艺当时率军所驻守的涿郡不仅物产丰富，战略地理位置也很重要，加之在隋炀帝征讨高句丽时，出征辽东的隋军有大批的器械资储都是留存在涿郡的，可以说是仓廪殷实，大业年间在蓟城所营造的临朔宫也藏有颇多的珍宝，故而引得涿郡附近的义军蜂拥而来，竞相抢掠，而涿郡留守官虎贲郎将赵什住、贺兰谊、晋文衍等人又都不能抵抗这些前来抢掠的乱军。

这种情况下，罗艺丝毫不惧，他独自出战，却是连战连捷，一时间威名远扬，以至于附近义军居然没有人胆敢觊觎涿郡。可是罗艺的赫赫战功却也让赵什住等人产生了嫉妒，很快便企图暗中加害罗艺，而得到信报后的罗艺则索性趁机自立。于是在大业十二年，罗艺公开宣布誓师起兵，他对士卒道："吾辈讨贼，甚有功效，城中仓库山积，制在留守之官，而无心济贫，此岂存恤之意也！"此话一出，将士纷纷响应。随即罗艺便率军杀回涿郡，面对滚滚而来的虎狼之师，涿郡郡丞慌忙出城相迎，而罗艺在扣押了郡丞之后，随即率军入城。赵什住等人见大势已去，大惧之下，纷纷请求投降。就这样，罗艺夺取了涿郡。

夺取了涿郡之后，罗艺将库存的财物分发给了众将士，并且开仓赈济饥民，广揽民心，继而又杀了拒不降顺的渤海太守唐祎等数人，这种恩威并施的手段很快取得了成效，在攻占涿郡不久之后，柳城、怀远相继归附罗艺。此后，罗艺又罢柳城太守杨林甫，并且改郡为营州，任命原来的襄平太守邓皓为营州总管，而他自己则自称"幽州总管"，统辖幽、营二州，拥兵十万，俨然成为了北方一大割据势力。

大业十四年，宇文化及等人于江都谋逆，杀死隋炀帝杨广后，曾经派人去招降罗艺，可是罗艺却回答说："我是大隋旧臣，今大行颠覆，义不辱于贼。"说完之后，让人斩杀使者，并公开为隋炀帝发丧三日。此后，窦建德、高开道等人也都曾经遣使招降罗艺，但罗艺都拒绝了。当然了，对于前路，他不是没有打算，罗艺曾经对自己属下的文官部将们说："建德等皆剧贼，不足共功名，唐公起兵据关中，民望所系，王业必成，吾决归之，敢异议者戮！"

果然当李渊派张道源抚辑山东时，罗艺丝毫不拒，当即奉表归降。武德元年十二月十三日，尚书省正式敕书，任命罗艺为幽州总管。次年，李渊又下诏，将罗艺封为燕郡王，并赐姓李，可见皇帝之恩宠。从此罗艺便改名为李艺，成了大唐在北方镇守边疆的一员大将。

武德五年，刘黑闼引突厥入寇、作乱山东之时，太子李建成出师讨伐，李艺也奉诏出兵，最终二人会师于洺州，并肩大破刘黑闼军。此战之后，李艺忽然主动请求入朝，李渊不仅应允，而且还待其颇厚，拜他为左翊卫大将军，居家于长安。也就从那之后，李艺卷入了大唐皇室的储位之争中。

李艺向来自负其功，为人傲慢，但自洺州之战后，这位桀骜不驯的燕郡王却与太子李建成交好，卷入储位之争倒也没什么可指责的，毕竟当时朝中文武官员，没有参与其中的寥寥无几，可这位左翊卫大将军干得也太离谱了，秦王天策府的亲信张士贵到他营中公干，不但被他轻慢对待，而且还给找了个理由，结结实实地打了一顿。李渊闻知此事后，大怒不已，敕命将李艺立即逮捕，并关在了大理寺天牢之中，让他好好反思，以警告他不要参与到储位之争中。

再怎么样，太子、秦王之争终究是帝家的私事，李渊不希望有过多的外臣来干涉自家的私事，虽说天子无私事，可无论是太子李建成继续为东宫，还是改立秦王李世民为储君，那终究是李渊自己心里衡量的事情，不过此时李渊还不想杀了这个能征善战的统兵将才。

此时突厥强横，李渊在慎重考虑之后，认为李艺素有威名，为突厥所惮，故而希望借其威名以使那些突厥人能够有所顾忌，于是这才下诏，让李艺以本官领天节军将，出镇泾州。在让李艺率领天节军进驻弹筝峡、华亭县的同时，以水部郎中姜行本率军断石岭道，则是李渊为了加强河东道一线的防御而采取的措施。石岭，位于河东道境内，也是突厥大军南入太原的重要通道，根据《唐代交通图考》第五卷"太原北塞交通诸道"的记载，"太原北行至石岭镇岭上或逾岭置关，隶忻州定襄县……石岭关山势回报，号为险阻，其路仅容单车，故为太原府北之重要屏障，安史之乱后，且置军以镇之"，可以看出，这是太原北部的门户屏障，同时也是咽喉之地。

所谓"断道"，其实也就是通过破坏道路的方式，来切断突厥入侵的道路。其实"石岭断道"这个方略是检校并州大总管窦静提出的，窦静根据太原的地理位置和石岭的地形，经过考察之后，认为如果在石岭实施断道，则能够有效地阻滞突厥人南下。自武德初年，窦静受命任并州大总管府长史以来，很是注重北方的军事防御问题，由于北边的突厥多次侵袭并州，加之当时军队粮草供应又是一大难题，为了能够有效地防御突厥南下，并解决军粮问题，窦静曾经多次向皇帝上表，请求在太原附近实行屯田，就地耕种粮食，也正是他的这一主张使得并州驻军通过屯田垦荒的方式，一年收获粮食达十万斛，而他也因功而被升为检校并州大总管，可以说，窦静是很具有一定的战略眼光的。当他在太原附近组织屯田的同时，便一直注重防范突厥南下，窦静以突厥频来入寇为由，请断石岭以为障塞，也是出于战略的考虑，此番姜行本在石岭断道，便是李渊对他的这一建议所给予的肯定。

不得不说的是，武德八年的上半年，大唐帝国对备御突厥南下入侵的问题，是比较重视的，而且也的确采取了很多措施，无论是派遣大将军右武侯将军桑显和前去北方挖掘堑壕隔断北方要路，还是征募江南习水之士在灵武、五原设舟师、造战舰，又或者是遣燕郡王左翊卫大将军李艺率天节军出泾州，屯于华亭县及弹筝峡，或者是以水部郎中姜行本率军断石岭道，都是一系列的备战手段和措施，但效果如何呢？恐怕只有经过战争的检验，才能发现是否有效。而随着夏季的到来，突厥人开始南下了。

唐代武士图

武德八年六月二十四日，随着颉利可汗率军南下进攻灵州，唐与突厥之间的战争由此正式拉开了大幕。灵州位于如今的甘肃灵武地区，由于最靠近突厥所在地，故而往往也是每年突厥南下，首先遭到进攻的州。武德八年六月二十四日，颉利率军南下，首先进攻的目标依然是灵州，而突厥人所面对的对手，并不是一个"善茬儿"，而是时任灵州总管的任城郡王李道宗。

李道宗为李渊的堂侄。西魏八大柱国之一的陇西郡公李虎在北周受魏禅后，因录佐命功居第一，故而被追封为唐国公，他的第三个儿子李昞，因为上面的两个哥哥很早就夭折了，故而承袭了唐国公爵位。李昞死后，幼年丧父的李渊七岁便承袭了父亲的爵位，也正是因为唐国公的爵位，因此李渊才在登基称帝后，将国号定为"唐"。李虎的第四个儿子李璋，北周时，曾官居梁州刺史，但因为与赵王宇文祐合谋试图把持朝政，后被北周大丞相杨坚所杀，不过杨坚倒也没有诛其族，于是李璋的后代得以存活了下来。李璋生有两个儿子，一为李韶，一为李孝基，大唐初立时，皇帝大封宗室，很早便去世了的李韶被追封为东平王，赠户部尚书，而他的长子李道宗则被封为略阳郡公。

武德二年十一月，秦王李世民自龙门关渡过黄河，去征讨割据河北的刘武周，当时大军屯于柏壁，与刘武周部将宋金刚军对峙，并同固守绛州的唐军形成掎角之势，共同进逼宋金刚军。时年不过十九岁的李道宗随李世民出征，跟着这位比自己大不了几岁的秦王殿下共同登上柏壁城观察敌军之势时，李道宗开始崭露头角。当时，李世民随口询问身侧的李道宗道："贼人恃众想邀我决战，来邀我战，汝谓如何？"李道宗给自己的堂兄做出的回答是："刘武周乘胜，其兵锋势不可当，正好应当用计加以摧败。况且乌合之众不能持久，如能坚守壁垒以挫折其锐气，待其粮尽力屈，可以不战而擒获其众。"对于李道宗的这个回答，秦王颇为惊奇，赞道"汝意暗与我合"。

当唐军诸将皆请求出击时，李世民尽皆不许，他对众将说："金刚悬军深入，精兵猛将，咸聚于是，武周据太原，倚金刚为捍蔽。军无蓄积，以掳掠为资，利在速战。我闭营养锐以挫其锋，分兵汾、隰，冲其心腹，彼粮尽计穷，自当遁走。当待此机，未宜速战。"他的这番分析几乎与李道宗的意见如出一辙。而后正如李道宗所说的那样，宋金刚所部在与唐军对峙一段时间后，因为粮草不济，只能连夜退却，而此时，李世民趁机指挥唐军迅速出击，追至介州，一战而胜，从而夺回河东要地，巩固了关中。这一年，李世民年仅二十三岁，而李道宗比这位后来的唐太宗还要小上三岁。

然而李道宗可不是一个只会纸上谈兵的赵括之流，这位年轻的大唐宗室自李渊登基以来，已是屡历战火，他曾经先后在武德三年、四年多次随同秦王李世民进兵洛阳、虎牢关，击破郑帝王世充、夏王窦建德，并参与了征讨刘黑闼之战，可谓多次经历沙场，而且是战功赫赫。武德五年，在李道宗出镇灵州、任灵州总管之初，盘踞朔方的梁师都从夏州南下，派其弟梁洛仁率领几万突厥兵进攻灵州，结果李道宗统军据城固守，然后"待敌懈怠"之际"寻隙出击"，一举大败梁洛仁数万大军。

此后梁师都又勾结突厥人再次南下，军进占五原故地时，年轻气盛的李道宗没有选择固守灵州观望，而是主动率军讨伐，一战将对手赶出了五原，振耀威武，并为大唐向北开拓疆土千余里，而此时的李道宗，其年不过二十二岁。李渊听到露报时，称道不已，并对左仆射裴寂、中书令萧瑀言道："道宗今能守边，以寡制众。昔魏任城王彰临戎却敌，道宗勇敢，有同于彼。"遂封李道宗为任城郡王。

此后李道宗一直镇守灵州，而之所以将他一直放在灵州，除了军事武略方面的考量之外，一个很大的原因便是宗室内的问题，确切地说，还是太子与秦王的储君之争。自武德二年随秦王出征讨伐刘武周以来，李道宗在心里便只存在一个"神"，那就是仅比他年长三岁的秦王，和多数帝国的统兵将领一样，对秦王，李道宗充满了崇敬，因为这位大唐的秦王身上不仅有着"天策上将军、尚书令兼左右十二卫大将军、雍州牧"一系列的封号，还有着"累累战功"所编织起来的夺目光环，谁人不知道，天策上将军、秦王李世民一出，那就是天下震动，秦王就是胜利的象征。

正是因为对于"战无不胜"的秦王殿下的崇敬，李道宗便如同那位桀骜不驯的燕郡王李艺与太子李建成交好那样，心里只认一个秦王殿下，他甚至和淮安郡王李神通、楚王杜伏威三人曾一同焚香洒酒立誓追随秦王，以至于被人称作是"三王拱秦"，而当时李渊正为太子、秦王之争而苦恼不已，"三王拱秦"自然没有什么好结果了，于是楚王杜伏威吃了不是宗室的亏，被诛满门，而李道宗则被皇帝留置在灵州，以让他远离京师长安。

突厥大军南下，进攻的第一个目标便是灵州，而李道宗丝毫不敢大意，他立即派人将情况上奏朝廷，同时命令部下做好应战准备。对于此番颉利可汗率军南下再次犯境，李渊的愤怒是可想而知的，不过这位皇帝做出的一个决定却是立即下令对突厥降格对待。帝国最初与突厥之间的所有外交往来，都是使用平等国家之间的"敌国礼"，而现在皇帝在盛怒之下发出了"往吾以天下未定，厚于虏以纾吾边。今卒败约，朕将击灭之，毋须姑息"的吼声时，将对突厥的文书改为"敕诏"，这也就意味着不再视突厥为平等国家，而当作是帝国的属国来看待。

不过这个政治举措显然是没有什么大用的，毕竟在弱肉强食的年代里，谁具有力量，谁便是强者，故而对于颉利可汗亲自率军进攻灵州，无论是李渊本人，还是中央省部台司都丝毫不敢怠慢。除了要求灵州总管、任城郡王李道宗率兵抵抗之外，李渊还迅速做出了一系列的应对部署。考虑到关内道发生战事的可能性很大，而武德七年的入侵所留下的阴影还在，李渊又以淮安郡王李神通、秉钺将军刘弘基率步骑一万，在豳州以北宁州境内的子午岭以及泾州境内的临泾一线实施布防。

也许发现帝国重点加强了关内道的防御，或许因为在灵州未占到便宜，又或者突厥在灵州方面的行动本就是虚晃一枪，总之突厥人并未立即在关内道的方向继续展开进攻，而是转而将主攻方向转移到了河东道。武德八年七月十七日，突厥颉利可汗先是以大军进攻朔州，接着又在二十四日与代州都督蔺謩战于新城，此战的结果是蔺謩大败而回。

新城之战失利后，河东道的情况更加危急，于是李渊诏以右卫大将军张瑾为并州道行军总管，以中书侍郎温彦博为长史，率大军进入河东道，并布防在石岭一线防御突厥，同时以右骁卫大将军李高迁率军前往大谷一线布防。次日，考虑到情况危急，李渊又遣秦王出长安，以天策上将身份屯兵于蒲州道，提调诸军。一时间，大唐帝国全面进入战争状态，数路大军云集河东之地，大有和突厥决战于太原以北之架势。

其实在这之前，河东之地的唐军势力主要归属于三个都督府指挥，分别是代州都督府、并州都督府和潞州都督府。这三个都督府统辖指挥着众多的府兵、州兵，防卫着以太原这一大唐龙兴之地为核心的河东道。但问题是，在右卫大将军张瑾、右骁卫大将军李高迁分别赶来之前，河东道驻军已经遭到了惨重的损失，位于北部的代州都督府在突厥南下时，首当其冲，而位于河东道中部的并州都督府则是防御太原的核心，并州都督府虽然是由齐王李元吉为都督，但实际主持军务的却是检校并州大总管窦静，突厥人击破了代州都督府之后，南下并州方向，也就使得并州还有置于河东道东南部的以黄君汉为都督的潞州都督府，成了抵御突厥大军的正面力量。

所谓"都督府"其实是初唐时期的一种行政编制，李渊建立大唐后，为了能够加强对地方的统治，不仅改郡为州，对地方行政区划进行了调整，还逐步确立起了适合于当时情况的军事制度。由于隋制从周，而唐初又沿袭隋制，故而李渊登基之后，在边要之地广置"总管"以统军，并加号使持节，总管除了需要指挥驻军之外，一般还兼任治所州的刺史。武德七年，李渊下诏恢复旧制，改总管府为都督府，所以"都督"实际上是掌督诸州兵马、甲械、城隍、镇戍、粮禀，总判府事。所谓的代州都督府、并州都督府和潞州都督府，事实上也就是统领着代州、并州、潞州兵马，并主持当地事务的行政、军事机构。

当蔺謩率领的代州兵马在新城败于突厥之后，事实上，此时唐军在代州地区的力量已经是比较空虚了，这种情况下，也就自然根本无力继续阻挡突厥大军的南下，而突厥人自代州向南，必然要进攻并州，唐军要保卫并州，肯定不会轻视石岭关这个位于并州北部的军事要塞，此时，石岭关的军事价值更被凸显了出来。虽然在六月十四日，水部郎中姜行本就奉命在石岭断道，但显然大唐帝国对于这个重要的关隘要塞的防御部署还是做得不够，直到代州都督蔺謩于新城战败之后，才匆忙以右卫大将军张瑾率军驻屯石岭关，以进一步加强在这个方向抵御突厥的兵力。

从地图上来看，李渊命令右骁卫大将军李高迁率军进入太谷一线，属于一个无奈之举，也是大唐帝国在右卫大将军张瑾率军前往石岭关实施部署之后，所做的一项补救措施。太谷虽然是在河东道的并州境内，但确切的位置却是在并州的南部，这个位置很重要，因为自太谷向东南

唐金花银盘，内蒙古喀喇沁旗出土

而行，可至洛阳，而自太谷向西南，则可至京师长安。李渊以右骁卫大将军李高迁率军守卫太谷，无非是想在并州以南地区建立起第二道防线，如果并州一旦有失，则李高迁的大军能够卡住太谷，阻击突厥大军往东南或者西南方向席卷，继而达到保卫洛阳和京师长安的目的。

至于李渊以李世民出屯蒲州，那用意更明显了。一则秦王一出，在很大程度上显示了帝国对这次突厥入侵的重视，二则因为蒲州位于河东道的西南部，是掩护长安东北方向的重要军事要地。李渊以秦王李世民防守蒲州，显然是加强兵力部署，以构筑抵御突厥的第三道防线，即在太谷有失的情况下，能够依托蒲州方向的防线，来保卫长安，同时在蒲州，还能够指挥河东方向的作战。

然而部署虽然看起来完美，可情况并不是这样，在并州道行军总管右卫大将军张瑾所率大军还没有赶到石岭时，突厥人的大军就已于八月初一攻破了石岭，并随即入寇并州。

石岭失守之后，唐军在并州境内未能组织起有效的防御，毕竟检校并州大总管窦静手下的兵马并不多，仅够用来固守城池，而根本没有和突厥大军实施野战的能力，于是在没有遭到太大抵抗的情况下，八月初六，突厥向南攻入潞州、沁州和韩州，潞州都督黄君汉不得不率军与突厥大军展开鏖战。

在接到潞、沁、韩诸州遭到进攻的消息后，为了加强洛阳方向的防御，武德皇帝又在八月初六日下诏，以安州大都督李靖出潞州道，并以邢州都督任瑰为太行道行军总管，屯兵太行，以御突厥。这两个部署在很大程度上，其实是为了挽回局面，夺回因为石岭失守后而丢失的主动权。

以太行道行军总管的身份率军屯于太行一线的邢州都督任瓌，此番被李渊寄予了厚望，少年丧父的任瓌自幼为叔父任蛮奴收养，而任蛮奴本是南陈的镇东大将军，因为这层关系，故而任瓌也是少读兵书，且知兵事，十九岁时，就担任了衡州司马一职，而且还受到了都督王勇的重用。后来王勇降隋，任瓌便罢官回家。李渊于晋阳起兵时，任瓌便投入其幕下，从此平步青云，一度为招抚大使、左光禄大夫、谷州刺史。和多数军中宿将一样，任瓌对于秦王也很是信服，他曾随秦王李世民率军征讨王世充，此战中，任瓌见识到了这位大唐天策上将军的统兵水平和指挥能力。在平定辅公祏后，任瓌被皇帝拜为邢州都督，主持邢州一线的防务。此番李渊让其屯兵太行，主要是为了防止突厥大军自太行道东进，从而使得河北之地免遭战火。

而以安州大都督李靖统兵出潞州道，很明显是皇帝为了应对突厥对潞州一带的进攻。按照李渊的诏令，李靖率江淮兵一万自潞州向北，匆匆而行，但李靖大军却并未在潞州以北地带构筑防线，而是继续马不停蹄地北上，赶赴太谷增援并州道行军总管右卫大将军张瑾。之所以急着要增援屯兵于太谷方向的张瑾，是因为此时在该方向上，张瑾所率的唐军已经情况很危急了。

并州道行军总管右卫大将军张瑾所率大军之所以急需要增援，是因为此时在太谷这个方向上，战局已经恶化，而事情还得从八月初说起。当李渊在八月初六前后，接连下诏实施一系列部署调整的时候，突厥大军在大掠朔州、继而突破石岭之后，已经开始集中主力继续南下，并展开了对驻守太谷的并州道行军总管张瑾所部的进攻。

史料中关于太谷之战的记录并不详细，仅有《资治通鉴》记载："武德八年八月，并州道行军总管张瑾与突厥战于太谷，全军皆没，瑾脱身奔李靖，行军长史温彦博为虏所执"，又有《唐文拾遗》卷十四"大唐故特进尚书右仆射上柱国温公（彦博）墓志"记载如下："久之，出为行军长史。属胡骑蚁集，穹庐猬起，合围过于百重，在危俟于七日，类回溪之垂翅，若殽陵之丧师。"从这些文字中我们可以看出当时的情况，所谓"胡骑蚁集，穹庐猬起"，也就是说驻守太谷的张瑾所部先是被突厥骑兵重重包围，继而双方激战数日，最终唐军全军覆灭。

由于史料的语焉不详，故而对于太谷之战的具体情况已经很难了解了，而关于此战中唐军的参战兵力，也同样是史书记载不详，但"大唐故特进尚书右仆射上柱国温公（彦博）墓志"，却能够提供一点线索，从该碑文记载的"属狁犹纵虐，疆场受骇……乃以（阙三字）军长史，十万之师，方绝大汉，五饵之术，必系单于"来看，似乎有十万之师，但其实根据当时的兵力结构来看，再考虑到七月二十四日，张瑾赶赴石岭的同时，右骁卫大将军李高迁也率军前往太谷，而张瑾除了右卫大将军的职务外，还兼羽林军将，此外结合"行军长史、中书侍郎温彦博被俘，郓州都督张德政战死，并州道行军总管张瑾几乎是只身逃出重围，投奔李靖"这一战局结果来看，张瑾麾下至少还有郓州都督张德政所部，故而大概可以估算唐军参战兵力至少有数万之多。

不过虽然突厥在太谷方向对唐军实施了毁灭性的打击，让唐人尝到了失败的滋味，但突厥人的攻势也到此为止了，因为他们在歼灭张瑾所部的同时，潞州方向增援而来的永康县公安州大都督李靖所部、曹国公节度齐州总管李勣所部也陆续进入战场，至于李靖、李勣两部在太谷方向的作战是在张瑾所部覆灭前赶到的，还是战后进入太谷的，由于史料记载不详，现在就不得而知了，但有一点是肯定的，那就是在河东道的防御体系到了几乎崩溃的地步时，唐军在付出了重大伤亡之后，终于遏制了突厥的攻势，史载"（唐军）出师拒战，颉利不得进，屯于并州"。此后，大批的唐军源源不断涌来，增援太谷方向，而面对唐军的陆续集中，见已无隙可乘，于是颉利不得不放弃这次南下进攻，转而请和。

请和，这是突厥人的常用手段，而唐军虽然在太谷方向阻滞了突厥大军的前进，但也无力将之歼灭，于是李渊只能同意颉利的请和。不过在颉利请和撤退以后，武德八年的战事并没有结束，唐与突厥在这一年内还发生过多次战事，据《资治通鉴》记载，在当年九月初二，突厥没贺咄设攻陷并州一县，但在初五日，被代州都督蔺謩率军击破。同时突厥再寇灵州，结果被灵州都督任城郡王李道宗击破。

让人不安的武德八年，在皇帝的愤怒、大唐丧师数万于太谷的惨败中过去了。转眼一年过去了，面对北方的突厥，大唐帝国依然无法采取攻势，只能采取相对较为被动的防御部署。武德九年刚刚开年，突厥大

　　　　　　　　　　　　　　　　大漠烽烟

举南下的消息就在长安城内传开了。最初的时候，这个令人感到不安的消息还只是在省部台司间传播，但随着朝廷不断发出兵马调动符令，而灵州西南几个州郡南下躲避战火荼毒的流民又涌入京师长安城，一时间流言纷纷。数个月之前，丧师数万于太谷的那一幕，依然让人记忆深刻，此时京师之内自然是人心不稳了。

由于突厥声言入寇，于是帝国中枢在正月二十二日正式命令各州县修城堡的同时，也开始做积极备战准备。果然，二月二十八日，突厥大军南下进攻了原州。原州属关内道，是突厥入侵关内道频繁经过的地方。面对突厥入侵，李渊下令遣折威将军杨毛率宁州道折威军出兵迎战，同时向太谷集中兵力，并遣太子李建成、秦王李世民作为统帅，准备应对突厥人的大举进攻。

此番面对突厥人的再次南下，李渊显然是吸取了去年的惨痛教训，虽然突厥首先进攻的方向是关内道的原州，而现在河东道方向并没有敌情，但李渊却下诏提前先在河东道集结并部署兵力，于是除了河东道当地各都督府所属驻军进入戒备外，还向太谷集中兵力，以防止武德八年的被动局面再次上演，具体主持并州方向军事防御的是接替张瑾出任并州道行军总管的李勣。

与此同时，李渊还以军功卓著的李世民提调河东兵马，而关内道方向则由太子李建成负责。当然，这只是纸面上的计划，谁也没有想到的是，该计划的最后结果却是"后竟不行"，其实原因很简单，因为突厥此后并没有在河东道、关内道采取大规模行动，倒是北方的梁师都蠢蠢欲动，他攻占了静难镇，随后又进攻了灵州。在这期间，还发生了一个小插曲，那就是奉命出使突厥的南海公欧阳胤本是去与颉利可汗和谈的，可这位仁兄却打算率领自己的五十名随从铤而走险，密谋趁夜黑风高，突袭颉利牙帐，斩杀颉利，可结果突厥人防备森严，欧阳胤率队还未抵达牙帐，就被执失思力擒获。颉利大怒，命人囚了欧阳胤，随后以大军进攻凉州，不过却被凉州都督长乐郡王李幼良所败。到了四月初九，突厥又以部分兵力入侵朔州，结果被朔州行军总管王孝德、朔州刺史姜世师率军给击退了。

进入四月中旬后，突厥人再次南下，虽然只是莫贺咄设的一路偏师，但却攻势凌厉，这股突厥人先是在四月十二日进攻了原州，随后又于

西方人笔下的唐代军队

十五日攻击了泾州。对于突厥对原州、泾州发起的进攻，长安城内可谓一时震动，因为原州、泾州的位置太重要了。

在武德年间，自长安通往灵州方向，总共有两条驿道，史载"南取庆州路，经宁州、豳州至长安，此一道也。南取原州路，又东经泾州，亦至豳州，达长安，此一道也"，故而从突厥人先是进攻原州，继而进攻泾州的行动来看，这次突厥大军进攻的路线其实沿着灵州、原州、泾州这条线向长安展开向心突击。

按照史料中的记载，灵州在京师西北一千二百五十里，原州在京师西北八百里，泾州在京师西北四百九十三里，而通过一个简单的计算可以看出，莫贺咄设的人马不仅已经深入到了距离长安不足五百里的泾州，而且其行动速度也很快，十二日还在距离京师八百里之外的原州，但三天之后的十五日，却已经到了泾州，如此计算下去，再有一两日，这股突厥人便可以长驱直入到长安城下了。

李渊在震怒之余，迅速做出了部署，下诏以安州大都督永康县公李靖为灵州道行军总管，立即对当面的突厥人展开拦截。不过当李渊征召李靖为行军总管率军迎敌的时候，突厥可汗颉利在得知莫贺咄设一支偏师居然已经孤军深入原州和泾州以后，立即采取了行动，他亲自率其主力南下，四月二十日，双方在灵州境内爆发大战。

灵州一战，唐军统帅为一代名将，时为安州大都督、灵州道行军总管的永康县公李靖。因用兵神妙，撰有多部兵法著作的李靖，字药师，所以人称其为"李药师"，他本是雍州三原人，出自陇西李氏定著四房之一的丹阳房，是东晋东莞太守李雍长子李伦的后代。李靖的祖父李崇义在北魏时期担任过殷州刺史，北周时又被封为永康县公，而他的父亲李诠，在隋时，曾为赵郡太守、封临汾襄公。至于他的舅父那就更了不起了，乃是隋文帝时的一代名将，官至上柱国大将军、封寿光县公、食邑一千户，民间传闻死后为十殿阎王之"阎罗"的韩擒虎。

赫赫家世自然让李靖自幼便耳濡目染官场之事，而舅父的威名又使得他对统兵之事充满了兴趣，因为常常与舅父谈论兵家之事，并获指点，故而李靖也受益匪浅，韩擒虎也很看重自己的这个外甥，他曾经感慨"可与我讨论孙吴兵法的人，只有李靖一人了"。但从他的人生轨迹来看，李靖早年的仕途并不顺利。炀帝年间，李靖先任长安功曹，三十岁擢升兵部驾部员外郎，吏部尚书牛弘称赞其有"王佐之才"，甚至就连司徒尚书令楚国公杨素也对他很是赏识，于是有了"红拂夜奔"的野史逸闻。

据说杨素身边有一侍妓，因常执红拂立于杨素身旁，故而得名"红拂"，此女生得是"肌肤仪状、言词气佳，真天人也"。红拂很有见识，识得英雄，而根据《旧唐书》所载，李靖年轻时是"姿貌瑰伟"，对这个翩翩美少年，红拂一眼便相中，于是她竟趁着李靖再次拜访杨素之机，相约私奔了。得知此事后，杨素非但不追究，反而推荐李靖出任马邑的郡丞，从而成全了一段才子佳人的爱情佳话。

一个是倾国倾城的绝代佳人，一个是后来的大唐肱骨，于是李靖与红拂女的故事成为了千古佳话。其实历史真相是这样的：文帝仁寿元年，突厥达头可汗犯塞，文帝以代州总管甘棠县公韩洪率蔚州刺史刘隆、大将军李药王出征，然而大军在恒安却遭遇突厥主力，此战隋军大败，将士死伤大半，突围回来的韩洪与李药王被免官，除爵为民，而刘隆坐罪被处死，时年三十一岁的李靖因为李药王是他的哥哥，自然受到牵连，被降为汲县（下县）县令。隋炀帝继位后，三十五岁的李靖才因政绩升安阳（中县）县令，大业六年已经四十岁的李靖因功迁三原（上县）县令，而杨素早在大业二年就死了。

大业十一年，隋炀帝以卫尉少卿李渊为河东抚慰大使，当年八月，隋炀帝巡幸北塞，被突厥围困于雁门，诏天下郡守县令勤王。就在这个时候，李靖与年仅十六岁的李世民在马邑知遇，这一年，李靖四十五岁。由于雁门解围有功，故而李靖被升迁为马邑郡丞、鹰扬郎将，初步实现了将兵愿望。不过就在李靖在边塞练兵以备突厥的时候，天下大乱，而在与李渊、马邑太守王仁恭抗击突厥的时候，李靖察觉到了一丝不祥。

时为唐国公太原留守的李渊此时正在暗中招兵买马，伺机而动，在察觉到了李渊有"四方之志"后，李靖当即做出了一个决定，他将自己伪装成囚徒，秘密潜逃，准备前往江都，去向隋炀帝告密。可当他才走到京城长安时，关中就已经大乱，因道路阻塞，故而他的南下告密之行也就未能成行。不久之后，李渊于太原起兵，随后大军迅速攻占了长安，李靖真的成了阶下之囚。

按照李渊的心思，李靖自是留不得的，可在临斩前，这位后世名将不甘如此而死，故而大呼："您兴起义兵，本是为了天下，除去暴乱，怎么不欲完成大事，而以私人恩怨斩杀壮士呢？"此话倒是说得有些道理，加之秦王李世民从中斡旋，李渊便赦免了他。

人生的轨迹到了这个时候，似乎对于李靖来说，都不算顺利，但从他被派往赵郡王李孝恭麾下任长史时，他的名将之路却悄然开始了。当时割据江南的萧铣试图派舟师溯江而上，以攻取峡州、巴、蜀等地，但却被峡州刺史许绍击退，于是后梁大军遂退守安蜀城及荆门城。为了能够削平后梁，李渊调李靖赴夔州至信州经略萧铣。仅率数骑赴任的李靖在途经金州时，刚好遇上了庐江郡王李瑗进讨蛮人邓世洛，当时这股蛮兵虽只有数万人，但却因为屯居山谷间，故而唐军接连败北，于是李靖主动为庐江郡王出谋划策，一举击败了蛮兵，且俘虏甚多，这是李靖第一次在军事指挥上崭露头角。

在抵达峡州之后，李靖再一次遇上了危机，因为他发现当面的情况并没有那么简单，由于后梁军控制着险塞，故而唐军进攻道路受阻，因此迟迟不能前进，但李渊却误以为是李靖滞留不前，贻误军机，于是秘密诏令峡州刺史许绍将李靖处死。不过由于许绍爱惜李靖的才干，悄然压下了密令，李靖才免于一死。

正当李靖苦恼于该如何突破后梁军控制的险隘时，开州蛮夷冉肇则叛唐起兵，率众进犯夔州，赵郡王李孝恭率唐军初战失利，此时李靖却趁叛军骄横之时，独率八百精骑冲其营垒，并大破之，后又于险隘处布设伏兵，斩杀冉肇则，俘获五千多人。此战之时，李靖已是五十之龄了，此战让他一战成名。捷报传到京师时，李渊高兴地对公卿说："朕闻使功不如使过，李靖果展其效。"立即颁下玺书，慰劳李靖，并称"卿竭诚尽力，功效特彰。远览至诚，极以嘉赏，勿忧富贵也"，并亲笔写敕予李靖"既往不咎，旧事我久忘之矣"。

武德四年正月，李靖献上平灭萧铣的十策，被采纳，当年二月，李渊在以赵郡王李孝恭为夔州总管的同时，授李靖夔州行军总管，兼任行军长史。李渊很清楚李孝恭的能力，于是以其不太精通军旅之事为由，明敕"三军之任，一以委靖"。正是在李靖辅佐下，唐军开始组织人力和物力大造舟舰，训练士卒练习水战，做好下江陵的准备。

此后，李靖又建议李孝恭将巴蜀子弟招入幕府为官，这是因为李靖发现巴、蜀之地归附不久，情势还不太稳定，而为了解除后顾之忧，只有将当地权贵豪族子弟都召集到夔州，根据其才能的优劣分别授以官职，安置在左右，"外示引擢，实以为质"，便能够稳固巴、蜀。

当年九月，李渊诏令调发巴、蜀兵士，集结于夔州，以李孝恭为荆湘道行军总管，李靖兼行军长史，统辖十二总管，自夔州顺流东进，又以庐江王李瑗为荆郢道行军元帅，出襄州道，为北路军，黔州刺史田世康出辰州道，为南路军，黄州总管周法明出夏口道，为东路军，四路大军分头并进，直扑江陵。

时值雨季，江水暴涨，萧铣满以为水势汹涌，加之路险难行，唐军必然不能东下，遂休养士兵，不加防备，而多数唐将也纷纷请求待洪水退后再进兵。但李靖却力排众议，他说："兵贵神速，机不可失。今兵始集，铣尚未知，若乘水涨之势，倏忽至城下，所谓疾雷不及掩耳，此兵家上策。纵彼知我，仓卒征兵，无以应敌，此必成擒也。"随后亲率舟师，趁江水暴涨之际沿三峡顺水东进，以实击虚，连破荆门、宜都，月余即进抵夷陵城下。

李靖

驻守在夷陵附近的是后梁骁将文士弘所率的数万精兵，李孝恭试图迅速进击，以夺取夷陵，但李靖却不同意，他说："士弘，铣之健将，士卒骁勇，今新失荆门，尽兵出战，此是救败之师，恐不可当也，宜且泊南岸，勿与争锋，待其气衰，然后奋击，破之必矣。"这个意思是避其兵锋，挫其锐气，然后一战可擒。然而李孝恭由于连战告捷，轻敌大意，并没有听从李靖的劝告，自己亲自率兵出战进击，结果是"孝恭军大败，即逃奔南岸，损失极大"。

然而就在此时，李靖见文士弘获胜以后正纵兵四出抢掠，于是趁后梁军忙于劫掠之际率军从侧进击，文士弘一时难以收拢所部，于是大败，被杀及溺水而死者将近一万人，唐军获舟舰四百余艘，夷陵也被攻占。在攻下夷陵之后，李靖又马不停蹄，率轻骑五千，直袭江陵，先克外城，复收水城。然而在缴获千余舟舰后，他却命将士弃之江流，诸将对此做法都困惑不解，认为缴获敌船，正好充当军舰，为何却遗弃江中，以资敌用？李靖解释说："萧铣之地，南出岭表，东距洞庭，吾悬军深入，若攻城未拔，援军四集，吾表里受敌，进退不获，虽有舟楫，将安用之？今弃舟舰，使塞江下，援兵见之，必谓江陵已破，未敢轻进，往来觇伺，动淹旬月，吾取之必矣。"

果然如他所料，舟舰顺流漂下，来援江陵的梁军见之，以为江陵已破，都疑惧不前。交州刺史丘和、长史高士廉等人在赴江陵的途中听说萧铣已败，便都到孝恭营中投降，而割据东南、自称"梁王"的萧铣坐守孤城，内无粮草外无援兵，只得自缚请降。

大军进入江陵之后，诸将都以为萧铣将帅抗拒官军，罪大恶极，建议赵郡王籍没其家财产，用以犒赏官军将士，但李靖立即出面劝止，晓以大义，他说："王者之兵，吊人而取有罪，彼其胁驱以来，借以拒师，本非所情，不容以叛逆比之。今新定荆、郢，宜示宽大，以慰其心，若降而籍之，恐自荆而南，坚城剧屯，驱之死守，非计之善也。"由于李靖的这一做法颇得人心，于是江、汉纷纷望风归降。

虽是辅佐赵郡王李孝恭，但伐梁两月，便功成灭梁，此功让李渊颇为惊喜，于是诏封李靖为上柱国、永康县公，赐物两千五百段，并擢其为检校荆州刺史，后又为岭南道抚慰大使、检校桂州总管，李渊特敕许承制拜受，以安抚岭南诸州。在招抚了岭南九十六州，将长江中游及岭南地区尽为唐之所有后，李靖又平定了辅公祏的反叛，江南之地尽皆归属大唐。

因李靖功高，李渊专设东南道行尚书台，授李靖为行台兵部尚书，并极口赞叹："靖乃铣、公祏之膏肓也，古韩白卫霍何以加？"又在宴赏群臣时感叹："大河上下，二郎征讨，江南半壁，药师涤荡；得将如此，朕复何憾？"事实也确如李渊所言，长江以北之所以能够在短短数年内平定，主要得益于秦王李世民的征讨，而大唐帝国之所以能够获得江南大地则是依靠这个差点被皇帝砍掉脑袋的李药师在几年内的东征南伐。

自武德八年，大唐帝国开始对突厥备战，李渊特命将坐镇江南的李靖调到北方，以对突厥作战，此前太谷之战，李靖便已有与突厥人交手的经验，而此番，以安州大都督灵州道行军总管的身份出阵迎敌，李靖更是早有准备，面对突厥大军，他已经选好了理想的战场，而这个战场就是灵州的硖石。

硖石位于灵州治所以南，此处两山相夹，黄河经其中，地势比较险要，李靖选中这里为战场，很显然是清楚地认识到，没有地形的优势，在灵州地域，缺乏骑兵的唐军想要在野外击败突厥人，实在太难了。关于灵州之战，记载并不多，但有一点是肯定的，那就是双方激战彻日，"自旦至申"，突厥人在遭到了顽强抵抗之后，最终不得不选择了退却。

虽然此番颉利可汗在关内道，从灵州方向展开的大举进攻，在李靖的反击下，被暂时地遏制住了，但很显然他们并未就此善罢甘休，突厥人在这一年的入侵中尝到了甜头，特别是莫贺咄设这支偏师居然能够孤军深入原州和泾州一线，更是让颉利对南下长安充满了渴望，开始寻找其他的入侵途径，他们先后对西会州、秦州、兰州、陇州一线连续发起了多次进攻。

然而就在这个时候，武德九年的五月，朝内和边塞先后发生了两件大事，而这两件大事也在很大程度上导致了随后的"玄武门之变"。这两件事，便是"太白经天"和"突厥入塞围乌城"。

史载："武德九年五月，太白昼见；六月丁巳，经天；己未，又经天。在秦分。"所谓"太白"就是金星，按照天文学的解释，金星的运行轨道是位于地球运行轨道的内侧，因此通常会在清晨太阳未完全升起前，或者傍晚太阳未完全落下时，才能够观测到金星，这主要是因为太阳自身的光芒遮盖了金星反射的太阳光，故而在白天，肉眼是无法看到金星的。正因为如此，所以古人才将在白天看到金星的天文景象称为"太白昼见"，如果白天在午位（正南方）看到金星，则称之为"太白经天"。而一旦出现"太白经天"的现象，通常被认为是不正常的，甚至是改朝换代、权力更迭的征兆。

史料中所载"太白昼见，天子有丧，天下更王，大乱，是谓经天，有亡国，百姓皆流亡"，又有"经天则昼见，其占为兵丧，为不臣，为更王，强国弱，小国强"等说法，故而武德九年三次出现太白经天这一天文现象时候，皇帝李渊自然会异常震惊了。

偏偏此时太史令傅奕又向皇帝密奏，"太白见秦分，秦王当有天下"，即太白出现在秦地的分野，预示着秦王将获得天下。太史令的这份奏折让李渊当即勃然大怒，《资治通鉴》记载"上以其状授世民"，而为什么李渊让人将傅奕密奏的"秦王当有天下"的奏状送给李世民，至今是个谜，李渊的用意是什么？至今都让人争论不休，但有一点是肯定的，那就是李世民即位后，曾对傅奕说"汝前所奏，几累于我"。由此可见，"太白经天"及傅奕密奏"秦王当有天下"这两件事的确很严重。

且不说李渊让人将傅奕密奏的"秦王当有天下"的奏状给李世民看的用意是什么，但有一点是可以肯定的，那就是在经历了"太白经天"和傅奕密奏这两件事以后，李渊对李世民的态度发生了急剧变化，已经不再信任李世民了，这件事从"突厥入塞围乌城"这件事上得到了充分的体现。

史载"突厥郁射设将数万骑屯河南，入塞，围乌城，建成荐元吉代世民督诸军北征；上从之，命元吉督右武卫大将军李艺、天纪将军张瑾等救乌城"，这就是所谓的"突厥入塞围乌城"一事。根据《大唐故右屯卫翊府右郎将阿史那勿施墓志》中"父阿史那偵末，单于郁射设，处罗可汗嫡子"的记载，郁射设是突厥处罗可汗的嫡子，郁射设原本有可能继承突厥汗位，但是没有成功，原因是"义成公主以其丑弱，废不立之，遂立处罗之弟咄苾，是为颉利可汗"。也就说，处罗可汗的嫡子郁射设亲率数万骑南下，包围了乌城。

关于乌城所在，现在已不得而知，史载"乌城，盖在盐州五原县乌盐池；或曰，在朔方乌水上。杜佑曰：武威郡南二（百）里有乌城守捉"，也就是说夏州的朔方乌水、盐州五原、凉州（武威郡）的乌城，都有可能是这个"乌城"。

但不管乌城究竟在哪里，有一点是肯定的，郁射设这次围乌城，其实威胁并不大，任城郡王李道宗、安州大都督灵州道行军总管李靖，还有秦州都督霍国公平阳君柴绍，足以应付，但这个时候，太子李建成却推荐齐王李元吉代替秦王李世民去都督各路军马北征以抵抗突厥入侵，而李渊也应允了这一奏请。于是以齐王督率右武卫大将军李艺、天纪将军张瑾等人援救乌城，而齐王元吉又趁机奏请以秦王天策府大将尉迟敬德、程知节、段志玄以及秦王府右三统军秦琼等随行，李渊亦无不可。

武德九年五月二十六，尚书省连续发布了两道明敕，明确宣示废山东道行台，设河东道大行台领洛阳以东北至长城南至扬州广大地域内的军政全权，罢天策上将秦王李世民所兼陕东道大行台尚书令和陇西道行台尚书令二职，由齐王接任，召原灵州都督任城郡王李道宗回京述职。这道敕旨由中书省草拟，经门下省审核副署，加盖皇帝玉玺后由尚书省发往朝廷六部九卿十二卫御史台大理寺，抄件快马呈送天下四十一郡。这就等于是原本掌军令任征伐的秦王此番不仅未得挂帅，还被削去了陕东陇西两地实权，而齐王李元吉却被委以重任。

数日之后，武德九年六月初一，李渊在太极殿亲自主持中朝，宣布正式拜四皇子齐王李元吉为扫北行军元帅，当场授以金印、节、符、绥

唐彩绘侍女俑

及天子剑，允其节制长安以北的诸州郡驻军及天纪、天节两军，同时宣布调尉迟恭、段志玄、程知节、秦叔宝、刘师立、庞卿恽、公孙武达、杜君绰、郑仁泰、李孟尝十将于元帅府听调，另敕左骁卫大将军薛国公长孙顺德率三府禁军出武功卫戍京兆。

这无疑是釜底抽薪，抽空了李世民秦王府中的力量，正是在这种情况下，才有了太了对齐王所说"汝已得秦王骁将，拥数万精兵，来日吾与秦王饯汝于昆明池，汝使壮士拉杀之，天下事可定"这段话。然而隔墙有耳，这段话被太子率更丞王晊听到了，偏偏这个王晊是李世民在太子东宫中所布下的眼线，听到太子与齐王之间这番对话后，王晊立即驰告秦王。李世民当即与秦王府长史比部郎中长孙无忌等近臣商议此事，于是众人纷纷劝李世民先发制人，不能让太子、齐王趁着出兵抗击突厥的机会，瓦解秦王府的力量，更不能让昆明池成为秦王人头落地的地方。

虽然李世民说什么"骨肉相残，古今之大恶。我诚知大祸只在朝夕之间，但我打算在祸事发生以后，再举义讨伐他们，这不也是可以的吗"，但其实有一点是肯定的，那就是这位后来的太宗皇帝对于至高无上的权力也是充满渴望的，否则也就不会有武德年间的"太子、秦王之争"了。

何况"功高不赏，唯有赏死"也是不少功臣的最终下场，以秦王的性情，他不是那种坐以待毙之人，不过既然"李二郎"说出了"骨肉相残，古今之大恶"这样道貌岸然的话语来，这个时候，秦王府幕僚们的意见和态度也就变得极为重要，时为秦王府左二副护军的尉迟恭对李世民及众人说："大王是久历兵事的人，当知这是一厢情愿的想法。人情谁不爱其死！而今众人以死奉大王，乃天授大位于大王。而今塌天大祸就在眼前，而大王犹自犹豫不以为忧，大王纵然不以已身为重，又将宗庙社稷置于何地？大王不用敬德之言，敬德只能辞去，归隐山林再为草莽，不能留居大王左右，交手受戮，还望大王善纳众人之言！"

在尉迟恭这个粗人开口之后，作为李二郎大舅子的长孙无忌也慢条斯理地开口说道："大王若不从敬德之言，这一场征战不用算也知其败！东宫待大王如寇仇，大王待东宫以手足。如此态势不均，而大王之心又不能定，明知必败之战，敬德等众将岂肯为之？再由于彷徨下去，众将必不复为王所有，无忌亦当相随而去，不能复事大王矣！"

显然，这个饱读诗书、满腹经纶的儒生比那个只会打打杀杀的武将说话有水平，长孙的这番话自然要比尉迟恭的话语更让李世民受用。不过受用归受用，在这个时候，李世民还是要做出一种姿态来，于是他说："你们应当知晓，此番我们所面对之敌，不仅有太子和齐王。只要我们在长安城内动起刀兵，便是父皇之敌，朝廷之敌，社稷宗庙之敌。于天下人眼中，父皇是君，我是臣；父皇是父，我是子，太子是兄，我是弟。若不能取得陛下的支持，我们在长安城内所冒风险就是万世之险，故而我才提议待太子不道，我们再起而讨之，这样不仅无亏臣道，也无亏孝道。故而本王所言，未可全弃，其他的诸公再计议一下吧。"

秦王的这番话至少从道德的角度来看，是没有任何瑕疵的，起兵造反乃为不忠，而与父兄为敌，又是不孝，不忠不孝之徒是儒家主导的社会所难以容忍的。然而尉迟恭这个粗人却以一番慷慨激昂的话语对二殿下的话语给予了全盘否定，他说："大王在战场上何等智勇，如今临大事怎么这等糊涂？大王今处事有疑，是为不智；临难不决，是为不勇。况且大王麾下三府军士，凡是在外面的，现在都已经进入宫中，人人摄甲执兵，起事的形势已经形成，此事关乎多少人的身家性命，已经不是大王一人之事了！"

这话说得一众人等血脉贲张，于是众人纷纷劝说秦王应该当机立断，见李世民还在犹豫，左虞候天策府骠骑将军侯君集直截了当地问道："大王认为舜是什么样的人呢？"李世民答道："是圣人。"于是侯君集说："这就是了，使舜浚落井不出，则不过井中之泥罢了；涂廪不下，则不过廪上之灰罢了，安能泽被天下，法施后世乎！是以小杖则受，大杖则走，只有留得有用之身，方可全忠义，尽孝道，施友爱。大王今日被逼无奈先发制人，正是为了日后能于社稷尽忠，于陛下尽孝，于天下子民广施仁爱！"

一旁的行台考功郎中房玄龄马上接口道："侯君集此言不确，何须待得日后？大王今日之行，本身就是于社稷尽忠，于陛下尽孝，施天下子民以仁爱！"听取众人意见的李世民这一次没有再犹豫，于是他命人算卦以卜吉凶，此时恰好秦王府的幕僚张公谨从外面进来，见到这一幕，张公谨便将占卜的龟壳夺过来扔在地上，大声喊道："占卜是为了决定疑难之事的，现在事情并无疑难，还占卜什么呢！如果占卜的结果是不吉利的，难道就能够停止行动了吗？"于是便订下了行动计划。

随后，李世民连夜入宫密奏李渊，告发太子李建成和齐王李元吉与后宫的嫔妃淫乱，并说："臣于兄弟无丝毫亏负，今欲杀臣，似为王世充、窦建德辈报仇，臣虽死，实耻见诸贼！"对于秦王的这番密告，李渊颇为愕然，他在震惊之余，说出了"明日朕当鞫问，汝可早至"。说这番话语的时候，显然李渊绝对没有想到自己面前的这个儿子会起兵叛乱。

而此时，太子李建成虽然因为与之交好的张婕妤从宫中给他捎来的口信，而已经得到了秦王入宫密报的消息，但他并没多想，只是连夜召齐王李元吉商议此事，齐王认为"应该布置东宫宿卫、长林军和齐王府军，继而托称有病不去上朝，以便观察形势"。太子李建成在犹豫了一番之后，认为"布置就绪，明日应当入朝参见，打听消息"。而太子之所以如此淡然，是因为他认为大局已定，根本没有想到秦王会在长安起兵。

的确，在长安城中造反并不是容易的事情，自李渊登基，大唐建政长安以来，当今皇帝陛下便一改前隋宫城宿卫重南轻北的布置，而是建禁军屯卫于玄武门内，由三万太原元从禁军负责宿卫内宫，这三万元从禁军后虽屡经裁抑，也仍有一万八千之数，而且这支宿卫宫城的禁军在编制上并不属南衙十二卫统辖，尚书省也无权节制。也就是说，秦王虽然是天策上将军、领十二卫大将军，但却根本无权调动这屯于北门的左右二营的皇帝私兵。

再从地形上来看，玄武门为禁宫北门，紧倚着太极宫的后宫和东宫，加之又是负责内宫宿卫职责的禁军屯署所在地，战略地位极为冲要。虽然禁军统领职不过五品，却直接听命于皇帝，而又由于禁军屯署设在北

56

门内，久而久之，形成了与南衙相对的"北衙"之称，一旦控制了玄武门，就相当于打开了内宫的门户，同时也等于控制了禁军，若是控制不了玄武门，即便有数万军马也只能望宫门兴叹。

武德九年时，在玄武门禁军屯署之下，编制有左、右二屯营，其中左屯营统领为黔昌侯云麾将军敬君弘，而右屯营统领为中郎将吕世衡，只不过此二人与身任左右监门卫左翊中郎将和玄武门禁军屯署左右屯营将军二职的常何，却早已经是秦王李世民的人，这一点无论是皇帝李渊，还是太子李建成、齐王李元吉都不知道。此外，尚书右丞雍州司马左金吾卫大将军领监察御史任国公刘弘基也早和秦王李世民关系暧昧。

从某种程度上来说，刘弘基的态度很重要，这一点从他的职务便可以看出，首先，尚书右丞是省官，在尚书省内位列第五，仅在令、左右仆射和尚书左丞之后，居于六部尚书之上；其次，他还是雍州司马，而雍州又为京兆，雍州牧自李渊建元武德以来，便由太子建成和秦王世民先后兼领，但二人都并非实任，于是一州钱粮刑狱等庶务均由别驾代理，防务则是委诸司马，因而雍州司马一职虽是外官，但却是京兆实质上的最高军事长官；第三，左金吾卫大将军，虽然隶属十二卫府，且在各卫府中位列第七，然则若论职权，却是极大，因为左右金吾卫府司掌宫中、京城巡警及烽候、道路、水草之宜，而凡是京城内的翊府、外府、夷兵番迎，都是隶属于其管辖统领之下，以至于长安城内除了太极宫内皇城是由玄武门禁军屯署负责之外，外宫城宿卫、南衙宿卫、兴庆宫宿卫、宏义宫宿卫，还有其他各亲郡王府、各公爵府、三司、六部、九寺、京师各衙署及长安十二门城防均在其掌控之中；至于监察御史，虽然是台官，品秩不高，但地位却颇为超然，因为其职在巡视纠察京城百官错失，总朝廷风宪，官位虽列在从八品下，然而其职责行止，虽是政事堂宰辅王公贵戚也不得过问。这样来看，刘弘基才是长安城内握有军政实权的关键人物，可就是这样一个关键人物，此时却选择了秦王李世民的阵营，而不是皇帝李渊或者太子李建成，颇耐人寻味。

武德九年六月初四凌晨，在做了一番谋划之后，秦王李世民率领长孙无忌、尉迟恭、侯君集、张公谨等十二将及两百亲兵自宏义门出了宏义宫，并在玄武门禁军屯署左右屯营将军常何亲自率领的北门禁军的接应下，顺利进入了玄武门，并埋下了伏兵。

3. 贞观破局

关于玄武门之变，史料中的记载不甚详细，但有一点是肯定的，历史肯定不是如同史料中所记载的那样，政变发生时李渊正在宫内的海池上划船，秦王让尉迟恭入宫担任警卫。而当尉迟恭径直来到李渊所在的船上时，李渊大惊，问道："今日作乱的人是谁？爱卿到此做什么？"

尉迟恭回答道："秦王因为太子和齐王作乱，起兵诛杀了他们。秦王殿下担心惊动陛下，故派臣担任警卫。"大惊失色的李渊对裴寂等人说："不料今天竟然会出现这种事情，你们认为应当怎么办呢？"面对皇帝的询问，众臣纷纷表示说："建成与元吉本来就没有参与举义兵反抗前隋的谋略，又没有为天下立下功劳。他们嫉妒秦王功劳大，威望高，便一起策划奸邪的阴谋。现在，秦王已经声讨并诛杀了他们，秦王功盖宇宙，天下归心，陛下如果能够决定立他为太子，将国家大事委托于他，就不会再生事端了。"

于是李渊说："好！这正是我素来的心愿啊。"遂决定封秦王为储君。此时宿卫禁军和秦王府的兵马依然在与东宫和齐王府的亲信交战，故而尉迟恭请求李渊颁布亲笔敕令，命令各军一律接受秦王的处置，李渊接受了建议，并让宇文士及从东上阁门出来宣布敕令，这才让双方停止了战斗。而后李渊又让裴寂前往东宫开导太子李建成麾下的诸将士，东宫人马便都弃职而散。在安定了大局之后李渊又召世民前来，并当众抚慰他，而秦王则跪伏在李渊的胸前，号啕大哭良久，此后父子重归于好。

那么真相真的是这样吗？当然不是，为什么李渊一大早就去划船，而裴寂、萧瑀、陈叔达等相公又都在船上？其实自古以来，皇权都是受到一定的人为限制的，当时为了能够约束君王的言行，宫中有一种职官专门随侍君王左右，以记录其每天的言论和活动，这些职官在先秦时期为左史记事、右史记言，而汉唐以降，则为起居郎，也有叫起居令、起居舍人的，他们每天记录下的内容汇总在一起，则为《起居注》。

《起居注》所涉及的内容极为广泛，除了君王在宫中的私生活之外，其他的种种言行，如朝廷诏令赦宥、礼乐法度、赏罚除授、群臣进对、祭祀宴享、临幸引见、四时气候、户口增减、州县废置等事项，都要一一记录在案。不过，这里有一条不成文的规定，这一切仅作为而后撰修国史的基本材料，其内容既不能外传，君王本人也不得过问。

也许玄武门之变，作为一件大事，是肯定要被记录到《起居注》的，而李世民自然也很担心这一点，据《唐会要》记载，贞观九年十月十六日，李世民就急于想看到国史，他提出的理由是：前代的国史藏在史官那里，君主看不到，今天我想看看，为的是能更好地知道我的得失。对此谏议大夫朱子奢说："陛下圣德，从来没有过失，史官所记，自然尽善尽美。陛下想看《起居注》，当然也不会有什么问题。但是，若陛下开了这个头，以此传示子孙，我担心数代之后的君主心胸不如陛下，他们一定会隐恶扬善，而忠实记录的史官难免不受到刑诛。这样，史官为了避祸，只好为之文过饰非。那么，千载以下就没有实录了，这就是前代为什么规定君王不能看的原因了。"

这位昔日的秦王殿下很清楚即便是皇帝，也是不能私自翻看《起居注》的，更不能明火执仗地去篡改《起居注》，可是他又对此很不甘心。后来褚遂良担任谏议大夫兼任知起居注，李世民又提出想看《起居注》，然而褚遂良却回答说："君主的言行，善恶必记，以使皇帝不犯过错，我从未听说有哪位君主看过。"很是不甘的李世民问道："朕有过，你也记吗？"对此褚遂良说："我的责任如此，陛下的言行都要记。"而侍立在一旁的黄门侍郎刘洎则干脆插话说："即使褚遂良不记，天下人也要记。"

然而谁也没有想到的是这更加坚定了李世民的决心，他一定要一览究竟。贞观十七年，由房玄龄和许敬宗等人撰写的高祖、李世民实录完成，按制，房玄龄等人随即将完稿呈给皇帝过目，然而此时却引来了李世民的不满，据记载，太宗在看到玄武门之变时，发现"语多微隐"，于是下令"削去浮词，直书其事"。什么是"削去浮词，直书其事"

呢?《旧唐书·许敬宗传》也许说得更清楚一些:"初,高祖、太宗两朝实录,其敬播所修者,颇多详直,敬宗又辄以己爱憎曲事删改,论者尤之。"

由此可见史书关于"玄武门事变"的记载,其实是在当年那位秦王殿下的一手指导下,由房玄龄和许敬宗润色文笔之后所撰写而成的,其可信度自然可想而知。不过通过正史记载、野史补遗,及逻辑分析,我们还是能够还原出当时的场景的:

六月三日,秦王世民夜闯禁宫,密报太子李建成和齐王李元吉与后宫的嫔妃淫乱,并称次日太子、齐王将在昆明池谋害自己。李渊遂决定次日召太子、齐王、司空魏国公裴寂、尚书左仆射宋国公萧瑀、中书令密国公封伦、吏部尚书兼中书令左卫大将军杨恭仁、门下省侍中江国公陈叔达、检校侍中郐国公宇文士及等一众人至两仪殿,以审断此事。

然而深夜,秦王却秘密带人入宫,发动政变,一方面,以亲信段志玄、周孝范、庞卿恽、张士贵等人接管南衙十卫和内廷三省,在解除了宿卫三省的卫军武备、切断了内廷政事堂和外界的联系的同时,还控制了尚书、中书、门下三省,并将诸相一并"留住",另一方面则是迅速控制了宫中宿卫,并将李渊转移到海池中的龙舟之上,可以说,此时,秦王已经完全控制了局面。到了清晨时分,一无所知的太子李建成、齐王李元吉二人骑马入朝,经玄武门进入内宫,从这一刻起,也就注定了他们的命运。

直到来到临湖殿时,太子、齐王才感觉不妙,发现形势有异的李建成、李元吉随即调转马头,试图奔回东宫,也就在这个时候,一身戎装的秦王出现了。史载李世民在后大声呼止,然而李元吉张弓回射李世民,但仓皇之间,却是怎么也拉不开弓,而李世民迅速搭箭拉弓,一箭便将李建成射杀。此时恰好尉迟敬德率七十骑赶到,李世民催马追赶齐王李元吉,却因为马失前蹄而跌下了马来,又因衣袍被树枝挂住,怎么也爬不起来。正在此时,李元吉赶到,夺下李世民的弓,试图用弓弦扼死李世民,幸亏敬德及时赶来,慌乱之间,李元吉只得逃奔向武德殿,却被紧追而上的敬德诛杀。

与此同时,在玄武门外,一场混战正展开。在得知情况有异之后,左长林将军冯诩、右长林将军冯立、齐王府车骑将军谢叔方等率领东宫、齐府精兵二千奔至玄武门外，然而秦王天策府的张公谨力大，竟自门内闭关以拒之，使东宫率兵、齐府护兵不得入。于是东宫率兵、东宫长林军、齐府护兵、宫廷北门禁兵、城防巡兵、天策亲兵、秦府护兵纷纷展开混战，而其中云麾将军敬君弘因为掌宿卫兵屯玄武门，故而和试图冲入玄武门的太子、齐王亲信打得最为惨烈。

虽然有人劝说敬君弘："如今局势诡异内情不明，且禁军士卒多还在驻地，姑且慢慢观察事态的发展变化，等到兵力汇集起来，结成阵列再出战，也为时不晚。"可他却是不听，而与中郎将吕世衡死守玄武门，结果双双战死。若不是尉迟恭提着李建成和李元吉的首级前来，使得东宫和齐王府的人马顿失斗志，恐怕情况还将糟糕。

根据时在赵郡王李孝恭府参与机密的岑文本在《武德贞观杂记》中的记述："初四日，隐太子谋发，宫府兵逆玄武门，不克，遂复扰西宫。街市翻覆，黎庶不宁，而京兆守不知踪，举城纷乱世界，至淮安王携敕寻至，乃止。"也就是说当时京师长安中打翻了天，而偏偏又找不到雍州别驾左金吾卫大将军刘弘基了，最终是淮安郡王李神通携敕前来，才平复了京中的战事。

李神通手中的敕从何而来，这就不得而知了，但有一点是肯定的，那就是李渊妥协了……可以说，此时，秦王李世民在玄武门内发动的宫变完全成功了，李渊被软禁，太子李建成和齐王李元吉被诛杀，太子的五个儿子安陆王李承道、河东王李承德、武安王李承训、汝南王李承明、巨鹿王李承义，齐王的五个儿子梁王李承业、渔阳王李承鸾、普安王李承奖、江夏王李承裕、义阳王李承度十名皇室成员均被诛戮。而太子、齐王一党土崩瓦解，太子洗马魏徵被囚禁，右骁骑大将军东宫左右卫率将军薛万彻、左长林将军冯诩、右长林将军冯立以及齐王府车骑将军谢叔方等尽皆逃匿，大唐京师长安，已然完全落入秦王李世民掌控之中。

两天之后的六月六日，李渊下敕罪己，称"朕识人不明，致使上天示警，太白贯日，酿成宫门惨变，使朕几有投抒之感"！随后皇帝又颁敕，宣布立秦王李世民为太子，晋位东宫，并明敕文武王公："自今日始，凡军国庶事无大小盖决于太子，朕不复闻！"

武德九年六月十日，秦王李世民在东宫显德殿受百官朝贺，正式成为大唐帝国的储君。次日，诏定太子宫属，以原门下省侍中宇文士及为太子詹事、长孙无忌为太子左庶子、杜如晦为太子左庶子兼太子中允、高士廉为太子右庶子、房玄龄为太子右庶子兼太子舍人、张公谨为太子家令、侯君集为太子左右卫率府将军、尉迟敬德为左卫率、程知节为右卫率、虞世南为中舍人、褚亮为舍人、姚思廉为洗马。而论及政变的功劳，又以长孙无忌和尉迟恭为第一，故而分别赐绢一万匹，此后又以"爱卿对于国家来说有安定社稷的功劳"为由，把齐王国司的金银布帛器物全部赏赐给了尉迟恭。

武德九年六月十八日，尚书省发布上敕，废天策上将府建制，原天策府从署除弘文馆外，尽行裁撤。次日，再发上敕，改封原赵郡王李孝恭为河间郡王，改封原任城郡王李道宗为江夏郡王。而在此期间，尚书省还连发数道省文，行文山东道行台尚书令并州都督李世勣，要求他立即将原东宫太子中允王珪"执归长安待罪"，与此同时京兆周围的村县山野间，则不时可以看到军士们在搜寻东宫及齐府旧人。

其实在政变的当天，按照秦王府诸将领的意思，太子、齐王的一百多名亲信应该全部诛杀，并将他们的家产没收官府，但尉迟恭再三争辩说："罪孽都是两个元凶所犯，而他们已经伏诛了，倘若还要牵连他们的党羽，就不是谋求安定的做法了！"于是李世民诸将领停止了对那些"余党"的追杀。而李渊颁布的诏书中，也明文大赦天下，而将叛逆的罪名只加给李建成和李元吉二人，对其余的党羽，一概不追究。故而在政变后的第一天，右长林将军冯立、齐王府车骑将军谢叔方都自动出来负罪，而右骁骑大将军东宫左右卫率将军薛万彻也主动"投案自首"，对这些东宫、齐王旧人，已为大唐储君的李世民只是感慨地说"这些人都能够忠于自己所事奉的人，是义士啊"，继而赦免了他们。

而原东宫太子舍人魏徵更是因祸得福，这位早年在武阳郡丞元宝藏帐下为官，后又追随李密、窦建德，武德四年方才被建成拜为太子洗马的东宫旧臣曾经不止一次地劝说李建成当先下手除掉李世民，然而终未成事。玄武门事变后，太子被杀，而他也成了阶下之囚，不过这个自称"习得帝皇之术"的儒生，在李世民责备他为何离间他们兄弟间关系时，他却从容答道："太子早从徵言，必无今日之祸。"李世民对其耿直的气度非常赞赏，乃抛弃前嫌，任命他为詹事主簿。

不过对于魏徵、冯立、薛万彻等人的赦免并不等于玄武门之变后，就没有人被株连。武德九年六月十七日，庐江郡王幽州大都督李瑗反迹败露，被自己的妹夫右领军将军彭国公王君廓诛杀。此事在六月二十一日便传到京师，随后在被尚书省登于抄报之后，立时朝野震动。

其实这事情的背后与长安的宫变是有着很大的关系的，年初，李渊以李瑗任幽州都督，但李渊也知道这位庐江郡王怯懦无能，没有将帅之才，便以右领军将军王君廓辅佐他。王君廓此人多诡，他自幼孤贫，以贩马为生，因品行不端，经常偷盗，故而乡里都引以为患。隋朝末年，天下大乱，于是王君廓聚众为贼，四处劫掠，至李渊起兵之前，王君廓已是占据井陉的一方大盗了。武德元年归唐之后，王君廓被封为上柱国、河内太守、常山郡公，后改任辽州刺史、上谷郡公。秦王东征王世充的时候，王君廓奉命攻打洛口，断绝洛阳粮道，而后又率部攻克轘辕。武德四年，夏王窦建德出兵援救王世充，与秦王战于虎牢关，王君廓亲率一千轻骑，截取夏军粮草，并俘获夏军大将张青特，因功而被封为右武卫将军，晋爵彭国公。

武德八年，镇守幽州的王君廓曾大破突厥，一战俘斩二千人，获马五千匹。李渊大喜，乃召王君廓入朝，赐其御马，并让他在殿上骑马而出，又赐锦袍金带。皇帝在以庐江王李瑗出任幽州大都督时，清楚地认识到自己的这位堂侄不是将帅之才，于是便命王君廓辅佐他。由于王君廓骁勇强悍，故而李瑗也非常倚赖他，对他推心置腹，并把自己的妹妹许配给他，联成亲属，每有所谋，辄为商议。

当初太子李建成图谋铲除秦王李世民，暗中与李瑗相互交结，李世民派人抄捡东宫时，查得庐江王李瑗与建成密通的书牍若干封，其中多数涉及与李世民的储位之争。李世民入主东宫总揽朝政后，立时令中书省通事舍人崔敦礼，驰驿赴幽州召李瑗入京对簿，敦礼至幽州，见李瑗时，只说促令入朝，并未明言对簿事。李瑗已自觉心虚，亟召将军王君廓入商。

谁知那王君廓在军中从李世民征战多年，已是秦王亲信，此时见状，便以言语试探道："京师事变未知结果，大王是国家宗亲，受命守边，拥兵十万，难道一介使来，便从他入京吗？况且赵郡王前已交付狱吏，而且太子、齐王身为皇上亲子，尚且遭此巨祸，大王此番入京，观此形势，恐未必能自保呢。"说着，便佯作涕泣状。

李瑗听了王君廓的话说道："公诚爱我，我计决了。"于是遂于当日拘禁崔敦礼，并向他询问京城中的机密要事，然而崔敦礼不肯屈服，李瑗便将他囚禁起来，同时征兵发难，并且传召燕州刺史王诜赶赴蓟州，与他计议起事。

兵曹参军王利涉颇通军事，于是进言道："大王如今无诏而擅自发兵，这是造反！应当权益应变，以结众心。如果诸州刺史召之不来，大王将如何起事？又将如何保全自己？"李瑗闻言，不禁忧惧起来，于是问计："那该如何是好？"王利涉回答说："山东豪杰曾受窦建德所用，如今失职而与编户平民一样，这些人唯恐天下不乱，如大旱之时盼望时雨。大王如能派遣使者，恢复他们的旧职，随其所在招募兵马，诸州如有不从，则立即予以诛讨，那么河北之地就唾手可得。然后派遣王诜对外联络突厥，道经太原南下蒲、绛地区，大王整顿车驾西入关中，两军合势，不出旬月天下可定。"

李瑗大喜，随即转告王君廓，王君廓道："利涉所言，未免迂远。试思大王已拘住朝使，朝廷必发兵东来，大王尚能需缓时日，慢慢地招徕豪俊，联结强胡么？现乘朝廷尚未征发，即日西出，攻他不备，当可成功。君廓不才，蒙王厚待，愿做前驱。"这一席话，又把李瑗哄了过去，便道："我今以性命托公，内外各兵，都付公调度便了。"王君廓索了印信，立即趋出。

王利涉得知李瑗将兵马全都交付王君廓指挥后，大惊失色，他认为王君廓反复无常，不能将权柄交托给他，于是慌忙去找庐江郡王，说"君廓性情反复，万不可靠，大王宜即刻以兵权托付王诜，切不可委任君廓"。一番话说得李瑗又生起疑来，可当他正在犹豫未决时，那边王君廓拿到兵符却片刻不肯迟疑，竟自调动大军，诱杀王诜，随后又提着他的头颅向众人宣告说："李瑗与王诜共同谋反，拘敕使擅征兵，叛逆朝廷，现下王诜已死，尔等奈何尚从此贼，自取杀身之祸？快快回头，助我诛逆，可保富贵。"

见此情形，众人自然纷纷表示说："我们愿意随从您声讨逆贼。"王君廓便率领千余人，翻越西城，进入城内，直到此时，李瑗还没有发觉情况有变。随后，王君廓率人杀入狱中，将崔敦礼放出来，而崔敦礼一出牢狱，当即在城中尽出告示，晓示大众，说明李瑗造反情事。李瑗闻

大漠烽烟

报，这才知道王君廓有变，登时惊惶失措，遂披甲上马，带领左右数百亲信，疾驰而出，却被王君廓率兵堵了个正着，双方还没交战，王君廓大叫道："李瑗叛逆朝廷，你们为什么要随他去死？"一番话说得李瑗手下俱自奔散，单剩李瑗一人一骑，哪里还能脱逃？当下由王君廓指挥众士，将李瑗拖落马下，反绑了去。李瑗骂王君廓道："你这小人出卖我，你也将自取祸殃的。"王君廓也不与他多辩，将他勒死。

就这样，时年四十一岁的庐江郡王就被传首京师，次日，尚书省发布上敕，宣示庐江王李瑗六条违逆大罪，削去其王爵，废为庶人，绝其宗室属籍，并判其子嗣坐诛，其家籍没。和庐江郡王几乎同时起兵的，还有左翊卫大将军天节将军泾州道行军总管燕郡王李艺。

其实李世民登基后的第一件大事，就是收拾那位忠于太子的燕郡王李艺。武德九年八月十三日夜，李世民召集文武共议军务，翌日，尚书省发布明敕，宣布废黜燕郡王李艺爵位，罢其所兼天节将军泾州都督职衔，追夺其李姓，复其本名罗艺，同时公布罗艺十二条大罪，其中逆状七条，并任命左武卫大将军薛万彻为天节讨逆将军泾州都督，率军征讨。

盘踞幽州的罗艺没有想到，在朝廷大军还没抵达的时候，幽州别驾赵慈皓便与幽州州兵统军杨岌谋议诛除自己了，于是猝不及防之间，罗艺大军遭到了杨岌所率千余州兵的突然袭击，虽然与罗艺所统帅的天节军相比，杨岌所率州兵无论是人数还是战力均相去甚远，但却先声夺人，罗艺被打了个措手不及。慌乱之中，罗艺大败，抛弃妻子儿女，仅带了数百名骑兵夺路而逃，出奔

唐镇墓武士俑

突厥。最终这位曾经显赫一时的大唐左翊卫大将军天节将军泾州道行军总管燕郡王，竟在宁州乌氏驿站被左右斩杀，还被传首京师，而其弟时任利州都督的罗寿也被牵连，遭到诛杀。

就在刚刚平定了罗艺的叛乱之后，武德九年八月十八日，军报传来，突厥大军的踪迹现于长安以北的高陵、泾阳一带；随即，陇州、原州、泾州、岐州附近纷纷出现大队的突厥骑兵，至此，武德九年，突厥人的大规模南下入侵终于开始了。

其实在这之前，李世民便以秦州都督霍国公平阳君柴绍为左卫大将军，击突厥于秦州，史载此战是"大破之，斩其特勒一，擒大将三人，斩首千余级"，而通过秦州之战，很显然唐军只是暂时遏制了突厥人自秦州道方向对帝都长安的进攻，此番颉利可汗率领的突厥主力所展开的行动，显然是一次大规模的入侵。

不过这一次入侵的背后还有一个深层次的原因，那就是当初稽胡酋师刘仚成率领部众，投靠梁师都，可那位在大唐兵锋下"屡战屡败然而屡败屡战"的定杨可汗，却听信谗言，将之杀死，此事导致的直接结果就是梁师都的部下纷纷离心，许多人转而降唐，从此之后，梁师都势力渐衰，不得不完全依附突厥，此番听闻唐室内乱，太子、秦王、齐王三方势力厮杀于玄武门下，禁军、城防军、天策亲军、东宫率兵、东宫长林军、天策亲兵、秦府护兵、齐府护兵，各路人马同顶着一个"唐"字，却厮杀于长安城内，于是梁师都便力劝颉利可汗出兵……

于是颉利、突利两可汗合兵南下，对于突厥大军的数目，据各地军报，十六卫府和尚书省兵部判断，有十余万人之多，面对强敌大军压境，李世民几乎夜不能寐，每日召开御前会议，商讨军事，八月十九日，突厥大军破泾州，刺史刘诚道被俘，突厥人在城中大肆劫掠了一番后，继续南下……次日，李世民连续签发敕命，宣布长安戒严，并将禁军、城防军、天策亲军、东宫率兵及各亲郡王府护军统一归属到江夏郡王李道宗的指挥下，此外，督促各地勤王大军火速进援京师。

此时，陕东道大行台左仆射蒋国公屈突通的玄甲军、秦州都督霍国公平阳君柴绍的大军、山东道行台尚书令并州都督李世勣的兵马、太行道行军总管邢州都督任瑰的人马，都在向长安增援而来，但显然是远水解不了近渴。武德九年八月廿三日，突厥大军前锋已然出现在长安近郊的武功。一日之间，自北向南，京师城外各处纷纷传来火急探报，大队突厥的骑兵在畿辅之内烧杀抢掠。次日，突厥大军攻高陵，二十六日，泾州道行军总管尉迟敬德与突厥人战于泾阳，大破之，斩首千余，俘其俟斤阿史德乌没啜。

不过一次小规模的胜利并不能够解决问题，突厥大军此时已进抵渭水之畔，并以其亲信执失思力作为使者，进入长安，拜见李世民。颉利派执失思力前来，名为觐见皇帝，实则是为了查看虚实。李世民对此自然心知肚明，于是他当即召集内廷三省重臣在显德殿接见执失思力，并在庭上斥责突厥见利忘恩，自负盟约，恼怒之下，将之禁在门下省。

二十九日，李世民又与高士廉、房玄龄等人轻骑出城，径直来到渭水边上，隔渭水对话，叱责颉利背弃盟约。李世民此举让突厥人大惊失色，纷纷下马跪拜，而此时，大队唐军兵马也纷纷赶到，军旗遍野、铠甲鲜明。见执失思力去而未返且唐军阵容盛大，颇为心虚的颉利可汗不禁面露惧色，遂主动请和。考虑到刚刚宫变，而政权尚未稳固，故而李世民决定采取"将欲取之，必固与之"的策略，同意议和请求。

八月三十日，李世民与颉利可汗在便桥相会，并斩杀白马、订立盟约，随后，执失思力获释，突厥大军北撤，这就是历史上著名的"渭水之盟"。见突厥大军退去，尚书左仆射萧瑀颇为不解，这位宋国公问道："当日突厥大军围城，谋臣猛将多请战而陛下不允，臣等深以为疑，而今突厥果然不战自退，却不知陛下妙策安在？"

对此李世民回答说："朕观突厥之兵，虽势众而不齐整，君臣上下，唯财是图，凡前受我恩惠者皆见朕而拜，且于颉利啧有烦言。此等兵虽众，然则不能上下一心，不难破也。况且朕早已命李靖、敬德伏兵于后，倘前后夹击，颉利虽有二十万众，也必败无疑。颉利、突利皆知兵之人，必不肯引兵来战。反观朝廷，此时仓廪未实天下未安，朕即位之初，不欲多有死伤，徒增百姓艾怨。即使一战得利，也不能就此平灭其族，相反使其结怨于我，日思报复，将来为患无穷。休兵再和，而赂以金帛，施以小惠，其必得意忘形，战备松弛，骄横自恣于内，倾轧瓦解，其破亡之渐，必自此始，此之谓'将欲取之，必先与之'是也！卿可明白吗？"

不过很显然，这只是后人为了宣传李世民的武功和雄才而已，事实上，真实的情况是，大唐是以大量金银财帛换取突厥的撤兵，所谓"渭水之盟"更像是一个城下之盟，至于给了多少钱财，史载是"空府库"。不管怎么样，武德九年的这次大规模入侵，是被遏止了，十月，颉利送来三千匹马、一万头羊，但李世民没有接受，只是希望突厥放还掠夺的百姓及被其在武德八年太谷之战中俘获的温彦博。随着这一年的结束，武德时代就此画上了一个句号，而一个辉煌的贞观盛世，也随着新年的开始而到来了……

第二章　天可汗

4. 秣马厉兵

在渭水便桥盟定之后，从表面上来看，大唐与突厥之间似乎相安无事，然而"空府库以安突厥"的事实却让大唐从皇帝到阁臣、从将校到府兵，无一不感到耻辱，这种情况下，较量怎么可能会止歇？

武德九年八月底，突厥大军刚刚退兵，李世民就敕令万年道参旗军、长安道鼓旗军、富平道玄戈军、醴泉道井钺军、同州道羽林军、华州道骑官军、宁州道折威军、岐州道平道军、豳州道招摇军、麟州道苑游军、泾州道天纪军、宜州道天节军，以及南衙十六卫府，各抽调二十名从军三年的兵弁入内廷受训，亲自带领这些诸卫将卒习射于东宫显德殿庭内，并对这数百将士说："戎狄侵盗，自古有之，患在边境少安，则人主逸游忘战，是以寇来莫之能御。今朕不使汝曹穿池筑苑，专习弓矢，居闲无事，则为汝师，突厥入寇，则为汝将，庶几中国之民可以少安乎！"

眼看着李世民每天带着数百人教射于殿庭，还亲自测试，射中箭靶多的士兵赏赐给弓、刀、布帛，而如果兵弁获赏，则将领也会在考核成绩时被列为上等……大臣纷纷联名上奏，说什么"依照大唐律令，在皇帝住处手持兵刃的要处以绞刑。现在陛下您让这些卑微之人张弓挟箭在殿宇之旁，陛下身处其中，万一有一个狂徒恣肆妄为，就会出现意外事故，这不是重视社稷江山的办法"。而韩州刺史封同人更是假称有事，直接骑着驿马，跑到长安来直言苦谏……

对诸大臣的劝谏，李世民不但听不进去，反而宣敕说："朕待天下臣民以诚，天下人必不负朕；突厥大军南来，掠我州县，虐我百姓，兵锋直抵畿辅，此亘古未有之奇耻大辱也。故朕决意卧薪尝胆、整军经武，岂有惧谋刺而远天下之理？"又说："王者视四海如同一家，封域之内、

C1	Guard Officer
C2	Tibetan Envoy
C3	Court Official
C4	Court Attendant
C5	Emperor
C6	Guardsman

西方史学家想象中的李世民和近卫军

大唐辖境，皆是朕的忠实臣民。朕对每个人都能推心置腹，以诚相待，却为何要对保卫朕的将士横加猜忌呢？"

　　武德九年，算得上是一个大灾之年，在突厥入寇的危机刚刚度过的时候，朝野上下的注意力几乎不约而同地转移到了赈灾度荒上。这一年，春夏大旱，以至于尚书省不得不在十一月初，连发三道上敕，免除天下州郡所有赋税徭役，并准许各郡灾民跨郡就食，可就算这样，依然无法遏止灾情，于是李世民不得不要求全国范围内所有在建工程一律停建，从朝廷到地方各级官吏衙署大幅裁减开支，并免除所有开国功臣封邑内一切租庸调赋，同时以军粮赈济灾民。十一月十二日，秘书省少监谏议大夫魏徵奏请削减太极宫大安宫宏义宫日常用度三分之一，次日李世民下敕，除太上皇用度照旧外，内宫一切日常用度均削减二分之一。

　　李渊登基时，曾经想以加强皇室宗族的力量来威震天下，所以与其同曾祖、同高祖的远房堂兄弟以及他们的儿子，即使童孺幼子尽皆被封为王，人数多达数十，李世民认为这样不妥，于是他征求群臣的意见："遍封皇族子弟为王，对天下有利吗？"尚书右仆射封德彝回答说："前

鎏金银茶笼子，法门寺唐地宫出土，为盛装茶饼的茶具

朝只有皇帝的儿子及兄弟才封为王，其他宗亲如果不是有大功勋，便没有封王的。太上皇亲善厚待皇亲国戚，大肆分封宗室，自东西汉以来都没有如此之多。封给的爵位既高，又多赐给劳力仆役，这恐怕不能向天下人显示自己的大公无私吧！"对于这个回答，李世民很满意，他说："有道理。朕做天子，就是为了养护百姓，怎么可以劳顿百姓来养护自己的宗族呢！"于是在十一月初五，尚书省颁布上敕，行文天下，除淮安、江夏、河间三王外，其余宗室郡王皆降爵为郡公。

次年正月初三，李世民大宴群臣，席间演奏《秦王破阵乐》。李世民颇为感慨，他说："朕从前曾受命专行率兵征伐，民间于是流传着这个曲子。虽然不具备文德之乐的温文尔雅，但功业却由此而成就，所以始终不敢忘本。"尚书右仆射封德彝起身说："陛下以神武之才平定天下，岂是文德所堪比拟。"臣下的一番恭维本是好意，谁知李世民却说："平乱建国凭借武力，治理国家保持已取得的成就却仰赖文才，文武的妙用，各随时势的变化而有不同。你说文不如武，此言差矣！"

事实上，李世民倒真是试图让自己的文治武功均有成就，正月十五，皇帝便下敕："从今以后，中书省、门下省以及三品以上官员入朝堂议事，皆命谏官随之，如有失误，谏官应立即进谏，名'参议得失'。"从此之后，"参议得失"便成了政事堂宰相的代名词。兵部尚书李靖、散骑长侍韦挺、大理寺卿戴胄、秘书少监魏徵皆"参议得失"，成了有实无名的宰相。

随后，李世民又命吏部尚书长孙无忌等与弘文馆学士及刑部、大理寺、御史台等官员重新议定律令，宽减绞刑五十条，改为断右趾，不过皇帝览奏犹嫌其苛刻，言道："肉刑于前汉文景年间悉罢之，我朝立国已久，不宜复设此刑。"

前隋末年天下大乱，英雄豪杰蜂拥而起，据地拥兵，各自称雄一方，大唐兴起后，各路相继归附，李渊为他们分置州县，施以荣禄，但这样一来，天下州县的数目，也就大大超过前隋开皇、大业年间，李世民认为这样官多民少，乃弊端也，所以召集群臣朝议，商讨对天下各道行台省进行归并之事，贞观元年二月，尚书省下令州县大加合并，并依山川地势条件将全国分为十道："一关内，二河南，三河东，四河北，五山南，六陇右，七淮南，八江南，九剑南，十岭南。"从此天下只有十道，各道分设行台尚书省，各道官员的品级为：行台尚书令正三品下，行台左右仆射从三品上，行台左右丞从三品下，行台尚书正四品上。自此武德年间各道，行台级别不一、官吏品秩不定的情形得到了改观，而各道行台长官略低于朝廷尚书半级，也渐渐成为定制，之前陕东道大行台、东南道大行台等为专人而设，且几乎与朝廷尚书省并驾齐驱的地方行台自此不再存在。

就在李世民大刀阔斧进行改革的时候，却发生了两件有关军政大员的大事，一件事是右骁卫大将军长孙顺德收受了别人大量的绢帛，结果事情被人捅出来了，可这位李世民爱惜他有功于大唐，不予惩罚，反而在宫殿上赐给他数十匹绢帛，还说什么："长孙顺德如果能有益于国家，朕与他共享府库的资财，他何至于如此贪婪呢！"对此大理寺少卿胡演很不满："长孙顺德贪赃枉法，犯下的罪不可饶恕，为什么又要赐他绢帛呢？"可李世民却说："如果他有人性的话，得到朕赐给绢帛的羞辱，远甚于受到刑罚；如果不知道羞耻，不过是禽兽而已，杀他又有何用呢？"

另一件事则是凉州都督长乐郡王李幼良谋逆案，李幼良本就性情暴躁，身边自然依附了一群无赖之徒，虽然打仗没本事，可侵扰残虐百姓的事情却是颇为拿手，最重要的是，李幼良居然又和羌、胡等族人开展互市贸易，于是有人上告朝廷，称其存有二心。对此事，李世民还是很重视的，于是他特派中书令宇文士及急速前往，暂代理职权，并按察其事。结果听到朝廷的风声，依附在李幼良身边的那些家伙居然恐慌了，他们密谋杀掉宇文士及，然后占据河西地区，只是这群行事不密之人没等到干出一番大事来，就被人告发了。连自己的亲哥哥、弟弟都能够下手的李二郎又怎么会对这个远房叔叔（其乃李渊的六叔李祎的儿子）客气呢，于是干脆赐其自杀。

此外，平定庐江郡王谋反有功的王君廓也在这一年掉了脑袋，此人自从当了幽州都督后，便自以为山高皇帝远，而骄横一时，做事无法无天，李世民听说了传闻之后，便征召他入朝，幽州长史李玄道是房玄龄的外甥，于是也就托前往长安的王君廓给自己的舅舅捎封信，可那位都督大人居然私下拆信窥探自己的长史有没有在信中写上什么不利于自己的话语，结果，本是出身草寇、不认识多少字的王君廓眼看着满纸都是草书字体，竟一字不识，不过他倒是有了主张，怀疑李玄道在信中告发自己的罪行，所以才用自己不认识的字写了信，这样一想，王君廓也就心中越来越不安了，当走到渭南时，他实在忍耐不住心中的恐惧感，于是杀死驿站吏卒，试图逃亡突厥，可半路就被人砍了脑袋，献首京师。

同样掉了脑袋的还有利州都督义安郡王李孝常。李孝常虽然姓李，封义安郡王，但他却并非李唐宗室，《册府元龟》称，此公本是前隋兵部尚书李圆通的儿子，在隋末担任华阴令，率军驻守永丰仓，在李渊晋阳起兵、进军关中时，他主动献出了永丰仓，故而被拜为左卫大将军，而永丰仓的得失对于刚刚起兵的李渊意义重大，因此在大唐建立之后，李渊念及李孝常的功绩，便封其为义安郡王，并把他纳入宗室。不过李孝常虽然挂着利州都督的官衔，却多是在长安城内，闲极生事，他与右武卫将军刘德裕及其外甥统军元弘善、监门将军长孙安业等人凑在一起，成天讨论什么"受命于天的征兆"，还密谋串通禁军实施叛乱。结果事情还没干成，几个家伙就被人举报了，李孝常等人因为谋逆而被处死，而长孙安业却被免死，只被流放。而他之所以被宽大处理，其实原因很简单，因为他有个皇亲国戚的招牌。

长孙安业是长孙皇后同父异母的哥哥，平日里嗜酒如命、不务正业，老爹长孙晟死后，这家伙居然将年幼的弟弟长孙无忌与妹妹长孙皇后赶出家门，辛亏长孙无忌的舅舅高士廉收养了两个孩子，这才不至于落魄。李世民向来宠爱皇后，而被唐仲友赞为"有古后妃之美，无后世后妃之失，李世民谓内良佐，信夫！若长孙皇后之贤，自三代而下之绝无仅有者也"的一代贤后倒也不念旧怨、不计前嫌，对这位亲情淡薄的混蛋哥哥依然礼遇有加，甚至十分优厚。谋逆事发后，正是长孙皇后哭着向李世民请求，说什么"安业所犯罪行，实在是罪该万死。但他以前对我不好，国人都知道，现在处他以极刑，大家必然认为是我存心报复，这恐怕也会使圣朝受牵累"，才使得长孙安业得以免死，仅仅判了个流配。

不过虽然诸多封疆一方的大吏掉了脑袋，可李世民自登基以来，在用人的问题上，一贯唯才是用，他尝与人说："朕年轻时喜好弓箭，曾得到十几张好弓，自认为没有能超过它们的，最近拿给做弓箭的弓匠看，他说：'都不是好材料。'朕问他原因，弓匠说：'弓子木料的中心部分不直，所以脉纹也都是斜的，弓力虽强劲但箭发出去不走直线。'朕这才醒悟到以前对弓箭的性能分辨不清。朕以弓箭平定天下，而对弓箭的性能还没有完全认识清楚，何况对于天下的事务，又怎么能遍知其理呢！"于是下令在京五品以上官员，轮流在中书内省夜值。

有人上书主张秦王府的原从老人应该全部任命为武官，编入禁军，毕竟这些人都是在六月初四的玄武门立过功劳的，可李世民却说："朕视天下为一家，只选用贤才，难道旧属士兵之外就别无可信用的人了吗？你这个想法，并不是让朕的恩德广被于天下。"

很显然，这一系列的人事任免和政治制度改革，都是为了能够增强国力。同时在军事上，大唐还开始积极备战，以为彻底解除突厥威胁而做好准备，这首先第一个问题，就是安内。

岭南部落的首领冯盎、谈殿等人长期不朝，而且互相攻伐，搞得当地乌烟瘴气，地方州府一连十几次上奏，称冯盎等人谋反，于是李世民命令征发江、岭数十州兵马大举讨伐。可是魏徵却劝谏说："中原刚刚平定，岭南路途遥远、地势险恶，有瘴气瘟疫，不可以驻扎大部队，而且冯盎反叛的情状还没有形成，不宜兴师动众。"李世民很是不解，就问："上告冯盎谋反的人几乎络绎不绝，怎么能说反叛的情状还没有形成呢？"魏徵答道："冯盎如果反叛，必然分兵几路占据险要之地，攻掠邻

唐代彩塑

近州县。现在告发他谋反已有几年了，而冯氏兵马还没出境，这明显没有反叛的迹象。各州府既然怀疑冯氏谋反，陛下又不派使臣前去安抚，冯氏怕死，所以不敢来朝廷。如果陛下派使臣向他示以诚意，冯氏欣喜能免于祸患，这样可以不必劳动军队而使他顺从。"李世民深以为然，于是派员外散骑侍郎李公掩持旄节往岭南慰问冯盎，冯盎则让他的儿子冯智戴随着使臣返回长安，以示诚服，李世民事后评价说："魏徵让朕派遣一个使者，岭南就得以安定，胜过十万大军的作用，不能不加赏。"遂下旨赐给魏徵绢帛五百匹。

就在大唐积极备战的时候，贞观元年五月，割据恒安的苑君璋忽然上表归附大唐。自从苑君璋拘捕武德皇帝派来的元普并将其送到突厥后，他便一直依附于突厥，而且数次入侵大唐，可看到颉利可汗政事混乱，知道突厥不足以依靠，于是率兵马投降。李世民不仅没有为难他，还封他为隰州都督、赐爵芮国公。

的确，此时突厥人靠不住了，当初突厥风俗淳厚，且政令简质疏略，可自打颉利可汗开始不知道从哪里搞来了个汉人赵德言，并加以重用后，一切都变了，这位赵德言恃势专权也就罢了，把中原的那一套全逮到了突厥来，他除了对突厥旧俗大加变更、使得政令苛刻烦琐之外，还强迫突厥人改变旧有风俗习惯，于是搞得突厥族人从刚开始的"颇有怨言"，很快便成了"大为不满"。此外，颉利可汗又信重

大漠烽烟

胡人而疏离突厥本族人，可那些胡族人又贪得无厌，反复无常，加之好大喜功的颉利频频对外征战，于是搞得干戈连年不息。

这一年的冬天，格外寒冷，塞外连连大雪，以至于雪深达数尺，突厥人赖以为生的牲畜死亡极多，遭受冻饿之苦。颉利财用不足，于是便向各部落征收重税，由此上下离心，怨声载道，各部纷纷叛离突厥，颉利兵势渐渐削弱。面对这种局势，在议事时，不断有朝臣上奏，当在此时趁势出兵击讨突厥，只有长孙无忌独持异议，他认为大唐此时进攻突厥则为不义，并说："贞观元年之前，突厥岁岁犯塞，而朝廷未长出兵惩之；而贞观元年，突厥未犯塞，如此弃信劳民，非王者之师所为也。如此蛮夷之族再不信朝廷，则突厥虽灭，边塞难安也……"李世民听取了他的意见，没有出兵。

不过大唐不出兵，不等于别人也不对颉利下手，当初突厥强大时，铁勒各部分散，分为薛延陀、回纥、都播、骨利干、多滥葛、同罗、仆固、拔野古、思结、浑、斛薛、结、阿跌、契苾、白霄十五部，这些部落中，薛延陀实力最强。西突厥曷萨那可汗强大的时候，铁勒各部都向他称臣，可曷萨那却对他们横征暴敛，搞得铁勒各部均有怨言，于是这位可汗干脆一不做二不休，将各部的首领招来，一口气杀死各部渠帅百余人，这场人灾难自然是搞得铁勒各部相继叛离了，一致推举契苾部的哥楞做易勿真莫贺可汗，后又推选居住在燕末山北的薛延陀部的乙失钵为也小可汗，带领各部"共同发展"。

后来西突厥在射匮可汗的带领下，重新兴盛强大起来，薛延陀、契苾部便去掉可汗称号，带领各部再次向西突厥称臣。而居在郁督军山的回纥等六部，则本来隶属于突厥始毕可汗，西突厥统叶护可汗势力衰微时，乙失钵的孙子夷男率本部落七万多户，依附于突厥颉利可汗。于是颉利政治混乱时，薛延陀与回纥、拔野古等部便趁机相继叛离，颉利可汗大怒之下，派他的侄子欲谷设统领十万骑兵讨伐，结果在马鬣山被回纥酋长菩萨率领五千骑兵大败，兵败如山倒的欲谷设仓皇奔逃，回纥人则追杀到天山之下，俘虏其大部，从此回纥大胜，而此时，薛延陀也趁机攻破颉利的四设，使得颉利的势力日益衰败。

贞观元年十二月，奉命出使突厥的鸿胪寺少卿郑元寿回到长安，上表曰："突厥之兴盛，以羊马牲畜为标志。今突厥民饥畜瘦，此将亡之兆也。其内外离怨,诸部多叛,兵渐弱,臣算其败亡,不出三载……"
而且郑元寿还认为突厥内部因受灾更加不稳,颉利的威信和对诸部族的
控制力均有所下降,若不出大的意外,这场雪灾将直接导致突厥的元气
大伤,甚至可能引起内讧。

对郑元寿的这番奏陈,李世民颇以为然,不过当诸臣劝说皇帝应该趁
机攻打突厥时,李世民却在"斟酌再三"之后说:"朕与突厥方盟誓不久,
而即背约为失信,乘人之危而发大兵征讨为不仁;此时行天罚,虽胜亦非
武。纵使其六畜皆亡,诸族皆叛,亦不可攻。非待其有罪,朕不罚也……"

不过这言词凿凿、大义凛然的背后其实是另一番考虑,李世民之所
以决定不在这个时候发兵,政治考虑明显多于军事考虑,大唐此时对
突厥作战的军事准备确实还不够,李世民希望能够准备充分一些再出
兵,此外,大唐关注的不仅是突厥人,还有整个西域、南方和北方的夷
邦,大唐若是举兵荡平这些外族,则必然损失巨大,消耗相当多的国力,
而这与李世民偃武修文的本意也是背道而驰的,他不想成为自己的表
哥——隋炀帝那样的好大喜功之徒。若要宾服四夷,德化怀柔的手段是
不可或缺的,要保证这样的手段能够有效,就必须注意维护军事行动背
后的道义基础。

此外贞观初年时,西突厥再次提出和亲申请,统叶护可汗派真珠统
俟斤随同高平郡王李道立来到长安,献上一万钉宝钿金带、五千匹马,
以迎娶大唐公主。可颉利可汗不希望看到大唐与西突厥和亲,几次派兵
侵扰,又派人对统叶护说:"你要是迎娶大唐公主,必须从我们的领土
经过。"统叶护深为忧虑,于是和西突厥之间的联姻,再次因为突厥人
的干扰而没有能够成功。不过颉利虽然干扰了和亲,但却使得自身和西
突厥之间的关系也更加紧张了,李世民希望颉利和诸胡之间的矛盾能够
更加尖锐一些。

大唐虽然没有趁此时机发兵平灭突厥,但相应的军事行动却一步紧
似一步。关于北征突厥的军事方略,李世民早就考虑成熟了,若要彻底
解决突厥对大唐北部边境的军事威胁,则必须收复朔方和定襄这两个前
隋时期的边防重镇,此时,这两个重镇分别由梁师都和杨政道两股割据
势力占据,他们依附于颉利,岁岁南下骚扰大唐边境,若是大唐北进,
则这两股割据力量又变成了挡在颉利和大唐之间的一道天然屏障,故而

唐军要实现与颉利进行战略会战的目的，就必须先拔掉朔方和定襄。

梁师都一日不除，突厥的铁骑出陇右、下关中要多方便有多方便。这颗钉子如不拔掉，西域诸国和突利契丹等部纵然对颉利再不满也不敢向大唐臣服。而大唐一旦控制朔方，则等于斩断了颉利向西向南的通路，突厥骑兵便再无可能自由往来于陇右关中，而唐军主力则可通过朔方和河东分东西两路进击漠北。

至于定襄，由于被颉利当作过冬的行营，几乎每年冬季他都要率领部众南下来此地就食，而定襄的防务也全然由突厥军队负责，杨政道虽然在名义上称大隋正统，但基本上是颉利的傀儡。从战略上看，打杨政道实际上便是直接和颉利交兵，但打梁师都，颉利会不会救援却在两可之间。春季正是草原上的牲口马匹交配繁殖生产的季节，也是一年当中突厥移动最困难的时候，在这个时候以突然的手段打击梁师都部，颉利即便想援救也有心无力。

因此对于李世民在贞观元年岁末派柴绍和薛万钧远赴夏州筹备此事，负责前线事务的李世勣初时虽吃了一惊，随即便想通了其中的关节。今年冬季突厥大雪成灾，牛羊牲口被冻死无数，元气大损，只怕要有成千上万的牧民难以活着度过这个冬天，颉利可汗自顾不暇，这时候大唐若还畏首畏尾不敢动手取朔方，待明年夏季一过突厥恢复元气，再想动手就晚了。

所以，李世民希望先西后东，先打梁师都，后破杨政道，先取朔方，再破定襄。之所以这样考虑，是因为定襄方向虽说是突厥主力所在，但要击破其倒也并不困难，甚至可以说，以大唐的实力和李靖、李世勣等云集的名将，大唐攻定襄，势必一举可破，然而难的是破定襄之后，大唐是否还有深入大漠寻找颉利主力会战的余力。所以，如果选择颉利北还牙帐的时候克定襄，则唐军便要深入漠北数百里搜索敌军主力所在位置，阴山以北的地域实在太过广大，且气候地理均不熟悉，在那个地方作战，唐军是客军，而突厥骑兵的机动速度又优于唐军，一旦陷入颉利彀中，想全军而还都难，即使赢了，也是诸如汉武帝大军出漠北那样的胜利，虽然辉煌，但也损失巨大。

可若选择在定襄与突厥进行决战，则突厥有城池可以依托，且想守就守想走就走，唐军未必能够抓得住。而颉利一旦主动北窜，唐军就算拿下了定襄也还要留大兵驻守。贞观初年突厥遇上了大雪灾，可中原却也四处灾荒，百姓流离失所易子而食的事情屡有发生，颉利固然捉襟见肘，唐帝国也并不好过。若两年内国库仓廪没有明显改观，唐军就算是拿得下定襄也守不住定襄。

所以，李世民否决了此时出兵，而计划等两年再用兵，以夏州兵驻朔方榆林之地，防颉利西窜，主力则以并州军出雁门、马邑，直逼定襄城下，继而与突厥主力会战于定襄城下。时间嘛，以冬季为宜，因为那个时候，颉利必驱部众牲畜南下至定襄过冬，正月用兵，一冬一春，有整整半年时间可用。届时大雪封塞，颉利若率众躲回漠北，则大部牲畜必为大唐所得，连族人的口粮都没有，怎么打仗？而其部即便能够全军回到牙廷，牲畜全失之下，不知有多少人要冻饿而死，那时候恐怕即使大唐不动手，铁勒各部也会动手的。

果然，大唐没有等待太久，贞观二年年末，突利可汗领地内的薛延陀、回纥两部落再次反叛。其实一直以来，突利可汗都是建牙帐于幽州北面，主持东部事务，而在奚、霤等数十部反叛突厥投降大唐时，他也没有太在意，反倒是颉利可汗频频责备他失去了这些部落，当薛延陀、

唐代武士图

　　　　　　　　　　　　　　　　　　　大漠烽烟

回纥等打败欲谷设时，颉利更是派突利讨伐，此举显然是为了借他人之手削弱突利的势力。

不过突利出兵平叛并不顺利，反为薛延陀、回纥所败，几乎是单骑逃回，突利在慌乱之中犯了个大错，那就是他居然跑到颉利牙廷，向颉利请兵。不料听闻兵败的颉利大怒之下，竟将其关押十数日，并加以挞责。突利从此怨恨颉利，这两位貌合神离的可汗终于公开决裂。突利后来回到自己的领地，暗中便开始琢磨着背叛颉利，其后颉利数次向其征兵，突利均不加理睬，却暗中向唐廷上表，表示愿意归附。

对于突利的请求，李世民在朝会上对自己的臣子们说："以前突厥强盛，拥有百万兵马，侵凌中原，却因如此骄横放纵而失去百姓的支持。现在请求归附，如果不是深陷困境，能这么做吗？朕听到这个消息是又高兴又担心。为什么呢？突厥衰败则大唐边境即得安宁，所以高兴。然而朕若有过失，日后也会像突厥一样，能不担心忧虑吗？望你们直言苦谏，来帮助朕弥补不足。"

不久之后，颉利可汗发兵攻打突利，当突利派人向大唐求援时，李世民与大臣们谋划道："朕与突利结为兄弟，他有急难我不能不救。然而颉利可汗也与我们订有盟约，怎么办呢？"兵部尚书杜如晦说："戎狄族不守信用，以后肯定要背约，现今如不乘其混乱而进攻，以后将后悔莫及。谋取混乱者，侵凌将亡之师，这是自古以来就有的道理。"不过李世民并没有打算救援突利，他更希望两大可汗之间能够相互厮杀，以使得突厥人在内耗中损失更多一些。

而当契丹族首领率领所辖部落投降大唐，而颉利可汗派使臣来到大唐，请求用梁师都来换回契丹部族时，李世民不以为然，他对突厥使臣说："契丹与你们突厥是不同的种族，现在来归顺我大唐，你们有什么理由讨还！梁师都本是中原汉人，侵占我大唐土地，欺压大唐百姓，突厥接受他并加以庇护，大唐兴兵讨伐梁师都，你们总出兵救援，梁氏已如鱼游釜中，早晚要被我们消灭，即使一时消灭不掉，也不会用归降的契丹百姓去换他。"

其实这位少年领兵的皇帝早就已经惦记上梁师都了，在此之前，当得悉突厥内部争斗，政局混乱，突厥不能够庇护梁师都时，李世民曾寄书信晓谕，劝他归降，梁师都执意不从，于是李世民派夏州都督长史刘旻、司马刘兰成伺机出击。刘旻等数次遣轻骑践踏梁师都屯田所种的禾稼，又使反间计，离间其君臣，以至于梁师都国势渐衰，降唐者纷纷，甚至还发生了梁师都的名将李正宝等密谋捕杀梁师都投唐的事情，虽然事情败露后，李正宝不得不出逃降唐，但从此，梁氏上下更加互相猜忌，而刘旻等人见时机成熟，于是上表请求出兵。

贞观二年，趁突厥内乱之机，李世民以右卫大将军霍国公柴绍、右骁骑大将军殿中少监薛万均发马步军八万奇袭朔方，同时命刘旻据守朔方东城进逼梁师都，在柴绍大军到来之时，梁师都统帅麾下突厥兵试图强攻朔方东城，可刘旻、刘兰成二人却偃旗息鼓、按兵不动，等到梁师都感觉自己处于唐军合围中时，这位割据一方的豪强居然半夜逃跑，刘旻、刘兰成则果断率兵追击，一战而大败梁师都。

突厥征调大批兵力前来救援梁师都，在距离朔方不过数十里处与柴绍大军相遇，一方面，柴绍统兵奋力拼杀，另一方面，薛万均率万骑迂回统万城，抄了梁师都的后路，一战而大败突厥兵，并切断了突厥大军南援的必经之道，自此包围朔方城。围城二十余日，突厥兵迟迟没来救援，梁师都在外援断绝、城中粮绝的困境下，被堂弟梁洛仁杀死，随后梁洛仁献城投降，被梁师都割据了十余年的朔方为大唐所得，随后大唐以该地建夏州，并展开经营，将之作为反击东突厥的军事要地。

此时颉利的确没有能力去救援梁师都，由于突厥内部分裂，加上连年征战和霜冻干旱等天灾使得民疲畜瘦，很多羊、马被冻死、饿死，实力已经大不如从前，而且薛延陀、回纥、拔也古、同罗诸部也趁机群起反叛，共推薛延陀首领夷男为真珠可汗，并接受唐王朝册封，突利可汗也因长期受颉利可汗压制排挤，暗中与唐联络，表示愿意归附。可以说，此时大唐反击突厥的条件已经成熟。

薛延陀的叛逆，让颉利感到了威胁，而李世民更派游击将军乔师望择小道带着册书封夷男为真珠毗伽可汗，并赐给鼓和大旗。对自己得到大唐的册封，夷男十分高兴，他不仅派使臣进献贡品，还建牙帐于大漠中郁督军山下，东至靺鞨，西到西突厥，南接沙漠，北临俱伦水，回纥、拔野古、阿跌、同罗、仆骨各部均为其附属。

至于觐见大唐皇帝的使臣，薛延陀真珠毗伽可汗所派之人是他的弟弟统特勒，对薛延陀人进献的贡品，李世民其实看得并不重要，而更多的是出于谋略的考虑，大唐必须在突厥人的背后敲入一个钉子，于是他赐给真珠毗伽可汗以宝刀与宝鞭，并让统特勒转告真珠毗伽可汗："卿所统属的部族，若是犯下大罪的用刀斩决，小罪的用鞭抽打。"夷男对此自然非常高兴。而颉利可汗得知此事后，则大为惊慌，开始向大唐派出使者称臣，而且请求迎娶公主，以修女婿礼节。

然而这个时候已经晚了，贞观三年八月，代州都督张公谨上表言征讨突厥之可胜，并列举了六条出兵突厥的理由：

"颉利纵欲逞暴，诛杀忠良，亲近奸佞之人，是其一；薛延陀等诸部皆叛，是其二；突利、拓设、欲谷设皆得罪颉利，无地自容，是其三；塞北地区经历霜冻干旱，糇粮乏绝，是其四；颉利疏其族类，亲委诸胡，而胡人反复无常，大军北伐之时，突厥内部必然纷乱，是其五；汉人早年到北方避乱，其众甚多，近来听说这些汉人聚众武装，占据险要之地，大军出塞，自然内部响应，是其六。"

于是在贞观三年九月初一，李世民发布任命敕，以南阳郡公兵部尚

唐初名将柴绍

书李靖为河西道行军总管、以代州都督张公谨为行军副总管，发兵五万征讨突厥……一代名将李靖出兵，自然是所向披靡了，加上五万兵马都是精锐之师，自然是"天下莫有能抗者"，于是突厥人几乎无法与之而战，此一战，不仅使得颉利麾下九名俟斥率三千骑来降，而且还使得拔野古、仆骨、同罗、奚酋长等部落纷纷来降，就这样进击颉利的外围障碍基本上被扫清。

到了这个时候，颉利不可能不做一拼，于是他以大唐背约为借口，在当年十一月发兵进犯河西，统领进犯河西地区的突厥大军者为雅尔金和阿史那社尔。肃州刺史公孙武达、甘州刺史成仁重，及张士贵、张宝等将在刘弘基节度之下，统兵结成犄角之势，坚壁清野，利用城池做拼死抵抗，鏖兵月余，终于击破了来犯之敌，使突厥人这最后一次挣扎无功而返。至此，突厥牙廷的影响力被压缩在定襄周围不大的一片地域内，而且来自大唐西面、西北、北面等几个方向的军事威胁也均被消除，可以说，此时与突厥决战的时机终于成熟了，而突厥人的这次挣扎也让大唐反击突厥找到了出兵的借口。

贞观三年十一月十四，李世民在东宫显德殿设中朝，以突厥进攻河西为借口，向文武百官宣示颉利十大罪状，并诏命兵分六路剿灭突厥，以：

并州都督英国公李世勣为通漠道行军总管，代州都督邹国公张公瑾、岷州都督高甑生为副将，率领东路主力北渡滹沱河，经博陵、雁门、马邑三郡直接进击突厥腹地的襄平；

兵部尚书检校中书令李靖为定襄道行军总管，鄂国公尉迟敬德、匡道府折冲都尉苏定方为副将，率领中军向云中和马邑挺进；

右卫大将军霍国公柴绍为金河道行军总管，胡国公秦叔宝为副将，在西路顺黄河前进，与李靖、李世勣遥相呼应，负责掩护左翼；

礼部尚书江夏郡王李道宗为大同道行军总管，甘州刺史张宝相为副将，从灵州往西北挺进，以截断突厥的西逃路线；

检校幽州都督卫孝节为恒安道行军总管，卢国公程知节为副总管，率军进驻燕云地区防止突厥军队东逃；

灵州大都督薛万彻为畅武道行军总管，左骁卫大将军樊国公段志玄为副总管，借道东北出击突厥后方，并监视和牵制突利可汗。

还有舞阳县男李大亮镇守凉州防备西北，任国公刘弘基镇守河北易州防备东北。除陈国公侯君集任兵部尚书留守都城外，唐军主力以及军中的可战之名将几乎倾巢而出。

同时为保障此次军事行动的后勤粮秣，李世民下敕由尚书右仆射杜如晦领衔组建了北征行台，专办大军粮秣供给事宜，尚书省户部自尚书以下堂官、兵部自侍郎以下堂官、中书省兵房舍人、门下省兵科给事中均在行台轮值办公，凡涉及北征大军所需人、财、粮、物，一律有求必应。

十一月底，李道宗在灵州击败突厥兵，大战随即展开，定襄道行军总管李靖先是在榆林以北以优势兵力击破颉利一部，斩首万余，随后又向盘踞在榆林以北的突利可汗发出劝降敕，这位早就想要归唐的可汗当即率五万部众自缚请降，听闻这个消息，李世民对众臣不无开心地说："大唐初立之时，太上皇为了百姓的利益，忍辱向突厥称臣，朕常为此事感到痛心。现在突厥首领向朕磕头，这多少可以雪洗以前的耻辱。"

而与此同时，从东线展开包抄的通漠道行军总管李世勣所部在桑干河北岸一月之内连续击破突厥四个游骑部落，俘获两万余人、羊马近五万头，继而与定襄道行军总管李靖所部在定襄以南的马邑会师，大军随即展开。十二月底，由柴绍亲自护送抵京的突利可汗在东宫显德殿向大唐天子李世民递交了降表，称："臣本域外之民，自此归服王化，永为天子藩屏，使朝廷不复北忧！"李世民对突利归顺大唐的大义之举大加赞赏，在设宴以叙兄弟之谊的同时，正式以敕书形式册封其为突厥可汗，享郡王俸禄，食邑五千户，赏金千两、帛百匹、牛马三万头，将五原周围方圆三百里赐为其游牧场所。

《王会图》局部

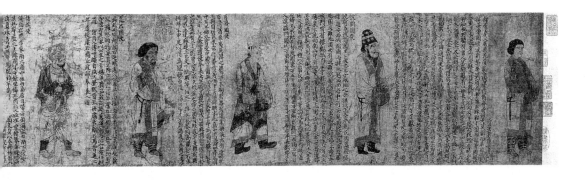

在厚待突利可汗的同时，李世民下敕给前线的李靖、李世勣两位统帅："卿等宜乘胜追击，克复定襄，擒颉利收北地归朝奏捷，天下自此长安！"同时明敕两路大军合兵，则以李靖为总管，李世勣为副总管，薛万均为长史，并授李靖兵符节钺，有便宜行事临机决断之权。

贞观三年，对突厥采取的大规模军事行动其震慑力是极大的，东谢部落首领谢元深、南谢首领谢强纷纷前来归附大唐。所谓诸谢部族均是南蛮一支，聚居在黔州西部地区，于是朝廷下令改东谢所在地为应州，南谢所在地为庄州，均隶属于黔州都督。而柯首领谢能羽以及充州蛮也纷纷归附，并进献贡品，李世民诏令在柯设置州；党项族首领细封步赖在归顺之后，大唐以其聚居地为轨州，并任命其首领为刺史，党项据地三千里，每姓为一部，互不统属，细封氏、费听氏、往利氏、颇超氏、野辞氏、旁当氏、米擒氏，拓跋氏，均是其大姓，步赖在归附后受大唐如此礼遇，其余各部自然相继来降，于是朝廷以其聚居地为山居、奉、岩、远四州。

到贞观三年即将过去之时，根据户部上奏称："汉人从塞外归来者及四方夷族前后归顺者，共计有男女一百二十余万人。"那些从周边及远方各胡、蛮诸国纷纷而来向大唐进献贡品的使臣们络绎不绝，以至于长安城内"多奇服怪装者"，对此中书侍郎颜师古请求绘制《王会图》，绘下每个民族及其服饰以传示给后人，兴致勃勃的李世民自然对此应允了。

5. 雪满弓刀

贞观四年正月，李靖亲率三千轻骑，自马邑出发向北，悄悄绕过了正面突厥大军的防线，在连续行军后，于正月十一突然出现在定襄城南八十里的恶阳岭，并随即乘夜袭占定襄城，突厥颉利可汗想不到李靖出兵如此神速，以至于一日数惊，惶恐不安。颉利认为李靖敢孤军深入，定有主力随后，甚至是倾全国兵力北来，故而慌忙将牙帐撤至碛口。此后，李靖又派间谍离间其部众，本是颉利心腹大将的康苏密，居然趁机裹挟了前隋炀帝皇后萧氏及其孙杨政道跑到定襄来，表示愿意降唐。

对萧氏及杨政道的处理，中间还有个插曲，康苏密为了表示"忠诚"，居然在到了长安之后，称"大唐有人私下与隋萧皇后通书信"。听到这个"秘密"后，中书舍人杨文请求对此事件进行讯问，可是李世民却不以为然，他说："大唐未定天下时，突厥正当强盛，百姓愚昧无知，或许会有这种事，现在天下已安定，既往的过错，又何须追问呢。"

李世民的宽容，却是颉利的噩梦，那位突厥可汗见康苏密降唐，丝毫不敢再在碛口停留，随即下令向阴山撤退，可部众却在浑河边遭到金河道行军总管右卫大将军霍国公柴绍的截击，随后又在白道遭到兵出云中通漠道行军总管李世勣所部的打击，损失极为惨重，虽然颉利退屯铁山，收集余众数万，可他与麾下各部之间的联络均被唐军打断。眼见唐军将十余万失去统一指挥的突厥大军分割包围在定襄周围逐一聚歼，颉利又是心痛又是恼怒，为了争取时间求得一线喘息之机，他即派执失思力为特使，乘快马星夜至长安递交了求和降表。

其实颉利之所以向大唐谢罪请降，表示愿举国内附，实际上是企图待草青马肥之时，再转移到漠北，伺机东山再起。而李世民也看出了这一点，虽然派鸿胪卿唐俭、将军安修仁等去突厥抚慰，却又令李靖率兵接应。

贞观四年二月，李靖引兵至白道与李世勣会合，相与定谋，李靖认为颉利虽败，兵力尚多，若任其逃往漠北，依附于薛延陀等部，则很难追歼；今唐俭在突厥，颉利懈而不备，如选精骑袭之，可不战而擒之。偏将张公瑾怕这么做会使唐俭等人身陷险地，但李靖却认为只要能剿灭突厥，唐俭等人根本不用去考虑，于是李靖决定由李世勣统大军继后，亲率精骑万名，各备二十天口粮，连夜出发，向铁山疾驰。

贞观四年三月初一，李靖亲率一万骑兵越过阴山北麓，星夜北上，当李靖军冒雪至阴山，遇突厥营帐千余，尽俘之。颉利却见唐俭持节钺来抚慰，以为大唐已中其缓兵之计，因此未加戒备，而苏定方所率的二百骑兵在浓雾掩护下衔枚疾进，至颉利牙帐七里处，这支前锋才被发现。

待得颉利听闻军报时，李靖大军已将牙廷团团包围，而苏定方所部更是趁着雾气掩护，长驱直入，冲进了突厥颉利可汗的牙帐，慌乱之中，颉利及其部下不知浓雾里有多少唐军，仓促之间上马单骑脱围而去，其部众群龙无首，乱作一团，迅即被唐军击溃，颉利的妻子隋义成公主也死于乱军之中。此战突厥军大溃，被歼万余人，男女部众十余万人及牛羊杂畜十余万头被俘获。而厮杀之间，唐俭、安修仁也趁乱脱险而归。与此同时，李世勣率唐军主力自正面出击，将失却了统一指挥的突厥大军分割包围各个歼灭，并切断了突厥北窜的道路，迫使那些乱成一堆的突厥部落纷纷来降，再次俘获五万余人。

一路北逃的颉利再也不敢作丝毫的停留了，在阴山被击败后，他仓皇由云中向西逃窜，意图投奔吐谷浑国王慕容伏允或高昌国王麴文泰。在半路上，部将大多叛逃。这个时候，颉利想到了苏尼失。起初，始毕可汗重用启民的舅父苏尼失为沙钵罗设，统领五万户的部落，建牙帐在灵州西北。颉利政局混乱之时，唯独苏尼失部没有二心。突利投奔大唐，颉利立苏尼失为小可汗。颉利在身边只剩下数十骑兵、其子叠罗施也与之走散的情况下，不得不选择依附苏尼失。可这个时候大同道行军总管李道宗却得知了消息，迅速领兵进逼，大军压境，逼迫苏尼失交出颉利。

西方画家笔下夜袭突厥王帐的唐军轻骑

慌乱之间，颉利再次选择了逃跑，他率几名骑兵趁夜逃藏在荒山野谷中。

眼看着颉利跑掉，苏尼失害怕担罪，急忙派骑兵将颉利抓回。贞观四年三月十五日，行军副总管张宝相率领大批兵力包围沙钵罗营帐，俘虏颉利，并将之押回京都长安，苏尼失举兵投降。至此，在中国历史上曾经煊赫一时不可一世的东突厥汗国彻底灭亡。

捷报四月初传到长安，李世民当即前往太极宫谒见太上皇李渊禀报佳讯。太上皇李渊听说擒住了颉利可汗，感叹道："当年汉高祖刘邦被匈奴围困在白登城，不能报仇；现在我的儿子能一举剿灭突厥，证明我托付的人是对的，我还有什么忧虑呢！"于是发敕，召皇帝及文武百官至凌烟阁夜宴，宴上太上皇亲执琵琶，李世民当庭起舞，公卿大臣纷纷起身相贺，欢愉之情可见一斑，宴会直至深夜方才散去。

定襄之战影响深远，此战之后不长时间，大唐便控制了自阴山至大漠的广大地区，而困扰中原王朝已久的北方威胁冰消瓦解，东突厥领地被划入大唐版图，朝廷在其上设置了顺州、裕州、化州、长州、定襄、云中等都督府，帝国的疆域由此扩大至阴山以北六百里，势力范围达到北海（贝加尔湖）。

而更重要的影响在于大唐天威远播塞外，化外诸族纷纷来降，四方夷族首领齐集宫阙，并上表请求称李世民为"天可汗"，对此李世民说："朕既做了大唐天子，又要做天可汗吗？"于是文武大臣以及四方各族首领齐呼万岁。唐发往域外诸族的敕旨文书上，均署名"天可汗"。

贞观四年五月初五端午，李靖、李世勣、薛万彻、苏烈诸将率领三千士卒押解颉利等突厥贵族抵达长安，李世民亲率长安城内的王公贵戚文武百官出城五里相迎，礼部仪仗高奏凯旋乐，迎接凯旋的将士们。当日长安城内万人空巷，盛况空前。次日，朝廷在承天门外举行献俘大典，颉利可汗被献俘太庙，李世民在顺天楼召见颉利当众历数颉利罪状，不过并没有杀他，反而还归还他的家属，并让他住在太仆寺，以官家供应食用。

"居长安待罪"自然不好受，颉利毕竟是突厥可汗，习于游牧，根本不习惯住中原的房屋，以至于不得不常在廷中设置穹庐居住，每每思及大草原，郁郁寡欢，常与家人悲歌对泣，渐渐地也就形体消瘦了。李世民倒是对他怜惜，于是任命颉利为虢州刺史，之所以这样任命，是因为虢州乃是今天的河南灵宝市，此地靠山，多獐鹿等野兽，可以射猎自娱，但心气颇高的颉利可汗却推辞不去。于是李世民又任命他为右卫大将军，赐给良田美宅。对于颉利，李世民曾经评价说："过去启民可汗亡国，隋文帝不惜粟帛，大兴士众，营卫安护使之存立，到始毕可汗时渐强，却起兵在雁门围困炀帝，如今颉利可汗的败亡，大概是他背德忘义的报应吧。"贞观八年，颉利可汗去世，在礼部商议之后，追赠他为"归义王"，谥号"荒"，并诏令其族人前来参加他的葬礼，最后又按照突厥人的礼节，焚尸而葬于灞水之东。

大唐没有处死颉利，让他在长安度过余生，带来的影响是巨大的，突厥的名将或首领包括执失思力、阿史那社尔、阿史那思摩以及契苾何力等人纷纷归降，而大唐也给与他们以重用。譬如，突厥夹毕特勒阿史那思摩就被封为右武侯大将军，思结俟斤率四万多军队投降后也被重用，突利可汗则被封为右卫大将军北平郡王。

当尚书省正式发布上敕，以李靖为尚书右仆射，加封代国公，以侯君集为兵部尚书参预朝政，加封陈国公，以李世勣为左卫大将军兵部侍郎，加封英国公，而其余北征将士各有封赏的时候，对于突厥旧部的处置也被提上了日程。

五月初八，李世民在显德殿召集廷议，议处突厥旧部。在东突厥灭亡之后，其属下的部落或者北附薛延陀，或者向西投奔西域，投降大唐的约有十万户，对于这些人的处置也就成了一个问题。朝堂上，朝臣们发生了较为激烈的争论，多数朝臣主张"将其悉数迁徙到河南兖、豫之间，使之散居各州县，教之耕织，使其逐渐改俗习农，以使塞北地区永远空旷无人"。然而也有许多人反对此议，这些人以为，若将突厥人迁入内地，改其习俗，非但不能教化之，反倒在中原埋下了祸患之源，得不偿失。譬如中书侍郎颜师古就认为："突厥、铁勒族自古以来很难臣服，陛下既然使他们称臣，请将他们安置在河北地区。分别设立酋长，统领其部落，则可以永无祸患。"

最终李世民决定将突厥大部安置在东起幽州、西至灵州的黄河之侧，同时划分突利可汗原来统属之地，设置顺、化、祐、长四州都督府，又划分颉利之地为六州，东面设定襄都督府，西边置云中都督府，以统治其民众，此外，还任命阿史那思摩为怀化郡王。当初颉利败亡时，各部族首领纷纷抛弃颉利投降大唐，唯独阿史那思摩跟随颉利，最后与颉利一同被俘，李世民嘉许他的忠诚，拜他为右武侯大将军，不久又任命为北开州都督，让他统领颉利旧部。同时还加封阿史那苏尼失为怀德郡王，并任命他为北宁州都督。此外，还任命右骁卫将军康苏密为北安州都督，一干归降的胡族首领，大多被拜为将军中郎将，跻身朝官行列，以至于五品之上者多达百人，朝堂之上汉胡皆半，而迁居长安的胡人也因此多了一万多户。

其实当初对于突厥的处置并没有什么问题，因为阴山一战之后，突厥元气已灭，百年之内断难恢复过来，纵有小患，也不伤大局。随后李世民任命突利为顺州都督，使其统领各部落官员，对于这位突厥可汗，李世民不无警告地告诫他说，你的祖父启民毅然投奔隋朝，隋朝立为大可汗，疆土覆盖北部地区，你父亲始毕可汗反而成为隋的祸患，天理不容，所以才有你今天的惨败灭亡。我之所以不立你为可汗，就是以启民立可汗的前事作为教训。现在任命你为都督，你应当善守大唐法令，不要再肆意侵占掠夺，这不只是想要大唐长治久安，也是为了使你们的种族永远存在下去!

李世民的告诫并不是没有缘由的,果然在贞观十三年四月发生突利可汗的弟弟中郎将阿史那结社率暗地里集结部众,并支持突利可汗的儿子贺罗鹘乘夜侵袭御营的事情。本来阿史那结社率等暗地里集结部众四十余人,阴谋利用晋王李治四更出宫的机会,可结果天起大风,故而晋王没有出宫,叛逆的突厥人担心天近拂晓,事情暴露,遂强闯行宫,混乱之中,他们倒也穿过了四道幕帐,而且还胡乱射杀了数十名禁军兵卒,幸亏折冲都尉孙武开率众拼死抵抗,眼看不能得逞,阿史那结社率等人居然驰入御厩中,盗走马二十多匹,向北逃走,渡过渭水,想要逃回到本部落,最终还是被捕获问斩。

此事之后,李世民不再信任突厥,并后悔在内地安置他们的部众,而上书言事者多说突厥留在黄河之南有很多不便,并建议将突厥人全部遣送回黄河以北地区,让他们在原来的定襄城建立官署,于是李世民诏令右武侯大将军、化州都督、怀化郡王阿史那思摩为乙弥泥孰俟利可汗,赐给鼓和大旗;突厥以及安置在各州的胡族,均令他们渡过黄河,回到他们的旧部落,使他们世代为帝国的屏障,永保边塞。

由于突厥人都惧怕薛延陀,不肯走出塞南,李世民又派司农卿郭嗣本下诏给薛延陀:"颉利可汗已然败亡,他们的部落都来归附大唐,朕不计较他们旧的过失,嘉奖后来的善举,待其官员皆如朕手下的百僚,视其部族民众皆如朕之百姓。中原王朝崇尚礼义,不毁灭别人的国家,先前打败突厥,只是因为颉利一人有害于百姓,实在不是贪图其土地,夺其牲畜,总想重立一个可汗,所以将投降的突厥各部落安置在河南一带,听任他们畜牧。如今人丁兴旺,户口滋生,朕内心非常高兴。既然已答应另立一可汗,便不能失信。秋天将要派遣突厥渡黄河,恢复其故国。你们薛延陀受册封在前,突厥受册封在后,后者为小,前者为大。你们在碛北,突厥在碛南,各守疆土,镇抚本族各部落。如有越境劫掠,我大唐就要发兵,各问其罪。"

不久之后,阿史那思摩率领所辖部落建牙帐于河北碛南一带,李世民亲临齐政殿为他们饯行,宴上阿史那思摩泪流满面,他端起酒杯说:"我等败军之旅,本当化为尘壤,幸遇陛下保全我们,又立我为可汗,愿千秋万代永远侍奉陛下。"

此后李世民又派礼部尚书赵郡王李孝恭等人携带册封文书，就其部落聚居地，在黄河边筑立祭坛而册立他。又任命左屯卫将军阿史那忠为左贤王，左武卫将军阿史那泥孰为右贤王。阿史那忠是苏尼失的儿子，一直以来，李世民待他甚厚，将宗室女许配给他。等到他奉职出塞，仍然怀恋大唐，每每见到来使必定流泪请求入朝侍奉天可汗。

除此之外，突厥灭亡后，营州都督薛万淑也积极展开行动，他派契丹族首领贪没折游说东北各少数族，一时间奚、室韦等十几个部族先后归顺大唐，于是帝国的东北得以平定。不过倒不是人人都能够归附大唐的，譬如，康国主动要求归附大唐，但李世民却说："前代的帝王，喜欢招抚地处遥远的国家，以讨得降服远方的盛名，这毫无益处而只是让百姓受罪。如今康国要求归附，如果他们遇到危急情况，按照道义来讲不能不去救援。士兵们行军万里，岂能不疲劳！让百姓疲劳以获取虚名的事，朕不做。"于是不接受康国的归附。

此外高昌王麴文泰也在此时来到朝中，一时间西域各国都仿效高昌，派出使节进献贡品，李世民颇为得意，可那位不识时务的魏徵又跳出来劝谏道："从前汉光武帝不允许西域诸王送王子入朝侍奉和置都护府，认为不应当以蛮夷劳顿中原帝国。如今天下刚刚平定，先前文泰来朝时，已耗费很多，如今假使有十国来进贡，则随从不少于一千人。边区民众耗费过大，将难以承担。如果允许他们商人间相互往来，与边区百姓互市贸易，这还可以，如以宾客接待，对我大唐没有好处。"李世民听了之后，幡然

唐太宗

醒悟。

不过贞观四年高昌王麴文泰携王后亲自前来长安觐见，并贡献方物时，李世民还是以极高的礼遇接待了他。其实高昌王国也是汉人所建立的，西汉宣帝派士卒携家属往车师前部屯田，且耕且守，至元帝时，在其地建筑军事壁垒，"地势高敞，人庶昌盛"，称为高昌壁，又称高昌垒。同时，设戊己校尉，治于高昌，主管屯田和军事。而东汉、魏晋沿袭其制。这一时期，高昌壁隶属凉州敦煌郡。到了西晋至十六国初期，高昌社会经济发展，已经是西域的一颗璀璨的明珠了。此后，十六国时期，此郡先后隶属前凉、前秦、后凉、西凉、北凉五国。

北凉承平十八年，柔然攻高昌，灭高昌北凉沮渠氏，立阚伯周为高昌王，为高昌建国之始，历经阚氏高昌、张氏高昌、马氏高昌、麴氏高昌四代政权，这其中麴氏享国最久。麴嘉王时，恹哒伐焉耆，焉耆向高昌麴嘉王求救，麴嘉王出兵救援，并委派次子为焉耆国王，高昌势力开始壮大。虽然隋开皇中，突厥曾破高昌城，但后来高昌又渐渐发展强大起来，大业五年间，时遣使朝贡，高昌的国王麴伯雅跟随隋炀帝东征高句丽。回师之后，隋炀帝把宗女华容公主宇文氏嫁给了麴伯雅，做了高昌的王后，麴伯雅的正妻只好退避王后之位。麴伯雅去世后，其子麴文泰继位，再娶华容公主，李世民曾在贞观元年赐华容公主宇文氏花钿一具。贞观四年冬，麴文泰来长安朝见李世民，华容公主宇文氏相随，李世民随即诏赐李氏，封常乐公主。此后，高昌不仅向大唐进贡玉盘狐裘等物，更时时向大唐上报西域的消息，大唐朝廷得以及时掌握西域的动态。

麴文泰一生最有名的故事莫过于和西去印度取经的唐僧玄奘之间的交往了，当年麴文泰听说了玄奘去天竺之事后，热情相邀，玄奘本来没有路经高昌的计划，但实在是盛情难却，于是改变路线去了高昌。在高昌，玄奘受到了前所未有的盛情款待，麴文泰本人也十分推崇玄奘的佛学，说他从没有见过比玄奘学问更高的僧人，甚至要求玄奘留在高昌做国师，然而玄奘显然不愿意，甚至不惜以绝食相抗，最终双方达成了一个妥协方案：麴文泰和玄奘结为兄弟，麴文泰支持玄奘西行，玄奘学成归来要在高昌停留三年。在此后的一个月时间里，玄奘讲经不止，麴文泰则为他做各种准备。那么麴文泰的准备是什么呢？"四沙弥以充给侍，制法服三十具。以西土多寒，又造面衣、手衣、靴、韈等各数事。黄金一百两，银钱三万，绫及绢等五百匹，充法师往返二十年所用之资。给马三十匹，手力二十五人"。正是由于麴文泰的大力资助，玄奘此后在印度从容专研佛学，不但不为经费问题所困，而且有经济实力保持与佛学界的礼尚往来，也就是所谓"自高昌王所施金、银、绫、绢、衣服等，所至大塔、大伽蓝处，皆分留供养，申诚而去"。

不过不仅仅是钱的问题，麴文泰还"遣殿中侍御史欢信送至叶护可汗衙。又作二十四封书，通屈支等二十四国，每一封书附大绫一匹为信。又以绫绡五百匹、果味两车献叶护可汗"，并书称："法师者是奴弟，欲求法于婆罗门国，愿可汗怜师如怜奴，仍请敕以西诸国给邬落马递送出境。"也就是说，玄奘此后的西行之路是由高昌专使护送的。

高昌虽然是个小国，但地处丝绸之路的要冲，与西域诸国往来频繁，递送玄奘一行之请求诸国不难办到。由于高昌在西域诸国中享有特殊地位，诸国与中原贸易往来所需高昌的地方很多。现在，高昌王麴文泰派出特使，发出国书，请沿途各国照顾玄奘一行，这对于各国而言实在是太简单了，于是除了焉耆以外诸国对玄奘一行的照顾都很周到。当然除了麴文泰的特使以外，西突厥统叶护可汗也派了特使。

而玄奘对麴文泰的恩情是一直记在心中的，他更念念不忘与麴文泰的三年之约。十几年以后，日戒王问玄奘归国是走海路还是陆路的时候，玄奘的回答是："玄奘从支那来，至国西界，有国名高昌，其王明睿乐法，见玄奘来此访道，深生随喜，资给丰厚，愿法师还日相过，情不能违，今者还须北路而去。"这个时候，玄奘已经是声振天竺了，他也想到了和麴文泰的三年之约，然而当他归国的时候，西域形势已经发生了很大变化。

当初玄奘离开高昌时，麴文泰率领王妃和文武百官全城百姓夹道相送，麴文泰更是亲送玄奘至百里外的交河城，分别之时，高昌王麴文泰抱住玄奘失声恸哭，两人依依惜别。十七年后，强大的突厥已经土崩瓦解，麴文泰也在几年前亡故，而那个所谓的高昌国也已经成了大唐治下的西州……

6. 长安西望

　　当初西突厥统叶护可汗在位时，和大唐的关系还不错，可在贞观二年，他被自己的伯父杀死，其伯父自立为可汗，是为莫贺咄侯屈利俟毗可汗。莫贺咄原先仅为一小可汗，他自称大可汗后，国人自然是不服了，于是弩失毕部共同推举泥孰莫贺设为可汗。可问题是，泥孰不肯就位，而此时有人想到了统叶护的儿子力特勒，当时力特勒为躲避莫贺咄的祸乱，已经逃到了康居，泥孰迎回他立为首领，是为乙毗钵罗肆叶护可汗，于是两个可汗之间相互攻伐，争斗不息。虽然双方都有派使臣请求与大唐通婚，李世民不但不应允，还传谕说："你们的国家刚发生内部争斗，君臣尚未确定，怎么能谈得上求婚呢？"而且要求各部各守辖境，停止彼此征伐。

　　此时在利益面前，"天可汗"的话语显然也没有什么大用，双方依然是争斗不休，原先役属的西域诸国和铁勒各部纷纷叛离，而且开始选择站队。由于肆叶护是前可汗之子，所以西突厥部众大都拥护他，甚至西面的都陆可汗以及莫贺咄部的酋长多数归附肆叶护……到了贞观四年，莫贺咄兵败被泥孰杀死，突厥诸部共推肆叶护为西突厥大可汗，可汗之争到此也就告一段落了。

　　然而好景不长，肆叶护也是一好战之徒，他先是北征铁勒，可结果却被薛延陀打败，而且此人为人多疑狠毒，不仅杀了拥立自己的功臣乙利小可汗，而且还诛灭其宗族，此事自然是引起部下人人自危了，不久之后他又阴谋杀害泥孰，不得已之下泥孰逃往焉耆。贞观六年秋天，肆叶护遭设卑达干与弩失毕部攻击，逃往康居，不久死在了那里，这种情况下，西突厥迎立泥孰，是为咄陆可汗。

咄陆可汗在武德年间，曾到过长安，李世民还曾与他结为盟兄弟。当泥孰被推举为西突厥可汗后，这位"天可汗"的兄弟立即派遣使臣至大唐表示愿意内附。第二年，皇帝派遣的使者鸿胪少卿刘善因抵达西突厥，册封泥孰为"奚利邲咄陆可汗"，可仅仅才过了一年，泥孰病死，其弟同娥设继位，是为沙钵罗咥利失可汗。

这位新上位的可汗倒也奇葩，他将国土分为十部，每部设首领一人，各赐给一支箭，称为十箭。又分左、右厢，左厢号称五咄陆，设置五大啜，居住于碎叶以东地区；右厢号称五弩失毕，设立五大俟斤，居住在碎叶以西，通称为十姓。此外，他还在贞观九年献马五百匹于唐，上表请婚。不过大唐显然没有看上他，仅仅对他厚加抚慰，而没有同意他的求婚。

不久之后，因为无道，沙钵罗咥利失可汗便失去了民心，于是突厥再一次内乱，一部分人拥立始毕可汗之子欲古设为可汗，这位欲古设是东突厥汗国灭亡后投奔西突厥的，他自立为乙毗咄陆可汗后，便频频与沙钵罗咥利失可汗相互攻伐，由于双方僵持胶着，于是以伊列河（今伊犁河）为界，双方分地而治，伊列水以西属乙毗咄陆可汗，以东属沙钵罗咥利失可汗。

乙毗咄陆可汗在逐渐强大之后，开始和大唐发生严重摩擦，就在此时，麹文泰依附了乙毗咄陆可汗，他不仅仅阻遏了西域各国通过其境向大唐入贡，而且还发兵袭扰伊吾。伊吾的确曾臣服于西突厥，可如今已经归附大唐，高昌联合西突厥一同讨伐伊吾，也就等于是攻击大唐，不过最让李世民恼火的是，麹文泰此后又与西突厥一同进攻焉耆，连占焉耆五座城池，在掠走男女一千五百人，并烧毁所占之地的房舍后才退军离去。

焉耆第一时间上告大唐，但因为焉耆和高昌都是大唐帝国的附属国，考虑再三之后，李世民派使者前往调解，要求高昌把俘获的焉耆人放回去，麹文泰的立场却很强硬。使者问他为什么攻打焉耆，麹文泰的回答是："鹰飞于天，雉窜于蒿，猫游于堂，鼠安于穴，各得其所，岂不活耶！"这个回答的意思是谁也管不着谁。当然了，麹文泰所做的还不止这些，这几年以来，他不向大唐进献贡品，不行藩臣的礼节，而且所设官职称号均与大唐一样，此外还派使者对薛延陀说："你既然身为可汗，就应与大唐天子平起平坐，为什么要拜他的使者呢？"这简直就是作死了……

　　这种情况下，大唐不得不考虑战争了，而对于李世民来说，当一切和平的努力都失败了，他所需要面对的是如何进行战争。薛延陀人首先表态，上书说："我等禀受隆恩想要回报，请求征发我方军队为先导进攻高昌。"不过大唐政治中枢，却分为了意见不同的两派，彼此各执不同的观点。主战的一派认为，面对高昌人的无礼，大唐的忍耐已经到了极限，西域的问题不能再任其发展下去了，必须要采取行动，而且从长远的战略考虑，出兵是迫在眉睫的事情。而另一种观点则是反对用兵西域，理由很简单，那就是长途出兵，负担太重，为西域付出这么沉重的代价不值得。当初汉武帝派贰师将军李广利征讨大宛，不就是一场灾难吗？

　　如果大唐此时出兵西域，那么也将要面临食粮、饮水等后勤问题，

唐昭陵六骏之一"飒露紫"，战将丘行恭正为它拔箭疗伤

　　　　　　　　　　　　　　　　　　　　　　　　　　　　大漠烽烟

大军出师远征，显然困难重重，加上自然环境恶劣，士卒损耗必然巨大，还有就是出兵多少的问题，出兵少了，可能解决不了问题，还有可能被高昌和突厥人打败，出兵多了，则国家财政显然要承受很重的负担。考虑再三，李世民还是希望麴文泰能够悔过，于是下诏征召他入朝，然而这位高昌国王竟然称病不来长安，李世民恼怒之下，派民部尚书唐俭、右领军大将军执失思力前往薛延陀，合谋共同出兵，同时积极准备西征。

其实，这场战争的关键是高昌后面的西突厥，大唐必须认真考虑的是能否坚决与西突厥开战，如果出兵，就必须做好西突厥参战的准备。此时西突厥的乙毗咄陆可汗在西域已经渐渐坐大，对沙钵罗咥利失可汗的战争也取得连续胜利，以至于西域的多数国家都被他征服。大唐若想要平定高昌，势必与西突厥全面开战，所以，李世民知道此番出兵，大唐不战则已，战则必须保证完胜。对于高昌背后的西突厥，尤其不能心存侥幸。这样一来，出战的大军就更需要谨慎了。

贞观十三年十二月初四，诏令吏部尚书侯君集为交河道行军大总管、左屯卫大将军薛万均为副大总管，阿史那社尔为交河道行军总管、契苾何力为葱山道副大总管、武卫将军牛进达为行军总管，率步骑数万及突厥、铁勒之众征讨高昌。关于此次伐高昌的兵力目前仍存在争议，据《新唐书·高昌传》记载是"率突厥、契苾骑数万讨之"，似乎汉军并未参战，只有突厥和铁勒等番军数万前往。

不过发生这种情况的可能性不大，唐军出征时，基本都是以汉军为中军，番军为前锋当炮灰，少有仅出番军的现象。这次西征，的确是有薛延陀人、阿史那社尔率领的突厥兵以及契苾何力统率的铁勒兵，但不会没有汉军。

在《册府元龟》卷一千中，对于出征大军的数量则记载为"太宗乃命吏部尚书侯君集为交河道大总管率左屯卫大将军薛万均及突厥契苾之众步骑数万众以击之"，与《旧唐书》卷二百一十中所述相似，认为汉军亦有参与，不过并未提及汉军数量，只是说汉、番军总共只有数万。而在《姜行本纪功碑》出土后，又给出了另一组数据："交河道行军总管右骁卫将军上柱国萨孤吴仁领右军十五万，交河道行军总管左武卫将军上柱国牛进达领兵十五万"……那么这样一来，就是番、汉军共三十万的兵力了。

不过有一点是肯定的,那就是此番以吏部尚书侯君集为行军大总管,牛进达、薛万均等为副大总管,还有总管多名,那么参战的兵力应该不会少,毕竟大唐此次劳师动众,并不仅仅是为了攻灭小小高昌,高昌人口只有三万七千七百三十八人,很显然,其实高昌并不是唐军此番西征的主攻目标,此番大军出征肩负有更重要的使命,那就是寻机重创乙毗咄陆可汗,可是考虑到乙毗咄陆可汗实力颇强,几万唐军根本不足以与之交手,所以兵力应该不会只有数万,所以西征大军,保守估计应该至少在十五万至二十万之间。

直接统率大军的侯君集乃是李世民心腹,其本为豳州三水人,早年比较浮夸,弓箭都学不会,还号称自己勇武。后来加入秦王府,跟随当今皇帝南征北战,立下军功,逐渐被赏识,得以参与各项事务的谋划,特别是参与玄武门之变,使其在李世民即位后,被封为左卫将军、潞国公,赐邑千户,后又封为右卫大将军。贞观四年,此公被迁为兵部尚书,开始参与朝政。侯君集虽出身行伍,没有读过什么书,但获得高官厚禄以后,却能够开始读书学习,参与官员的选拔,而且出为武将征伐,入为大夫参与朝政,倒也一时享有美誉。

除了大唐汉军和薛延陀人马外,由阿史那社尔以及契苾何力统率的北方游牧多民族部队,也是大唐武装序列中的重要力量。

阿史那社尔是处罗可汗的次子,十一岁时便以智勇闻名,被任命为拓设,先是在碛北建起牙旗,与颉利可汗的儿子欲谷设分别统治铁勒、回纥、同罗等部落。据说其施政十年,从不征收赋税。有人劝他收取厚赋以供自己享用,他却回答说:"本部落丰盈我就满足了。"诸首领因此对他非常爱戴。颉利可汗多次对中原用兵时,社尔都是前去劝阻,但他的劝阻未被采纳。武德九年,薛延陀、回纥等部落反叛突厥,击败欲谷设。社尔奉命出兵救援欲谷设,却被薛延陀击败。贞观二年,社尔率部西走,从而避免了所部在此后的大唐北伐之战中遭遇覆灭。

贞观四年,东突厥灭亡,西突厥内乱,咄陆可汗兄弟争位。社尔出兵袭击西突厥,一度攻占了西突厥近半的土地,拥兵十余万,自立为都布可汗。颇为得意的社尔有些头脑发热,他对各部落道:"最先背叛我突厥的是薛延陀,如今我占据西方,若不能灭亡薛延陀,就是忘掉了先可汗,是为不孝。"众首领劝谏道:"我们刚刚占据西方,应当暂且稳住阵脚。如今远攻薛延陀，西突厥必然要来收取故地。"可是社尔不听，于是亲率五万骑兵征讨薛延陀，这个时候，西突厥沙钵罗咥利失可汗已经即位并且平定内乱，而社尔的部下久罹战争之苦，加之与薛延陀的作战并不顺利，于是纷纷逃回西突厥。此时薛延陀趁机发起进攻，社尔战败，不得不败走高昌。

贞观九年，避居高昌的社尔因畏惧西突厥进逼，率部内附大唐。贞观十年，社尔入朝，被封为左骁卫大将军，其部落被安置在灵州。不久，李世民又将皇妹衡阳长公主嫁给社尔，让他统领屯兵。此番皇帝以其为交河道行军总管，随侯君集平定高昌。

契苾何力，本是铁勒族契苾部人，为哥论易勿施莫贺可汗之孙、莫贺咄特勒契苾葛之子。契苾何力九岁时父亲去世，便继任可汗之位。贞观四年，东突厥灭亡后，铁勒势力逐渐强盛。贞观六年十一月初二日，契苾何力与母亲率领本部落前往沙州，归附大唐，李世民下诏将他们安置在甘、凉二州之间，同时封任契苾何力为左领军将军，并封其母为姑臧夫人，其弟契苾沙门为贺兰州都督。

贞观七年，契苾何力与凉州都督李大亮、薛万均等人跟随李靖征讨吐谷浑。赤水川之战，薛万均与其弟薛万彻率领轻骑兵先行，被吐谷浑军围困，二人的战马都被杀死，负枪伤步战，随从骑兵战死十之六七，契苾何力得知后，率数百骑兵前往救援，奋力死战，救出了薛万均和薛万彻。此后，李大亮在蜀浑山打败吐谷浑军，俘获其著名首领二十人。将军执失思力在居茹川大败吐谷浑军，李靖率领各路军马途经积石山河源，到达且末，直抵吐谷浑西部边境。听说吐谷浑可汗伏允在突沦川，将要逃奔到于阗，契苾何力想要乘势追击，薛万均以先前的失败为教训，坚持说不行。

契苾何力说："吐谷浑不定居，没有城郭，随水草迁移流动，如果不趁他们聚居在一起时袭击他们，等到他们四处游荡，怎么能捣毁他们的巢穴呢？"于是亲自挑选骁勇骑兵一千多人，直逼突沦川，薛万均率部随后。沙漠中缺水，将士们抽饮马血。唐军攻破伏允的牙帐，杀掉几千名吐谷浑兵，获得牲畜二十多万，伏允只身脱逃，后为左右所杀。

可以说，此番征讨高昌，大唐除了调遣众多汉军府兵及番兵之外，也是名将纷纷出阵。不过麹文泰并没有紧张，他听说大唐已发兵前来讨伐时，居然对其臣僚说："大唐距离我们有七千里，其中二千里是沙漠地带，地无水草，寒风刮起来如同刀割一样，热风如同火烧一般，怎么能派大军来呢？"当然，对于麴文泰而言，他还有一个重要的靠山，即西突厥驻扎在可汗浮图城的大军，这支大军与高昌互为犄角，甚至可以说西突厥才是高昌最重要的砝码，是高昌抵抗大唐的决定性力量。

　　然而实际的情况呢？乙毗咄陆可汗在发现大唐的大军西进之后，立即感觉到了大唐此战的目标其实是自己，于是在侯君集等人的大军到达之前，这位西突厥的可汗就提前跑了，一口气向西跑了一千里，而西突厥驻扎在可汗浮图城的大军也主动投降了。唐军在熟悉当地地形的契苾何力的引领下很快便穿过了大漠，眼看着大唐帝国的远征军已经越过大戈壁出现在伊吾，而西突厥人又不可靠，内心恐惧的麴文泰惶骇无计，每日紧张万分，以至于很快便在忧病交加中，未见唐兵，就把自己活活吓死了。其子智盛在这个时候只能即国王位，等待着来自大唐的最后一击。

高昌国遗址

　　　　　　　　　　　　　　　大漠烽烟

其实贞观十四年，高昌国中就有童谣被人唱起："高昌兵马如霜雪，汉家兵马如日月。日月照霜雪，回首自消灭。"事实上，面对大唐的兵锋，高昌军的确无法抵抗，贞观十四年八月，大军行至柳谷时，斥候禀报说麴文泰近日即将安葬，高昌国内人士都聚集在葬地，众位将领请求袭击他们，侯君集说："不能这么做，大唐天子认为高昌怠慢无礼，所以派我们讨伐他们，如今要是在安葬墓地袭击他们，不是问罪的正义之师。"于是正面进攻高昌要塞田地城。此时高昌大兵会集于田地城，城坚墙厚，面对大军，高昌人起初还固城自守。然而西征大军自清晨展开攻城，至中午便破城而入，一战而俘获男女七千多口。在夺取了田地城之后，侯君集以中郎将辛獠儿为前锋，直趋高昌城。见唐军先锋人数较少，麴智盛便率军迎战，却被直逼其都城的辛獠儿击败，不得不退保都城。随后，侯君集大军赶到，直抵其城下。

困守孤城的麴智盛无奈，来信乞怜，表示"有罪于天子者乃先王，今已无罚丧身，我本无罪，望侯尚书哀怜"。侯君集则回书："如能悔过，应束手投降！"然而麴智盛不想就这么投降，于是侯君集命令兵卒填堑攻城，随后又造巢车，高十丈，可以俯瞰城内，这样一来，城内动静唐军也就了如指掌了，攻城数日，飞石如雨下，攻城抛车砸出的石头让城内人无处躲避，麴智盛无计可施，只能开城投降。

随后侯君集继续分兵略地，占三郡、五县、二十二城，得八千零四十六户，一万七千七百人，马匹四千三百，占地东西八百里，南北五百里。此外，由于侯君集征讨高昌时，曾派人邀约焉耆与他们合围高昌，焉耆高兴，愿意听命。等到高昌亡国后，焉耆王到军营拜见侯君集，而且说焉耆三座城曾被高昌夺去，侯君集禀报朝廷后，将三座城连同高昌所掠的焉耆百姓如数归还。

听闻捷报，李世民随即将高昌所在地改置西州，同时在可汗浮图城置庭州，并各设所辖县，此后又在交河城设立安西都护府，留兵镇守。当侯君集俘虏高昌王智盛及其贵族大臣还朝，大唐已经进入一个新的鼎盛时期，此时帝国地域东到大海，西至焉耆，南达林邑，北抵大沙漠，均设立州县，总共东西九千五百一十里，南北一万九百一十八里，而且此后，帝国在西域拥有决定性地位。

不过，侯君集攻破高昌时，曾私自掠夺大量的珍奇宝物，而主将带头行恶，麾下将士自然是竞相仿效了，因此在占领高昌后，唐军争相劫掠，以至于高昌国中十室九空，一时间唐军恶名远播西域。朝中的御史言官们知道此情后，纷纷弹劾侯君集，李世民为维护唐廷声名，下诏将侯君集等人下狱待审。

而对于侯君集案，中书侍郎岑文本则上奏疏，认为："高昌王昏庸腐败，陛下命侯君集等人讨伐并攻克他们，没过十天，又一并宣付大理寺。即使君集等人自投罗网，也恐怕国内人怀疑陛下只知记录其过错而遗忘其功劳。我听说受命出师的将领，主要是为了战胜敌人，如果能战胜敌人，即使贪婪也可赏赐；如果战败，即使清廉也要惩罚。所以汉代的李广利、陈汤，晋代的王浚，隋朝的韩擒虎，均身负罪过，君主以其有功于当朝，都给予封赏。由此看来，将帅等武臣，廉正谨慎的属少数，贪婪不检点的居多，所以黄石公《军势》中说：'用将士们的智慧，用他们的勇武，用他们的贪婪，用他们的愚钝，故而有智慧的人乐于立功建业，勇武的人喜欢实现自己的志向，贪婪的人急于得到他的利益，愚钝的人不考虑生死。'希望陛下能够记住他微小的功劳，忘记其大的过错，使侯君集能够重新升列朝班，再次供陛下驱使，即使不是清正的大臣，也算得到了贪婪愚钝的将领，这样，陛下虽然有亏于法律却使德政更加显明，君集等人虽然承蒙谅宥而其过失也更加明显了。"于是，李世民选择了开释自己的这位心腹。

但此事却在侯君集的心中埋下了一个钉子，他自以为立下大功却因为贪财而被囚禁，感到非常不快。

贞观十七年二月二十八日，李世民为怀念当初一同打天下的诸多功臣，命阎立本画了二十四位功臣的画像，比例皆真人大小，置于凌烟阁，是为《二十四功臣图》，在"凌烟阁二十四功臣"中，侯君集位列第十七名。然而不久之后，侯君集便因卷入了皇帝家事、储位之争，并最终参与了贞观十七年轰动一时的"太子谋反案"而被处死了。

第三章　夷平四海

7. 储君之争

　　其实与父亲李渊晚年一样，李世民在贞观十四年之后，所面临的一个最大的问题，就是皇子之间相互争斗。武德二年，秦王妃长孙氏为李世民诞下了嫡长子，根据史书的记载，因为这位皇子生于太极宫承乾殿，故取名李承乾，字高明。有人认为"承乾"二字虽为宫室之名，然而用作人名时却有着无比深意，承乾，承继皇业，总领乾坤之意，是以"承乾"一名当是李渊为这个皇孙亲赐。但这只是一个牵强附会的说法，毕竟那时候，李渊所认定的继承人并不是李承乾。

　　次年，尚在襁褓中的李承乾被封为恒山王。对于自己的这个儿子，李世民还是很重视的，他任命妻子长孙氏的族侄长孙家庆为李承乾的侍读。长孙家庆自幼聪颖，爱好儒学经典，也因此，李世民才会让当时年仅二十四岁的长孙家庆"奉教直中山府侍读文馆"。让三岁的儿子开始读书识字，在当时并不是什么新鲜事，但也可以看出李世民对自己这个儿子的重视，到武德七年李承乾五岁的时候，他又被徙封中山王，这个时候，李世民又让陆德明与孔颖达这两位儒学大师教导李承乾儒学经典，同时又将长孙家庆的胞弟长孙祥任命为李承乾中山王府的功曹。

　　玄武门之变后，年仅八岁的李承乾被正式册立为太子。在册封太子的诏书中称其"早闻睿哲，幼观诗、礼"，这样的话语，倒也不为过，毕竟他三岁就开始读书识字，后又师从诸多儒学大师，同时史书又记载李承乾"性聪敏"，"特敏惠"，"丰姿峻嶷、仁孝纯深"，因此李世民非常喜欢他，而李承乾作为大唐的皇太子，最初也还是不错的，譬如贞观三年，太子太师李纲因为脚疾只能乘着轿子进宫，于是李承乾亲自将自己的老师引上殿并恭恭敬敬地行礼，又向其虚心请教，态度极为礼敬。

李纲病逝后，李承乾又亲自为老师立碑。

贞观四年五月，李世民下诏令李承乾"宜令听讼"，还说"自今以后，诉人惟尚书省有不伏者，于东宫上启，令承乾断决"。虽然只是"听讼"，仍可见太宗皇帝已经在有意识地锻炼李承乾身为储君的政治能力了，而这时候的李承乾不过十二岁。

贞观五年，李承乾原本定于二月行冠礼，不过李世民为了不夺农时，将冠礼改在了十月。同年，李承乾生病，而从来不信佛也不信道的李世民却请了道士秦英来为儿子祈福；等李承乾病愈后，李世民又召度三千人出家，并特地修建了西华观和普光寺，还将狱中的囚犯减免了罪行，以此为儿子祈福。

贞观七年，李承乾再次生病，李世民下旨请天竺高僧波颇为太子祈福。李承乾病愈后，李世民大喜之下赐了绫帛等六十段与及时服十具给波颇。同时也因为李承乾多病，李世民为了不让他太辛苦，特别准许他不用多读书，只要和孔颖达评说古事即可。不过李承乾并没有借机放纵自己，反而更加展示出了经国安邦的卓越才能，有一次李世民让他试着写一写治国的策略，太子洋洋洒洒，一挥而就。据史料记载，李世民看了后非常得意地向侍臣们炫耀说："先论刑狱为重，深得经邦之要也。"

贞观八年二月乙巳，太子李承乾加元服，李世民因此大赦死罪以下，赐五品以上子为父后者爵一级，天下大酺三日，又大宴群臣，赐帛各有差。贞观九年正月甲申，李承乾娶秘书丞苏亶长女苏氏为太子妃，李世民为此大宴群臣，赐帛各有差。五月庚子，唐高祖李渊病逝，居丧期间，李世民下诏令太子监国权知军国大事，而李承乾"颇识大体"、"颇能听断"，干得相当出色。六月己丑，朝臣恳请李世民上朝听政，李世民虽然应允，不过"细务仍委太子"，之后李世民每每外出巡幸时，都是由太子留京监国。

贞观十年，长孙皇后渐渐病重，李承乾忧心之下便请求大赦囚徒并度人入道，以期冀蒙福佑，却被长孙皇后断然拒绝。李承乾于是不敢将请求大赦一事上奏，只告诉了自己的太子詹事房玄龄，朝臣闻之纷纷恳请大赦，虽然长孙皇后最终还是拒绝了大赦一事，但李世民却另辟蹊径，下令重修了三百九十多座废弃寺庙以此为爱妻祈福。然而如此感人肺腑的夫妻之情、母子之情，终究还是没能从死神手中夺回皇后的生命。六月己卯，长孙皇后崩于立政殿，享年三十六岁。不久之后的贞观十二年三月丙子，李承乾的嫡长子李象出生，因为皇孙诞育之喜，李世民这才略微缓解了丧妻之痛，诏令天下见禁囚徒都降罪一等，内外官职事五品以上子为父后者，各加勋官一转，天下大酺五日，又大宴五品以上于东宫。

贞观十三年，李世民下诏令东宫置崇文馆。崇文馆，是专为太子李承乾所设置的学馆。不过这时候的李承乾随着年岁既增再加上患了足疾，开始变得叛逆起来，于是李世民"搜访贤德，以辅储宫"，先后挑选了十余位老臣、名臣出任东宫辅臣，与太子谈论。然而，这些天子重臣们的劝谏显然没有得到期望中的效果，于是李世民越来越对太子不放心了，这个时候，他的宠溺开始逐渐转向魏王李泰。

李泰，字惠褒，小字青雀，武德三年出生，为李世民与长孙皇后的次子，史载因"文德皇后所生"，且"聪敏绝伦"，故而"特所宠异"。他一出生就被自己的祖父高祖皇帝册封为宜都王，次年三月，又进封卫王，并被授予上柱国。作为秦王的嫡次子，李泰日后的爵位原本最高不过是从一品的郡王，然而李渊却将其封了正一品的卫王，而不是从一品的嗣卫王，以继李元霸之后，可以说这是对李世民、李泰父子莫大的恩宠。

贞观二年，年仅九岁的李泰改封越王，并受封为扬州大都督与越州都督，督常、海、润、楚、舒、庐、濠、寿、歙、苏、杭、宣、东睦、南和等十六州军事扬州刺史，又督越、婺、泉、建、台、括六州，封地多达二十二州，至于同时受封的皇子李恪，封地只有八州。

贞观五年，李泰在遥领扬州大都督的同时，又兼领了左武侯大将军一职。贞观六年，李泰又受封为鄜州大都督兼夏、胜、北抚、北宁、北开五都督，余官如故。贞观八年，兼领左武侯大将军的同时，又被授予了雍州牧之职。根据《旧唐书·地理志》的记载，雍州即指京兆府，也就是大唐王都所辖之地，自此李泰又兼任了掌管西京长安的最高长官。

贞观十年，李泰徙封魏王，遥领相州都督，督相、卫、黎、魏、洺、邢、贝七州军事，余官如故。然而李世民不仅舍不得爱子离开自己去封地，甚至还一度下诏想让心爱的儿子搬进武德殿居住。但武德殿是极为靠近东宫的宫室，当年的李元吉就是住在武德殿与李建成互通有无的，正因如此，魏徵才会极力谏止此事了。

根据史料记载，李世民对李泰百般宠爱，经常带着他四处游幸，甚至不过短短一日见不到他，也要派自己养的一只名为"将军"的白鹘去送信，一日之内鸿雁往返数次。根据史书的记载，李泰"腰腹洪大"，不过李世民见到爱子如此圆滚滚的模样，担心的却不是太胖会影响身材，而是觉得儿子这样上朝参拜的时候一定会很辛苦，心疼之下特别准许他乘坐小轿子到朝所，真是前所未闻。李世民在东都洛阳"并坊地"以赐魏王大宅，而且合并坊地后李泰的大宅还占了"东西尽一坊"之地，另有"潴沼三百亩"，李泰以此处为池，池与洛河之间修建的堤岸，正是日后堪称"都城之盛"的魏王池与魏王堤二景。

贞观十四年，李世民亲临李泰在延康坊的府邸，并因此特别赦免了雍州及长安死罪以下的罪犯，又免去了延康坊的百姓一年的租赋，还给了魏王府的官员以及同住一坊的老人很多赏赐。其实在李泰还没有正式搬入府邸前，便因为盛修府邸一事而被岑文本进谏，但李世民照旧是对岑文本的上疏夸奖赏赐了一番，却唯独不见对李泰的行为有任何的不乐意与制止。不仅如此，李世民还将大名鼎鼎"居地三十顷，周回十七里"的芙蓉园赐给了宝贝儿子。

按照史家所言，有一次，李世民听说朝中那些三品以上的大臣如魏徵、房玄龄之流对李泰不够尊重，居然雷霆震怒之下，将魏、房等人尽皆召进宫来严词质问一番，以至于房玄龄等人被吓得不敢说话，唯有魏徵据理力争，最后才使得李世民承认自己的确因私爱而忘公了。

就连李泰的长子李欣，也因为父亲的原因"特为太宗所爱"，四岁的时候便被接进了宫中抚养。而李欣自幼聪慧，乖巧伶俐，长孙皇后曾问他刚来这里住得可还习惯，他立马拱着一双小手说道："孙儿有幸住在皇宫里，已经很开心了。"长孙皇后听了既惊讶又高兴，不仅亲自为他取名为"欣"，还把这个孙子当作自己的亲生儿子一样养育。李欣也因此得以常常和年岁相仿的小叔叔李治一同玩耍，叔侄二人感情非同一般，所以李欣作为濮王的长子，直到弱冠之年才离开京城去了自己的封地。李世民对李泰这种种逾越礼制的宠爱，就连史官都不得不感慨道："其宠异如此。"

而对李泰宠爱自然也就对太子有所偏颇了，贞观十四年，太子左庶

魏徵

子于志宁上疏称太子生活过于奢华，引来太子被训斥，后又因为李承乾和宦官玩乐，于志宁又上疏，甚至将太子比作秦二世。而身为太子右庶子孔颖达则更是言辞激烈，每每当面指责李承乾爱好声色，漫游无度，足智饰非，不听劝教。对此太子的乳母遂安夫人曾劝说过孔颖达，认为太子年龄既长，不宜总是当面痛加批评指责，可孔颖达却表示我这样犯颜直谏是"死无所恨"，结果是"谏诤逾切，承乾不能纳"。

太子李承乾曾宠幸一名"美姿容，善歌舞"的太常乐人，并称他为称心。李世民闻之大怒，将称心杀死。李承乾非常伤心，在宫中为自己死去的男宠立室，让宫人日夜祭奠，并在宫中为称心树冢立碑，赠予官职，还经常为称心哭泣流泪。李世民对此更为不满，从此之后，太子李承乾与李世民之间的父子隔阂更深了。

不过客观上来说，就算李承乾这样胡闹，李世民也不曾动过废太子的念头，甚至煞费苦心地将魏徵任命为太子太师，此举的目的意在告诉众人，他是绝不会废掉李承乾这个太子的。可人活着，宗室总会有对比的，贞观十五年，由魏王李泰主编的《括地志》完稿，史料记载，此书按贞观十道排比三百五十八州，再以州来分述辖境各县的沿革、地望、得名、山川、城池、古迹、神话传说、重大历史事件等，征引广博，保存了许多六朝地理书中的珍贵资料。对此，李世民非常高兴，如获至宝，不仅将这部著作收藏进了皇家的藏书阁秘府中，还接二连三地大肆赏赐李泰，先是赐"物万段"，紧接着又每月赏赐大量的财物，数量之多甚至超过了太子的规格，惹得褚遂良不得不上疏劝谏，于是李世民干脆下诏取消了太子出用库物的限制。李承乾上表推辞，李世民答道："汝家之冢嫡，国之储两，故有斯命，以彰有殊……勉思守道，无烦致谢。"而之所以取消太子的开支限制，显然是为了变相地维持李泰逾制的花销。

　　　　　　　　　　　　　　　　　大漠烽烟

贞观十七年（643），魏徵病重，李世民亲自带着太子与衡山公主到魏徵的府邸探望。三月，左屯卫中郎将李安俨上表称："皇太子及诸王，陛下处置，未为得所。太子，国之本也，伏愿深思远虑，以安天下之情。"李世民则答道：我知道爱卿你的意思，我的儿子虽患脚疾，可依然是嫡长子，我怎能舍弃嫡子而立庶子呢？

李世民并无易储的想法，然而李承乾却因为忌惮同样深得父亲宠爱且怀有谋嫡之心的胞弟李泰，遂与汉王李元昌、城阳公主的驸马都尉杜荷、侯君集等人勾结，打算先下手为强起兵逼宫，按照史家的说法，是杜荷与李元昌、赵节、李安俨建议太子李承乾实施谋逆的。杜荷对太子说"天文有变，当速发以应之，殿下但称暴疾危笃，主上必亲临视，因是可以得志"，于是太子以为然。只不过，虽然一众人紧锣密鼓地策划谋逆，可还未起事，事情就败露了。

事情败露的原因居然是因为齐王李祐。李祐为李世民第五子，母阴妃，李祐的外祖父阴世师，隋末与代王杨侑留守长安。隋大业十三年（617），李渊太原起兵后，李渊幼子李智云被阴世师所杀，年仅十四岁，阴世师、骨仪又让京兆郡访李渊家族的五庙墓葬所在并发掘；李渊入长安后，亦以阴世师、骨仪等拒义兵为由将其杀害，故阴氏与李唐可谓国仇家恨。

李祐正是出生在这种背景之下。他具体的出生年月史书无载，墓志所载享年业已失考。武德八年，李渊诏封其为宜阳郡王，虚封食邑四千户。李世民登基之后，改封李祐为楚王，后又封燕王，并拜为同州刺史。不久，改任都督幽、易等六州诸军事、幽州刺史，但是，无论是同州刺史还是幽州都督，李祐都没有去封地。在此后直至贞观十年的八年时间里，又多次担任幽州都督。贞观十年正月，改封齐王，拜为都督齐、青、莱、密等五州诸军事、齐州刺史，但因为生病滞留长安，一直到贞观十五年，才前往齐州封地。

李祐在京养病时，他的舅舅阴弘智以李世民多子为由，劝他招募壮士以自卫，并推荐自己妻子的哥哥燕弘信谒见李祐。李祐热情地接待了他，并赐给他许多金钱布帛，让他招募死士。李祐喜好游猎，结交奸邪之人。李世民认为长史薛大鼎对其管教无方，而将其免职。权万纪曾经是吴王李恪的长史，为人正直，被李世民任命为李祐的长史。

李世民担心李祐不思悔改，多次写信责备他。权万纪担心一并获罪，就对李祐说："大王是皇帝的爱子，陛下希望大王悔改，所以训诫教导。如果大王能约束自己，承认错误，请让我入朝为大王请说。"李祐于是附表谢罪。权万纪入朝，表示李祐一定会悔改，李世民这才消除了怒意，并赏赐了权万纪以致谢，但是仍然以李祐以前的过错，下诏书责备他。李祐听说权万纪得到了赏赐自己却受到责备，以为权万纪出卖自己，心中愤愤不平，大怒道："长史出卖我！劝我却自以此为功劳，我一定会杀了他。"遂射杀了权万纪，并将其肢解。事已至此，其心腹纷纷劝他起兵谋反。

贞观十七年三月，李祐征发城中十五岁以上的男子，私自任命自己的左右为上柱国、开府仪同三司等官职，开府库以行赏，并驱赶百姓入城为兵，布置官署，并封亲信为拓西王、拓东王等。李世民于是诏兵部尚书李世勣发怀、洛、汴、宋、潞、滑、济、郓、海九州府兵，与刘德威讨伐平叛。然而李世勣等人率兵尚未到达齐州，叛乱就被齐州兵曹杜行敏所平定，此后，李祐被押送至长安，同党四十余人被诛杀，其余人等既往不咎。

贞观十七年四月六日，李祐以"谋反罪"被贬为庶人，赐死于长安太极宫内省，同年十月十五日以国公之礼安葬于长安高阳原。然而，历史的玩笑在于，李祐谋反直至被擒赐死，虽然失败，却也间接导致太子李承乾谋反计划被发现。当时太子暗中豢养刺客纥干承基等人及一百多名壮士，想要杀掉魏王李泰。太子听说齐王李祐在齐州谋反，还对纥干承基说什么："东宫西墙，距大内正好二十步左右，谋划大事，岂是齐王所能比的！"然而谁也没有想到的是李祐谋反，牵连到纥干承基，纥干承基因此被关押在大理寺的狱中，按罪当处死。贞观十七年四月初一，纥干承基上书告发太子谋反。李世民心痛无奈之下，只得将其幽禁别室。

李承乾的所作所为固然让李世民感到失望，但李世民终究还是不忍诛杀他，于是将难题踢给了朝中众臣，询问众人该怎么处置李承乾。此时魏徵已死，朝中再无那种梗着脖子谏言之人，以至于面对李世民的问题，竟然没有一个人敢回答。其实每个人都心知肚明，那就是关于皇子谋反一事该如何处理根本就无须商讨，按照大唐律法，谋反当诛。最后还是通事舍人来济站了出来，说："陛下上不失为慈父，太子得尽天年，即为善矣。"

于是李世民下《废皇太子承乾为庶人诏》，将李承乾废为庶人，随后李世民亲谒太庙，以谢李承乾之过。九月癸未，李承乾被流放黔州。贞观十八年十二月辛丑，李承乾卒于黔州，李世民闻讯后，大为悲伤，史载"为之废朝，并葬之以国公礼"。

至于侯君集是怎么被卷入到此案中的，那就不得不提到他的女婿贺兰楚石。贺兰楚石官居东宫千牛。当初李承乾知道侯君集因为其征高昌后被下狱之事有积怨，便让贺兰楚石带侯君集到东宫，向他询问自我保全的策略，而侯君集以为太子愚昧，可以利用，于是就劝太子谋反。而后李承乾事情败露被废，贺兰楚石又至宫阙告发侯君集与李承乾一起谋划之事，李世民于是召见侯君集对他说："朕不想让那些刀笔吏羞辱你，所以便亲自审问你。"起初侯君集并不认罪。李世民便招来贺兰楚石，令他详细陈述始末原委，又拿出与李承乾来往的书信启给他看，侯君集理屈词穷，只得服罪。

最初李世民觉得侯君集有安定国家的大功，不想治其死罪，但群臣进谏说侯君集的罪天地难容，于是李世民最终决定赐令自尽。史载侯君集临刑前，对监刑的将军说："君集我一时失足走到了这一步！然而当年在秦王府时即侍奉陛下，又有攻取吐谷浑、高昌二国的功绩，请求保全我一个儿子以维持家族的祭祀烟火。"李世民便宽宥了他的妻子和子女，将他们迁徙到岭南。

太子李承乾被废后，最初李世民有意立李泰为太子，甚至已经当着李泰的面许诺了，李泰也表态，自己将来身后将杀掉自己的儿子，传位胞弟晋王李治。李世民很感动，但谏议大夫褚遂良却指出李泰此言有悖常理，说："过分宠爱李泰是造成李承乾之祸的根源，要立魏王，就先把晋王处置了吧。"而李世民却不忍处置晋王，此外长孙无忌等人也支持立晋王李治为太子。

晋王李治为李世民第九子，其母为长孙氏皇后，是嫡三子，贞观五年，封为晋王。贞观七年，不到任所而接受并州都督之职。幼而聪慧，端庄安详，宽厚仁慈，和睦兄弟。开始由著作郎萧德言教授《孝经》，李世民问道："这部《孝经》说的什么最重要？"对答道："孝，开始是事奉双亲，长大后是事奉君王，最终是修身。君子事奉皇上，进朝廷想着尽忠，退居在家想到弥补皇上的过错，将顺从其美，纠正其恶。"李世民大喜道："按此行事，完全能够事奉好父兄，做好臣子了。"等到长孙皇后去世，李治时年九岁，悲哀思念之情感动左右的人，李世民多次加以安慰，李治从此特别受到宠爱，不久被任命为右武侯大将军。

皇太子李承乾被废弃，魏王李泰也因犯罪被贬，李世民与长孙无忌、房玄龄、李世勣等人计议，立李治为皇太子。史载李世民以"泰（李泰）立，承乾（李承乾）、晋王（李治）皆不存，晋王（李治）立，泰共承乾可无恙也"之理由立李治为皇太子。很显然，李世民之所以最终立年幼却性格温和的李治为太子，目的就是要同时保住李承乾、李泰、李治这三个心爱的儿子。

不过太子易立，如何处置李泰这个自己曾经万般溺爱的儿子，李世民是操碎了心。最后，李世民不得不在废黜李泰的诏书中沉痛地说道："魏王李泰，是我极为心爱的儿子，我对这个儿子十分疼爱。此子年幼的时候就很聪敏伶俐，又十分爱好文学，我对他的宠爱是那么的不同寻常……然而我不能让后世子孙认为皇位是可以通过谋划得到的，所以将魏王李泰降为东莱郡王。"

不久之后，李世民怀疑晋王李治仁弱，便对长孙无忌说："你劝我立稚奴为太子，稚奴懦弱，恐怕不能守住国家，怎么办？吴王李恪英武果敢很像我，我想立他为太子，怎么样？"长孙无忌坚持抗争，认为不可以。李世民说："你是因为吴王不是你的外甥，所以才反对吗？"长孙无忌说："太子仁慈厚道，是可以守成的君主；太子的位置这么重要，怎么能随便改变？希望陛下深思熟虑。"李世民这才打消了念头。

长孙无忌与李世民为布衣之交，又是皇后胞兄，因此李世民视为心腹，让他自由出入皇宫内室，对他的待遇群臣无人堪比。几度想要任命他为尚书右仆射，却遭到长孙皇后的反对。她觉得自己身为皇后，家族的贵宠已极，不愿意家族子弟遍布朝廷，于是再三阻挠丈夫授予哥哥大权。之所以如此，是因为长孙皇后对外戚之事一直以前代为鉴，临终前仍然不忘嘱托丈夫不要给予她的家族太多。她认为自己的家族有幸结为皇室姻亲已经是很大的荣幸了，但他们并非都是才德出众之人，如果身居高位，很容易遇到危险，想要长久无忧，就不能让他们担任要职，只

　　　　　　　　　　　　　　　　　　大漠烽烟

需要以外戚的身份觐见，就已经是极大的幸事了。联系日后之事来看长孙皇后对于家族的看法，足见她非凡的远见和智慧。

李世民曾得密表，称长孙无忌权宠过盛。他把密表给无忌看，道："你我君臣之间，没有什么可猜疑的。如果我们都把听到的话放在心里不说，那么我们的思想就不能得到沟通。"李世民还召集群臣，当众训诫道："如今我的儿子年纪都很小，无忌为我立过大功，我信任他，就跟信任我的孩子一样。关系疏远的离间关系亲密的，新朋友离间老朋友，这都是不合情理的，这些挑拨离间的话，我一律不听。"

后来李世民病重时，将长孙无忌召到含风殿，用手抚摸他的面颊。长孙无忌悲不自胜，痛哭不止。李世民把后事托付给他和褚遂良，又对褚遂良道："无忌对我竭尽忠诚，我能拥有大唐江山，多亏他的帮助。我死了之后，你要保护好无忌，不要让小人进谗挑拨离间。"不久，太宗李世民病逝于行宫翠微宫，遗命长孙无忌与褚遂良辅政。

太子李治悲痛欲绝，抱着长孙无忌的脖子痛哭。长孙无忌请李治处理政事以安内外，李治仍哀哭不止。无忌道："陛下将宗庙社稷交付殿下，您怎能只知哭泣？"他秘不发丧，并让李治迅速赶回长安。六月，太子李治继位，是为高宗皇帝。长孙无忌进拜太尉、同中书门下三品，仍兼任扬州都督，主持朝政。当时，长孙无忌以元舅的身份辅政，每有进言，李治都优先采纳，曾有洛阳百姓李弘泰诬告长孙无忌谋反，李治立即下令将其处斩。

永徽五年（654），李治欲废黜王皇后，立武昭仪（武则天）为皇后。他担心大臣不从，便与武则天到长孙无忌家中饮宴，赏赐金宝缯锦十车，又任命长孙无忌的三个庶子为朝散大夫，并以皇后无子来暗示无忌。长孙无忌却假装不明白李治的意思，顾左右而言他，李治快快而归。后来，武则天的母亲杨氏多次到长孙无忌家中请求，礼部尚书许敬宗也加以劝说，但都被长孙无忌正色拒绝。

次年李治决定废后，召长孙无忌、李世勣、于志宁、褚遂良入内殿商议。李世勣称病未去，于志宁噤不敢言，褚遂良则激烈反对。长孙无忌虽未明言反对，却在一定程度上支持褚遂良。但李治最终还是将王皇后废为庶人，改立武则天为皇后，武则天因长孙无忌接受赏赐却不肯支持自己，对他怀恨在心。

显庆四年（659），许敬宗指使人向李治呈奏密章，称监察御史李巢勾结长孙无忌，图谋造反，李治便命许敬宗与侍中辛茂将一同审查。许敬宗奏道："长孙无忌谋反已露苗头，我担心他知道事情暴露，会采取紧急措施，号召同党，必成大患。希望陛下能果断处理，尽快拘捕。"李治再一次落眼泪了，他道："我怎忍心给舅舅判罪，后代史官会怎么看待我？"就和当初众人劝他杀吴王李恪那样，李治的眼泪并没有什么作用，许敬宗举汉文帝杀舅父薄昭，天下以为明主之例，宽慰李治，又引"当断不断，反受其乱"的古训，催促其下决心。于是李治也不与长孙无忌对质，便下诏削去他的官职和封邑，流徙黔州，并让沿途州府发兵护送。长孙无忌的儿子都被罢官除名，流放岭南。同年七月，李治又让李世勣、许敬宗复审长孙无忌谋反案，许敬宗命中书舍人袁公瑜到黔州审讯无忌谋反罪状。袁公瑜一到黔州，便逼令长孙无忌自缢。长孙无忌死后，家产被抄没，近支亲属都被流放岭南为奴婢。

8. 百战金甲

不过，对于高宗皇帝来说，贯穿他三十余年在位期的最大麻烦并不是宗室斗争，也不是什么谋反冤案，甚至不是武后专权，而是西突厥的问题。

当初乙毗沙钵罗叶护可汗建牙于睢合水北，称南庭，其辖境东以伊列河为界，龟兹、都善、且末、吐火罗、焉耆、石国、史国、何国、穆国、康国等皆受其节度。他屡次向唐遣使朝贡，而大唐也对他颇为不错，在贞观十五年秋七月，李世民还命左领军将军张大师往授玺书，册立他为可汗，并赐给鼓纛。而乙毗咄陆可汗欲谷设，则建牙镞曷山西，称北庭，其辖境西以伊列河为界，厥越失、拔悉弥、驳马、结骨、触木昆等部附属于他。由于乙毗咄陆可汗与乙毗沙钵罗叶护可汗之间互相攻战，所以搞得突厥内乱不已。

当初大唐征讨高昌时，乙毗咄陆可汗避战而逃，不与唐军交手，却集中全部力量攻击乙毗沙钵罗叶护可汗，双方连年大战，到了贞观十四年时，其实已经渐渐进入白热化的阶段。为了给沙钵罗叶护以支持，李世民遣左领军将军张大师去西域授玺书，正式册立其为可汗，鲜明地表示出自己的支持姿态。然而册封仅几个月后，兵力渐强的乙毗咄陆可汗便取得了决定性的胜利，斩杀乙毗沙钵罗叶护可汗，兼并其部众，西突厥旷日持久的内乱结束，完成了一统，自此"西域诸国多附之"，西突厥的国力开始恢复。之后乙毗咄陆可汗又乘胜西征，攻打西域所有不肯臣服的藩国和部落，直至攻克西陲的大国、附唐的吐火罗方才罢兵。

不得不说，因为大唐当初押错了宝，"得罪"了作为胜利者的乙毗咄陆可汗，一统后的西突厥汗国开始与唐交恶，而西域诸国与唐的联系

唐初名臣长孙无忌

自此被西突厥阻断，不过大唐就是大唐，乙毗咄陆深恨之也没有什么大的作用，他最多也就是为害西域罢了，然而自恃强大的咄陆可汗在贞观十六年却做了一件蠢事，他扣留了大唐使者，继而对伊州发起了进攻。

乙毗咄陆可汗之所以这个时候胆敢和大唐翻脸，是因为他觉得大唐正为北面的薛延陀而头疼。贞观十三年，为了牵制和威胁薛延陀汗国，集中精力对付高昌，加之贞观十三年四月发生突利可汗的弟弟中郎将阿史那结社率暗地里集结部众，并支持突利可汗的儿子贺罗鹘乘夜侵袭李世民御营的事情，所以李世民将突厥人全部遣返河北，复其故庭，继其先绪，同时封阿史那思摩为乙弥泥孰俟利苾可汗，赐姓李氏，并封阿史那忠为左贤王，阿史那泥孰为右贤王，建牙于定襄城。当时随思摩渡河者有帐户三万，胜兵四万，马九万匹，李世民诏赐南至大河、北至白道川的整个漠南塞外地区，然而此举却加剧了大漠南北局势的紧张。

贞观十五年十一月，薛延陀真珠可汗听说李世民将要东去封禅，便借口李思摩部数次窃取薛延陀的羊马，命其子大度设发同罗、仆骨、回纥、鞑靼、霄等部兵，共二十万人进攻漠南突厥，思摩按照事先的安排，诱敌深入，前后辄退，弃白道川，退守朔州，同时派使向大唐告急。这种情况下，以兵部尚书李世勣为朔州道行军总管率兵六万、骑一千二屯朔州，右卫大将军李大亮为灵州道行军总管率兵四万、骑四千屯灵武，右屯卫大将军张士贵为庆州道行军总管出云中，凉州都督李袭誉为凉州道行军总管，配合营州都督张俭率兵策应。

贞观十五年，唐军实施反击，当初大度设率三万精兵追至长城，现在却只能从青山往北而逃，李世勣轻骑直趋白道，在诺真水追及大度设，斩杀三千人，俘虏五万多人，大度设逃回漠北的余部又遇大雪，人畜被冻死十分之八九，大度设仅以身免……

这种情况下，乙毗咄陆可汗进攻伊州时本以为大唐没有力量来应对，谁知道却惹来了大麻烦。咄陆可汗自恃兵力强盛，转向东征，与大唐开战，试图击退大唐。对西域这个西突厥传统地盘的蚕食本就不明智，而此时，他根本没有意识到自己的帐下已经暗流涌动，当初西突厥兵在进攻西域时大肆劫掠，而咄陆可汗为聚拢人心，便出面维护军纪，"其部下骁将泥孰啜自擅取物而斩之以徇"，而西突厥又分为左、右两厢，泥孰啜是左厢举足轻重的大将，擅杀自然激发了左厢诸部的不满，于是"众皆愤怨"。其实这事情本来不大，泥熟啜擅取俘虏与获物，被乙毗咄陆处死也不算冤枉，然而乙毗咄陆在攻破粟特人建立的米国后，自身就夺取了大量人口与财富，却不分给部下，自然引起部众怨恨了。

可以说，此时西突厥内部已然离心，部属各怀异志，而就在这种情况下，咄陆可汗仍未意识到危险，反倒去和大唐开战，自然没有什么好果子吃了。贞观十六年，李世民以郭孝恪出任凉州都督、安西都护、西州刺史。西州就是高昌国旧都，属于镇兵与流放的犯人杂居，与中原又有大漠隔阂，因此和朝廷音讯隔绝。以郭孝恪镇守此处，显然是李世民的有意安排。

郭孝恪生性奢侈，仆妾器玩，都极尽鲜华，尽管在军中，床帷器物也多用金玉装饰，有一次，郭孝恪把这些东西送给阿史那社尔，社尔拒不接受。李世民闻听后，道："二将的优劣，由此事便可看出，不用询问别人了。"可这并不妨碍太宗对他的信任。

当乙毗咄陆可汗杀死沙钵罗叶护，袭灭吐火罗，又扣押大唐使者，侵扰西域诸国时，郭孝恪迅速做好了讨伐准备，当乙毗咄陆可汗进犯伊州的时候，郭孝恪当机立断，率二千轻骑自乌骨出击，而此时乙毗咄陆又遣处月、处密诸部围攻天山县，本就分兵，结果为郭孝恪所败，随后郭孝恪乘胜进占处月俟斤所居之城，并一直追至遏索山，收降处密兵众。

一连几场小规模冲突都吃了亏，先是被郭孝恪引两千兵马击败于伊州，之后又在遏索山被斩首千余，咄陆怎么可能不"闻讯大怒"？可当他正欲整肃兵马，以主力与大唐决战时，内乱却突然爆发，泥孰啜部将胡禄屋突然联合左厢诸部叛反，"举兵袭咄陆可汗，多杀士，国大乱"。由于欲谷设当年就是被左厢诸部拥上汗位的，因此左厢诸部是其统治的根基，此刻左厢叛离，咄陆可汗再有本事也无从施展，众叛亲离之下，其统治迅速崩塌，不得已之下，他只能退守白水胡城。

在咄陆可汗逃亡之后，西突厥群龙无首，乱作一团，五弩失毕及乙毗咄陆所部屋利啜等商议之后，派使者请求大唐废黜乙毗咄陆，另立西突厥可汗。李世民遂遣使册立前莫贺咄侯屈利俟毗可汗之子为乙毗射匮可汗，乙毗射匮将原被乙毗咄陆扣留的大唐使者全部礼送回长安，而乙毗咄陆期间虽然派人招引他原来的部落，部落中的人却都说"即使我们一千个人都战死，只剩下一个人，也绝不会跟从你"，眼看着众叛亲离，大势已去，乙毗咄陆只能被迫弃国逃往石国，此时他已经是"左右亡去略尽"。

就这样，此次西突厥的东征因内乱戛然而止，期间并未与大唐爆发大战，只是前锋试探性地与唐军发生了小规模的冲突，之后便不战而败。据几家唐史记载："唐贞观十五年咄陆可汗为部下所废。""众多亡逸，其国大乱。""咄陆自知不为众所附，乃西奔吐火罗。"均明确指出咄陆可汗是在被部下所废后才逃往石国的，其统治崩解是缘于杀泥孰啜激发的内乱，而非因被唐军击败才导致政权崩塌，而郭孝恪麾下的那些兵力也绝不可能击败西突厥的主力。不过，正是这些小冲突成为了导致咄陆可汗的统治崩塌、西突厥汗国内乱崩解的导火索。

贞观二十年六月，乙毗射匮可汗遣使朝贡，可以说，从乙毗射匮可汗被大唐册封的那天起，西突厥就再次沦为大唐的藩属。然而，乙毗射匮可汗资历微浅，威望和凝聚力十分有限，又是大唐册封的傀儡，不为众人所喜，因此根本无法服众，基本无法调动指挥西突厥各部，只是一个名义上的空头可汗。大部分西突厥的部族不甘做大唐的附庸，纷纷自立为王，伺机而动。而此时的西突厥其实已经是隐患重重，看似只有一个可汗，实则已沦为一个内部分裂为数支势力，彼此戒备敌视，内乱一触即发的部落联盟。而这种乱局正为大唐所乐见，大唐趁机推波助澜，对诸部分化瓦解，军事和外交并举，不少部族为求自保而降唐。在此后的十余年中，大唐逐步侵吞了天山南路地区，势力扩张到葱岭以西、波斯以东、阿姆河以南地区。

这段时间内，西突厥汗国几乎没有办法对大唐形成威胁，由于内部分裂，不断内讧，而逐渐走向衰亡。此时，阿史那贺鲁站了出来，他为室点密可汗五世孙，曳步利设射匮特勤劫越之子。阿史那步真归附大唐后，乙毗咄陆可汗让贺鲁替代步真担任叶护，居于多逻斯川，在西州北一千五百里，统辖处密、处月、姑苏、歌罗禄、弩失毕等部。

其后，西突厥部众谋废乙毗咄陆可汗，乙毗咄陆可汗兵败逃奔吐火罗，大唐册立乙毗射匮可汗。乙毗射匮可汗派兵追逐贺鲁，贺鲁没有固定的居处，其所部也都散处。有执舍地、处木昆、婆鼻三族人认为贺鲁无罪，前往要求乙毗射匮可汗不要攻击他。乙毗射匮可汗怒，要诛杀执舍地等人。这种情况下，贞观二十二年四月，贺鲁率领余部数千帐及执舍地、处木昆、婆鼻三族人内附于唐。李世民对他们抚慰厚待，安排他们住在庭州莫贺城，授予贺鲁左骁卫将军之职。

后来，贺鲁听说大唐将讨伐龟兹，于是率随从数十人至长安朝觐，要求担任大军的向导。李世民任命他为昆丘道行军总管，在嘉寿殿设宴款待，给予很多赏赐，并且还脱下自己的袍子披在他身上，并赏赐给他。大唐大将阿史那社尔平龟兹以后，大唐晋封阿史那贺鲁为泥伏沙钵罗叶护，赐给他鼓纛，派他去招抚尚未服从的其他西突厥部落。当大唐在安西都护府下设置瑶池都督府时，阿史那贺鲁又被任命为都督。

贞观二十三年李世民逝世以后，阿史那贺鲁便琢磨着叛变，这年六月李治继位后，贺鲁又被晋升为左骁卫大将军，但他此时已经不满足了。长期以来西突厥在表面上重新对唐称藩，但大唐对其大部分部族并不能实际控制，突厥对西域仍有一定的政治影响力。在贞观二十三年（649）时，西突厥国中山头林立，形势更加混乱。而西突厥的乱局之所以愈演愈烈，除了乙毗射匮可汗自身威信不足之外，也与唐廷大肆分封西突厥贵族，不断进行分化挑拨，阻挠其凝聚一统，有意令乙毗射匮可汗无法建立起牢固的中央权威有关。

贺鲁则趁着这一局面混乱之机，秘密招集离散的西突厥部落，其所属庐帐也越来越多，势力逐渐强大。虽然阿史那贺鲁为瑶池都督、左骁卫大将军，但名义上受乙毗射匮可汗统辖，在旁人看来，他不过是众多被分封者中的寻常一员，毫不出众，谁也看不出此人的雄才大略。他认为李世民驾崩是个很好的机会，便阴谋夺取西州和庭州。

刺史骆弘义将情况上报之后，李治立即派通事舍人乔宝明前往抚慰，并让贺鲁派儿子咥运入朝宿卫。虽然李治任命咥运为右骁卫中郎将，但咥运回到突厥后，竟劝说其父率部反唐西走，攻取乙毗咄陆可汗的旧地。永徽二年（651），阿史那贺鲁击破了乙毗射匮可汗，兼并其部众，随即建牙廷于千泉、牙帐于双河，自称沙钵罗可汗。

当初咄陆有五啜，也就是处木昆律啜、胡禄阙啜、摄舍提暾啜、突骑施贺逻施啜、鼠尼施处半啜。而弩失毕有五俟斤：阿悉结阙俟斤、哥舒阙俟斤、拔塞干暾沙钵俟斤、阿悉结泥孰俟斤、哥舍处半俟斤。胡禄阙啜是贺鲁的女婿，而阿悉结阙俟斤最强盛，拥有几十万精兵。由于贺鲁能力出众，加上西域众部落均思联盟抗唐，因此沙钵罗可汗很快就控制住了咄陆、弩失毕等十姓部落和西域各国，在西域建立起了有效的统治，基本上结束了西突厥的内乱。不过西突厥毕竟历经多年内耗，虽然重新一统，但元气已然大伤，远不及分裂前统叶护可汗时代那般煌盛。

西突厥重归一统后，又开始与唐帝国发生边境摩擦。永徽二年七月，贺鲁率部攻掠庭州，攻陷金岭城及蒲类县，杀掠数千人。李治于是诏令左武卫大将军梁建方、右骁卫大将军契苾何力为弓月道行军总管，右骁卫将军高德逸、右武卫将军萨孤吴仁为副总管，发诸府兵三万和回纥骑兵五万，实施西征。

骆弘义献计："安抚中国要用信，驭使夷狄则要用权。贺鲁坚守一城，此刻正严寒大雪，他们一定以为唐军不会来，我们应乘此一举歼灭。如果迁延到春天，将会有变，即令他不联合其他各国，也会逃往远处。况且我发兵是为了诛灭贺鲁，处密、处木昆等部也各愿自保。如果现在不打，他们将会与贺鲁联手。虽然现在天寒地冻，会有冻伤，又不能久留耗费边粮，让贼人乘虚牢结党羽苟延残喘。建议宽恕处月、处密等部，专诛灭贺鲁。除祸要除根，不可先斫枝叶。请调发射脾、处月、处密、契苾等部之兵，带足一个月粮草，急速进军攻打贺鲁，我大军则据凭洛水上为之援救响应，这是驱戎狄攻豺狼。况且戎人借唐兵为羽翼，使胡骑在前，唐兵断后，贺鲁就无处可逃。"李治同意了他的办法，诏令骆弘义帮助梁建方策划指挥。

永徽三年春正月，梁建方等大破贺鲁所部处月而还。次年，西突厥内乱又起，由于乙毗咄陆可汗死，其子颉苾达度设称真珠叶护，招聚亲近部落，并联合五弩失毕，击败贺鲁。大唐见有机可乘，于是撤销瑶池都督府，就处月之地设置金满州，同时派左屯卫大将军程知节为葱山道行军大总管，率领诸将进讨贺鲁，并诏令丰州都督元礼臣持节前往册封真珠叶护为可汗，但至碎叶城被贺鲁派兵所阻，未能抵达。

不过，程知节的大军可不是贺鲁所能够阻挡的。大唐兵锋所向，先是在榆慕谷大败葛逻禄及处月，斩杀千人，缴获战马万匹。随后副总管周智度进攻突骑施、处木昆等部，攻下咽城，斩首三万级。十二月，程知节引军至鹰娑川，遇西突厥两万骑，别部鼠尼施等两万余骑继至。面对强敌，前军总管苏定方率五百精骑冲乱其阵脚，西突厥大败。唐军追击二十余里，斩俘一千五百余人，缴获军资、马匹漫山遍野，不计其数。此时本应乘胜追击，但副大总管王文度嫉妒苏定方的战功，对程知节说："虽云破贼，官军亦有死伤，盖决成败法耳，何为此事？自今正可结为方阵，辎重并纳腹中，四面布队，人马被甲，贼来即战，自保万全。无为轻脱，致有伤损。"又假传旨意，说程知节"恃勇轻敌，委文度为之节制"。程知节遂停止了追击，未能取得更大战果。

唐军由于连日征战，士卒终日跨马披甲结阵，不胜疲顿，战马也多病死，军无斗志。苏定方对程知节说："本来讨贼，今乃自守，马饿兵疲，逢贼即败。怯懦如此，何功可立！又公为大将，阃外之事，不许自专，别遣军副，专其号令，理必不然。须因絷文度，飞表奏之。"但程知节没有听从。唐军进抵怛笃城，数千胡人归附。王文度认为："比我兵回，彼还作贼，不如尽杀，取其资财。"但苏定方反对道："如此，自作贼耳，何成伐叛？"可是程知节受王文度的蛊惑，不顾苏定方的反对，下令屠城，抢掠城中的财物而去。

此时的突厥几乎没有能力与大唐为敌，由于历经多年内乱，权力屡遭暴力更迭，西突厥王庭的威严早已荡然无存，而缺乏一个法统上能够服众的可汗，更是令其统治根基摇撼不稳，加上多年内战导致国中各部相互结下血仇，矛盾深重，难以调和……阿史那贺鲁虽然精明强干，却也无法力挽狂澜，阻挡帝国崩解的潮流。随着大唐不断对诸部族挑唆分化，还大力支持真珠叶护等反叛势力，阿史那贺鲁焦头烂额，统治渐渐难以为继。

到了显庆二年（657）的时候，西突厥的内乱进一步加剧，贺鲁在和大唐敌对的同时，内部已然四面楚歌，人心离散。李治见良机已现，便以左屯卫将军苏定方为伊丽道行军大总管，率领燕然都护任雅相、副都护萧嗣业、左骁卫大将军瀚海都督回纥首领婆闰等，大军西出，对突厥人发起了大规模进攻，同时诏令右屯卫大将军阿史那弥射、左屯卫大将军阿史那步真为流沙道安抚大使，分头出金山道，招集其旧部。此次唐军与真珠可汗联军，又与反贺鲁的其他各部族结盟，共同夹击贺鲁，力量是极为可怕的。

是年冬十二月，苏定方军抵达金山（今阿尔泰山）西，击败五咄陆之一处木昆部。该部俟斤嫩独禄等一万余帐来降。由于在这以前，五弩失毕之一泥孰部不服从贺鲁的统治，被贺鲁攻破，其首领的家属被俘。这时，唐军从贺鲁的一部分败兵中找到泥孰部首领的妻子。右领军郎将薛仁贵建议，应该将这些家属归还泥孰部，并且赠予财物加以抚慰，使他们明白"贺鲁为贼而大唐为之父母"，这样的话，他们必将不遗余力地反对贺鲁。唐军按此实行。泥孰部接到获救的家属后非常感激，要求跟随唐军一起进攻贺鲁，随后苏定方率领精骑到曳咥河西，打败处木昆。

眼看着苏定方率军至曳咥河西，贺鲁举西突厥十姓十万骑前来拒敌，苏定方以唐及回纥万余骑兵迎战。贺鲁见唐军少，进兵包围，苏定方命步兵据守南面的高地，持长矛向外，自己领骑兵列阵于北坡。贺鲁的骑兵三次冲击唐军，未能动摇唐军阵脚。

冲击南原的唐军，三战三败，突厥人自然是士气低落了，苏定方乘其空虚，纵骑兵出击，贺鲁大败。唐军追奔几十里，杀死、俘虏三万人，获杀大酋都搭达干等二百人。次日唐军继续追击，五弩失毕都投降。五咄陆听说贺鲁兵败，都奔南道归附唐安抚大使阿史那步真。大胜之下，苏定方命萧嗣业、回纥婆闰前往邪罗斯川追击贺鲁，任雅相则带降兵随后。正遇天降大雪，诸将纷纷请求待雪停天晴后再行进兵，苏定方认为正可趁天雪之机，攻敌不备，他说："现在雪密风冷，贺鲁一定估计我军不能前进，我可以掩击其不备。若缓几天，他就逃远了。现在追可以事半功倍，是上策。"

于是唐军冒雪前进，昼夜兼程，沿途收降人畜。到双河，与阿史那弥射、阿史那步真会合，部队食饱气盛，只离贺鲁二百里时，列阵而进，抵达金牙山，随后纵兵破贺鲁牙帐，俘虏几万人，获鼓旗兵械等不计其数，贺鲁只身渡伊丽水西逃。随后萧嗣业到达千泉，阿史那弥射到达伊丽，唐军平处月、处密各部。此后阿史那弥射又进军双河，贺鲁先让步失达干据栅而战，阿史那弥射猛攻，步失达干溃败。苏定方又追贺鲁直至碎叶水，尽夺其众。

大败之下，贺鲁、咥运准备投奔鼠耨设，到石国苏咄城时，马不肯进，众人也饿，就带宝物入城，准备买马。城主伊涅达干出来迎接，进城后，却将贺鲁拘住，解送石国。眼看着阿史那弥射的儿子阿史那元爽与萧嗣业的兵到，石国国王便将贺鲁父子交给萧嗣业和阿史那元爽处置。至此，西突厥国亡。

此后，苏定方安排西突厥各部落分别回到原来居住的地方，开通道路，设立驿站，掩埋死者骸骨，慰问民间疾苦，划分牧场，恢复畜牧业生产，并将贺鲁所掠夺的人口以及牲畜等财物发还各部。从此，西突厥十姓部落在久经内讧和战乱以后，开始过上了安居乐业的生活。

据说贺鲁被擒以后对萧嗣业说："我本是亡虏，先帝待我厚，而我背叛他。现在天怒降罚，我还说什么？听说汉时法，杀人必在都市。我愿在昭陵就死，能向先帝谢罪。"这意思是说，过去太宗皇帝待我很好，我却背叛了他，我愿在太宗昭陵受死，以谢罪于先帝。李治听说以后，产生了怜悯之心，于是问臣下："先帝赐二千帐给贺鲁统辖，现在已得罪人，能献给昭陵吗？"许敬宗说："古代军队凯旋都到宗庙祭告。诸侯献俘及敌首则献天子，没听说献于陵墓的，不过陛下奉于园寝，是与奉于宗庙一样的，可以这样。"于是将贺鲁押到昭陵，祭告以后赦而未杀。显庆四年，贺鲁病死，被葬在颉利可汗墓旁。

自平贺鲁以后，大唐在五咄陆部设置昆陵都护府，以阿史那弥射为兴昔亡可汗，兼骠骑大将军、昆陵都护。在五咄陆的处木昆部落置匐延都督府，胡禄屋阙部落置盐泊都督府，摄舍提暾部落置双河都督府，鼠尼施处半部落置鹰娑都督府，突骑施索葛莫贺部落置嗢鹿州都督府，突骑施阿利施部落置洁山都督府。显庆三年，又在葛逻禄三部置三府：谋落部落置阴山州都督府，踏实部落置玄池州都督府，炽俟部落置大漠州都督府。后来又从大漠州中划分出一部分另置金附州都督府，又在五弩失毕部置蒙池都护府，以阿史那步真为继往绝可汗，兼骠骑大将军、蒙池都护，当时蒙池和昆陵两都护府都隶属于安西都护府。显庆三年，安西都护府移治龟兹，一时间，南至于阗，都隶属于安西。龙朔元年西域吐火罗款塞来附，大唐又任命"王名远为吐火罗道置州县使，自于阗以西，波斯以东，凡十六国，以其王都为都督府，以其属部为州县。凡州八十八，县百一十，军、府百二十六"。这十六个新设立的都督府，也隶属于安西大都护府，这些地方早先属于西突厥的势力范围，此时转归大唐。

此时西突厥诸部降唐或四散者甚众，已然十去六七，剩余的部族中仅有两支较大的势力，一个是盘踞于碎叶一带的真珠可汗，另一个则是吐火罗的阿史那叶护可汗。显庆四年，真珠可汗被兴昔亡可汗斩杀，下属的小可汗和部落纷纷降唐，西突厥长期对立的左、右两厢至此相继陨灭。阿史那叶护可汗独木难支，也被迫于龙朔元年（661）降唐，西突厥汗国至此彻底消亡。

西突厥东、西两厢引发的一系列冲突和内耗是其亡国的根本原因，由于两厢之争使得西突厥汗国局势混乱、内耗严重，而这数十年的内乱中，大唐不断介入其中，扶持利用，使之内斗，从而消耗西突厥的整体实力，并让其始终无法一统，同时采取瓦解拉拢的手法，趁机蚕食西突厥。由于西突厥的各部落一盘散沙，无力抗拒，于是越来越多的部族背离了西突厥，最终沦为大唐的附庸，而西突厥亡灭之后，其各属国也纷纷向唐称藩。

9. 东征朝鲜

从地理学的角度来看，所谓"半岛"是指陆地一半伸入海洋或湖泊，一半同大陆相连、三面被水包围的地貌状态，而从分布特点看，地球上的主要半岛都在大陆的边缘地带，最著名的莫过于阿拉伯半岛、巴尔干半岛和朝鲜半岛了。只要打开世界地图就可以看出，三个半岛有两个明显的共同点。第一，都是进入亚欧大陆的跳板。朝鲜半岛进入东亚，阿拉伯半岛进入西亚，巴尔干半岛进入中亚。第二，都是占据重要的海上要道。阿拉伯半岛东临波斯湾、阿曼湾与霍尔木兹海峡，西邻苏伊士运河、红海和曼德海峡，向南伸入阿拉伯海和印度洋；巴尔干半岛西临亚得里亚海，东濒黑海，南滨伊奥尼亚海和爱琴海，东南隔黑海与亚洲相望，沟通地中海与黑海的博斯布鲁斯海峡、马尔马拉海和达达尼海峡；至于朝鲜半岛，东邻日本海，西临东海，南面是对马海峡和朝鲜海峡，北望鞑靼海峡和宗谷海峡。从这两大特点能够看出，这三大半岛都是战略要地，故而自古都是兵家必争之地，而所谓的"兵家必争之地"自然是与战争和动乱联系在一起的了。翻开朝鲜半岛的历史，最不缺乏的就是战争。

关于朝鲜半岛的历史，其实并不是一两句话就能够说清楚的。现代考古表明，在很早之前，这里便有人类活动的踪迹，平安南道德川郡胜利山发现了旧石器时代的"德川人遗址"（距今10万至4万年前）和"胜利山人遗址"（距今4万至3万年前）。除此之外，1977年在平壤力浦区大贤洞，还发现了"力浦人遗址"，此后在平壤又发现了新石器时代的"龙谷人"化石和一些石器，同年又在平壤万达里发现了"万达人"化石。很显然，这片土地在史前并不缺少人类。

也就说，根据考古所得，在数十万年前，朝鲜半岛之上已有原始人类居住，而朝鲜半岛的旧石器时代始于公元前50万年，公元前10世纪开始进入青铜器时代，公元前4世纪进入铁器时代。至于朝鲜族人的起源有多种不同的说法，目前韩国官方采用传说檀君古朝鲜为韩国／朝鲜历史开端。不过所谓的"檀君朝鲜"其实不过是一个关于朝鲜人起源的神话传说，是后世朝鲜半岛对传说中檀君所建立的国家的一种称呼而已，自从高丽以降，史学家对檀君故事向来持有怀疑态度，普遍认为檀君故事纯系神话传说，不可视为信史，更不可写入正史。因为故事本身荒诞不经，毫无事实根据。朝鲜半岛的历史大概最早应该从"箕子朝鲜"开始算起。

箕子，名胥余，殷商末期人，是纣王的叔父，官太师，因封国于箕，爵为子，故称箕子。他与微子、比干在殷商末年齐名，并称"殷末三仁"，孔子《论语·微子》中有言："微子去之，箕子为之奴，比干谏而死，殷有三仁焉。"早年箕子佐政时，见纣王进餐必用象箸，感纣甚奢，叹曰："彼为象箸，必为玉杯，为杯，则必思远方珍怪之物而御之矣，舆马宫室之渐自此始，不可振也。"

果然后来商纣王暴虐无道，整天酗酒淫乐而不理政，挥霍无度。作为纣王叔父的箕子，见纣王这般无道，苦心谏阻，但屡谏纣王都不听。有人劝箕子离去，箕子曰："为人臣，谏不听而去，是彰君之恶而自悦于民，吾不忍也。"箕子见成汤所创六百年江山即将断送在纣王手中，心痛如割，索性割发装癫，披发佯狂为奴，遂隐而鼓琴以自悲，每日里只管弹唱《箕子操》曲以发泄心中悲愤。纣见此，以为箕子真疯，遂将他囚禁起来，贬为奴隶。

后来周王兴兵伐纣，牧野决战，纣王兵败自焚，武王攻入商都朝歌，商朝覆灭。在这商周变易之际，箕子便趁乱出走朝鲜，创立了箕子王朝，而同去的殷商贵族还有景如松、琴应、南宫修、康侯、鲁启等。当周武王知道箕子远避东方时，便派人到朝鲜封箕子做朝鲜的国君，并邀请箕子回乡探望。武王因而封他为朝鲜侯，不把他当臣下看待。

据说箕子晚年从朝鲜回到国都前来朝见周朝天子，途经商故都殷都城遗址，只见原来的宫室已经残破不堪，有些地方种上了庄稼，心甚伤之，欲哭而不可，欲泣则近于妇人，亡国之痛，涌上心头，只好以诗

　　　　　　　　　　　　　　　　　　　　　大漠烽烟

当哭，乃作《麦秀歌》，其诗曰："麦秀渐渐兮，禾黍油油。彼狡童兮，不与我好兮！"悔恨商朝亡国。这里"狡童"系指纣王，意为你那时不听我劝，如今落得这般天地。朝歌殷民听见，皆动容流涕。

箕子受封建立朝鲜箕氏王朝后，促进了朝鲜半岛的文明开化。据《汉书·地理志》记载，箕子入朝鲜后，带去了先进的殷商文化。他以礼义教化人民，又教给耕织技术。受殷商文明的影响，朝鲜半岛社会有了迅速的进步，产生了自己最早的成文法——《乐浪朝鲜民犯禁八条》：相杀以当时偿杀；相伤以谷偿；相盗者男没入为其家奴，女子为婢，欲自赎者，人五十万。

转眼八百年过去了，中原经历了西周、春秋、战国、秦统一及二世大乱后，汉高祖刘邦于长安建立大汉帝国，高祖十一年燕王卢绾反，次年，事败，将军卫满出奔"箕子朝鲜"，卫满率领部属刚来朝鲜时，得到朝鲜王箕准的礼遇。箕准拜他为博士，赐给圭，封给西部方圆百里的地方。箕准的目的很清楚，就是希望通过卫满，来为他守护西部边境。然而卫满是个很有政治野心的人，他利用封地为依托，不断招引汉人流民，积聚自己的政治、经济力量。

羽翼已丰的卫满，派人向箕准假传汉朝要派大军来进攻的消息，请求到准王身边来守护。箕准不知是诈，许诺了卫满的请求，于是卫满趁此机会，率军向王都王俭城（今朝鲜平壤）进发，一举攻占王都后，自立为王，国号仍称朝鲜，历史上称其为"卫氏朝鲜"。箕准战败后，逃到了半岛南部的马韩地区。

卫氏王朝建立后，控制了朝鲜半岛的北部地区，与西汉燕地相邻。此时正值西汉惠帝时期，天下初定，辽东太守经汉廷批准，主动与朝鲜国王卫满相约：卫满为汉朝藩属外臣，为汉朝保卫塞外，不使汉朝边境受到侵犯；塞外各族首领朝见汉朝天子，以及各国与汉朝通商，不许从中阻扰。作为回报，汉朝答应给予卫满以兵力和物资上的支援。

有了西汉藩属外臣的身份和汉廷军事、经济的支持，卫满便开始不断地侵凌和征服临近小邦，真番、临屯都主动前来归顺，卫氏政权的势力因此迅速膨胀，领地扩大到方圆几千里。卫满逝世，正当壮年的卫蒙继承了他的位置，此时的大汉朝正是汉文帝当政，政局平和，国力日益强大，而匈奴则出现了不世明君冒顿单于。此时的汉朝对匈奴采用的是和亲策略，尽量避免和匈奴的冲突，两国尚算得上和睦。卫蒙虽然年轻气盛且野心勃勃，但在这两个强大邻邦的压制下，也只能采取两面交好、从中牟利的策略。每每乘着这两方不注意时，悄悄收服邻近的一些小国。等到卫满的孙子右渠成为朝鲜王时，更是大量招引汉人流民，以此来扩充卫氏政权的实力；而随着卫氏势力的日益雄厚，右渠不但自己不肯再向汉朝通商朝贡，而且还阻碍邻近真番等小国与汉朝通商朝贡。汉武帝元朔元年，朝鲜半岛小番君南宫等，因不满朝鲜王右渠的控制，率众二十八万归降汉朝，汉武帝以其地为沧海郡。

元封二年，汉武帝为加强与卫氏朝鲜的藩属关系，派涉何为使节前往朝鲜，劝谕右渠王改变对汉朝的不友好政策，结果无效。卫右渠的具体回复如何不详，汉史称"终不肯奉诏"，涉何对出使没有结果非常气恼，在回国途中，将护送他离境的朝鲜裨王长杀死，诡称"杀朝鲜将"，并飞报汉武帝以邀功。武帝不但没有责怪涉何，还嘉勉他的冒险精神，并任命他做辽东郡东部都尉。右渠王对涉何怀恨在心，发兵突袭辽东，杀死涉何，这便是著名的"涉何事件"。涉何的荒唐和卫右渠的愚蠢，成了汉武帝发动对朝鲜战争的导火线。

汉武帝遣楼船将军杨仆将水军五万自齐跨越渤海，同时左将军荀彘将陆军自辽东南下，水陆两路击讨朝鲜，次年，陷其都城王俭城，卫右渠被他的部下所杀，卫满朝鲜灭国。大汉在原来的卫满朝鲜的土地上设立了乐浪、玄菟、真番、临屯四郡，此后，真番郡、临屯郡以及玄菟郡的东部被并入乐浪郡，分别设东部都尉和南部都尉，玄菟郡治所西迁至高句丽县。到了东汉末期割据辽东的公孙氏析出乐浪郡南部都尉设置带方郡，并为曹魏、西晋所承继。

然而也就在这个时候，在朝鲜半岛上，开始出现了马韩、辰韩、弁韩三个小部落，合称"三韩"。不过关于马韩、辰韩、弁韩的来源，史书中的记载却比较复杂，有种说法是箕准王与他的拥护者逃到辰国建立政权，是箕氏朝鲜政权在朝鲜半岛南部的延续，其与中原王朝的隶属关系并没有因此而改变。卫氏朝鲜统治朝鲜半岛北部时，作为箕氏朝鲜在朝鲜半岛南部的延续的马韩政权，以及辰韩地区的古辰国，都是隶属于中原王朝的，但它们之间"贡藩不相往来"，也就是说不存在隶属关系。

不过《三国志·魏书》和《后汉书·东夷列传》都有这样的记载："辰

韩者，古之辰国也，辰韩耆老自言秦之亡人，避苦役，适韩国，马韩割东界地与之，其名国为郡，弓为弧、贼为寇，有似秦语，故或名之秦韩。有城栅屋室，土地肥美，宜五谷，知蚕桑，作缣布，乘驾牛车。始有六国，稍分为十二国。"《三国志·魏书》还说："弁辰亦十二国……弁辰韩合二十四国，大国四五千家，小国六七百家，总四五万户，其十二国属辰王。"从中韩史籍中可见古朝鲜半岛东南部的三韩部落，马韩为原住民，辰韩、弁韩来自中国，弁韩臣属辰韩。

但不管怎么样，半岛的历史的确很复杂，原本朝鲜半岛北部及中国东北分布着扶余、沃沮、涉貊、东涉等部落，而马、辰、弁三韩之间也是彼此征战不休。此后辰韩由十二国合并为新罗，弁韩发展为伽倻，后来被新罗吞并，而辽东的扶余人南下，建高句丽、百济，后来百济吞并了马韩五十四国，自此，半岛陷入到了新罗、高句丽、百济三国之战乱中，朝鲜半岛学者称高句丽、新罗、百济并存时期为朝鲜"三国时代"。

三国之中高句丽实力最强，史书中多记载高句丽为扶余别种。按照《三国史记》记载，高句丽先后吞并太白山东南人国和北沃沮，王莽曾经强行将高句丽人编入辽西郡进攻匈奴等民族。由于高句丽士卒脱逃，王莽怪罪于高句丽王并改高句丽为"下句丽"，又名乐鲜，仍属幽州。后来，琉璃明王西伐居住在今太子河流域的梁貊，进而袭取了西汉玄菟郡的高句丽县。王莽部将严尤诱杀高句丽的君主闵中王邑朱，此后高句丽遂意图脱离中原王朝而独立。

建武八年（32），汉光武帝接受了高句丽的朝贡。高句丽遣使朝贡，汉光武帝复令下句丽复名高句丽，并复高句丽国王号。此后，大武神王又向鸭绿江南的乐浪郡发动进攻，一度占据乐浪郡。七年后，光武帝派兵渡海收复了乐浪，阻止了高句丽的扩张。《后汉书》卷八十五中记载："太守耿夔击破之，斩其渠帅。安帝永初五年，宫遣使贡献，求属玄菟。"而《三国史记》则记载："四年，汉玄菟郡太守耿临来侵杀我军数百人，王自降乞属玄菟。"四年后，高句丽国相明临答夫在坐原战役中大胜东汉玄菟郡太守耿临，再一次开始了扩张……

事实上，前三国时代高句丽太祖王时期，高句丽从早期的几个涉貊部落国家很快扩张到汉江流域。光武帝建武十二年（53）时，高句丽太祖王，将高句丽分散的五个部落设为五个省，实行集权化统治。此后，太祖王又吞并东沃沮，后又吞并东涉一部分领土。随后，高句丽又对乐浪郡、玄菟郡和辽东发动攻势，完全摆脱大汉的控制。高句丽的扩张与集权化，显然是导致其与大汉直接武装冲突的原因。在大汉铁骑的巨大压力下，高句丽甚至迁都到丸都城。

东汉末年时，天下大乱，处于辽东公孙家族控制下的高句丽，曾经与曹魏联盟攻打辽东郡，结果却是献帝建安二年（197）公孙康大破高句丽军，攻陷高句丽都城，使山上王改建尉那岩城为新都丸都城。此后，高句丽与曹魏之间的冲突接连不断，史载，魏明帝景初二年（238）曹魏太尉司马懿灭公孙渊，设高句丽、高显、辽阳、望平四县于玄菟郡。魏齐王正始七年，幽州刺史毌丘俭破高句丽东川王，东川王败走，毌丘俭又屠杀丸都内官员数千人，之后退兵。不久又再次进攻，东川王逃到买沟，毌丘俭又派玄菟太守王颀追击到沃沮。

不过曹魏摧毁了丸都城后，高句丽并没有灭亡，仅仅七十年之后，高句丽就重建了丸都城，辽东成为鲜卑慕容家族的势力范围，于是高句丽开始袭击辽东、乐浪和玄菟。西晋永宁二年（302）美川王率三万大军侵入玄菟郡，俘八千。西晋怀帝永嘉五年（311）八月，高句丽袭取辽东郡西安平。两年后，又入侵乐浪郡，次年，入侵带方郡，至西晋愍帝建兴三年时（315）高句丽又攻克玄菟城。

然而高句丽的扩张并不是一帆风顺的。东晋成帝咸康八年（342）丸都城受到前燕攻击，慕容皝大军侵入高句丽，掳走了高句丽百姓五万多口，最后一把火烧了高句丽王宫，并将丸都城再次夷为平地。次年，高句丽重修由于毌丘俭东征而被摧毁的旧丸都城，并于同年秋天又一次移居丸都城。然而四个月后，丸都城再次毁于战火，这一次是百济近肖古王袭击平壤，并在战场上杀死了高句丽故国原王。高句丽小兽林王继位后，开始加强统治，以促进高句丽国内的稳定和统一，除了将从中原引入的佛教奉为国教之外，并依照中原王朝的制度建立国家教育机构"太学"。此外小兽林王还对高句丽的军事制度进行了改革，至高句丽好太土继位时，高句丽开始进入鼎盛时期。

好太王也就是"广开土大王"，谥号全称为"国冈上广开土境平安好太王"，历史上称为好太王高谈德，故国壤王的儿子，是高句丽第十九代君主。在这位广开土大王在位期间，高句丽一度成为东北亚强国，其国土面积占据朝鲜半岛约四分之三，而北方领土包括今中国东北的一部分。此外还通过与倭的战争，高句丽将百济、新罗变为臣属，使朝鲜半岛形成了相对松散的统一局面，可谓是"武功赫赫"。

虽然好太王去世的时候，年仅三十九岁，但在他统治高句丽的这二十二年中，高句丽的领土得到迅速的扩张，所以他的谥号为"广开土"。而好太王的儿子长寿王继位之后，高句丽达到了巅峰时期。长寿王，名高巨连或高琏，高句丽第二十代国王。长寿王在位时期是高句丽的全盛时期，他将高句丽的都城迁至平壤，这标志着高句丽将其扩张的方向从中国辽河以东地区转移至朝鲜半岛。

长寿王即位初期，主要是巩固和稳定其父好太王迅速扩张后的国家。长寿王为其父修建了宏大的陵墓并立六米多高的好太王碑记录其功绩，命令三百三十名来自高句丽不同地区和部落的人常年看护好太王的陵墓，以象征高句丽的内部团结和高句丽君主的至高权力。长寿王在位

高句丽长寿王陵

期间，为了避开北魏的威胁，同时巩固高句丽在朝鲜半岛上的势力，特地将都城从东北的国内城迁至平壤城。迁都平壤后，长寿王继续执行好太王的扩张政策，加强对百济和新罗的控制，从而使国家达到全盛局面。

至长寿王末年，高句丽已经十分强盛，人口增加到九万户，疆域也空前扩大，其南境自牙山湾经鸟岭、竹岭到平海与百济、新罗相接，扩大到今大同江、载宁江、临津江、汉江沿岸。据《魏书·高句丽列传》载，其"民户三倍于前魏时，其地东西二千里，南北一千余里"，而且这个时期的高句丽还声震中原，甚至能与北魏、陈宋分庭抗礼。不过就在达到鼎盛之后，高句丽开始逐渐地衰落。

长寿王死后，因其王子高助多早亡，故由助多之子高云继承王位，是为文咨王，北魏太和十八年（494）扶余国王在遭到靺鞨的进攻后，依附于高句丽。此时，高句丽的强盛达到了巅峰，文咨王继续推行自己祖父的策略，努力向朝鲜半岛扩张，迫使百济和新罗结成同盟对抗高句丽。于是高句丽在萨水与新罗交战，迫使新罗退守犬牙城，幸亏百济派兵三千人援新罗，高句丽军方才撤退。次年，高句丽包围百济雉壤城，新罗派遣援兵，从这个时候开始，高句丽已经成了百济和新罗共同的敌人。

文咨王之后，其子继位，是为安藏王。在安藏王时期，高句丽王室间纷争加剧，朝局不稳。南朝梁中大通三年（531）安藏王被刺杀，因安藏王无子，故而其弟安原王继位。而安原王在位的十多年里，王室间的纷争加剧，从此高句丽结束了好太王所开创的盛世局面。此时的高句丽因为内部的斗争以及北部的冲突，还有百济和新罗的威胁，逐渐走向衰落。

551年，百济和新罗联手攻打高句丽，高句丽丢失朝鲜半岛中部具有重要战略意义的肥沃的汉江流域，百济新罗联盟的主战者百济在对高句丽的战争中也几乎精疲力尽。553年，新罗以帮百济的名义出兵，但却对百济发动了攻势，最后将整个汉江流域全部纳入囊中。怒于新罗的背叛，百济圣王第二年攻新罗西部以报复，但被新罗擒住，后被处死。朝鲜半岛中部的战争，对朝鲜半岛的格局产生了深远的影响。新罗对百济的攻击使百济成了朝鲜半岛的最弱者，新罗由于霸占到了人口众多、富裕的汉江流域，为其日后扩张打下良好基础，相反，高句丽却因丢失汉江流域而国力大减。另外新罗获得汉江流域后，疆域到达黄海，可以和中国直接贸易和建立外交，这样新罗就不再依赖高句丽而是直接从中国学到先进的文化与技术，新罗与中国的直接沟通与联盟最终在7世纪给高句丽带来灾难性的后果。

大唐初立时，曾与高句丽互派使者通好，武德二年、武德四年，高建武两次派遣使臣向唐朝献贡。武德七年，李渊派刑部尚书沈叔安前往高句丽，册封高建武为上柱国、辽东郡王、高丽王，还派道士带天尊像以及道法前往，给高句丽人讲道家经典《老子》。高建武非常高兴，带领国民一起听讲，每日都有几千人。李渊对左右说："名实之间应该相符。以前高丽虽然称臣于隋朝，但抗拒隋炀帝，哪里称得上是臣子呢？我的目的在于使百姓安居乐业，何必一定要他们对我们称臣？"侍中裴矩、中书侍郎温彦博劝谏说："辽东，周朝时是箕子的封国，汉朝时的玄菟郡，魏晋时犹在故封之内，不可以不称臣。况且中国与夷狄，就好像太阳之与众星，不可以降尊。"李渊的想法因此作罢。

武德九年，新罗、百济上书李渊，说高建武封闭道路，使他们不能入朝觐见，而且多次侵扰他们，于是李渊诏令员外散骑侍郎朱子奢持节前往调解。高建武上表谢罪，请求与两国和好。贞观二年，唐朝击败突厥，擒获突厥颉利可汗，高建武派使者向唐朝庆贺，同时献上封域图。

贞观五年，李世民下诏派广州都督府司马长孙师前往高句丽收葬隋朝时战死者的骸骨，毁掉高句丽所埋的大坟。高建武担心大唐会攻打高句丽，于是修筑长城，东北起自扶余城，西南到大海，此后在贞观十四年，又派太子高桓权前往唐朝进献特产，李世民赏赐甚厚。次年，李世民诏令陈大德持节前往高句丽答谢慰劳，同时暗察情况。陈大德到高句丽后，对高句丽各官守都有厚赠，因此得以了解高句丽国内的所有情况。见到客居于此的汉人，就一一告诉他们亲戚的存亡情况，以致人人感动得流泪。

不过这不等于李世民不想对高句丽动兵，贞观十二年十月，高建武派兵入侵新罗，攻打其北部的七重城时，大唐就曾经有心对高句丽动武，但后来新罗将军阏川在七重城城外击败了高句丽，此事也就作罢了。

不久之后，高句丽内部就发生了叛乱，高句丽的西部大人渊盖苏文得知荣留王试图除掉自己，于是假称要检阅大军，并在城南陈列丰盛的酒宴，设计杀死众臣，随后又闯入宫中，杀死荣留王并分尸。之后改立高建武弟弟高大阳之子高藏为王，史称宝藏王，渊盖苏文自封为"大莫离支"，高藏王形同虚设，兵权国政皆由渊盖苏文独揽。

史载，渊盖苏文"貌魁秀，美须髯，冠服皆饰以金，佩五刀，左右莫敢仰视。使贵人伏诸地，践以升马。出入陈兵，长呼禁切"。其出于早期高句丽五部中的顺奴部，渊盖苏文父亲渊太祚为高句丽东部大人、大对卢（相当于宰相），渊盖苏文继承父职为大对卢，仍掌高句丽军政大权。由于他的残暴弑君，所以后世史书对其评价很有争议。

得知这一消息后，虽然亳州刺史裴庄曾建议趁机攻打高句丽，但李世民却说他对荣留王的去世表示悲哀，但乘国丧攻打高句丽并不合适。同年，高句丽大举攻伐同为唐册封的属国新罗，新罗善德女遣使入唐朝，述说百济攻占其四十余城，并请求唐援助。李世民于是派相里玄奖作为专使携诏书前往高句丽调解制止，让高句丽和百济停止攻打新罗。相里玄奖到达高句丽都城平壤时，渊盖苏文正在与新罗交战。得知相里玄奖的到来，渊盖苏文特地返回平壤，不过，却拒绝了李世民的要求。相里玄奖回到长安后将此事禀告李世民，在考虑再三之后，李世民决意攻打高句丽。于是大唐以渊盖苏文"杀君欺臣，残虐民众，今又违诏，侵略邻国，不可不讨"为借口，发起了征伐高句丽之战。

其实这只是一个借口，东突厥基本被消灭了，四夷威服，李世民一直都想要收拾高句丽，因为他认为高句丽据有的"辽东"为"旧中国之有，而今九瀛大定，唯此一隅"，于是决心将对高句丽的征伐作为平定辽东一个机会。此外还有一个原因，是皇帝一直想要为前隋三征高句丽死难的将士复仇，用李世民的话说就是"为中国报子弟之仇"。

贞观十八年，李世民先命阎立德到洪州、饶州、江州筹建楼船四百条，继而将幽州以及契丹和靺鞨部划拨给营州方面，次年二月，李世民率六军从洛阳出发，御驾亲征。大军至定州后，太子李治留守，同时留守的还有高士廉、刘洎、马周、张行成、高季辅等，而李世民自己则带着长孙无忌、岑文本、杨师道继续前行。与此同时，李世勣和李道宗所率的大军已先于李世民的行驾越过辽河，并在当年夏，攻下盖牟。在海路，张亮率水军越过渤海并袭占卑沙城。此外为了震慑高句丽，张亮派先遣船队到鸭绿江入海口，但并没有按李世民的要求进一步向平壤进发。

不久之后，李世勣和李道宗将隋炀帝曾久攻不下的辽东重镇辽东城包围，并在李世民到来之前拿下了辽东，斩俘两万余人，白岩城城主孙代音面对兵锋主动请降，随后大军开始向安市城进军。高句丽北部首领高延寿、南部首领高惠贞率十五万高句丽、靺鞨兵前来营救安市，与大唐在安市城外展开决战。

安市一战，可以说是李世民晚年的得意之作，这位当年的秦王再一次展现了他的指挥才能，他充分利用地形，以番骑伴败骄敌，将高句丽援军诱至安市城东南，继而依山为阵，长四十里，以李世勣所部在西岭布阵，吸引高句丽军队的注意力，又以长孙无忌率精兵一万为奇兵从山北穿越峡谷，乘其不备，抄其后路，冲其阵后，李世民则亲率四千步骑兵偃旗息鼓登上北山，敕令诸军以鼓角为号，一齐出击。高延寿见李世勣布阵，便急调部队，准备迎战。此时长孙无忌的奇兵已经突进到高句丽大军的后方，搅起漫天尘埃。李世民在高处见尘烟骤起，遂命擂鼓举旗，唐军各路兵马即鼓噪并进。高延寿惊慌失措，本欲分兵迎战，但其军阵形已被冲乱……李世民亲自擂鼓助威，于是将士奋勇无畏，终于以少胜多，阵斩二万余级，俘虏高延寿、高惠贞以下三万余众，缴获大量军资，余皆逃散，高句丽军遭受重创。李世民欣喜万分，下马感谢上苍，并将所在山岭命名为"驻跸山"。

驻跸山之战后，唐军的下一步如何行动？李世民和众臣展开商议，然而对下一步的行动，显然君臣们意见不一。早在当初攻克白岩城之后，李世民就曾经对长孙无忌说："建安兵弱而粮少，若出其不意，攻之必克。公可先攻建安，建安下，则安市在吾腹中，此兵法所谓'城有所不攻者也'。"但长孙无忌却说："建安在南，安市在北，吾军粮皆在辽东，今逾安市而攻建安，若贼断吾运道，将若之何？不如先攻安市，安市下，则鼓行而取建安耳。"李世勣也反对先攻建安，他认为如果先攻建安城，安市城就会切断唐从辽东的供给线而使唐陷入被动。于是李世民决定还是先围攻安市城。

其实在攻安市城前，李世民就得知安市城地势难攻，安市城主杨万春颇通谋略，当初渊盖苏文摄政高句丽后，杨万春拒绝承认渊盖苏文的

唐代武士陶俑

大莫离支的身份，惹得渊盖苏文恼怒之下，发兵前来攻打，可面对安市城，大军却并没有能够攻下，因此渊盖苏文在无奈之下，也就只好让杨万春继续担任城主的职务。

由于守军在杨万春的指挥下殊死抵抗，唐军多次进攻都没有能够得手，而守城的高句丽人的无礼也显然惹恼了李世民，于是攻城的唐军扬言"破城之日将坑杀城内军民百姓，鸡犬不留"，这显然使得守城将士更加齐心合力，此后安市城也就久攻不克了……

其实唐军攻坚历来不乏手段，《通典》卷一百六十《兵十三》中"攻城战具"列有"翰帆车"、"飞云梯"、"抛（袍）车"、"车弩"、"土山"、"板屋"等。攻打辽东城时李世勣曾经使用了抛车，"飞大石过三百步，所当辄溃，虏积木为楼，结短网，不能拒"，又使用冲车和火攻，都颇具威力。然而在攻打安市时，虽然也使用了上述兵器，并"坏其楼堞"，却无法攻破城墙，个中原因除了安市军民殊死力战、善弓弩、应对有方外，地形也是很大的制约因素。

安市城建于山上，东高西低，面西为门，所以唐军"筑土山于城东南隅，浸遥其城，城中亦增高其城以拒之"，但由于东面原本地势较高，所以最后土山顶"去城数丈，下临城中"，这种地势对筑土山有利，对抛车、冲车之使用则不然。《通典》卷一百六十《兵十三》描述的抛车是"以大木为床，下安四独轮，上建双，间横检，中立独竿，首如桔槔状，其竿高下长短大小以城为准，首以案盛石，石大小多少随竿力所制。人挽其端而投之。其车推转逐便而用之，亦可埋脚着地，逐便而用其旋风四脚，亦可随事而用"。简言之是一座安装于大型木质底盘上的桔槔，利用杠杆原理抛石，那么这种武器的使用前提应是底盘稳定、水平，进而也就要求地面平坦，在崎岖山地上，适用的地点有限，故而不能在这场攻坚战中发挥主要作用。

而冲车就是《武经总要》中所说之撞车，在大型木质底盘上安置粗大木架，以木架顶部横梁刚性悬挂巨大木质撞杆，头部为铁质锥型，利用瞬间冲力以撞破城门。而据金毓黻先生之踏勘，安市只有一座城门面西（高句丽山城往往只有一个城门，例如沙卑城），据《新唐书》卷二百二十《东夷传》，李世勣所部正是以冲车在这个方向进攻，这里地形是东高西低，唐军由西向东乃是仰攻，冲车向上推进，其威力大减，再加上安市有充分的备战时间和实战经验，完全可能对城门加固或掘堑阻隔，故也未见冲车充分发挥效能。所以就地势而言，筑土山才是最有效的方式。

因此，安市之战都围绕着这座土山进行，战况激烈，唐军费工五十万人次，昼夜不停，历时六旬，而安市守军的抵抗也很顽强，甚至攻城指挥官江夏王李道宗亦被伤足。借地势之利，最后唐军还是将土山筑到高于城墙数丈的高度，终至山体意外倾颓，"压城，城崩"，此正是大军一举攻入城中之良机，可是屯守山顶的唐军指挥官果毅傅伏爱在山崩前却擅离职守，使得安市守军抢在唐军前占据缺口，"堑而守之"，唐军前功尽弃。李道宗"徒跣诣旗下请罪"，李世民看来不想对这位宗室名将下狠手，只斩傅伏爱以泄愤怒。《旧唐书》卷六十《李道宗传》明言这是道宗"失于部署"，而李世民"归罪于果毅傅伏爱"，唐军接着猛攻土山三日而不克。

至九月，安市仍未攻克，时近深秋，草枯水冻，士马难以久留，唐军不得不放弃努力，整个战争在安市城下宣告失败，李世民被迫于九月十八日班师还朝，没有达到征占高句丽的预期目的。于是唐军拔辽东、盖牟、白岩等地户口，也就是强迫辽东的居民迁往唐的地域内。据《资治通鉴》和《三国史记》记载，大约有七万高句丽人被迫从辽东迁入唐。

李世民在过辽河的时候，遇到了泥沼，动用了一万人填平泥沼后，唐军才通过辽河。由于一些士兵在寒冬等待时被冻死，而李世民在从定州到并州的路上，还得了病痛，以至于不得不在并州修养了几个月后才回到长安，回到京师之后，一时萎靡，甚至将一般政事统统交由太子李治处理。因此一些历史学者认为李世民在攻安市城时受了伤，但具体是什么伤，说法不一。而朝鲜人在18世纪以后创作的诗文、笔记小说都声称李世民眼部受了箭伤，不过很显然，此说于史无据。

不过这次征讨却也不是一无所获，譬如此战在很大程度上让高句丽几乎精疲力尽，而后来的一代名将薛仁贵也是在这场战争中脱颖而出的。

薛仁贵本名薛礼，山西绛州龙门修村人，字仁贵，隋大业十年生，是南北朝时期名将薛安都的后代，为薛安都的六世孙，属于河东薛氏家族，曾祖父薛荣，官至北魏新野、武关二郡太守、都督，封澄城县公。祖父薛衍，北周御伯中大夫。父薛轨，隋朝襄城郡赞治，早丧，因此家道中落。薛仁贵少年时家境贫寒、地位卑微，以种田为业，娶妻柳氏。

薛仁贵至三十岁时，依然穷困不得志，希望迁葬祖坟，以带来好运，妻柳氏说："君有出众的才干，要等到机遇才能发挥。如今皇帝御驾亲征辽东，招募骁勇的将领，这是难得的时机，您何不去争取立功扬名？富贵之后回家，再迁葬也不算迟！"薛仁贵听了，觉得有道理，就告别妻子，前去投军，到虢国公张士贵军中应募，被收为部属。不久，李世民亲征高句丽，张士贵为辽东道行军总管，大军行至安地时，郎将刘君邛为敌军所围，无法脱身，无人能救，薛仁贵闻讯后，单骑前往营救，击斩敌将，系其头于马鞍，降伏余众，救刘君邛回营。从此，薛仁贵名闻三军。

安市大战中，李世民亲自擂鼓指挥，诸军齐出，张士贵率部首先与敌交战。恰巧此时雷电交加，薛仁贵"自恃骁勇，欲立奇功，乃异其服色，着白衣，握戟腰鞬，张弓大呼先入，所向无前，贼尽披靡却走，大军乘之，贼乃大溃"。薛仁贵的表现如此惹眼，山上擂鼓助阵的李世民看到了这一白衣勇将后，询问张士贵白衣先锋何许人也？张士贵据实相告，李世民大喜，遂赐薛仁贵"马两匹，绢四十匹，擢授游击将军，云泉府果毅，职守北门（玄武门）"。由此，薛仁贵脱颖而出。

大军征讨高句丽还军时，李世民还特意对薛仁贵说："朕旧将皆老，欲擢骁勇付之外事，莫如卿者。朕不喜得辽东，喜得虎将。"并加封薛仁贵右领军郎将。虽然得到了薛仁贵这样的勇将，李世民却显然并没有满意，此次征讨高句丽，攻占辽东等十城，获七万余户，斩杀高句丽兵四万余人，可是战马损失十之七八，而且没有达成平灭高句丽的作战目的。于是李世民回朝后，决定再次东征。之所以决定再次东征，其理由，据《册府元龟》卷九百八十五记载，当初唐军撤退时，李世民曾赐给渊盖苏文弓服，渊盖苏文因高句丽得以保全，颇为傲慢，虽然接受弓服，但是未遣使者谢恩，使得李世民颇为不悦。此外，高句丽还在征讨大军撤退之后，挑起边境冲突，"又令伺我边隙，厥贡疏薄，失藩人臣大国之礼"。最后，高句丽还违背唐朝的命令，侵逼新罗，"屡敕令勿攻新罗，而侵凌不止"，这些理由，都足够了。

李世勣

然而朝议上，群臣认为辽东战场的特点，是"城雉依山，攻之不可卒下"，大军前去征讨，费时费力，不如采取"少兵番次蹂其边场"，派出少量军队轮番袭扰，使国人时刻保持紧张，疲于应付，耽误农时，从而无法正常从事农业生产，造成"岛夷之邑，千里荒芜"的局面，在人心离散之后，高句丽会因粮荒而土崩瓦解，而大唐就可以实现"鸭绿水以北可不战而取"的目标。于是在贞观二十一年二月，李世民正式确定了偏师袭扰高句丽的政策。

贞观二十一年三月，青丘道行军大总管牛进达所部以楼船战舸自莱州出发，走水陆攻入辽东，而辽东道行军大总管李世勣所部渡过辽水，从新城一带攻入辽东。两路大军，水陆并进，袭扰高句丽。

这两路人马数量虽少，但却是精锐，据《册府元龟》卷九百八十五记载，三万大军乃是"两军之发也，并遣惯习沧波、能以少击众者而配隶焉"。当年七月，牛进达、

唐代武士俑

李海崖从莱州出发，由水路在辽东半岛登陆，先攻石城，陷之，虏男女数百人。此后凡百余战，无不捷，至积利城下，高句丽出军万余人拒战，结果大破之，斩首二千级，然后退兵。

而李世勣所部则兵渡辽水，进攻南苏、木底等城，高句丽背城拒战，被唐军击败，当年五月克南苏、木底城，焚烧其城郭，然后退兵……很显然，这一年，唐军的水陆并进，攻入辽东，只是克城破敌，一番抄掠之后，便是退兵，目的便是袭扰。第一番攻势刚刚结束，大唐再次出兵，当年八月，敕宋州刺史王波利、中郎将丘孝忠，发江南宣、润、常、苏、湖、杭、越、台、婺、括、江、洪十二州工匠修造入海大船及舴艋船三百五十艘，将征高句丽。

接连的打击使得高句丽不得不派使者请罪，很显然，高句丽被打怕了，不过李世民虽然接受了高句丽的谢罪和朝贡，可随即在贞观二十二年正月立即发起了再一次的进攻，正月二十五，李世民以右武卫大将军薛万彻为青丘道行军大总管，右卫将军裴行方为副大总管，乌胡镇守将古神感为先锋，率三万大军乘楼船从莱州渡海击高句丽。大军入鸭绿水，乌胡镇守将古神感作为先锋率兵浮海直指，高句丽领步骑五千拒战于易山，短兵才接，其众大溃，斩首八百余级。当天夜里，万余高句丽兵试图夜袭唐军船只，结果"神感设伏以待之，贼不觉，奋击大破之而还"。

此后，薛万彻大军入鸭绿水泊汋城

南四十里止营，高句丽各城震惧，多弃城遁逃，唯泊汋城主所夫孙率步骑万余来拒官军。薛万彻遣右卫将军裴行方领步卒、折冲尉罗文合为援军继进，自己率其余诸军，在裴行方等军与敌交战之时，突然出击，所夫孙大败，高句丽军混乱溃逃，唐军追杀百余里，斩杀所夫孙，进围泊汋城。该城倚山设险，又以鸭绿山为屏障，易守难攻，唐军久攻不下。高句丽遣将高文率乌骨、安地诸城兵三万余人分两路前来救援，薛万彻亦分兵迎战。双方交战伊始，高句丽军即大败溃退……在击败高句丽援军后，唐军进而攻拔泊汋城，随后于九月初五，薛万彻凯旋还朝。不过薛万彻虽然在此次征讨高句丽的战争中建立功勋，但是他却因为在军中与诸将不和，而且发言怨怼，被人告发而获罪，被"除名，流象州"。

唐军偏师的连续骚扰，使高句丽穷困凋敝，而且接连的失败也极大地削弱了高句丽的力量。李世民认为，对高句丽发动第二次大规模打击的时机已经成熟，计划在贞观二十三年出兵三十万，以长孙无忌为大总管，一举灭亡高句丽。然而发动这样大规模的战争需要有一年的粮食储备，并需要建造更多的战船，于是李世民下令遣右领左右府长史强伟于剑南道伐木造舟舰。之所以在剑南道造船，是因为"隋末剑南独无寇盗，属者辽东之役，剑南复不预及，其百姓富庶，宜使之造舟舰"。这些船在造好之后，经长江、东海运到莱州。此外，越州、婺州、洪州也担负了一些造船的任务，史载"敕越州都督府及婺、洪等州造海船及双舫千一百艘"。不过剑南造船并不顺利，因为操之过急，甚至引发了不满和骚乱，幸亏及时采取措施，才平定了骚乱。与此同时，李世民还遣陕州刺史孙伏伽招募勇敢之士，以做平灭高句丽最后准备，至于粮草，则是命"莱州刺史李道裕储粮械于三山浦、乌胡岛"。

然而就在筹备工作紧锣密鼓地进行着的时候，没有等到这次出兵，当年五月李世民病逝，东征之役遂罢。李治即位后，唐与高句丽表面上相安无事，但战争准备却是在积极进行着。

李治年间对于高句丽的军事行动其实相较于李世民时期，有了很大的变化，考虑到在辽东攻打高句丽效果不大，故而大唐调整了针对朝鲜半岛的策略。青州刺史刘仁轨建议："欲吞灭高句丽，必先诛百济，留兵镇守，制其心腹。"于是大唐确定了"先派兵渡海，与新罗联手打击百济，渡海远征军在半岛取得立足点后，再与辽东方面的唐军南北夹击高句丽"的方针。

显庆四年，当百济出兵攻陷新罗的独山、桐岑二城，新罗王金春秋向唐朝连连告急的时候，李治当机立断，以"百济联合高句丽，阻碍新罗和唐朝交通与进贡事宜"为借口，派左武卫大将军苏定方为神丘道行军大总管，率左卫将军刘伯英、右武卫将军冯士贵、左晓卫将军庞孝泰等，统水陆大军十万讨伐百济，同时任命新罗王金春秋为嵎夷道行军总管，率新罗兵五万与苏定方配合作战。

是年八月，苏定方率唐水陆大军船队从城山启航，横渡黄海，至熊津江口。百济军据熊津江口拒守，唐军先锋抢滩登陆，上山结阵，与百济守军展开激战。后续唐军船队正逢涨潮，源源开到，一时扬帆盖海，无比壮观。百济军根本抵挡不住，迅即被击溃，死伤数千。唐军顺利攻下了熊津江口，取得了稳固的立足点。

不过从陆路助攻的新罗军，进展却不大顺利，因为遭遇百济名将阶伯所率的五千士卒殊死抵抗，最后只是勉强惨胜。不过新罗军毕竟只是偏师，对于大唐来说，神丘道行军才是主力，登陆百济的大军刚刚站稳脚跟，苏定方就立即要求各部齐头并进，沿江而上，直趋百济都城泗沘城……史载，距城二十余里，百济倾国来战，唐军再次大破百济军，斩首万余，又穷追残敌直抵泗沘城下。

灭国之际，百济义慈王与太子扶余隆选择了逃向北部边境，而次子扶余泰自立为王，率兵固守。眼看着都城不保，扶余隆的儿子扶余文思竟率左右逾城归降，百姓皆从之。于是苏定方乃命士卒登城立帜，扶余泰处境窘迫，只好献城请求处置。此后，扶余义慈、扶余隆及各城城主亦相继投降，百济宣告灭亡。

此时李治已于显庆二年击破西突厥沙钵罗可汗阿史那贺鲁，后又陆续平灭其他反叛力量，西北方面已无战事，完全能够腾出手来，全力对付高句丽了。此外，自贞观十九年征讨高句丽后，大唐一直保持着对高句丽的骚扰性军事行动，以消耗和疲惫高句丽。据《资治通鉴》记载，李治即位后，唐军与高句丽的局部作战发生过三次。第一次是永徽六年，以营州都督程名振、左卫中郎将苏定方发兵击高句丽。五月，大军渡辽水，高句丽见其兵少，开门渡贵端水逆战。程名振等奋击，大破之，杀获千余人，焚其外郭及村落而还。第二次是在显庆三年，因高丽与百济、靺鞨联兵入侵新罗，新罗王金春秋遣使向唐求救，于是李治命营州都督兼东夷都护程名振、右领军中郎将薛仁贵将兵攻高句丽之赤烽镇，拔之，斩首四百余级，捕虏百余人。高句丽遣其大将豆方娄率众三万拒之，史载"名振以契丹逆击，大破之，斩首二千五百级"。次年，右领军中郎将薛仁贵又和武侯大将军梁建方、右骁卫大将军契苾何力等与高句丽大将温沙门战于横山，此战薛仁贵再次单骑突阵，他手持弓箭，一马当先，冲入敌阵，所射者无不应弦倒地，于是将士用命，大破温沙门之军。

大唐灭亡百济，等于剪除了高句丽羽翼，此时的高句丽不仅失去盟国，而且唐军还能够从南面对高句丽构成威胁，在这种情况下，李治下令对高句丽发动大规模进攻，所谓"发三十五军，水陆分道并进"。以每军一万人计算，这次大规模进攻，大唐进讨高句丽的总兵力当在三十万左右。

龙朔元年一月二十二日，又以鸿胪卿萧嗣业出任扶余道行军总管，率回纥等诸部兵进军平壤。四月二十九日，唐高宗李治欲效仿父亲率军亲征，被武后谏阻，未能成行。五月二日，唐军作战部署发生重大变化，朝廷改"命左骁卫大将军、凉国公契苾何力为辽东道大总管，左武卫大将军、邢国公苏定方为平壤道大总管，兵部尚书、同中书门下三品（宰相）、乐安县公任雅相为浿江道大总管"，统率大军及诸胡兵"水陆分道并进"，以讨伐高句丽。

面对大唐的进攻，高句丽做出的部署很简单，那就是主动放弃大片土地，把战线收缩至鸭绿水和浿江，并相应集中了兵力，以至于后来唐军在辽东并未遇到什么抵抗，顺利进抵鸭绿水，而南线则几乎没有什么战斗，便顺利挺进到浿江。高句丽之所以如此部署，原因很简单，贞观十九年驻跸山之战对于高句丽的影响太大了，加上此次大唐出兵如此之多，高句丽自然不敢贸然和唐军野战，所以他们采取了"坚守待变"的方针，试图在北线死守鸭绿水，在南线固守浿江，而中间则是依靠平壤坚城，最终拖垮唐军。

龙朔元年七月，苏定方大军在浿江江口登陆，然后沿江而上，攻向平壤。史载"八月，定方破虏兵于浿江，夺马邑山，遂围平壤"。而在北面，契苾何力所率的唐军则直接撕开了鸭绿水高句丽大军的防线，关于此战，《资治通鉴》的记载为"泉［渊］盖苏文遣其子男生以精兵数万守鸭绿水，诸军不得渡。契苾何力至，值冰大合，何力引众乘冰渡水，鼓噪而进，高句丽大溃，追奔数十里，斩首三万级，余众悉降，男生仅以身免"。

然而，正当讨伐高句丽的战争处于关键阶段的时候，铁勒九姓发生了叛乱，回纥、同罗和仆固等部犯边，李治不得不任命左武卫大将军郑仁泰为铁勒道行军大总管，出兵平叛，同时将扶余道行军总管萧嗣业所部从高句丽前线撤回，担任仙萼道行军总管，随同征讨。很显然，随着征讨高句丽的北路唐军有相当一部分被调去平定铁勒九姓的叛乱，南北合击高句丽的战略部署已经落空了。

与此同时，由于百济旧将叛乱，使得协同作战的新罗军在百济翁山城受阻，故而唐军开始出现了缺粮危机。由于粮草、冬衣的缺乏，秋冬到来的时候，平壤城下的苏定方大军陷入了困境。虽然含资道总管刘德敏、留镇百济的刘仁愿及新罗人不断向前线运粮，但也只是杯水车薪。龙朔二年二月，浿江道行军大总管任雅相在军中病死，随后左骁卫将军白州刺史沃沮道总管庞孝泰与高句丽战于蛇水之上，唐军大败，庞孝泰和他的十三个儿子尽皆战死。

在这种情况下，李治遂命唐军自高句丽班师。随着苏定方率唐军撤回国内，至此，规模巨大的三十五军征讨高句丽的战争宣告结束，唐军未能平定高句丽，无大功而返，但这也是高句丽灭亡前的最后一次胜绩。虽然渊盖苏文在世时尚能以铁腕控制高句丽政局，但高句丽内部已经危机四伏，当他死去时，高句丽已离覆亡不远。

乾封元年，渊盖苏文死去了，他的长子渊男生继任莫离支兼三军大将军，加大莫离支。然而就在渊男生即位之后，一场内乱随之发生了。

关于这场内乱，《资治通鉴》记载得很是详细："泉［渊］盖苏文卒，长子男生代为莫离支，初知国政，出巡诸城，使其弟男建、男产知留后事。或谓二弟曰：'男生恶二弟之逼，意欲除之，不如先为计。'二弟初未之信。又有告男生者曰：'二弟恐兄还夺其权，欲拒兄不纳。'男生潜遣所亲往平壤伺之，二弟收掩，得之，乃以王命召男生。男生惧，不敢归；男建自为莫离支，发兵讨之。男生走保别城，使其子献诚诣阙求救。"

在得知渊男建夺权，并杀害了自己的儿子渊献忠这一噩耗之后，渊男生选择了退保"国内城"（今吉林集安市），同时派大兄弗德到唐朝请求支持。由于渊男建在平壤，手里有高句丽王高藏，占据着"挟天子以令诸侯"的优势，所以事实上，渊男生根本不是自己弟弟的对手。这种情况下，困守"国内城"的渊男生做出了无奈的选择，那就是派其子渊献诚入唐廷求救……

在接到渊男生的求救后，李治当即任命契苾何力出兵救援。大战随着契苾何力接应渊男生而拉开序幕，由于渊男生困守在鸭绿水畔的国内城，而契苾何力的唐军在辽水一带，高句丽则有十五万大军屯于辽水，又引靺鞨兵数万据南苏城，在这种情况下，唐军深入高句丽腹地到国内城接应渊男生也就成了问题。这个时候，契苾何力必须在辽水一线向高句丽军发动进攻，撕破高句丽的辽水防线，才能够把渊男生接应出来。

根据《资治通鉴》记载："乾封元年九月，庞同善大破高句丽兵，泉〔渊〕男生率众与同善合。"而《旧唐书·契苾何力传》则记载为："高句丽有众十五万，屯于辽水，又引靺鞨数万据南苏城。何力奋击，皆大破之。斩首万余级，乘胜而进，凡拔七城。"也就是说，契苾何力占领南苏城以及"乘胜而进，凡拔七城"，一举撕开了高句丽在辽水的防线，救出了困守孤城的渊男生。

在救出渊男生之后，乾封元年十二月，渊盖苏文的弟弟渊净土也向大唐和新罗献地投降。这两大重臣的先后投降，使高句丽陷入严重的分裂之中，大唐开始了全面进攻。这一次进攻，唐军以主力从辽东方向实施攻击，计划在平定辽东之后，渡过鸭绿水，攻向平壤，此外郭待封从水路取辽东半岛南部，然后扑向平壤，而刘仁愿则从百济故地向北进攻高句丽，此外还有新罗军配合。

乾封二年二月，李世勣大军兵围高句丽军事重镇新城，据《资治通鉴》记载："勣初度辽，谓诸将曰：'新城，高句丽西边要害，不先得之，余城未易取也。'遂攻之，城人师夫仇等缚城主开门降。"这里看起来似乎很简单，但其实这一仗打得并不顺利，根据《旧唐书·东夷传》记载，李世勣先是引兵于新城西南，继而依山筑起军栅，且攻且守，以至于"城中窘迫，数有降者"，经过七八个月的反复拉锯之后，最终才拿下这座辽水以东且紧邻辽水、战略位置非常重要的城池。拿下的原因是乾封二年九月十四日，新城人师夫仇抓住了城主，主动开城投降的。

占领新城之后，李世勣留契苾何力镇守，继续负责攻略辽东，而其他大军则继续展开新一轮的进攻。在独孤卿云所部，向鸭绿水方向进攻，欲与郭待封、刘仁愿所部及新罗军合击平壤的同时，高侃向金山进发，计划先肃清北面的高句丽军，再向东推进。

然而在金山一线，唐军却遭到了高句丽军的反扑，由于高句丽"鼓而进，锐甚"，所以高侃所部与高句丽军交战不利。高侃也算得上是一员百战宿将，但此番在金山却遭受大败，而大败的原因，《资治通鉴》记载为"庞同善、高侃尚在新城，泉〔渊〕男建遣兵袭其营，左武卫将军薛仁贵击破之"，也就是说，高侃此时尚在新城，而眼看着唐军在金山之役中初战不利，渊男建以为有机可乘，便派兵袭击庞同善、高侃在新城的兵营，结果在危急时刻，左武卫将军薛仁贵率军增援而至，按照《新唐书·薛仁贵传》记载"击虏断为二，众即溃"，也就是这位猛将率部从高句丽军的侧翼发起进攻，把高句丽切成两截，高句丽军阵形散乱之后，很快全线溃逃，唐军乘胜追击，大破之。

按照《旧唐书》和《资治通鉴》的记载，唐军在金山大捷中斩首五万余级，李治得知战报后，还写手敕嘉奖薛仁贵："金山大阵，凶党实繁。卿身先士卒，奋不顾命，左冲右击，所向无前，诸军贾勇，致斯克捷。宜善建功业，全此令名也。"言语之中，表露出喜悦振奋之情。此战使得高句丽军遭受了毁灭性的打击，几乎全军覆没。自此唐军在辽东的中部、北部再也没有遇到高句丽的大规模反扑。

金山大捷后，唐军迅速改变了原订的作战计划，不再往北进攻，而是改为向东进攻，"拔南苏、木底、苍岩三城，与泉〔渊〕男生军合"。在进攻这三座城的时候，唐军几乎没有经过什么战斗。当辽东方向取得大捷之时，郭待封率领的唐军也基本完成了对积利一带的攻略，于是在李世勣亲率独孤卿云所部攻向鸭绿水的同时，命令郭待封自辽东半岛出发，直指平壤。不过在鸭绿水畔，唐军却遭到了挫折。

据《资治通鉴》记载：李世勣在攻克新城后，是立即率军向鸭绿水挺进的，唐军在安市击败高句丽军后，顺利进抵鸭绿水，但是，这时出现了令人啼笑皆非的一幕。郭待封带领一支水军准备从别道直驱平壤，李世勣原本派出了冯师本带着粮草供应郭待封。结果冯师本船破失期，眼看着军中士兵饥饿窘困得不行，于是郭待封就想写封信给大总管紧急求援，并说明自己这里的情况，可是他又担心书信落到高句丽人手里，暴露军中情况，于是考虑一番之后，将情况写成了一首离合诗。所谓离合诗，也就是离析字画，合之成文，以见其意。李世勣接信之后，一看是首诗，而且他还没有读出其中的意思，于是大怒，军情似火，都什么时候了，还拽文写诗，非杀此人不可。时任行军管记通事舍人的元万顷颇有才华，一看，这是离合诗啊，里面有军情呢，于是为大总管解释一番。李世勣得知情况后，立即命人给郭待封所部送去粮草，而元万顷也颇为李世勣所看重。

后来，元万顷奉李世勣之命，写一篇征讨高句丽的檄文，可他不知是怎么想的，洋洋洒洒一篇文，虽然把高句丽嘲笑、大骂一番，突出了大唐王师的正义性，可他居然在檄文中嘲笑渊男建"不知守鸭绿之险"。而在当时，高句丽军确实忽略了鸭绿水的守备，渊男建看到元万顷之文嘲笑己方"不知守鸭绿之险"时，恍然大悟，元万顷提醒了他，因此渊男建也很有意思地回复说"谨闻命矣"，这意思用今天的话说，就是"收到！遵命！鸭绿之险已守！谢谢你们的提醒"。于是在高句丽人迅速派兵加强鸭绿水的守备之后，李世勣自然是一头黑线，因为大军在敌人的阻拦之下，暂时无法渡过鸭绿水。当然，元万顷为此付出了沉重的代价，李治听说此事之后，直接将他流放到岭南去了。

而另一方面，更是让人欲哭无泪，新罗王金法敏在乾封二年八月率军出征，九月抵达汉城。但是，新罗军不愿继续孤军前进，想等待各路唐军到达平壤后再前进，在此期间，新罗多次派出细作，探查唐军情况，发现唐军没有到达平壤，因此，新罗军也不再前行。李世勣派人来催促，要求新罗大军赶往平壤，并且向新罗军传达了明确的指示：新罗军不用攻城，不要恋战，应快速向平壤唐军运送军粮。然而新罗军行动迟缓，十月二日在七重城接到指示，十一月十一日才到达獐塞，这直接导致了郭待封的积利道行军因军粮不足而被迫撤退，而李世勣眼看着郭待封的大军撤退，而自己合围平壤的计划也因为鸭绿水受阻而落空，故而也从鸭绿水撤退，而新罗军见唐军已经退走，也就撤退了。

不过李世勣大军仅仅是从鸭绿水之畔撤军而已，并没有全部撤军，而在辽东方向，契苾何力的大军正在扫荡残存的高句丽大军，左武卫将军薛仁贵只带了两三千人为前锋，直冲扶余城，而契苾何力大军则从辽水边上的金山杀到鸭绿水中上游的国内城之后，分兵接应，可没有等到大军抵达，薛仁贵便"贼众来拒，逆击大破之，杀获万余人，遂拔扶余城"。

这个时候，渊男建选择从鸭绿水发兵去救援远在北面的扶余城，显然是不明智的，因为在辽东方向扫荡的唐军几乎就没有遭到损失，这个时候去救扶余城，显然是一种战略上的大错误。就这样，北渡鸭绿水、前去救援扶余城的高句丽大军在走到薛贺水的时候，与李世勣军遭遇了，于是薛贺水之战爆发……

据《旧唐书·高宗本纪》记载，此战爆发在总章元年二月初四，其过程据《资治通鉴》记载："泉〔渊〕男建复遣兵五万人救扶余城，与李世勣等遇于薛贺水，合战，大破之，斩获三万余人，进攻大行城，拔之。"不过参战的大军并不只有李世勣所率的独孤卿云所部，还有契苾何力麾下的大军，因为《旧唐书·契苾何力传》有相关的记载："乃回军会英国公李世勣于鸭绿水，共攻辱夷、大行二城，破之。"

不管怎么样，此战之后，高句丽的野战部队几乎被一扫而空，在鸭绿水以西、以北的土地也丢失殆尽，其他各路唐军相继前来与李世勣会合，这就使得北线的唐军力量大为增强，而相较之下，高句丽在经过辽水、新城、金山、安市以及刚刚结束的薛贺水这几场大战后，能战之兵已经损失惨重，这种对比自然使得此后双方的交兵已经没有什么悬念了。

当年春夏之间，各路唐军会师后，顺利推进至鸭绿栅，高句丽发兵抵抗，唐军奋勇出击，大败高句丽军，追奔二百余里，攻拔辱夷城，高句丽其他各城守军或逃或降。这时，高句丽已呈现出土崩瓦解之势，在诸城纷纷投降和逃遁之时，大唐各路兵马开始向平壤进发，史载"契苾何力先引兵至平壤城下，勣军继之"，而据《旧唐书·契苾何力传》记载："勣顿军于鸭绿栅，何力引番汉兵五十万先临平壤。"也就是说，在攻克了辱夷城之后，契苾何力大军率先抵达平壤……

就在北线唐军向平壤进军的时候，一度无所作为的南线唐军和新罗军也开始行动了。自从乾封二年秋冬进攻平壤受挫后，南线的唐罗联军在休整之后，完成了整合与协调。据《资治通鉴》记载："总章元年正月，以右相刘仁轨为辽东道副大总管。"关于刘仁轨的具体职务，各史书记载不尽相同，刘仁轨在接受任命后，先到达百济故地进行安抚，而在稳定了百济故地之后，又前往新罗开展协调工作。

据《三国史记新罗本纪》记载，总章元年六月十二日，刘仁轨到达党项津，新罗王金法敏派金仁问前去迎接。由于刘仁轨到新罗的主要任务是督促新罗出兵，而新罗此时还不敢违逆大唐，加上新罗也一心想要亡灭高句丽，于是在六月二十二日，由金仁问为先锋，率部先行出发了，六月二十七日，金法敏出京向平壤进发，至六月二十九日，新罗大队人马陆续出发……至此，唐军及新罗大军开始从南北两个方向向平壤推进，并最终完成对平壤的合围。

在完成合围后，唐军随即对平壤城发动了进攻。此后的作战，史料中的记载比较简单，《资治通鉴》的记载是："……围平壤月余，高丽王藏遣泉［渊］男产率首领九十八人，持白幡诣勣降，勣以礼接之。泉［渊］男建犹闭门拒守，频遣兵出战，皆败。男建以军事委僧信诚，信诚密遣人诣勣，请为内应。后五日，信诚开门，勣纵兵登城鼓噪，焚城四周，男建自刺，不死，遂擒之，高丽悉平。"而《金法敏致薛仁贵书》中的记载则较为详细："番汉诸军，总集，出兵，欲决一战。兵马，独为前锋，先破大阵，城中，挫锋缩气。于后更取骁骑五百人，先入城门，遂破，克成大功。"至于《新唐书·泉男生传》的记载则又是另外一番景象："使浮屠信诚内间，引高丽锐兵潜入，擒高藏。"

征讨大军得胜返朝，皇帝命先以高藏等献于昭陵，具军容，奏凯歌，入京师，献于太庙。十二月初七，皇帝受俘于含元殿。以高藏政非己出，赦以为司平太常伯、员外同正。以渊男产为司宰少卿，僧信诚为银青光禄大夫，渊男生为右卫大将军。李世勣以下，封赏有差，并擢其酋帅有功者为都督、刺史、县令，与华人参理。至此，李治完成了征讨高句丽的大业。自贞观十九年开始，至李治总章元年止，大唐经过二十三年的艰苦努力，终获全胜。

唐平高句丽后，分其境为九都督府、四十二州、一百县，并于平壤设安东都护府以统之，任命右威卫大将军薛仁贵为检校安东都护，领兵二万镇守其地。高句丽第二十七代国王宝藏王高藏被唐朝俘虏，根据

《资治通鉴》的记载，高句丽贵族及大部分富户与数十万百姓被迁入中原各地，如同冰川在海水中消融一样，彻底没有了踪迹。此外，另有部分留在辽东，后来成为渤海国的臣民，而其余小部分融入突厥及新罗，自此，高句丽不再存在于世。

很显然，导致高句丽灭亡的最主要原因是渊盖苏文的三个儿子内斗，然而他这三个儿子的人生结局却颇让人感慨：

长子渊男生，遣子渊献诚致书附唐后，先是被授平壤道行军大总管、安抚辽东大使、持节，随即被征入朝，加辽东大都督、封玄菟郡公。总章元年，随李世勣攻平高句丽，以功进位右卫大将军、晋爵卞国公。仪凤二年，奉诏安辑辽东，颇能安民。仪凤四年卒于任，年四十六。"帝为举哀，赠并州大都督。丧至都，诏五品以上官哭之，谥曰襄，勒碑著功"。

次子渊男建，与弟渊男产逐兄渊男生而自立为莫离支。总章元年平壤被围后，高句丽王高藏命令渊男产率首领九十八人持白旗向李世勣投降。但是渊男建拒绝投降，紧闭城门坚守，还多次出击，不过屡战屡败。后来他将一部分军事任务交由僧人信诚，但信诚其实是渊男生派遣到渊男建身边的间谍，五日之后信诚大开城门让唐军攻入焚城，渊男建企图自杀但没有成功，被俘虏之后随高藏及同时被灭的百济国王扶余丰等一同献俘于唐都长安太庙。李治认为他是举兵抗拒的元凶，下令处死，后因渊男产的求情改判流放至黔州，渊男建死于流放地。

三子渊男产，当初与其二兄渊男建逐长兄渊男生，拥立渊男建为莫离支。总章元年，平壤被围，城将破，奉王命持白幡率首领九十八人至唐军前请降。入唐，授司宰少卿，仍加金紫光禄大夫员外置同正员。圣历二年，授上护军，万岁通天三年，封辽阳郡开国公，迁营缮监大匠员外置同正员。大足元年，卒于第，年六十三，葬洛阳平阴乡。

高句丽灭亡后，大批高句丽遗民展开了反对唐和新罗联盟的复兴高句丽运动，其中较为著名的有原高句丽将军剑牟岑、乞乞仲象和大祚荣等。唐曾多次试图在高句丽故地建立督府控制此地区，但都失败了。唐为管理原高句丽故地而设置的安东都护府，最初是由薛仁贵来管理的，但因吐蕃在西线的压力，唐朝开始羁縻治理高句丽故地，任命高句丽宝藏王高藏为辽东州都督、朝鲜王。后来宝藏王因暗中支持高句丽遗民起义被流放，宝藏王的儿子高德武接管了安东都护府。

剑牟岑最初在百济故地汉城立宝藏王后裔安胜为王，试图重建高句丽，并得到了新罗文武王金法敏的支持。但后来由于内部纷争，剑牟岑被谋杀，安胜投靠新罗。新罗给了安胜一片土地，让他建立了报德国。新罗从未放弃对高句丽遗民的警戒，后来新罗神文王灭了报德国，安胜被赐予新罗王室的"金"姓。数千部众被迁移到新罗南部地区，最后完全同化于新罗人。

粟末靺鞨酋长乞乞仲象和他的儿子大祚荣原是靺鞨人，高句丽灭亡后，乞乞仲象和大祚荣在高句丽故地建立震国，其国名源于唐朝所册封的"震国公"，并占据了原高句丽的大部分国土。乞乞仲象去世后，震国接受唐的册封改名为渤海国。此外，在10世纪初，弓裔为反抗新罗建立摩震国，现代的韩国历史学者，把这段历史称为后高句丽，摩震国和后来取代新罗的高丽也都自称继承高句丽，但它们只是借用了高句丽的名称，与古高句丽并无实际联系。

第四章　鏖兵白村江

10. 倭国介入

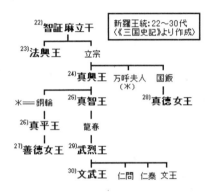

新罗国王室图谱

<table>
<tr><td colspan="3">新羅王統：22～30代
《三国史記》より作成</td></tr>
</table>

22)智証麻立干
23)法興王　　立宗
　　　　24)真興王　万呼夫人　国飯
　　　　　　　　　　（＊）
＊＝銅輪　25)真智王　　　　28)真徳女王
26)真平王　　　　龍春
27)善徳女王　29)武烈王
　　　　30)文武王　仁問　仁泰　文王

百济和高句丽相继灭亡之后，新罗成为朝鲜半岛无可争议的地区霸主。但由于新罗奉行的"骨品制度世袭"，严格限制了其他各地权贵加入这个新兴政权的机会，因此百济各地的复国运动一度此起彼伏。

所谓的骨品制，其实就是一种严苛的以血缘关系为纽带决定政治地位和社会地位的社会等级制度。当初新罗用武力统一辰韩各部后，由于新罗国的统治集团是由三姓王族和六部贵族组成，为巩固其特权地位，于是就制定了等级制度，以森严的"骨品制"来划分血统与身份的阶级地位，而之所以在贵族间实行这一带有奴隶制残余的封建制的"骨品制"，就是为了确定朴、金、昔三姓的地位，这三姓是新罗统治集团中最大的贵族，不但可世袭王位，还独占整个官僚体系，拥有无上权力。朴、昔、金三家王族地位最高，是第一等，称为"圣骨"，而其他大小贵族依次分为"真骨"、六头品、五头品、四头品四个等级，国家大事须经国王和高级骨品贵族参加的"和白"会议决定。此外，类似于印度的种姓制度，社会等级还有三头品、二头品、一头品、平民、奴隶等各个低级阶层，这些阶层属于非骨品。

在那个时期，按血统确定等级身份及相应官阶，各骨品都自我封闭，不同骨品互不通婚，而且骨品世袭不变。这一制度按个人骨品即世袭血统决定受尊敬程度，根据不同等级分别制定出担任官职的最高限度，达到一定骨品等级的，才可以授予一定的官职，因此，人的仕途受到个人在骨品制中所具有的等级身份的制约。不仅如此，骨品还决定了一个新罗居民可以居住住所的大小。百济被灭国后，百济贵族虽然有一部分归降了大唐，另一部分却仍不死心。而百济被平定后，唐军主力随即回撤，只留下不多的唐军驻守百济王城，这也让他们看到了机会，于是就有了百济旧将扶余福信降而复叛的事情。

扶余福信，也叫鬼室福信，至于"鬼室氏"，据日本学者的说法，是百济国的姓氏。日本典籍《新撰姓氏录·右京诸番》记载："因鬼神感和之义，命氏谓鬼室。"《旧唐书·百济传》说他本为百济武王扶余璋的从子，义慈王的从弟，而且在《旧唐书·百济传》中记载，贞观元年百济武王曾经派遣侄子信福入大唐贡。"信福"在《三国史记》百济武王二十八年条写作"福信"，所以，此人是百济武王之侄，应该是可以确定的。

其实百济败亡的时候，扶余福信本来已经降于唐军，待他看到唐军主力回国，于是萌生贼心，并与一个叫道琛的和尚联手。道琛，《唐书》里作"浮屠道琛"，《日本书纪》里作"僧觉从"，此人和扶余福信勾结起来叛乱，聚众占据了任存山，并在任存山聚百济旧民造反。

百济灭国之后，局势也一直没有稳定下来，百济余部退守南部南岑、真岘等城，佐平正武在豆尸原岳频频袭击唐罗军队，所以刘仁愿所率驻屯百济的唐军主要任务就是清剿这些叛军。这些百济残余势力中，最出名的大概就是黑齿常之了。

黑齿常之本是百济西部人，身高七尺多，勇猛有谋略，一度担任达率（相当于大唐刺史的职位），兼任风达郡将，苏定方平百济时，黑齿常之率领部下随百济人投降大唐。当时苏定方囚禁百济国王义慈王及太子隆等人，纵兵劫掠，成年人多被杀死。黑齿常之感到了害怕，与和沙宅相如等人带着手下十多人逃归本部，收集被打散的士卒，占据任存山，结起栅栏以加强防守，一月之间归附的有三万多人。虽然苏定方一度派兵进剿，但由于黑齿常之率领敢死之士进行抵抗，所以唐军无法彻底将之清剿干净。

不过史料中关于这段历史的记载是矛盾的，《旧唐书·刘仁轨传》的记载是"黑齿常之自苏定方军回后，鸠集亡散，各据险以应福信"，而《三国史记》的记载也是"及苏定方既平百济军回，余众又叛"，似乎是说等苏定方走后，黑齿常之才敢反叛。不过《三国史记》又载，八月二十六日，派遣军队攻任存大栅，兵多地险，不能克，但攻破小栅。

然而不管怎么样，黑齿常之等人似乎只能自保，并没有竖起复兴百济的大旗，之后的日子里，他们基本上坚守任存山，处于观望的态势，但是由于他们的抵抗，带动了百济全国境内的反抗情绪。当鬼室福信和僧人道琛以任存山为据点开始崛起之时，扶余自进也以熊津城为据点开始起事。不久之后，黑齿常之与别部将沙咤相如各据守险要以响应这些叛乱势力。

到了九月二十三日，大唐主力仅仅撤离二十天，叛军便开始进攻泗沘城，由于开始的时候武器被唐军缴获殆尽，叛军以棍棒作战，抢挖地道，竟攻破外栅，抢夺兵器物资，逐渐实力强大，鬼室福信进一步占据了周留城，并在泗沘南岭竖起四五道大栅，力图围困泗沘城的唐罗守军。

而新罗方面，一方面要尽量按照大唐诏命的指示行事，另一方面也需要提防高句丽与靺鞨人的乘虚而入，行动颇为首鼠两端。九月二十八日，熊津都督王文度来到新罗的三年山城，向新罗王金春秋传达李治的旨意，当他正准备向新罗王递交圣旨的时候突然发病而死，死因不明。

王文度在两唐书中并无传，只能从史料中理出一个大概，他曾在贞观十九年，以水军行军副总管从程名振征高句丽，攻卑沙城有功。永徽六年，唐以程知节为葱山道行军大总管，王文度任副大总管，讨伐贺鲁，以矫诏及指挥不善获罪，当诛，后除名为民。后为左卫郎将，显庆五年，苏定方平百济，承命总兵留镇熊津，渡海，卒。随着王文度死去，百济局势顿时变得扑朔迷离。

扶余福信自知仅以自己百济旧将的身份争取不了太多民心，为强化自己的"正统"，于是两次派使者前往倭国乞援，并请求放还在倭国做人质的百济王子丰璋回国继承王位。倭国即日本，关于"倭"字，《诗经·小雅·四牡》中有"四牡骓骓，周道倭迟"的句子。《毛诗正义》

将"倭迟"释作"历远之貌",《说文解字》这样解释"倭"字:"顺儿,从人,委声"。"顺"在这里有"顺从"的意思。据此,故而有人以为,"倭"在古代本有绵延曲折之意,后引申出顺从之意。

1784年,在日本九州博多湾口的志贺岛上,发现了一枚赤金方印,金印2.8厘米见方,0.8厘米厚,上刻"汉倭奴国王"五字。开始时,无人知晓这枚金印来历,经专家考证,才知这是一枚很有价值的中国汉印。据《后汉书》记载,东汉光武帝建武中元二年,倭奴国使者来汉朝拜,光武帝赐使者金印紫绶,倭奴国王视这枚金印为权力象征,十分珍重。后来,日本列岛发生内乱,国王害怕金印丢失,将其埋入地下。再后来,这位国王死了,国也不复存在,于是这枚金印也就在地下埋了1700多年。东汉光武帝赐给倭王的这枚"汉倭奴国王"金印,可能同时表达了东汉朝廷对倭方所寄托的"感其远道而来"且"冀其臣服"的意思。

《后汉书》中有关于光武帝刘秀赐予倭国使者金印的记载,记载并不太详细,而在晋代陈寿所著的《三国志·魏书·倭人传》中则对于日本有很多的记载,陈寿用了约两千字的篇幅介绍了三国时代倭国的情况。文中提到了当时在日本有一个很大的女王国叫作"邪马台国",下属三十多个小国,统治该国的女王就是"卑弥呼"。此外,那些不接受邪马台统治的小国,则认为自己是吴泰伯之后,与吴国亲近。

据记载,238年,卑弥呼派遣使者难升米朝见魏帝曹睿,魏帝赐予卑弥呼刻有"亲魏倭王"的紫绶金印一枚,以及包括铜镜百枚在内的礼物若干。邪马台国与另一个由男王统治的狗奴国向来不和,她特地再次派遣使者来到魏国求助。魏帝派出使者表示支持邪马台国,但是狗奴国对魏帝的檄文似乎并不在意。在长期的战争中,卑弥呼去世了。邪马台国拥立了一名男性为王,但在国中却引起大乱,只好再度拥立卑弥呼一族的女性"壹与"为女王,这才平息了内乱。326年,壹与再度派遣使者来到中国,此时三国时代已经结束,晋朝占据了主导地位。再往后,邪马台国就从中国的史书中失去了踪影。

关于邪马台国的所在地,畿内说与九州说较有力,但因史料限制,尚无定论。不过从史料记载中,可以对邪马台国有个大概的了解:壹与为王,内乱始定之,其已由中国传入水稻栽种和使用铁器,居民种植禾稻、苎麻,养蚕栽桑,绩麻线,制丝锦、缣绢,武器用木弓铁镞,在交换上已经是"国国有市"。社会已有大人、下户与奴婢、生口之别，大人皆四五个妻子，是上层统治者，下户则有二三个妻子，两者间的地位与尊卑差别明显。但下户并不是奴隶，而奴婢和生口则具有奴隶性质。

邪马台国的官吏从中央到地方分七级。中央一级官员由大倭、大率、大夫组成，大倭管理市场，大率是巡视地方的监察官，大夫是刺史。邪马台国政府收入由下户交上的粮食组成，经济以水田农业与手工业为主。对外，卑弥呼遣使曹魏，两国通过带方郡频繁往来，自魏明帝景初二年后，邪马台国派到魏戍带方郡的使节前后达四次，同时赐生口、倭锦、珠、弓矢等，魏国也曾两次遣使至邪马台国。

从东汉到隋朝以前，中国和倭国总体上讲是册封与被册封关系。《宋书》上记载，倭王赞死后，珍、济、兴、武四个继任者都曾经遣使贡奉，并求朝廷授予倭国自己提出的封号。7世纪初，倭国的生产力发展水平较以前有了很大提高，国力的增长也使得倭国对天朝的态度发生了变化。这种变化体现在了当时隋倭两国的交往当中，《隋书·东夷传》"倭国条"记载：隋炀帝大业三年，倭国王多利思比孤遣小野妹子朝贡，其国书曰："'日出处天子致书日没处天子无恙'云云，帝览之不悦，谓鸿胪寺曰：'蛮夷书有无礼者，勿复以闻'。"很显然倭国在使用国书敬语上，企图抬高自己、贬低对方的意图是十分明显的。虽则如此，隋炀帝还是决定派遣鸿胪卿寺掌客裴世清随小野妹子回访日本，裴世清带去的国书敬语是"皇帝问倭皇"。次年小野妹子再次使隋，国书改为"东天皇敬白西皇帝"。

后来，大概是觉得自己的国名不雅，原因是中国古代，中华民族对周边少数民族有"华夏居中，东夷、西戎、南蛮、北狄"的概念，倭国人认为自己国家的地理位置"近日所出"，所以，更改国名为日本，也就是"日出之国"的意思，而修改对外使用的国号的事件，只知道是7世纪后期，其来历在日本史书中没有明确记载，但《新唐书》则记载道："咸亨元年（670），遣使贺平高句丽。后稍习夏音，恶倭名，更号日本。使者白言，因近日所出，以为名。"这意思就是在李治咸亨元年（670），倭国派使者祝贺李治平定高句丽，因为懂点汉语，所以以讨厌"倭"这一名称，故改国号为日本，使者自称这是因为地理位置靠近日出之处而命名的。

其实，"日本"国名最初是对外使用的，对内仍用"倭"这一称谓。而且，倭国从决定修改对外使用的国号到向大唐通告更号事宜再到最终获得大唐的承认，不是一蹴而就的，而是经过了一个历史的发展过程。因为很显然，虽然倭国很希望自己能够改名，但却并没有能够被大唐所承认，《善邻国宝记》中郭务悰出使倭国时所携带的国书中，依然有"大唐皇帝敬问倭王云云"的字眼，直到701年，随着文武天皇派出以粟田朝臣真人为首的代表团使唐，大唐才正式承认了日本这个国号。由于当时是武则天主政，所以才有唐人张守节《史记正义》上"武后改倭国为日本国"的记载。也就是说，在当时，其实并不存在什么日本，只有一个"倭国"。

11. 大化革新

　　而在当时，倭国刚刚经历了一次内变。自从所谓的神武天皇东征创立大和国以来，传至武烈天皇，已历二十五代，根据《古事记》和《日本书纪》的记载，武烈天皇是仁德天皇一系子孙在自相残杀之后的唯一余孤，由于这位堪比桀纣的暴君治国无能，所以本就衰微的王室权力愈加衰落，中央对地方政治的约束力日减。

　　北魏正始三年（506）时，武烈天皇去世，没有指定继承人，而且皇族中也没有合适的继位人选。之所以武烈天皇并没有留下后代，一方面是当时的日本皇室由于近亲通婚，生育力低下，人丁不旺，另一方面则是皇族近亲之间因争夺权位而自相残杀，皇室子孙本来就人丁不旺，经过这一番杀戮，更是有断子绝孙之虞。在近亲中已经没有继承皇位的合适人选的情况下，权臣大伴金村提议道："方今绝无继嗣，天下何以归心？自古迄今，祸由斯起！今仲哀天皇五世孙倭彦王，在丹波国桑田郡。请试设兵仗，夹卫乘舆，就而奉迎，立为人主。"

　　大伴金村的主张得到了大连、大臣等权臣的赞同，大和朝廷派出兵马欲迎立倭彦王。倭彦王看到前来迎接他的兵马后，大惊失色，逃至山间，不知所踪。大伴金村又建议道："男大迹王性格慈仁孝顺，可承天绪，我们殷勤劝进，男大迹王必能绍隆帝业！"大连物部粗鹿火、大臣巨势男人等都附和道："贤者唯男大迹王也！"于是大和朝廷的人马前往越前，迎立是年五十八岁的男大迹王为大和朝廷的大王。

　　据《古事记》《日本书纪》的记载，男大迹王是应神天皇的五世孙，父亲是彦主人王，在他的幼年时期，彦主人王去世，其母叹道："我现在远离故土，怎么能好好将儿子养育？我只能归宁故土，养育儿子。"

于是带着他回到娘家。史载男大迹王成年后，爱士礼贤，性情豁达，倒也是继承王位的不错人选。

男大迹王在第二年行至河内国樟叶宫，大伴金村等向男大迹王行跪拜之礼，并献上天丛云剑、八咫镜、八尺琼勾玉三神器。男大迹王谦让道："治民治国，是国之重事。寡人不才，不足以称。愿另择贤者，寡人不敢当。"大伴金村等伏地固请，男大迹王仍屡次推让。大伴金村等都劝进道："臣等认为由大王来治国是最合适的，臣等为宗庙社稷，乞求大王听纳臣等之愿！"男大迹王道："大臣、大连、诸臣等咸推寡人，寡人不敢不受。"于是男大迹王接受了象征王权的玺、符，于当天即大王位，也就是所谓的"继体天皇"。

继体天皇继位后，继续以大伴金村为大连，巨势男人为大臣，物部粗鹿火为大连，一如前朝。在大伴金村的建议下，继体天皇立武烈天皇的姐妹手白香皇女为皇后。继体天皇在其任内做的最重要的一件事，就是割让了任那四郡给百济。

任那，是古代被认为存在于朝鲜半岛的地域，有人说是弁韩旧地，还有人说是加罗各国的别名，又据说4世纪中期倭王权曾派大军占领原弁韩地区，设置官家作为统治朝鲜半岛的军事据点，以日本府为统治机构。不过这只是一种说法，直至今天依然存在着学术上的争议，但不管怎样，任那自古以来就是乐浪和带方两郡的重要中转地。

不过如果综合中、日、朝三方的史料，可以做出一个推论，今天的朝鲜半岛南部在中国的东汉末年三国时期，那片称"弁辰"的地域，存在有很多小城邦，而为了应对高句丽、前燕等强国巨大的压力而组成了任那联盟。当时尚未统一的日本列岛，很可能只是位于北九州的地方政权，比如邪马台国这样的倭国政权此时就已经将势力渗透到任那。从这个时期开始，半岛南部应该很早就有倭人的移民和军事据点，倭国通过从本土派遣官人，来达到将势力渗透到任那的目的，所谓的"任那官家"很可能就是管理倭移民和军事据点的机构。

北魏太平真君十一年（450）左右，与以金官为中心的卓淳、安罗等亲倭联盟不同，加罗从"任那"中分离出来并以其为中心形成了大伽倻联盟。北魏孝文帝延兴五年（475）百济败于高句丽南迁之后，为弥补北方损失的领土，又于南朝梁天监十一年（512）获取了"任那四县"，次年又得到了己汶、带沙之地，大伽倻联盟为此与百济和倭国交恶，转而与新罗接近。

随着新罗的崛起，任那被日渐强大的新罗蚕食，虽然此时已经大致统一本土的倭国试图联合百济努力维持自己在任那的势力，然而百济和倭国一直处于僵持状态，百济要求倭国召回亲新罗派的倭府官员，而倭国则一再要求百济任命的下韩郡令及城主听命于任那日本府并支持任那联盟。二者分歧无法弥合，这就导致了联合其实没有任何意义，也就能阻止以金官为首的洛东江下游流域在北魏中兴二年（532）左右被新罗吞并，随后以加罗为首的大伽倻联盟由于最终选择支持百济，因而在百济被新罗击败后遭到灭顶之灾。随着新罗入侵，大伽倻联盟灭亡，任那官家也被消灭，至此，任那终于在北齐太宁二年（562）左右被彻底消灭。

由于任那地域很长一段时间内是倭国获取铁等珍贵资源和大陆先进文化技术的来源，倭国对其极为重视，一直谋求恢复自己在朝鲜半岛南部曾经有过的势力范围，所以让任那四郡给百济，似乎不太可能，最大的可能性，是当时在朝鲜半岛，随着新罗、高句丽的势力扩张，威胁百济，并使日本在朝鲜南部任那发展势力的半岛经营策略陷于窘境，任那被百济吞并。

不过继体天皇在位期间，日本也的确卷入到朝鲜半岛的战争中，继体天皇大概在即位十九年后的526年，定都于大倭（日后的大和国）。不久，应百济的请求，从九州北部派援军前往朝鲜半岛。但是此时却爆发了与新罗勾结的筑紫君磐井（北九州的豪族）在九州北部的叛乱，史称磐井之乱，大和朝廷付出很大努力才把叛乱平定下来。据《日本书纪》的记载，继体天皇自507年即位后到定都大和约二十年里，大和朝廷内部或者说各地区间围绕着大王宝座的争夺而处于混乱状态，暗示了继体天皇（大和朝廷）无法掌控九州北部地区的豪族。

磐井之乱并不是偶然的，皇室在统一国土后，不断霸占地方豪族的领地，扩大自己的屯仓，这就使得皇室和豪族之间的矛盾不断激化。加上部民制已不适应生产力的发展水平，开始瓦解，部民纷纷逃亡，此外，大和朝廷内部新旧势力之间的斗争日益加剧。物部氏和苏我氏两者相互斗争，物部氏是朝廷掌握军事的贵族，是维护原有统治方式的守旧势力。

苏我氏从5世纪后半叶起，在朝廷中掌管财政，势力逐步扩大。苏我氏与大陆移民的关系密切，当时，苏我氏是积极吸收外来思想和文化的进步势力。当百济圣明王献给日本朝廷佛像和经论时，苏我稻目积极主张崇佛，力图通过崇拜佛教来代替氏神的信仰，以统一全国的思想，加强皇权。物部尾舆则主张信仰原来的氏神，以维护氏姓制和部民制，坚决反对崇佛，于是两派间围绕崇佛与排佛展开了激烈斗争。

飞鸟时代的圣德太子

当用明天皇死后，各种势力之间的矛盾开始爆发，以皇位继承问题为契机，苏我稻目之子苏我马子和物部尾舆之子物部守屋之间展开了殊死搏斗。最终，马子讨灭守屋取得胜利，物部氏灭亡。打败物部氏之后，苏我马子立泊濑部皇子为天皇，即崇峻天皇。崇峻天皇不甘心成为苏我马子的傀儡，曾指着献上来的野猪说："何时如断此猪头，断朕所嫌之人。"苏我马子闻言大惊，于是唆使东汉直驹刺死天皇。为了独揽朝政，马子推举外甥女炊屋姬继位，是为日本历史上第一位女帝——推古女皇。推古女皇继位的翌年，即593年，立用明天皇遗子厩户皇子为皇太子，并"录摄政，以万机悉委"。后来世人因厩户皇子聪慧，治政英明，称其为圣德太子。

圣德太子系用明天皇嫡子，《日本书纪》称他"生而能言，及壮有圣智，一闻十人诉，以勿失能辩"，具有能吏的素质。他师从高句丽僧惠慈学佛教、百济博士觉哿习儒学，自幼受到大陆思想文化的熏陶。

圣德太子执政之初，朝廷正处在严重危机之中，氏姓、部民制度弊端毕现，以苏我氏为代表的豪族势力尾大不掉，皇室势力单薄。圣德太子试图建立以天皇为中心的中央集权体制，挽救社会危机，为此实行了一系列改革。

圣德太子改革中的一个重要内容就是决定派遣隋使，恢复与中国断绝一个多世纪的国交，并积极吸取别国文化，充实国力。

而倭国使节在隋了解到，文帝已革除北周武帝毁佛政策，正致力于提倡佛教，这与倭国的崇佛政策极其相近。因此当倭使回国向摄政厩户太子（圣德太子）汇报后，厩户太子遂决定再次遣使入隋，以求佛经佛法的名义，发展两国间的友好关系。七年之后，以大礼小野妹子为正使，译员鞍作福利等组成第二次赴隋使节团，携带倭王国书，启程赴隋。

这个使节团是经过摄政厩户太子和苏我马子精心挑选委任的，小野妹子是大和地方的贵族，与倭王有亲属关系。鞍作福利是归化汉人的后裔，其先祖鞍作坚贵在倭王武即雄略王时代，迁居于大和地方的上、下桃原一带。后来，鞍作氏与苏我氏发生关系，曾被苏我氏称作鞍作臣，表明其相互关系的深度。鞍作氏一族在日本飞鸟文化的发展过程中，起过积极作用。

小野妹子完成使命后，于隋大业四年初回国，隋炀帝命文林郎裴世清同时赴倭回访，两个代表团于同年四月到达九州。当倭王政权得知隋使和小野妹子同时到达的消息时，真是喜出望外。厩户太子和苏我马子等倭王政权主要执政者认为，小野妹子一行如能完成赴隋使命就很好了，根本没有奢想隋炀帝派使节回访。因此，倭王政权立即派出负责航海及对外事务的大礼吉士雄成，专程去九州迎接。与此同时，倭王政权认为以前接待外国使节的馆舍过于简陋，与隆重迎接气氛不符，特令在难波城高丽馆舍之上修建新馆，以安置隋使裴世清一行十二人。裴世清等一行在筑紫等到六月，新馆方始建成。据《日本书纪》载，六月十五日倭王派中臣宫地连鸟麻吕、大河内直糠手、船史王平等人陪伴隋使，用彩船三十艘，迎裴世清等至难波新馆。到达难波时，"王遣小德阿辈台，从数百人，设仪仗，鸣角鼓来迎"。在难波新馆休息后，启程赴倭都。行走十日，接近都城。

据《日本书纪》所载，隋炀帝国书如下：

皇帝问候王。使人长吏大礼苏因高（小野妹子的音译）等至，具怀。朕钦承宝命，临御区宇，思弘德化，罩被含灵，爱育之情，无隔遐迩。知王介居海表，抚宁民庶，境内安乐，风俗融合。深气至诚，远修朝贡，丹款之美，朕有嘉焉。稍暄比如常也。故遣鸿胪寺掌客裴世清等，指宣往意，并送物如别。

这封诏书在中日关系史上，是继魏明帝给邪马台国女王卑弥呼诏书之后，由日本保存下来的中国方面的第二个诏书，无疑，它是一份珍贵的文献。但是，据日本史书称，厩户太子看到这份国书与隋炀帝看到倭王国书时一样，很不愉快，厩户太子"恶其酬天子之号为倭王，而不赏其使"。

尽管倭国执政者对隋炀帝不以君主之礼平等相待表示不满，甚至不赏其使，但是，同隋国发展政治经济关系一事，对倭国来说太重要了。所以，厩户太子与苏我马子决定，不因国书中的礼节问题有碍于两国的外交关系。当裴世清完成使命要求回国时，倭国执政者不仅设宴欢送，而且立即以小野妹子为正使，吉士雄成为副使，鞍作福利仍任译员，组成护送隋使回路使节团，送裴世清归国。与使节团同路赴隋的尚有八名留学生，其中四名为留学生：倭汉直福因、高向汉人玄理、新汉人大国、奈罗译语惠明，另外四名为学问僧：新汉人雯、南渊汉人请安、志贺汉人慧隐、新汉人广齐。这些留学生在隋学习很长时间，归国后在国家的建设中起了很大作用。

圣德太子遣使隋朝的目的，学界历来有各种不同看法，日本研究者大多认为，倭对隋的交往目的在于交流佛法和输入大陆文化，甚至认为"遣隋（唐）使几乎未见在国际政治上的活动"。有的认为遣使入隋是为了"兴隆国内佛教"，不过也有人认为遣使"不单是为交流佛法，更是为了输入大陆文化"。还有人认为：倭国遣使入隋是其"政教合一"理念的具体反映，与制定冠位、颁布宪法等一系列内政改革具有内在关联。佛教作为"万国之极宗"，不仅是文明开化的标志，同时还是臣民"笃敬"统治阶级的精神武器。对倭国来说，尽快更多掌握佛教，能使国内臣民俯首听命，可谓政治、外交、文化、宗教等多重目的兼有；当然，其直接目的还是在于"交流书籍"，中日之间为大海阻隔，舟楫往来颇为不便，故通过书籍吸纳中国文化是有效的方法之一，这一模式也为其后的遣唐使所继承。

然而圣德太子的改革，随着他的逝世而销声匿迹，而且一系列的改革虽然很有成效，但没有解决日本内部的社会危机，国内阶级矛盾依然日渐激化，土地兼并盛行，租佃制广泛兴起。贵族们"割国县山海林野池田以为己财，争战不已。或者兼并数万顷田，或者全无容针少（之）地"。此外氏姓贵族"各置己民，恣情驱使"，加上营造宫苑、陵墓、寺院所耗费的人力物力，广大部民苦不堪言。不堪忍受痛苦的部民的反抗斗争日益高涨，他们或逃亡，或聚集山泽，不断发起起义，这从根本上动摇了部民制的基础，部民制因此衰落。

而随着部民制的衰落，倭国统治阶级内部矛盾加深，朝廷地位受到严重影响。臣、连、伴造等向朝廷上缴调赋时"先自收敛，然后分进"，朝廷内部外戚权贵和皇室之间的矛盾也日益尖锐。执掌朝廷政权的厩户太子（圣德太子）死后，再没有能压制大豪族苏我氏的人，苏我氏的专横日甚一日，其权势到了欺凌天皇家的地步。

譬如苏我马子曾向推古天皇要求割让葛城县，被天皇拒绝。苏我马子病死之后，其子苏我虾夷继承了"大臣"之位。推古女皇去世之后，虾夷更是独断朝政，由于推古天皇没有指定继承人就去世了，有力的皇位继承者有田村皇子和山背大兄王（圣德太子之子）。虽然山背大兄王有苏我氏的血统（圣德太子之母是苏我马子的姐妹苏我小姊君，山背大兄王之母是苏我虾夷的姐妹），但是山背大兄王贤能，同时有上宫王族（圣德太子一族）势力的支持，这些都是苏我氏专权的障碍，所以苏我虾夷反而拥立没有苏我氏血统的田村皇子。苏我虾夷消灭了拥立山背大兄王的叔父苏我境部摩理势，拥立田村皇子即位，即舒明天皇。苏我氏的权势日盛一日，豪族们无法在朝廷中出仕，只有苏我氏一党能出仕。

舒明天皇在位时间不长便去世，皇后宝皇女即位，即为皇极天皇，苏我氏的专横更甚往夕。皇极天皇元年七月，因为久旱无雨，苏我虾夷在百济寺祭拜菩萨像、四天王像，众僧诵经、烧香，苏我虾夷进行祈雨。第二日，只卜了一点点雨，之后就完全无雨，而皇极天皇在南渊川边祭拜四方，进行祈雨，不久雷雨大作，持续了五日，人们纷纷称皇极天皇为"至德天皇"。

这是苏我氏和天皇家在被认为代表古代君主资格的祈祷力方面的较

　　　　　　　　　　　　　　　　　大漠烽烟

量，很显然天皇家取胜了，这在很大程度上引起了苏我氏的不满，也加快了皇室和权贵之间的冲突。就在当年，又发生了另一件大事，为了营造自己的陵墓，势倾朝野的苏我虾夷及其子苏我入鹿下令征调人夫，连圣德太子一族的领民也包括在内，以至于圣德太子的女儿大娘姬王为此悲愤控诉……这种情况下，皇室和权贵之间的矛盾已经到了完全不可调和的地步了。

皇极天皇二年，苏我虾夷托病，未经朝廷允许，私自将紫冠授予长子苏我入鹿。苏我入鹿成为大臣，此外，苏我虾夷还以苏我入鹿兄弟的祖母是物部守屋之妹为理由，让自己次子取得了原属于物部氏的"大臣"之位。不过这并不能够让苏我家感到满足，当时苏我入鹿欲拥立有苏我氏血统的古人大兄皇子为天皇，因此有力的皇位继承者山背大兄王成了苏我入鹿野心的障碍。为了清除这一障碍，苏我入鹿派巨势德太、土师娑婆连率军进攻山背大兄王所居住的斑鸠宫。山背大兄王凭舍人数十人，拼死抵抗，击杀土师娑婆连，但最终不得不逃往生驹山。此时山背大兄王的亲信三轮文屋君劝山背大兄王逃往东国以图东山再起，山背大兄王不愿再给百姓带来战乱之苦，又回到了斑鸠寺，和上宫王族的王子们一起自杀，有圣德太子血统的上宫王族就此灭亡。苏我虾夷听说了苏我入鹿灭亡山背大兄王一族的暴行后，也惊呆了，以至于发出"此举危及了苏我氏"的感慨。

正当此时，在社会危机日益严重、苏我氏专权日盛的情况下，那些遣隋使陆续回国了，僧旻于632年，南渊请安和高向玄理于640年回到日本。他们在天朝交流二三十年，经历了隋唐两代，吸收了丰富的文化知识和统治经验，归国后积极进行传播，在部分贵族中产生强烈影响。在归国留学生传授隋唐封建制文化的影响下，皇室和贵族阶层内出现了主张改新的新兴势力，其代表人物是中大兄皇子和中臣镰足。

在感到苏我氏骄横益甚，对皇室造成严重威胁的时候，最初中大兄皇子只能忍辱，直到有一天他在飞鸟法兴寺大规树下踢球，不意鞋随球落。这时一位有为之士拾鞋跪呈，中大兄皇子对跪敬接，而这位有为之士便是中臣镰足，也就是这个缘分，让两人亲近起来。中大兄皇子和中臣镰足结识以后，如鱼得水，两人向留唐归来的南渊学习大唐的先进文化和制度，并开始密议诛杀苏我氏的计划。

按照中臣镰足的策划，他们首先成功地劝说了苏我氏一族中的苏我石川麻吕加入反苏我入鹿的阵营，为了巩固关系，中大兄皇子还娶了苏我石川麻吕之女作为自己的王妃，此外宫廷警卫佐伯子麻吕，以及海犬养胜麻吕、稚犬养网田等人也陆续参加了这个秘密同盟。

在当时，要想诛杀苏我氏并不容易，苏我入鹿在甘樫丘修建邸宅，并称之为"天子之宫门"、"谷之宫门"，更称自己的子女们为皇子，代替皇室执政，独断专行。苏我入鹿在苏我氏的府宅外修建栅门，旁边建造兵器库，每个门设水槽一个，木钩数十个，以备火灾。苏我入鹿身边经常有力士持刀护卫。苏我虾夷命人在大丹穗山建造锋削寺，又在亩傍山之东修筑城池，建造仓库储藏箭支。每当苏我虾夷出入，定有五十位兵士随身保护。苏我氏聚集健儿，号称"东方候从"，又使各氏族派遣子弟为苏我氏充当侍卫，号称"祖子孺者"。

皇极天皇四年六月十二日这天，皇极天皇在板盖宫大殿接见高句丽、百济、新罗三国的使者，古人大兄皇子随侍身旁，苏我入鹿也奉诏入朝。由于苏我入鹿的猜疑心强，日夜剑不离手，幸亏俳优道化的劝说，苏我入鹿才解剑入殿。眼看着苏我入鹿等朝臣均在殿上，中大兄皇子立即命令卫门府紧闭宫门。

趁着苏我石川麻吕宣读上表文的时候，海犬养胜麻吕把两把剑交给佐伯子麻吕和稚犬养网田，并安排准备行刺的这两人悄然隐藏在暗处，伺机动手。此外，中大兄皇子也持长枪隐藏在殿侧，而中臣镰足取弓矢潜藏在一旁。然而事情远非想象的那样顺利，宣读表文的苏我石川麻吕声音嘶哑，双手颤抖，入鹿感到颇为惊异，本应动手行刺的佐伯子麻吕和稚犬养网田也因为恐惧而踌躇不前。

中大兄皇子看刺客佐伯子麻吕等人畏惧苏我入鹿之威，不敢动手，当机立断，挺身而出，冲入大殿，佐伯子麻吕等人也飞快杀出，苏我入鹿大惊，站起身来，被佐伯子麻吕砍到一只脚。苏我入鹿倒在皇极天皇御座前，叩首问道："我有何罪？请天皇圣裁。"皇极天皇大惊，询问中大兄皇子。中大兄皇子答道："苏我入鹿屠戮皇族，意图夺取皇位。"皇极天皇听了后，默默不语，退入后宫，佐伯子麻吕和稚犬养网田于是斩杀了苏我入鹿。这日天降大雨，庭院中溢满了雨水，苏我入鹿的尸体只被盖了一层纸障，扔到了庭院中淋雨。

虽然古人大兄皇子逃回自己的宫殿，并说"韩人杀鞍作臣（韩人指中大兄皇子、鞍作指苏我入鹿），吾心痛矣"，但诸皇子、诸豪族却都在第一时间就加入中大兄皇子的阵营，举兵讨伐苏我氏，而苏我氏则在归化人汉直一族的拥护下，纷纷聚集在苏我氏的城寨周围，做备战准备，然而随着中大兄皇子派遣巨势德陀做说客，苏我军不战而溃，纷纷逃亡。次日，苏我入鹿之父苏我虾夷见大势已去，焚宅自杀，就这样，长年权倾朝野的苏我氏宗家灭亡。苏我氏灭族之后，皇极天皇让位于同母弟轻皇子，是为孝德天皇，孝德天皇则向皇极天皇奉上皇祖母尊的称号，并册立中大兄皇子为皇太子。

事实上此时权力都在中大兄皇子的手里，其以皇太子身份掌握着实权，而孝德天皇几乎只是一个象征。在任命阿倍内麻吕为左大臣、苏我石川麻吕为右大臣、中臣镰足为内臣之后，中大兄皇子随即开始了被后世称为"大化改新"的政治改革。

645年6月19日，孝德天皇宣布模仿中国建立年号，定年号为"大化"。645年，即为大化元年。大化二年正月初一，孝德天皇颁布《改新

天智天皇前后天皇系图

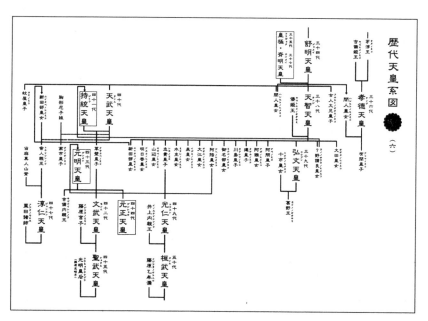

之诏》，正式开始改革，史称"大化改新"。这一事件又称乙巳之变，革新派以大唐律令制度为蓝本，参酌日本旧习，从经济到政治方面进行了改革，规定了中央集权的封建国家体制，并诏书公布改新的内容，律令严格划分良贱的身份制。大化改新的主要内容有：将土地收归国有，使所有部民成为国有公民，建立户籍制度；实行班田收授法和租庸调新税法；废除世袭氏姓统治制度，建立中央集权下的地方行政机构等。可以说大化改新是日本由落后的部民奴隶制国家向中世纪封建国家质变的最关键一步，是日本发展史上的一次飞跃。

大唐高宗显庆四年闰十月二十九日（659），以津守连吉祥为首的倭国使团抵达帝国的东都洛阳准备觐见李治，随行的还有两名虾夷俘虏，一男一女。至于坂合部连石布，虽然《日本书纪》齐明天皇五年（659）记载："秋七月，丙子朔戊寅，遣小锦——坂合部连石布、大仙下津守连吉祥，使于唐国，仍以道奥虾夷男女二人示唐天子。"但坂合部连石布所乘的使船遭遇风浪，与津守连吉祥所乘使船失散，流落到南海名为尔加委的岛屿时遭岛上土人的袭击，大使以下多人遇害，未能及时到达大唐。

在召见倭国使团时，李治还向使者详细询问了关于虾夷的情况，不过虽然在阿倍引田部比罗夫的率领下，大和朝廷在对日本北部道奥、越国等地虾夷征讨中取得了值得炫耀的胜利，但大唐皇帝对虾夷人的命运如何并不关心。按照记载，津守连吉祥使团在洛阳住了一段时间，并在冬至之会时入朝觐见了皇帝陛下，然而就在一个月之后的十二月三日，却发生一件事，也就是《日本书纪·孝德纪》引《伊吉连博德书》中记载的"十二月三日，韩智兴傔人——西汉大麻吕，枉谗我客。客等获罪大唐，已决流罪，前流智兴于三千里之外。客中有伊吉连博德奏，因即免罪"。

西汉大麻吕是韩智兴手下的傔人，按照《日本书纪·孝德纪》引《伊吉连博德书》的记载："别倭种韩智兴、赵元宝，今年共使人归。"言其为"别倭种"，韩智兴的手下为什么要去"枉谗"津守连吉祥使团呢？这是一个历史谜团，不过从现有史料中可以分析出韩智兴的一些情况。韩智兴很有可能是一个混血的倭人，从其"韩"姓分析，其血统来自朝鲜半岛的渡来人的可能性很大。

韩智兴的两名傔人之所以"枉逸"津守连吉祥使团，很有可能与此有关，不管怎么样，虽然在伊吉史博德的极力辩护下，津守连吉祥使团免除了流刑之灾，然而大唐政府已经对这批倭国使者产生了极大的不信任感，李治以"来年必有海东之政"为由，传旨将津守连吉祥一行人羁押在西京长安，"海东之政"也就是李治接受新罗的请求，对百济进行讨伐。

津守连吉祥使团之所以遭到软禁，说明倭国统治者支援百济的政治意图暴露。早在永徽四年的时候，倭国曾经派出以吉士长丹为大使、吉士驹为副使的使团，船上还有包括中臣镰足的长子定惠和尚在内的多名倭国贵族子弟留学生或学问僧，在此次遣唐使觐见皇帝陛下时，李治向倭国使者下达玺书，命令他们的国家发兵援助受到百济侵扰的新罗，显然倭国并没有理会。

这是由于倭国亲百济的核心人物是中大兄皇子，而且一直以来，百济和日本之间早有关系。佛教文化，大都是通过百济传播到倭国，与此同时，大陆的文化也经由百济流传到倭国，百济与倭国之间交流频繁与密切，当时的倭国十分重视与百济的外交，现今韩国尚留存有前方后

倭国及朝鲜半岛三国人

圆坟，出土文物与日本畿内的古坟几乎相同，这些出土文物很可能就是由当时倭国身居高位的人送给百济的。此外日本飞鸟川的一个支流取名百济川，百济川边有百济寺，百济寺旁有百济村，专门安置由百济来的技工。

《日本书纪》齐明天皇六年条则记录了当年春正月，高句丽派遣了以乙相贺取文为首的一百余人访问倭国，直到七月十六日此人才离开，而仅仅两天之后，百济就灭亡了。史载，百济军屯守熊津口（今锦江入海口），但在唐军南北夹击之下很快溃败。大唐与新罗联军很快进围并迅速攻克百济都城泗沘，百济的义慈王投降。高宗显庆五年（660），百济灭亡了，从开战到战争结束前后不到十天。消息传来，着实令倭国大感震惊。

也就是说，当乙相贺取文访问倭国的时候，其实大唐征伐百济的战争已经接近尾声。乙相贺取文等人与倭国商谈了什么，无法得知。不过这一年，倭国尚在征讨道奥、越国地区的虾夷，牵制了不少兵力，加之使者被扣留，缺乏足够的情报，自然无所作为。不过，倭国方面在这一时期已经开始在骏河国（今日本静冈县中东部）加紧制造船只，以备将来投入大规模水上作战使用。

由于留守百济的唐军不过一万人，叛乱的百济人在极短的时间内占据了任存、豆良伊、加林、珍恶山、内斯只、雨述一线以南的百济领土，并控制了熊津江南段至白村江流域的水路，迫使唐军的活动只能限制在泗沘、熊津等百济北方有限的地域之内，但这些乌合之众却没有能力消灭驻屯在百济的唐军。

刘仁愿，在《新唐书》《旧唐书》中没有为他立传，其事迹只有从诸如《新唐书》《旧唐书》刘仁轨传等一些史料中得其端倪。然而，现存韩国忠清南道扶余市国立扶余博物馆院内的《刘仁愿纪功碑》却在某种程度上弥补了这种缺陷。此碑原立于扶余市境原百济都城泗沘城王宫遗址所在地扶苏山城内，纪功碑的前半部分依据拓本还可以辨认，后半部分则受损严重，难以辨认。依据此碑文，并结合其他的零星记载，可以对刘仁愿其人的早期事迹做出一些考证。

有关刘仁愿的身世，《纪功碑》记曰："君名仁愿，字士元，雕阴大斌人。"依据碑文的记载，自北魏末年起，刘氏的先祖就居住塞上，进而成为塞北有名的豪族大姓。

贞观中期，刘仁愿因"地因膏腴，门承勋业，令闻之誉，佥议攸归"，起初为弘文馆学生，随后被选为右亲卫，因"膂力□健，胆气过人"，曾经随李世民出巡外地"手格猛兽"，受到李世民的赏识，特受恩诏"入杖内供奉"。后参与贞观十九年的征伐高句丽战争，因战功受到唐太宗的嘉奖，"超拜上柱国，别封黎阳县开国公，擢受右武卫凤鸣府左果毅都尉，压领飞骑于北门长上"。贞观二十一年，任行军子总管，随英国公李世勣经略薛延陀，并迎接车鼻可汗，安抚九姓铁勒，因功"改授右□卫郎将，依旧□□供奉"。贞观二十二年，任行军子总管，经略辽东；同年，授右武卫神通府左果毅都尉。永徽五年，任葱山道行军子总管，随卢国公程知节出讨西突厥沙钵罗可汗阿史那贺鲁，唐军无功而还；此次出讨，苏定方为前军总管，可能因为此次共同出征，加深了苏、刘二人的私人关系，同时，由于刘氏的才干，为此后苏定方选拔刘仁愿随军出讨百济提供了可能。

很显然，在这位当年曾经担任过李世民的亲卫，并随同李世勣、程知节、苏定方东征西讨，又作为大唐廷的使节，数次往返抚慰回纥九姓铁勒，前往突厥、吐蕃宣谕不辱使命的大唐将领的身上，鬼室福信讨不到任何便宜，这种情况下，鬼室福信只能向倭国请援，试图借助外来势力改变半岛的力量均衡。

刘仁愿纪功碑

不过，无法在刘仁愿那边讨得便宜、没有能力攻占泗沘城，不等于鬼室福信等人无法在唐军那边占点小便宜，譬如鬼室福信遣使要求将当时在倭国为人质的百济王子丰璋由日本接回去，以便能够拥立其为王，并且在请日本出兵相助的同时，还向倭国献上了掳来的百名唐军俘虏。

　　根据《日本书纪》中的记载："百济佐平鬼室福信，遣佐平贵智等，来献唐俘一百余人。今美浓国不破、片县二郡唐人等也。"又有："十一月，福信所获唐人续守言等，至于筑紫。"以及"佐平福信上送唐俘续守言等"的记载，从这些记载中可以看出，被送到倭国的唐军俘虏中有一个叫作续守言，续守言等人被送到倭国之后，被安置在筑紫，也就是今天的北九州一带，而"今美浓国不破、片县二郡唐人等也"，就是说，这些唐俘及其后代在《日本书纪》的编撰时期已经被迁移到美浓国不破、片县二郡了。

　　而续守言是何人？又是如何被俘的呢？根据日本僧人圆仁所写《入唐求法巡礼行记》，开成五年，他在登州所辖的文登县仵台村法云寺前看到两座佛塔，一石一铁，其中铁塔上镌刻着铭文："王行则者，奉敕征伐东番部落，同船一百余人俱被贼擒，送之倭国。一身逃窜，有遇还归，麟德二年九月十五日造此宝塔。"铁塔上记录的这件事，大概就是续守言等唐军被鬼室福信军俘虏的经过，可见那被送到倭国的一百零六名唐军是被整船俘虏的，被俘时间大概就在显庆五年九月左右。此外在日本的《新撰姓氏录·右京诸番上》中记载了这么两条信息，则更耐人寻味，其一"八清水连，出自唐左卫郎将王文度也"，其二"杨津连，八清水连同祖，王文度之后也"。

　　这个八清水连与杨津连自称是王文度的后代，然而作为第一任熊津都督的王文度是在新罗猝死的，他的后代怎么会到倭国呢？所以显然不太可能，不过从这里可以分析，鬼室福信俘虏的唐军，就隶属于王文度的部下，或者说是他东渡时所率领的船队中的部下，也许是在王文度死后，他们前往被围的泗沘城时，遭到鬼室福信等百济叛军的伏击而被俘的，所以所谓八清水连与杨津连未必是王文度的直系后裔，但很可能是王文度手下部将的后裔。

　　有意思的是，续守言等人被送到倭国后，后来还和同样是俘虏的

　　　　　　　　　　　　　　　　　　　　　　　　大漠烽烟

萨弘恪出仕于日本朝廷，并在持统天皇三年（689）获赐稻子。持统五年（691）九月，又获赐银二十两。根据《日本书纪》的记载，续守言和萨弘恪还曾经担任过音博士的职务，也就是在教授儒家经典的时候，教学生正确使用唐语（中国语）发音的官员。持统六年十二月，又因参与"飞鸟净御原令"的编辑和日本国史的编纂，获赐水田四町。萨弘恪更是参与了《大宝律令》的制定，一时风光无限，他的后代此后还继续在倭国的朝廷中为官……至于续守言的后代，史料中没有记录。

不过这也不算什么稀奇的事情，譬如在倭国为人质的百济王子丰璋（扶余丰），也是被作为有识之士为大和朝廷所重用的。如果不是鬼室福信主动向倭国求援，则被扣在倭国为人质的扶余丰大概此生难以踏上百济的土地，就如同被俘的唐人续守言、萨弘恪那样。

其实由于海岛物产贫瘠且自然灾害多发，日本对于大陆始终没有断过念想，而离它最近的朝鲜半岛显然就是最好的目标，直到现代，日本这套思路也基本没变过，总是想方设法染指朝鲜半岛，一旦成功便可向西觊觎。而在当时，如果强大的唐彻底攻占百济，那就意味着日本在朝鲜半岛将再无半点机会。在日本人看来，如果乘唐军立足未稳"赌"上一把，主动出击把唐军赶出半岛，那一切便又有了机会。一千多年后，日本人依然是这样的思维方式，也就有了清日甲午战争、日俄战争、中日全面战争、太平洋战争这样的大规模战争。于是，日本人答应了鬼室福信的请求，决定出兵朝鲜半岛。不过日本人和鬼室福信都明白，扶余丰是最好的"招牌"，自然都要捏在手里。所以当鬼室福信为了重建百济王朝而对倭国提出请求，希望能够归还作为人质留在倭国的王子扶余丰(丰璋)，使其继任百济国王，并且希望倭国为了复兴百济派遣援军的时候，日本方面立即给予了回应。

为了积极响应鬼室福信的请求，同时实现对百济的遥控，中大兄皇子策动他的母亲，也就是齐明天皇，立即做出了决断，支持百济。而之所以中大兄皇子如此肯定，是因为之前他所派出的阿倍比罗夫北讨虾夷，几乎是所向必克，自以为武力强大的中大兄此时认为可以西向开疆拓土了，并且他对任那的失陷一直耿耿于怀，甚至可以说，他始终未能忘怀那个存在于朝鲜半岛的所谓日本府，现在他就是要趁着百济来乞援的机会，利用这个绝好借口，干涉大唐与百济的战争，而且最重要的是，庙议的时候，多数武将都表达了对渡海远征的支持，甚至摩拳擦掌、跃跃欲试，也正是如此，大和朝廷很快就决定了出兵半岛，毅然慨诺做百济的后盾，加入这一次的国际战争中，从而争取更大的利益。此外，对于日本来说，如果出兵，不仅可以获得在朝鲜半岛的利益，同时也能够缓和国内的政治矛盾与危机。

12. 当头棒喝

皇太子中大兄虽然实际掌政，但天皇毕竟还在，所以他必须要做出一些象征性的动作。于是在庙议既定，齐明天皇做出送扶余丰回国和出兵援助百济王朝复兴的决定之后，倭国开始动员。他们计划得十分周密，由于有中臣镰足相佐，做得非常彻底，计划首先由齐明天皇御驾亲征，离开飞鸟，浩浩荡荡地兵发难波，直驱筑紫。

除了天皇之外，还有皇太子中大兄、皇子大海人、大田皇女、额田王、中臣镰足，以及众多宫人、侍从、巫女等随从，一起出征。此外，倭国还在各地筹措武器，征调士兵，集中了所有大小船只，为渡海作战做好准备。甚至可以说，由于这次出兵规模太大，而且天皇、皇太子等众多皇子都随军出征，所以等于是从飞鸟向筑紫迁都。

就在此时，朝鲜半岛上的局势已经发生了变化。显庆五年十月九日，新罗王金春秋率太子及诸军用了九天时间攻取百济尔礼城，并设置官守，有二十余城闻风而降。三十日，新罗军攻泗沘南岭军栅，斩杀鬼室福信军一千五百人，向围困在泗沘城中的刘仁愿部和新罗守军输送粮草，但没能解除鬼室福信设下的包围圈。

十二月十六日，大唐分命契苾何力、苏定方、刘伯英、程名振等为浿江、辽东、平壤、镂方等数道行军大总管，开始对高句丽实行新一轮打击，百济战区逐渐成为重要的粮道。同时大唐政府还启用了一个布衣身份的老人，他就是刘仁轨，然而刘仁轨并非以熊津都督的身份被启用，这一职务暂由刘仁愿兼任，而是以带方州检校刺史的身份接替王文度的职责，同时兼任熊津道行军长史，处理百济事务，虽然职责相同，但在大唐内部则属于戴罪立功，甚至可以说等同于流放。

消灭百济后，大唐大军振旅而还，留下郎将刘仁愿率数千唐兵驻守百济城，并派左卫郎将王文度为熊津都督。赴任半途，王文度病死，这个时候，百济"四部皆应"，纷纷据城造反，支持扶余丰。众军相聚，反而把唐军刘仁愿的留守军团团包围于熊津府城内。在这样糟糕的情况下，李治闻警，于是"诏起刘仁轨检校带方州刺史，将王文度之众"，来救仁愿。也就是说，李治下诏，任刘仁轨检校带方刺史，统王文度旧部与新罗军合势救援刘仁愿。

刘仁轨别名正则，汴州尉氏县人。少年时代家境贫困，爱好学习。遇上隋朝末年的社会动乱，不能安静地读书，每当劳动之余，他就伸出手指在空中、地上写写画画，来巩固学得的知识，终于以学识渊博而闻名。武德初年，河南道安抚大使任瑰起草奏疏议论国事，刘仁轨看到那份草稿，替他修改了几句话。任瑰对他的才学感到惊异，按照朝廷的授官规定任命他为息州参军。

后来刘仁轨改任陈仓县尉，官署里有个名叫鲁宁的折冲都尉，骄狂放纵违反法纪，县署里没有谁能制服他。刘仁轨警告他不得重犯，但鲁宁凶暴蛮横依然如故，刘仁轨用刑杖将他打死。州里的官员把这事报告了朝廷，李世民愤怒地说："一个县尉竟打死了我的折冲都尉，这能行吗？"把他召进朝廷责问。刘仁轨回答说："鲁宁侮辱我，我因此杀了他。"李世民认为刘仁轨刚毅正直，遂提拔他任咸阳县丞。

贞观十四年秋，李世民准备到同州设置栅栏圈围野兽打猎。当时秋收还没有结束，刘仁轨上表劝阻说："臣听说上面屋漏，下面的人知道；愚夫的计谋，可供圣人选择。所以周王向割草砍柴的人请教，商王和筑墙的傅说谋划，因此得以长久统治国家，传位无穷，功业显于宗庙，幸福流于后世。陛下天性仁爱，亲行节俭，朝夕思念，百姓在心，一人流离失所，救民之心就深切忧虑。臣听说大驾想到同州围猎，臣知四季巡视游猎，是前代帝王的常典，不过事有沿袭改革，不必一定遵循。今年好雨及时，秋天庄稼极为茂盛，田野一片金黄，庄稼才收了十之一二，尽力收割，一个半月还不能结束，贫困无力的人家，谷子收完才准备种麦，就是按照平常的征派，对田家已有妨碍。现在既要供奉承办打猎事宜，又要修理桥梁道路，纵使非常简略，也需动用一两万人工，百姓正忙于收割，实在穷于应付。臣希望陛下少留一点万乘的尊严，倾听一人之言，推迟十天，待收割完毕，就会人人都有空闲，家家都得康宁。车轮慢慢起动，公私都得便利。"李世民下诏书慰劳说："卿职位虽低，竭尽忠诚奉事国家，所论之事，朕都十分赞赏。"不久拜受新安令，累迁为给事中。

刘仁轨为官清廉刚正，在国臣中颇有威望，但为李义府所厌恶。显庆元年，刘仁轨因处理大理寺丞"毕正义案"得罪李义府，被贬为青州（山东省青州市）刺史。

刘仁轨

显庆五年，李治发兵征讨辽东，刘仁轨督海运遇风覆船，所部死伤严重，朝廷派监察御史袁异式审讯，李义府暗示袁异式："你如果能办成这事（陷害刘仁轨），不用担心没官做。"李义府对李治说："不斩刘仁轨，无法向百姓谢罪。"舍人源直心说："海风暴起，这不是人力所及。"于是，李治将刘仁轨免去了官职，以普通百姓的身份随军。

刘仁轨是个文武双全的将才，虽然曾经因为督粮，而粮船翻了受处分，倒过一阵子霉，这时东山再起，自然要有所表现，更何况，当他得知自己被派往百济的时候，却看出了其中的机遇，年届六旬的他自信满满地放下"天将富贵此翁邪"的豪言，和儿子刘浚一同踏上了奔向百济的功名之路（刘仁轨尚有一子刘滔，不知是否一同前往）。

由于资料有限，无法获悉王文度去百济时带了多少兵马，也不知道刘仁轨的兵马是从大唐本土带来，还是王文度的兵马，或者是百济其他地区的唐军，估计不下万人。总之刘仁轨一踏上百济，就投入了一场恶战。

龙朔元年二月，道琛在熊津江口立起两道大栅，开始对泗沘城发起猛攻，攻杀一千名唐军。刘仁轨即刻整顿手下可支配的唐军，直接与据守熊津江大栅的道琛部展开对战。新罗方面则按照大唐诏命的指示，以金品日、金文忠、金义服、金文品、金义光为将军的大幢、上州、下州、誓幢、郎幢五军，按照计划从百济南部进发，自古沙夫里北上至豆良尹城，以配合刘仁轨的军事行动。

刘仁轨这边进行得比较顺利，大军一路厮杀战斗，直杀百济城，迫使道琛军向大栅内撤，趁着百济人后退的时候，刘仁轨率众猛攻，百济军不敌，造成严重的踩踏，道琛手下淹死者上万，道琛不得不放弃对泗沘城的包围，退守任存城。

而金品日所率新罗五军则先在百济南境受到鬼室福信军的突袭，被迫撤离。四月十二日，新罗军屯兵古沙比城外，再次向北边发起进攻，却毫无进展。四月十九日班师的路上，大幢、誓幢、下州三军在宾骨壤，上州、郎幢二军在角山，分别遭到鬼室福信军伏击，前者抛弃大量辎重，后者小胜，但士气皆无，依然决定退兵。

新罗王金春秋在闻听败讯后本想加派金钦纯等将领前去救援，但金钦纯等人在行至加尸兮时得知新罗五军皆已撤返，便索性与其一同从葛岭道撤回。虽然新罗作战失利，不过刘仁轨却击退了围攻的百济军，与城中的刘仁愿会合，使得泗沘城的危机暂时解除。泗沘之围失败，道琛和鬼室福信并不甘心，为了抬高身份，二人分别自称领军将军和霜岑将军。刘仁轨写信劝降，却被道琛嗤之以鼻，并向信使表达了不甘亡国就戮、誓死抵抗的决心，之所以这么顽强，很显然，百济人把所有的希望寄托在倭国援军那个方面。

然而倭国援军的情况又如何呢？

大唐龙朔元年（661）正月，倭国齐明天皇亲自率领中大兄皇子及数万军队出征，欲统兵渡海西征，结果刚走到九州，就因旅途劳顿，于当年七月突然发病。据说由于朝仓宫是用麻弓良布神社的神树所建，所以皇宫遭遇落雷，鬼火使宫中许多人病死，发生了很多鬼怪作祟的事情。就在来到朝仓宫两个月后的七月二十四日，齐明天皇以六十八岁之龄突然死去了。

其实齐明天皇毕竟年事已高，经不起舟车的劳顿，早就已经疲惫不堪。况且大军出行，并不会很快，正月初六由难波解缆西征，穿过一平如镜的濑户内海，到达福冈，驻扎在朝仓山下的行宫时，竟是五月了。

此时已至夏季，天气渐渐热了起来，不幸的是瘟疫也跟着大军凶猛而来，营中不断有人死亡，终于天皇也感染上了疾病，到了七月便薨于行辕了。什么朝仓山上本来就有鬼，专摄天皇的灵魂，古时仲哀天皇就是被这大鬼吃了，都是鬼话，只不过此时，碰巧齐明天皇死了，于是军心震恐，认为是鬼来作祟，谣言四起，吓得皇太子中大兄不得不将出征计划推迟，但是出征的大事已如箭在弦，不得不发。

同一天，中大兄皇子以皇太子的身份居丧于长津宫，史称"素服称制"，他以一日代替一月，将原本应该服丧十二个月变成了仅仅服丧十二天。此外，为了备战，中大兄皇子还打算构筑朝鲜式的山城，并于所在之处建造了木丸殿。后世在木丸殿遗迹上又建造了惠苏八幡宫，祭祀齐明天皇和天智天皇（即中大兄皇子）。

中大兄皇子监国的这段时间内，首先是将倭国最高等级的"织冠"授予在倭国的百济王朝王子扶余丰，并将多臣蒋敷之妹嫁给他，然后派遣将领朴市秦造田来津和狭井连槟榔率五千人作为先遣队，分乘一百七十艘战船护送扶余丰返国即王位，并留兵支援朝鲜半岛的鬼室福信，准备全面介入到半岛的战争中去。当一船一船的倭兵冒着对马海峡的大风浪被送到对岸去的时候，日本本土则"修缮兵甲、各具船舶、储设军粮"，随时准备渡海作战。远征半岛，除了兵员之外，粮秣武器也都不能缺，据记录，随军前去的第一批箭就有十万支。

倭国先锋部队，前军五千人护送百济王子扶余丰到了鬼室福信的据点周留城之后，百济的气势大振，百济王子归国后，被扶为百济王，开始全面组织百济遗民对抗唐军。据《日本书记·卷二十七·天智纪》记载："元年春正月，辛卯朔丁巳，赐百济佐平鬼室福信矢十万支、丝五百斤、绵一千斤、布一千端、韦一千张、稻种三千斛。三月，庚寅朔癸巳，赐百济王布三百端。"由此可见倭国对百济的支援是颇为尽力的。

再回头看看倭国津守连吉祥使团的情况，他们在显庆五年的九月十二日，也就是平定百济捷报传至京城的一个月后被解除软禁。他们于九月十九日从西京长安起程，十月十六日再次来到东京洛阳，就在路上这段时间，百济局势因鬼室福信等人的抵抗再度紧张起来。

令他们意外的是，在洛阳他们还能见到阪合部连石布船上的东汉长直阿利麻、阪合部连稻积等五名幸存者。从他们口中得知，阪合部连石

天智天皇

布等人已经在尔加委岛遇难，而阿利麻等五人是偷了岛上土人的船才逃出险境的。此后他们暂时滞留在洛阳，并赶上苏定方押解百济王义慈等众多战俘班师回朝。

十一月一日，津守连吉祥使团在洛阳城则天门前观看了大唐政府举行的盛大献百济俘仪式。李治在责备一番百济战俘之后，对其进行赦免，并设宴款待。扶余义慈因不堪劳苦，几天之后就病逝，大唐政府追赠金紫光禄大夫、卫尉卿称号，将其安葬在洛阳北邙山孙皓、陈叔宝陵墓的旁边，暗示其为亡国之君，谥号为"绍王"。这个谥号，《三国史记》无载，而是以"义慈王"作为扶余义慈的称号。然《旧唐书·东夷列传》有："命祠部郎中郑文表册其子义慈为柱国，绍王。"按《逸周书·谥法解》：所谓"疏远继位曰绍"，可以看出这个谥字并不好。

津守连吉祥使团于十一月二十四日离开洛阳，显庆六年（661）正月二十五日来到港口城市越州等待季风。显庆六年自三月起改为龙朔元年，四月八日，顺着西南风，他们终于踏上返回故乡的旅程。经过九日八夜的航行，津守连吉祥使团的船舶竟然行驶到耽罗岛。耽罗虽是个岛屿，但在当时属于半独立的国家，隶属于百济，耽罗王拥有百济一品佐平的头衔。大唐对百济展开的声势浩大的进攻不可能不对耽罗国产生震动，那么为了维护势单力薄的小岛国的和平，耽罗人有必要采取一定的行动。可能出于这一点考虑，耽罗王子阿波伎等九人跟随津守连吉祥使团，前往倭国寻求和平的出路，而这时的倭国，已经是箭在弦上。

津守连吉祥使团与耽罗使者则是在十四天

之后的五月二十三日回到倭国的，他们的外交使命至此才告结束。倭国政府此时获悉大唐平百济的一些细节，不过已经无关紧要了，因为对百济事务的介入已经开始，但此时，扶余丰和鬼室福信之间的矛盾也开始凸显。回国的扶余丰成为百济王，与鬼室福信协力，一度使战况朝着有利于百济一方的方向发展。可是渐渐地这两个人意见变得不一致，并因此失和。其根本原因是，叛军主将鬼室福信在原百济军中很有威望，如今已经变得愈发飞扬跋扈，而百济王扶余丰对他来说，不过就是一个树立正统的"招牌"，显然这是扶余丰所无法容忍的。因此只要假以时日，百济叛军内部必然生变。

果然，当年十二月的时候，扶余丰以周留城土地不适合农商为由，要求迁都至避城。鬼室福信以及倭将朴市秦造田来津和狭井连槟榔认为避城距离新罗只有一天的行程，就在唐和新罗联军的眼皮底下，难以防守，但扶余丰依然按照自己的意志，不惜绕过已经处于唐军控制下的几处大栅，迁移至避城。然而结果是"果不出鬼室福信所料"，龙朔三年二月，新罗将领金钦纯、金天存采用火攻，连下居列、居勿、沙平、德安四城，对新都避城构成了直接的威胁，以至于扶余丰不得不乖乖迁回周留城。

四月十二日，大唐在新罗设置鸡林大都督府，任命新罗王金法敏为鸡林州大都督，正式将新罗纳入大唐的羁縻州体系之中。在如此形势之下，倭国的中大兄皇子再次出手，于三月派出前、中、后三军，这三个军分别由前将军上毛野君稚子、间人连大盖，中将军巨势神前臣译语、三轮君根麻吕，后将军阿倍引田臣比罗夫、大宅臣镰柄率领，共二万七千人，从博多湾越过壹岐·对马，向朝鲜半岛进发。这段行程十分艰苦，因为风平浪静的日子比较少，加之逆着海流前进，途中还遇到了风暴，不过总算是成功地到达了。刚刚登陆，倭军就力图从后方牵制新罗的进攻。事实上，他们做到了，由于登上朝鲜半岛的倭军开始先捡"软柿子"捏，进攻新罗的军队，再加上有扶余丰这块"招牌"，倭军得到不少百济人策应，新罗人不敌，倭军攻取了新罗沙鼻、岐奴江二城，切断了唐军与新罗的联系。

不过倭军的援助，并没能够缓和扶余丰君臣的矛盾，没过多久，百济内部便发生内讧，鬼室福信觉得有必要在他与扶余丰之间做

飞鸟时代的倭国武士

一个了断，于是假装卧病，想诱其上钩，可扶余丰却将计就计，在倭军的协助下首先动手，反将鬼室福信生擒。据载为防止鬼室福信挣脱，在捆绑的时候，还特意用皮绳穿透其手掌。在经过一番犹豫后，扶余丰最终将鬼室福信处决，而鬼室福信手下的亲信也悉数遭到清洗。

可是经过清洗，百济的残余力量就此被严重削弱，以至于军中再也找不到几个真正会打仗的将领了。唐军未动一兵一卒，百济叛军就自己把自己打残了，这种情况下，百济王扶余丰又闻唐兵骤至，于是急遣使者到倭国求援。而此时摄政的中大兄皇子正积极营造战争器械，并向全日本岛内发起动员，先后至少派出了三批援军。

最早的一批，就是显庆五年（660）十月到十一月间，护送扶余丰到百济的朴市秦造田来津和狭井连槟榔率领的五千人，朴市秦造田来津与狭井连槟榔一直跟随在扶余丰左右，也是扶余丰诛杀鬼室福信的依靠力量。

第二批倭军到来的时间是龙朔元年（661）八月，这批倭军的具体兵力，《日本书纪》没有记载，而较晚一些的日本史书《扶桑略记》则记为一万七千人。而根据《日本书纪》的记载，第二批倭军的任务是为百济复兴军输送"兵杖、五谷"，该书天智元年条所言为鬼室福信提供十万支箭、五百斤丝、一千斤绵、一千端布、一千张牛皮、三千斛稻种，为扶余丰提供三百端布，当由这一批军士护送。

第三批倭军，就是龙朔三年三月，由前将军上毛野君稚子、间人连大盖，中将军巨势神前臣译语、三轮君根麻吕，后将军阿倍引田臣比罗夫、大宅臣镰柄率领的二万七千人。不过这支军队没有直接援助鬼室福信，主要在新罗和百济边境作战。以上三批倭军累计人数已经达到四万九千人。

而从倭军将领的出身来看，大抵出自苏我、物部、阿昙、三轮、和迩、吉备这些贵族，但都是失势的贵族，而从其经历上看，都是过去参与朝鲜半岛外交事务的官员、一些能征善战的将领，此外还有受到责罚的官僚和卷入政治斗争的倒霉蛋，成分略显复杂。而作为倭国大王家族的直系成员以及中臣氏却没有人担任将领之位，这一点似乎表明中大兄与中臣镰足在准备这场战争的时候可能还有若干政治上的考虑。兵士来源地有骏河、庐原、甲斐、常陆、道奥、但马、播磨、备中、备后、赞岐、伊予、筑紫、丰国、肥国，基本上遍及日本列岛的各个地方，可以肯定，这场战争对于倭国来说是一场全国性动员的大战。这些士兵的身份可能主要来自大化改新以来的公民，从他们的名字里还可以看到原来部民制的痕迹，大化改新伴随着东国的移民潮而得以贯彻，连白凤四年（653）之后，在占领虾夷土地的基础上新成立的道奥国信太郡也派出了兵士参战，体现出一种对海外扩张的强烈渴望。

他们大体上是由郡一级的豪族带领，先来到九州岛，在中津郡接受中臣镰足的整理。选择一个晴朗的早晨出发，傍晚左右到达位于玄界滩的中央孤岛——御息岛（冲之岛），在那里进行一夜的休息和祭祀活动。今天的御息岛留下了大量当年的遗物，有"海上的正仓院"之称。在祈求完风浪平静之后，扬帆前往朝鲜半岛，投入军事战争之中。

但是倭国的援兵尚未到达战场，就遇上了大唐孙仁师统率的生力军。

其实当倭国出兵支援百济的消息传到长安后，李治当即派熊津道行军总管右威卫大将军孙仁师率军增援和百济作战的刘仁轨、刘仁愿军，并明确要求统舟七千进驻熊津城。当唐军在孙仁师率领下渡海而来的时候，一场战斗随即爆发。《旧唐书》记载"孙仁师中路迎击，破之"，那么这个"破之"破的是谁呢？由于此时百济叛军尚控制着加林城，扼住了锦江水路通往熊津城的要道。在这种情况下，已到达物德岛的孙仁师可以选择当年王文度和刘仁轨的路线，自熊津城以北绕经党项城进入新罗境内，然后南下至三年山城后，往西挺进熊津城。根据后来大唐将百济的古沙夫里改名为古泗州，其首府县改名为"平倭县"，指出这应当是纪念在此地发生与倭人的交战而改名，由此推定孙仁师并没有走王文度和刘仁轨的老路，而是在锦江入海口以南登陆，与倭军发生交战并取得胜利后才陆路北上到达熊津城。

还有一点是，当初李治"诏右威卫将军孙仁师为熊津道行军总管，发齐兵七千往"，可是由孙仁师率领的七千名援军渡海到达熊津，并与刘仁轨会师，却前后历经将近十个月的时间，这其中为什么时间这么长？最有可能的解释就是孙仁师大军可能与倭军在古沙夫里有所交战。第一批倭军属于扶余丰的护卫队，当随其左右。第二批倭军的主要任务可能是运送军粮物资，是否被分配分兵把守百济城池无从得知。而第三批倭军的动向，根据《日本书纪》后面的文字记载应该是在氐礼城，所以最大的可能性，就是孙仁师部与第二批和第三批的倭军有所交战。

不过不管怎么样，百济君臣之间发生严重内讧、鬼室福信之死与唐军的增援，所带来的影响却是巨大的。朝廷诏令右威卫将军孙仁师为熊津道行军总管，率领援军渡海而来，在很大程度上使得唐军士气振奋。事实上，这个时候，唐与新罗联军的兵力不算很多，史载是发淄、青、莱、海之兵七千人援助刘仁愿，可以肯定在孙仁师率领下渡海而来的唐军只有七千人，加上原来的唐军，兵力也两万不到，而据《册府元龟》卷三百五十八，此时唐军方面可投入的水军人数有两万，至于陆军人数则是不详……

而新罗方面，虽然此时已经开始举国动员，前前后后也就征召了四万兵力，而且由于战斗力有限，他们中的大部分都被用来分散驻守各处。七月十七日，新罗王金法敏亲率金庾信、金仁问、金天存、金竹旨等二十八名（一说三十名）将领，与唐军在熊津城会师，从而组成了唐与新罗联军，兵力也就两三万人。

在百济的唐军的主要将领，除了刘仁愿、刘仁轨、孙仁师外，还有刘德敏、杜爽以及前百济王子扶余隆。其中刘德敏是三朝老将，而且位阶甚至超过刘仁愿，而杜爽则参加了苏定方平定百济的战争，扶余隆回到百济的时间，则没有确切的记载。至于柴哲威，他是柴绍与平阳公主之子，历右屯营将军，袭爵谯国公，曾任安西都护，永徽四年（653）二月，他的弟弟驸马都尉、襄阳郡公柴令武被卷入房遗爱谋反案，柴哲威亦受牵连，被流放岭南邵州，后再度起用为交州都督。按照《旧唐书》的说法，柴哲威是死在了交州都督的任上，但近年在韩国发现的《柴将军精舍草堂碑》改变了这种说法。柴哲威于龙朔年间，被授予含资道总管的职务，来到朝鲜半岛，与刘德敏或为上下级，或为前后任，没多久又被改任为加林道行军总管。加林城是百济的水陆要冲，也是百济叛军的重要据点。

这么多战将云集，自然是要开始商议具体战略的，此时摆在唐军面前的有两座城池，首先面对的是加林城，这里是一座水陆要塞，城池坚固，一旦夺取，就可以掌握整个战场主动权。另一座则是前面提到的周留城，包括扶余丰在内的百济贵族都躲在那里。

有人建议先攻打加林城，说"加林城水陆之冲，盍先击之"？也就是先全力打下加林城以获得战场主动，但是刘仁轨则提议先攻打扶余丰困守的周留城，他认为"兵法避实击虚。加林险而固，攻则伤士，守则旷日。周留城，贼巢穴，群凶聚焉。若克之，诸城自下"。这意思就是用兵的原则是避开坚实部位攻打薄弱环节，加林城地势险阻守卫坚固，进攻就会大量伤亡，守卫也会旷日持久。周留城，是敌人的巢穴，敌军头目都集聚在那里。如果攻克周留城，其余各城自然就好夺取了。其实刘仁轨之所以主张攻打周留还有一个原因，此时大唐在百济故地最大的问题并非来自军事而在于政治。百济之所以降而复叛，主要原因还在于包括扶余丰在内的这些旧贵族，正是他们所谓的"正统"影响到了当地百姓的民心，先打掉周留城，就可以对百济人在心理上实现收服，那么接下来其他各个地方自然会不战自溃。

经过激烈争论，众人决定依照刘仁轨的策略，由孙仁师、刘仁愿及新罗将领金法敏率军从陆路前往周留城，刘仁轨则与杜爽、扶余隆率战船护送粮船，由熊津而出，自熊津江进入白村江，从水路前往周留城，以便水陆同举，直取周留城，同时留出一部分机动兵力用以监视、威慑加林城。

而百济与倭军方面，由于受到唐军和新罗军的连续打击，扶余丰所部损失很大，从相关的记载来看，百济叛乱早期的首领扶余自进与鬼室福信合作较为紧密，但扶余自进把主要任务放在与倭国的外交联系上，似乎没有冲在战争的前沿，而黑齿常之部在任存山，并没有与占据任存城的扶余丰所部迟受信联手，由于《黑齿常之墓志铭》甚至抹去了黑齿常之在百济叛乱这四年里的经历，使我们无法得知当时黑齿常之的真实处境，而事实上黑齿常之与他的手下自泗沘城逃至任存山自保之后，便很少有史料记载他的情况。所以，事实上，扶余丰能够依靠的主要力量是倭军。

如前面所说，倭军前三批的部队早已进入百济境内，总计约四万九千人，这是主要作战力量。从数量上来看，虽然唐军处于绝对劣势，但事实上对大唐来说，这些兵力已经够用了。当唐军开始向周留城进攻的时候，倭国的第四批军队，即由庐原君臣所率领的人数在一万人左右的大规模船队此时正自锦江入海口逆流而上。

关于庐原君臣，《日本书纪》记载："于是百济之贼所计，谓诸将曰：'今闻，大日本国之救将庐原君臣，率健儿万余，正当越海而至。愿将军等应预图之！我欲自往待飨白村。'"按照《日本书纪》的惯例，记录将领模式为"官位、姓氏、名"，而"庐原君臣"只是姓氏，所谓的庐原君臣，其实是指庐原国造，《旧事本纪·国造本纪》中记载："卢（庐）原国造……《和名抄》云，今骏河国卢原郡卢原乡。"也就是说，早在齐明天皇六年（660），骏河国就开始制造战船，庐原君臣所率的水师其实是倭国花了近四年时间所组建的庞大船队。

龙朔三年（663）八月，刘仁轨水军率先行至白江口，很快，倭国水军四百余艘也绵延驶至。宽阔水面上，唐、倭两方水军对峙。不久，孙仁师、刘仁愿及新罗将领金法敏率领的大军也抵达，双方展开对峙。《三国史记·文武王纪》中新罗王金法敏于战后的咸亨二年（671）给薛仁贵的回信中，追述当年的场景时写道："（唐罗联军）行至周留城下，此时，倭国船兵，来助百济，倭船千艘，停在白沙（或为'江'字之误），百济精骑，岸上守船。"很显然，在白江（白村江、白马江）边上停泊的"千艘"倭船，表明倭国水军已经到位，此外岸上则有百济的精锐骑兵守护倭船。

龙朔三年八月十七日，唐与新罗联军于陆路三面围攻周留城，新罗骑兵首先对岸上的百济骑兵发起冲锋，百济匆忙应战，陆上一片混战，外据点被逐个攻克，百济和倭国守军纷纷投降。倭军水师急忙护送扶余丰，抢夺船只，将船全部开到江中，以保存实力，但这也意味着，他们在白村江口不得不面对刘仁轨等人的船队。

白村江，是朝鲜半岛上熊津江（现韩国锦江）入海处的一条支流。白村江口就是中国史料里所称的白江口，也就是白村江下游的终点，汇入加林城与珍恶山的界河古多津，而古多津距离出海口尚有一段距离。周留城就建在白村江河口上游不远处的左岸山地上，三面环山一面临水，易守难攻。百济只要能确保周留城至白村江一带不失，就能得到倭国来自海上的支援，从而继续据险固守，所以，白村江成为周留城存亡的关键。先期到达的唐军预想到倭国援军势必前来，于是在白村江配备了战船170艘，严阵以待。由于唐军水师阻绝了日本水师对周留城的增援，所以双方的水战是在所难免的。

八月二十七日，倭国援军赶到，此时，大唐水军七千余人，战船一百七十艘；倭国水兵一万余人，战船一千余艘。倭国水军虽然在人数和船只数量上占优势，但是大唐水军船只坚固，武器装备也比倭军优良。当时唐军的常备战船主要有楼船、艨艟、斗舰、走舸、游艇、海鹘，同时相关的资料还记载一种被称为"火舰"的战船，可能是装配了火器的斗舰，而相比之下倭船体积要小得多。倭军战船首先开战，冲向唐军水阵。由于唐军船高舰坚利于防守，倭军船小不利于攻坚，双方战船一接触，倭军立刻处于劣势，由于唐军占据绝对优势，倭军很快败下阵来，但刘仁轨并没有下令追击，而是要求唐军在江上摆下阵势，继续严阵以待，毕竟唐军的优势在质量，倭军则拥有数量优势。

刘仁轨是否精通水战，现有史料无法完全证明这一点，不过，熊津总管刘德敏却是个精通水陆各种战法的老手。"初唐四杰"之一的王勃为其撰写的《常州刺史平原郡开国公行状》称其"三门五垒，得破敌之奇谋；火舰云梯，总行军之妙法"。若他果然在水军之中，必然成为最可靠的后盾，使唐军的水战在技术上得以保证。

翌日，日军诸将与百济王商讨对策，鲜有大规模战争经验的日方将领却试图依仗兵力优势，妄言"我等争先，彼应自退"，很显然，倭军过高地估计了自己的实力。的确，两方面军力唐军略逊于倭军，可这不等于倭军就一定会取得战斗的胜利。当倭军水师未加整顿部署，倭军将领便各领一队战船，争先恐后毫无次序地冲向早已列成阵势的唐军水师时，决战开始了。这场水战，史称白江口之战，日本则称为白村江之战……

关于这场战斗，中国的史书记载颇为简略，《通鉴纪事本末》记道：

龙朔三年九月戊午，熊津道行军总管右威卫将军孙仁师等，破百济余众及倭兵于白江，拔其周留城。初，刘仁愿、刘仁轨既克真岘城，诏孙仁师将兵浮海助之，百济王丰南引倭人以拒唐兵，仁师与仁愿、仁轨合，军势大振，诸将以加林城水陆之冲，欲先攻之，仁轨曰，加林险固，急攻则伤士卒，缓之则旷日持久，周留城虏之巢穴，群凶所聚，除恶务本，宜先攻之，若克周留，诸城自下。于是仁师、仁愿与新罗王法敏将陆军以进，仁轨与别将杜爽、扶余隆将水军及粮船自熊津入白江以会陆军，同趋周留城，遇倭兵于白江口，四战皆捷，焚其舟四百艘，烟焰灼天，海水皆赤，百济王丰脱身奔高丽，王子忠胜、忠志等率众降。

《旧唐书·列传第三十四·刘仁轨》中仅说："仁轨遇倭兵于白江之口，四战捷，焚其舟四百艘，烟焰涨天，海水皆赤，贼众大溃。余丰脱身而走，获其宝剑。伪王子扶余忠胜、忠志等，率士女及倭众并耽罗国使，一时并降。百济诸城，皆复归顺。"《新唐书·列传第三十三·刘裴娄》中的记载则更为简略："遇倭人白江口，四战皆克，焚四百艘，海水为丹。扶余丰脱身走，获其宝剑，伪王子扶余忠胜、忠志等率其众与倭人降。"

与此相反，倭国史籍却对此有着详细的记载，《日本书记·卷二十七·天智纪》记载："戊戌，贼将至于州柔（唐称周留），绕其王城，大唐军将率战船一百七十艘，阵列于白江村。戊申（27日），日本船师初至者与大唐船师合战。日本不利而退，大唐坚阵而守。己申（28日），日本诸将与百济王，不观天象而相谓之曰：'我等争先，彼应自退。'更率日本乱伍中军之卒，进打大唐坚阵之军。大唐便自左右夹船绕战，须臾之际，官军败绩，赴水溺死者众，舻舳不得回旋。朴市田来津仰天而誓，切齿而嗔，杀数十人，于焉战死。是时，百济王扶余丰与数人乘船逃去高句丽。"

而朝鲜史料也有记载，《三国史记·新罗文武王十一年条》中这样写道："此时倭国船兵来助百济，倭船千艘停在白沙，百济精骑岸上守船。新罗骁骑为汉前锋，先破岸阵。"综合中、日、朝三国史料，我们大致可以明了当时的情形：

八月二十八日，倭国诸将与百济王，决定依靠船只数和人数上的优势先发制人，可渡海远来没有休养就与严阵以待、以逸待劳的唐军决战，而且没去考虑风向、潮流等问题，而是心存侥幸地认为"我等争先，彼应自退"，实为不智。最重要的是，向唐军船队发起突击的各船刚开始就乱了阵形，其结果自然是陷入大唐水军的包围了。

由于唐军以楼船、海鹘压阵，以斗舰、走舸分走左右两翼，占据江面两侧，也就是所谓的"左右夹船绕战"，唐军将倭船辖制在中间，于是冲在前面的倭船便如入彀中，左右被唐船压制，无法回旋，面对唐军的巨舰冲撞，许多倭军士兵被迫跳船，溺水而亡。同时，部分唐军登上倭船与其进行白刃战，保护扶余丰的倭将朴市秦造田来津虽然"仰天而誓，切齿而嗔"，奋勇击杀数十唐军，但最终还是被唐军斩杀。

此外，先前由于水战爆发地点河道过于狭小，如此众多的船只在拥挤的状态下无法展开，唐军方面可能没有过多地使用火器，但随着后面几次交锋的激烈程度加大，并且战争地点开始向河道宽阔的下游转移，带有火器的斗舰开始作为实施火攻的主力，以弩、炮远距离密集发射火箭、火炬、火球、油瓢、油囊。于是大批倭国战船被焚毁，一时间"海水尽赤"，数万日军或溺死，或被唐军捕获。

此战，唐军四战皆捷，焚烧倭国战船四百艘，扶余丰脱身逃走，其宝剑被缴获。留守周留城的扶余忠胜、扶余忠志以及倭军将领见大势已去，于九月七日各自率领残部连同滞留在城中的耽罗使者向唐罗联军投降，周留城不战而下，白村江之战结束。

画家笔下的白村江口之战

　　九月十一日到十四日，枕服岐城的百济残部、扶余自进部以及部分倭国残余船队聚集到氏礼城，与在那里的第三批倭军会合，并随后撤退回国，不敢再与唐罗大军争锋。此时，百济只剩下迟受信占据的任存城还没有攻克，于是在短暂休整之后，十月二十一日，唐罗大军开始围攻百济复国军的发源地任存城，没想到守将迟受信抵抗相当顽强，连续攻打一个月也没攻破。这时，刘仁轨巧妙地招降了在任存山坚守的沙吒相如、黑齿常之等人，并为他们分发粮食武器，让他们攻取任存城来证明自己的忠诚，虽然孙仁师说"外族属国心性放纵不可信任，如果给予武器粮食，就是为他们反叛提供条件"，刘仁轨却说："我观察沙吒相如、黑齿常之真诚并有谋略，乘机立功，还怀疑什么？"后果然如此，黑齿常之很快攻陷任存城，迫使迟受信抛弃妻儿，投奔高句丽而去，百济国的残余势力全部被消灭。至此，历时四年的百济叛乱落下帷幕。

　　不过这场战争带来的影响却不仅限于这些，唐与新罗联军在白村江所歼灭的倭军主要是第一批的五千人和第四批的庐原君臣水军，总计在万人之上，而以阿昙山背连比罗夫为首的第二批倭军同周留城的百济残留守军一同向唐军投降，以阿倍比罗夫为首的第三批倭军则同扶余自进为首的百济军退回到倭国本土。从实力的角度来说，倭国最大的损失莫过于经营了四年的庞大水师的覆灭，虽不至于有倾覆之危，但足以震慑岛内。

此战不仅彻底粉碎了称制摄政的中大兄所具有的野心，还使得他深恐唐军进攻本土，于是开始在国内耗费巨资，修筑防线。其中，在九州的太宰府所建的"水城"最大，它实际上是一座用于防御的土坝，坝长一千多米，底部宽八十米，高十余米，外侧是一条五米深的水沟。水城下通过木樋相连，从大宰府侧的御笠川取水，使博多湾侧形成宽数十米、深达四米的蓄满水的堀。严格说来"水城"不是城，而是像我们中国"万里长城"那样的围墙。此外，倭国还修建了大野城，这是一座被长达六公里的土垒所包围的山城，城池位于海拔四百多米的四王寺山上，此外，还有用石头建造的石垒以及众多的分层捣实泥土而成的土垒。在土垒与石垣环绕之中，建造了粮食仓库、武器库、兵营等设施。为固守城池进行防御战，石垣十分坚固。这些为守护"大宰府"而建造的水城和大野城等城，都是来自百济的亡国人士所指导建成的。倭国在百济灭亡后，接纳了许多的百济难民，这些百济人对于倭国的发展影响很大。然而，大唐和新罗的军队并没有乘胜进军日本本土。

667年（唐乾封二年，天智天皇六年），中大兄皇子将都城从飞鸟迁至近江大津宫。中大兄皇子称制七年后才在次年（唐总章元年，天智天皇七年）正式即位，这时他四十三岁。不过在习惯上，并不把这一年作为天智元年，而把他开始称制的662年作为元年。在即位之后，天智天皇册立同母弟大海人皇子（日后的天武天皇）为大皇弟。中大兄在取得政权的过程中得到其弟大海人皇子的帮助甚大，因此封大海人皇子为大皇弟，但即位之后仍难以避免权力斗争与猜忌，与大海人皇子逐渐疏远。

唐总章二年、天智天皇八年（669），天智天皇派东宫大皇弟大海人皇子至内大臣中臣镰足府，赐姓藤原，次日藤原镰足卒。天智天皇十年，又任命长子大友皇子（日后的弘文天皇）为日本历史上的第一个太政大臣。同年，大海人皇子辞去大皇弟，大友皇子被立为皇太子。也就在这一年，大唐派郭务悰访日。这次访日的人数居然多达二千人，其中唐人六百人，百济送使一千四百人，分乘四十七船，于十一月抵达日本比知岛。如此庞大的访问团，让日本方面惊骇不已，如临大敌。不过，这次访日却未能进京面见天皇，原因就是天智天皇在这年十二月三日，于近江大津宫病死。

天智天皇在迁都之后，首先做的事情，就是调整对外政策，向大唐臣服，开始以大唐为师，谋求新国家的建设。在天皇的主导下，倭国制定了被称为近江令的法令群，快速地重整了整个国家体制。到了天武天皇掌权时，其下令制定了飞鸟净御原令以及律令法等，将日本快速地导向律令制国家。接着又制定了大宝律令，将国号从倭国改为日本。此时，新国家之建设也告一段落了。

另一方面，白村江战役，基本上决定了当时东亚地区的政治格局。百济灭亡后，下一个肯定轮到高句丽，唐总章元年（668），大唐以李世勣为统帅，攻陷平壤，存在七百多年之久的高句丽彻底灭亡，李治终于完成了隋炀帝、唐太宗未竟之业，收一百七十六城、六十九万户。大唐置安东都护府，留大将薛仁贵等二万多唐兵于平壤，高句丽终成大唐治地。

不过另一个人的命运却颇为令人感慨，那就是刘仁愿。

龙朔三年十一月，刘仁愿与孙仁师等人回大唐报告百济战况，刘仁轨则代刘仁愿，为检校熊津都督，镇守百济。刘仁愿回长安后，李治向他询问情况，这位大将不专功，说明战役主要指挥者以及表章主拟人均是刘仁轨，李治"深叹赏之，因超加（刘）仁轨六阶，正授带方州刺史，并赐京城宅一区"。刘仁轨丝毫不敢懈怠，他安抚百济余众，屯田厉兵，积粮抚士，准备下一步进灭高句丽的战争。同时，他连上表奏，极言百济之地不可轻弃，"伏惟陛下既得百济，欲取高句丽，须外内同心，上下齐备，举无遗策，始可成功……"李治深纳其言。

然而在讨伐高句丽的作战中，因为新罗将领金仁泰（就是曾经和刘仁愿并肩作战的那位）的掣肘，身为卑列道行军总管的刘仁愿没有能够及时赶到前线，被朝廷以"征高句丽逗留"的罪名逮捕下狱，本来是要斩首的，因为毕竟为帝国立下过很多功劳，最后被流放姚州了事。此事在《资治通鉴》中有记载："（总章元年）八月，辛酉（初九），卑列道行军总管、右威卫将军刘仁愿坐征高句丽逗留，流姚州。"而《新唐书·东夷传》中也有记载："刘仁愿与勣会，后期，召还当诛，敕流姚州。"

《册府元龟》卷四百四十七中的记载更为详细：刘仁愿，贞观中为右威卫将军、卑列道行军总管，与司空李世勣期，会逗留不赴，驿召至京。帝谓曰："自古军法，后期皆死。"刘仁愿奏曰："臣前后使四十余人往李世勣处，涂路荒梗，悉皆不达，最后一使始得至大军。臣又打得延津等七城，欲击平壤，李世勣兵马遽以旋归。事有因缘，非臣之咎。"帝曰："汝领兵万余，咸劲卒，亡城下邑未有千人，以此分疏，更为矫诈。"遂令拽出，欲于庙堂斩之，刘仁愿号诉不辍声，帝以其有镇守东海之勤，特免死，配流姚州。

姚州并不是什么好地方，唐武德四年时，安抚大使李英置为羁縻州，后唐人王仁求开拓姚州，自置二十余羁縻州，上报武陵县主簿石子仁，石子仁于龙朔年间上疏唐李治，请设置姚州都督府，麟德年间大唐廷下诏设置姚州都督府。但是，这里远离唐王朝的中心地，此前担当都督府长史的李孝让、辛文协诸人均被当地少数民族豪酋杀害，以至于武周后期著名官僚张柬之上疏，请求罢黜姚州都督府建制。刘仁愿被流放姚州之后，有关他的任何蛛丝马迹即不见史载。

遣唐船

第五章　落日怛罗斯

13. 经营西域

应该说，大唐帝国的运气相当不错，在此之前，前隋在西域已经做了相当多的经营，可以说是铺垫了很好的基础，而当西突厥因内乱而于659年自行崩解时，吐蕃和大食的东进战略还均未展开，一时间，并没有较强的力量来与大唐争抢西域，也因此，大唐帝国得以在西域这片广袤的土地上展开经营，施展各种手腕来分化、控制那些游牧部族和其他西域小国，从而扩张势力。在短短十余年内，李世民在位中后期至李治登基之初，大唐相继攻灭了高昌、焉耆、龟兹、疏勒、于阗等二十几个小国，并在其上设立州、县，从而将这些曾经的国家统统纳为本土，此外还迫使伊吾、鄯善等国称藩，最终几乎将整个西突厥汗国之地尽数化为了帝国的羁縻州。此后，大唐帝国又在之前控制了天山南路的基础上，继而又夺占了天山北路，使得自身的控制范围一直扩张到了里海，而加上之前已尽得的东突厥故地，可谓是拓疆数万里……

不过虽然帝国先是攻灭了高昌等国，接着又一举平灭西突厥，从而在西域这块广袤富饶的土地上称雄了十几年，但平心而论，大唐接连几次取得的胜利其实颇有些投机取巧，和攻灭东突厥、薛延陀时一样，在灭西突厥时也基本上是依靠对手内乱并自行崩解，然后趁机成事，也正因此，唐帝国在控制了这大块土地之后，需要做的是"经营"，这也正是大唐设立安西都护府的原因所在。

不久后大食势大，尽踞波斯本土，对大唐在西域的地盘构成严重威胁，唐朝迫切需要扶持一股力量以遏制对方，正在此时，显庆五年（660），位于葱岭以西的西突厥都曼部降唐，于是在次年，也就是龙朔元年（661），又派遣吐火罗道置州县使王名巡视葱岭以西，并在西域增设了一个月氏都护府，以吐火罗阿史那氏叶护可汗为都护，同时在于阗以西、波斯以东十六国，设置十六都督府，统辖八十个州，一百一十个县，一百二十六个军府，而为了监督、辅助这三个都护府，唐廷还在西域设立了安西四镇，驻扎了一部分唐军，受安西大都护府直辖。

所谓安西四镇，其实就是于龟兹、于阗、疏勒、焉耆（碎叶）四镇置重兵，称安西四镇，史载：

龟兹都护府　本龟兹国。其王姓白，在白山之南。去瓜州三千里，胜兵数千。贞观二十二年（648），阿史那社尔破之，虏龟兹王而还，乃于其地置都督府，领番州之九。至显庆三年（658），破贺鲁，乃自西州移安西府置于龟兹国城。

毗沙都督府　本于阗国。在葱岭北二百里，胜兵数千，俗多机巧。其王伏阇信，贞观二十二年入朝。上元二年（761）正月，置毗沙都督府，初管番州五。上元元年，分为十，在安西都护府西南二千里。

疏勒都督府　本疏勒国。在白山之南，胜兵二千，去瓜州四千六百里。贞观九年，遣使朝贡，自是不绝。上元中，置疏勒都督府，在安西都护府西南二千里。

焉耆都督府　本焉耆国。其王姓龙，名突骑支，常役于西突厥，俗有鱼鳖之利。贞观十八年，郭孝恪平之，由是臣属。上元中，置都督府处其部落，无番州，在安西都护府东八百里。

十六国都督府则分别为：吐火罗国阿缓城置月氏都督府（今阿富汗东北部昆都士）、厌哒国活路城置大汗都督府（今阿富汗马札里沙里夫西）、诃达罗支国伏宝瑟颠城置条支都督府（今阿富汗加兹尼）、解苏国数瞒城置天马都督府（今塔吉克斯坦境内）、骨咄施国沃沙城置高附都督府（今塔吉克斯坦境内）、罽宾国遏纥城置修鲜都督府（今阿富汗喀布尔河北）、帆延国罗烂城置写凤都督府（今阿富汗巴米扬）、石汗那国艳城置悦般州都督府（今阿富汗兴都库什山北）、护时犍国遏蜜城置奇沙州都督府（今阿富汗北境希巴尔干南）、怛没国怛没城置姑墨州都督府（今乌兹别克斯坦捷尔梅兹西北）、乌拉喝国摩竭城置旅獒州都督府（今阿富汗北境）、多勒建国低宝那城置昆墟州都督府（今阿富汗穆尔加布河流域）、俱蜜国褚瑟城置至拔州都督府（今中亚苏尔哈布河流域）、护密多国摸逯城置鸟飞州都督府（今阿富汗东北伊什卡什姆）、久越得犍国步师城置王庭州都督府（今塔吉克斯坦卡菲尔尼甘河下游库巴的安），同时在波斯国末代王子卑路斯驻地疾陵城置波斯都督府（今伊朗扎博勒）。按：此时萨珊王朝已被大食所灭。

此时，安西大都护府的管辖地包括安西四镇、濛池都护府、昆陵都护府（西突厥故地）、昭武九姓、吐火罗乃至波斯都督府，大体相当于今日新疆与中亚五国、阿富汗的总和。然而随着吐蕃的迅速崛起，这块西突厥故地很快便燃起了战火，甚至一度呈现出两家苦苦争夺的态势。

龙朔二年（662），龟兹在吐蕃人的扶助下脱离大唐的羁縻统治，由此拉开了唐、蕃军事冲突的序幕。对于龟兹的叛逆，大唐第一个措施就是遣右卫将军苏海政为风海道行军总管，统军前往镇压，并令阿史那步真和阿史那弥射二人率部从征，可苏海政却在途中听信谗言，冤杀了弥射，一时间群情激愤，西域各国、各部尽皆恨怨不平，各部都非常愤怒，鼠尼施（五咄陆之一）、拔塞干（五弩失毕部之一）逃走，虽然苏海政与阿史那步真追击，讨平二部，但平叛归来的大军到达疏勒南部时，弓月部却引来了吐蕃兵马，眼看局面不利，苏海政居然以军资贿赂吐蕃，从而使得双方议和，然而此事之后，大唐的政治威信却是已经不再了。

不久弥射部将阿史那都支率众立反，自封为西突厥可汗，并"收其余众，附于吐蕃"，大唐的昆陵都护府自此废置。同年十二月，阿史那都支出兵为弥射复仇，攻陷大唐的庭州，杀刺史来济。乾封二年（667），阿史那步真死，一时间，十姓无主，其部下李遮匐随即带领部众叛离唐朝，和阿史那都支一样依附了吐蕃，濛池都护府自此亦废。

控制西突厥降部的昆陵、濛池二羁縻都护府的倒戈所带来的后果十分严重，一时间西域诸部纷纷叛离唐朝，四镇大半易手，而吐蕃气焰大涨，更不将大唐放在眼中，大唐自此在西域衰落，无力再与吐蕃相抗。大势所趋，很快地处要冲的吐谷浑也易帜投蕃。这种局面助长了吐蕃人的信心，咸亨元年（670）四月，吐蕃彻底和大唐撕破脸皮，挥师大举进攻西域，轻松击败边境上与自己对峙的唐军，继而攻陷了大唐十八个羁縻州，又挟于阗一道攻陷了龟兹国的拨换城，从而使得作为大唐在西域根基的安西四镇被迫罢废。

202

唐廷为了挽回颓势，出动五万大军，以右威卫大将军薛仁贵为逻娑道行军大总管，左卫员外大将军阿史那道真、左卫将军郭待封为副，率十余万人，以护送吐谷浑王回国的名义征伐吐蕃。八月，唐军进抵大非川，将进乌海，薛仁贵认为乌海险远，军行艰难，辎重难以随军前进，故而留郭待封领两万兵屯于大非岭上保护军需辎重，而自己率军先行，至河口时，遇到吐蕃军，薛仁贵一战而击破之，斩获略尽，收获其牛羊等万余头，回军至乌海城，以待后援。然而郭待封乃是曾任安西都护的郭孝恪之子，此次出征为副，一直心中不满，此时他竟不听号令而提前率领粮草辎重出发，其军进至乌海时，刚好遇吐蕃二十余万大军来救乌海，郭待封所部战而大败，辎重尽失。这种情况下，薛仁贵只得率军退而屯驻于大非川。吐蕃论钦陵集兵四十万围杀，唐军大败，死伤略尽。薛仁贵无奈，只好与论钦陵约和，仅以身还。

壁画《礼宾图》

　　唐军之败，将帅不和系原因之一，但主因是两方力量悬殊太大，吐蕃兵力三倍于唐兵。唐军孤军深入，运输艰难，地形不熟，故有此败。消息传到长安，李治大怒，令大司宪乐彦玮至军中查问，将薛仁贵、阿史那道真、郭待封，押送京师。同时以左相姜恪为凉州道行军大总管，出击吐蕃，但不久之后，姜恪病死，于是大军不得不班师而回。

　　大非川之战的影响是极为深远的，此战是大唐立国以来最大的一场败仗，大唐十余万大军片甲不回，吐蕃凭此战而名声大震，吐谷浑亦成为吐蕃别部。此外，这场惨败牵连到了西域，使得大唐的威名更是摇摇欲坠。这种情况下，大唐自然需要实施反击了。咸亨四年（673），弓月所部南结吐蕃，攻打疏勒，李治遣鸿胪卿萧嗣业发兵讨之，然而萧嗣业兵未至，弓月惧，主动入朝请降。李治赦其罪，遣归国。一时间，焉耆、龟兹、于阗、疏勒等也都纷纷重新降唐，大唐由此稳定了西域局势，并在此基础上创建了焉耆、龟兹、疏勒、毗沙四都督府。到上元二年（675），唐朝已经基本恢复了在天山南路的统治。

然而从仪凤元年（676）三月起，吐蕃频繁对陇右鄯州、廓州、河州、芳州诸州发起进攻，将唐廷的注意力吸引在西北，借以掩护其在西域的行动。仪凤二年（677）吐蕃突袭西域，再次攻陷安西四镇。这种情况下，李治下令以尚书左仆射乐城县公刘仁轨为洮河道行军镇守大使，并诏大发兵讨吐蕃。

仪凤三年（678），大唐再次出兵进击吐蕃，大唐以李敬玄为洮河道大总管兼安抚大使、检校鄯州都督。之所以选中李敬玄为将，是因为这位三年前才升任中书令、封赵国公的书生与刘仁轨不和，当时刘仁轨为洮河道行军镇守大使，关于应对吐蕃的军情，刘仁轨每有奏请，李敬玄都持有不同意见，从中阻挠，二人因此交恶。刘仁轨知道李敬玄没有将帅之才，故意奏请道："镇守河西，非李敬玄不可。"知道刘仁轨这是在害自己，李敬玄自然是极力推辞了，可是李治这个时候却对这位自己曾经的侍读说："仁轨须朕，朕亦自往，卿安得辞！"这意思是说"刘仁轨如果需要朕去，朕就会主动前往，卿不得推辞"，于是李敬玄就这样代替刘仁轨成了"洮河道大总管兼镇抚大使、检校鄯州都督"，李治还命淮安王李神通之子益州大都督府长史李孝逸等发剑南、山南兵以助战。

这年九月，李敬玄与工部尚书、右卫大将军、彭城僖公刘审礼统兵十八万进抵青海。然而当刘审礼孤军深入之后，作为统帅的李敬玄却懦怯不救，致使刘审礼兵败被俘。而听到刘审礼所部战没之后，他更是狼狈而逃，退至承风岭，挖壕沟而守寨。吐蕃大军屯兵高冈以压之，唐寨岌岌可危。后来幸亏左领军员外黑齿常之率五百人乘夜袭击吐蕃营寨，蕃军溃乱，李敬玄才得以率军返回鄯州。此战之后，大唐在西域的羁縻府州统治再次动摇。

调露元年（679），吐蕃赞普（弃宗弄赞）卒，西突厥部酋、匐延都督阿史那都支自号十姓可汗，与李遮匐煽动部落，联合吐蕃，侵逼安西。四月，朝议发兵讨之，秦州右军总管裴行俭以吐蕃侵扰，干戈未息，不可出兵，宜以计取，建议借波斯王卑路斯卒于长安，送其子泥洹师归国之名，道过两蕃而取之。于是李治以裴行俭册立波斯王，为安抚大食使，肃州刺史王方翼为副使，检校安西都护。在平定西突厥匐延都督阿史那都支及李遮匐后，帝国再次复置安西四镇。四镇几经置罢，此乃第三次置之。此次以碎叶城代焉耆，四镇为碎叶、龟兹、于阗、疏勒。其时西突厥十姓部落在西域对唐威胁与吐蕃在河西走廊对唐威胁同，十姓部落中，五咄陆在碎叶之东，五弩失毕在碎叶之西，唐改镇碎叶，其意即在镇抚十姓部落。

　　然而就在此时，单于大都护府东突厥阿史德温傅、奉职二部，也就是东突厥降部却爆发了反叛，立阿史那泥熟匐为可汗，都护府所辖二十四州酋长皆叛应，拥众数十万。漠南突厥，自永徽以后近三十年，对唐无侵扰，但大唐利用其东征高句丽，西征中亚，讨叛奚，伐契丹，役使频繁，使得东突厥人"遂起而叛唐"。唐遣鸿胪卿单于大都护府长史萧嗣业、右领军卫将军花大智、右千牛卫将军李景嘉等率兵镇压，萧嗣业等初战频捷，防备渐懈，后遇大雪，兵士寒冻，列营不整，以至于突厥夜袭其营，萧嗣业等人狼狈拔营走，众大乱而败，死者不胜其数。

　　同月，突厥扰定州，刺史霍王元轨开门偃旗，大摆空城计，突厥人疑有伏兵，非但不敢进，反而退军而去。后李治又遣左金吾将军曹怀舜往恒州守井陉，右武卫将军崔献往绛州守龙门，以备突厥。但突厥又煽惑奚、契丹侵扰营州，幸亏州户曹唐休璟率兵击败之。眼看着突厥对陇右、京畿形成威胁，十一月，李治以裴行俭为定襄道行军大总管，率太仆少卿李思文、营州都督周道务等部兵十八万，并西军程务挺、东军李文暕等，总兵三十余万讨突厥。可以说，大唐历次出兵讨伐突厥，军威未有如此之盛者。叛乱很快便被平定了，阿史那泥熟匐被诛。

　　裴行俭回朝以后，颉利从兄之子阿史那伏念却又自称可汗，并同阿史德温傅残部会合。次年，裴行俭重新统率各路军队，驻扎在代州的陉口，大军压境，裴行俭修书阿史那伏念，劝其归降，阿史那伏念果然送来降书，并请求让他亲自捆来阿史德温傅表示诚意。开耀元年（681）

阿史那伏念执送温傅请降，自此，东突厥的叛乱全部平定。

不过，虽然在劝降的时候，裴行俭曾向阿史那伏念许诺不杀他们，侍中裴炎妒忌他的功劳，向李治陈述意见："阿史那伏念被程务挺、张虔勖助威胁追赶，又遭碛北回纥的逼迫，没有办法才投降的。"结果伏念被带到长安后却与阿史德温傅一起被处斩，裴行俭的功劳也不予记载，只是封他为闻喜县公。对此裴行俭颇有怨言，他叹息说："西晋的王浑忌妒王浚平定吴国功劳的事，从古至今人们认为可耻，只怕杀掉降将以后就没有再愿归顺的人了！"于是托病不出。后来正如裴行俭所担心的那样，永淳元年（682），突厥吐屯啜阿史那骨咄禄与阿史德元珍纠众七百再次反抗大唐，占领黑沙城，后又在漠北的乌德鞬山建北牙，重建突厥政权，自号颉跌利施可汗，封元珍为阿波达干，专统兵马事，封弟默啜为设，咄悉匐为叶护，分民为突利、达头二区进行治理，很快便聚众至五千，掠九姓铁勒畜马，突厥民来归者数万，势力壮大。十月，颉跌利施可汗攻并州及单于都护府北境，杀岚州刺史王德茂。次年又进攻蔚州，击败唐军。此后，颉跌利施可汗又东征契丹，北征九姓铁勒，并入犯大唐，扩地甚多。骨咄禄死后，其子年幼，其弟默啜自立为可汗，就这样，所谓的后突厥汗国横空出世。

乱局令西域局势也受到严重影响，西突厥各降部见大唐羸弱，东突厥复国成功，皆蠢蠢欲动。永淳元年，因为安西都护杜怀宝"失蕃戎之和"，西突厥贵族十姓阿史那车薄啜起兵反叛，围攻弓月城，西域局势一片混乱，幸亏庭州刺史王方翼亲率大军急趋危城，双方在伊犁河遭遇，阿史那车薄啜所部人心涣散，大败而逃。是役，斩首千余级，唐军大获全胜，西域局势才暂时安定。

但不久之后，叛乱再起，当时西突厥诸部随唐从征，攻打叛乱的同罗、仆固等铁勒部落，然而功成却未赏，铁勒人因之心怀不忿。此时眼见大唐羸弱，火头四起，各部勇气大增，于武后垂拱元年（685）推他匐为首发起反叛，脱离大唐的羁縻统治。武后闻讯后，以西突厥兴昔亡可汗阿史那弥射之子阿史那元庆为左玉钤卫将军、昆陵都护、兴昔亡可汗，统辖咄陆五部，后又加封为镇国大将军、左威卫大将军，令其统率三万余众随金山都护田扬名讨东突厥及铁勒同罗、仆固诸部。然而次年，吐蕃攻安西四镇，"元庆丧师辱身，致使四镇尽沦"。这种情况下，帝国

　　　　　　　　　　　　　　　　　　　　　　大漠烽烟

擢西突厥继往绝可汗阿史那步真之子斛瑟罗为濛池都护、右玉钤卫将军，袭可汗号，统率五弩失毕部落，以助唐军。阿史那斛瑟罗不负众望，据《全唐文》卷一百六十五刊载的《达奚思敬碑》记载，"拔碎叶、疏勒、于阗、安西四镇皆如所请"，安西四镇一带重新被唐朝羁縻控制。可不久之后，吐蕃再次出兵安西四镇，大破西突厥降部和大唐援军，于是这一年的十一月，武则天下诏再弃安西四镇。

面对大唐的收缩，吐蕃则乘胜大举东进，河西告急。据《全唐文》卷二百一十九记载，"遂长驱东向，窬高昌壁，历车师庭，侵常乐县界，断莫贺延碛，以临我敦煌"，可知吐蕃军队在攻入西州后，又攻入瓜州常乐县，切断了唐朝腹地与安西四镇间的重要通道莫贺延碛，还兵临沙州敦煌县。唐朝在安西地区的统治至此面临极大的威胁，连河西诸州也岌岌可危。

为了扭转败局，唐帝国又在西域策划了一次大反攻，于武后载初元年集结重兵，永昌元年（689）五月五日，大唐以文昌右相韦待价为安息道行军大总管、安西大都护阎温古为副大总管，督三十六总管出征吐蕃。军至寅识迦河（今新疆霍城以西）与吐蕃战，结果此战唐军初胜后败。战败原因很简单，根据史料记载是"待价无将领之才，不善抚众，时天寒地冻，粮馈匮乏，兵士多冻馁死"，于是引军还屯高昌。十余万大军惨败如此，武则天自然大怒，下诏将韦待价流放绣州，而阎温古则以逗留不进罪，论斩。

这场惨败还只是一个开始，两年之后，后突厥汗国也开始加入了西域争夺，继往绝可汗阿史那斛瑟罗和在安西的唐军更是处于吐蕃和后突厥两大强国的夹击之下，很快就力不能支，于是不得不选择后撤，《资治通鉴》卷二百零四记载："西突厥十姓自垂拱以来，为东突厥所侵掠，散亡略尽，濛池都护，继往绝可汗斛瑟罗收其余众六七万人，入居内地。"也就是说，西域自此为吐蕃和后突厥所瓜分，吐蕃夺占了龟兹、疏勒、于阗三镇，而后突厥则占据了碎叶。不过西突厥十姓之地却未被瓜分，此时仍然在名义上受唐帝国的羁縻控制，并且这些西突厥人还频频与吐蕃军和后突厥人交战，使得吐蕃和后突厥并不能够很好地控制西域。大唐此时也决心夺回四镇，试图改变以守为主的被动局面。这也使唐蕃争夺西域进入一个新的阶段。

虽然自垂拱元年至二年（685—686）、永昌元年（689），唐军两次主动出击吐蕃，均遭失败，但对于吐蕃的政局也产生了极大的影响。当初松赞干布死后，吐蕃大权为大论禄东赞所掌。乾封二年（667），禄东赞病死，诸子分掌吐蕃军政大权。垂拱元年，芒松芒赞都松茫保结受赞普尊号，是为赤都松赞，可大权仍为禄东赞家族所掌握。随着赤都松赞年龄日增，对禄东赞家族专权日益不满，与唐争夺西域，便成为赞普收回权力的极好契机。

长寿元年（692），唐朝抓住吐蕃内争的有利时机，开始策划新的大规模反攻。西州都督唐休璟请求武则天收复陷于吐蕃的安西四镇龟兹、于阗、疏勒、碎叶，而武则天在考虑一番之后，破例启用了仪凤三年曾随刘审礼西征而被吐蕃军俘虏、熟谙吐蕃军情的右鹰扬卫将军王孝杰为武威军总管。

王孝杰，生于京师长安附近（雍州，后来的京兆府）的新丰县，年轻时以军功晋级。仪凤二年（677）吐蕃进攻凉州（今甘肃武威），第二年正月，李治命中书令李敬玄兼鄯州都督，代刘仁轨镇洮河，又于关内、

西方人笔下的唐与吐蕃交战

大漠烽烟

河东募兵击吐蕃。时王孝杰为副总管，从工部尚书刘审礼领军西行。九月，唐军与吐蕃大将论钦陵战于青海，唐军大败，李敬玄按军不敢救，刘审礼与王孝杰被俘。不久刘审礼伤重而死，而王孝杰相较之下就幸运多了，吐蕃赞普赤都松赞看见王孝杰，因其相貌与其父亲相似，痛哭一番之后，居然厚加礼敬，并把王孝杰放回去了……

此番起用王孝杰是因为武则天认为王孝杰曾经长期住在吐蕃，知道吐蕃的内情，于是以其为武威道总管，与左武卫大将军阿史那忠节率兵讨击吐蕃。王孝杰倒也不辱使命，大破受吐蕃册封的西突厥可汗阿史那俀子，吐蕃军在大论钦陵率领下前往救援，也被击退。十月二十五日，唐军乘胜一举收复龟兹、于阗、疏勒等镇。眼看大唐兵锋势不可当，突骑施首领乌质勒果断选择助唐，突骑施人自后突厥手中夺回碎叶并交付于唐后，安西四镇已全部收复。为了加强西域的统治，大唐除了将安西大都护府还治龟兹之外，还以汉军三万镇守，此举彻底解决了西域的问题。

安西大都护府还治龟兹，显然彻底摧毁了吐蕃苦心建立的西域统治体制，但吐蕃并不甘心，而雄心勃勃的武则天也同样在积极策划对吐蕃的新一轮打击。收复安西四镇后，武则天曾经对王孝杰大加赞赏："昔贞观中具缓得此蕃城，其后西陲不守，并陷吐蕃。今既尽复于旧，边境自然无事。孝杰建斯功效，竭此款诚，遂能裹足徒行，身与士卒齐力。如此忠肯，深是可嘉。"后又说："贞观中，西境在四镇，其后不善守，弃之吐蕃。今故土尽复，孝杰功也。"很显然，这位战将是武则天在青海方向讨伐吐蕃的最好人选。

长寿三年（694），王孝杰在青海湖附近的冷泉大败吐蕃大将勃论赞刃和吐蕃拥立的西突厥十姓可汗阿史那俀子。阿史那俀子本是左玉钤卫将军、昆陵都护、兴昔亡可汗阿史那元庆之子，两年前，阿史那元庆被酷吏来俊臣诬杀，于是阿史那俀子逃亡吐蕃，次年，被吐蕃立为十姓可汗。冷泉之战，彻底断绝了吐蕃人染指西域的野心，此战后王孝杰因功官拜夏官尚书、同凤阁鸾台三品，封清源县男。

两年后的万岁通天元年（696），吐蕃入侵临洮，武则天以夏官尚书王孝杰为肃边道行军大总管，秋官尚书、原武县男娄师德则为左肃政台御史大夫、肃边道行军副总管，出兵征讨吐蕃。三月，唐军在素罗汗山败于禄东赞家族的论钦陵、赞婆兄弟。武则天大怒，将王孝杰削官为民，而娄师德则被贬为原州员外司马。

不过就在此时，吐蕃的内乱就轰然爆发了，禄东赞家族的钦陵兄弟在吐蕃执政数十年，权倾当朝，而赤都松赞随着年长，与钦陵兄弟之间的矛盾也就自然越发尖锐了。圣历二年（699）二月，赤都松赞与大臣论岩乘钦陵在外之机，捕杀其亲党两千余人，并召钦陵兄弟来朝。钦陵自知去必死，便举兵抗命。赞普出兵讨伐，结果钦陵兵败自杀身亡。钦陵一死，赞婆在不得已之下，率部千余人降唐，接着，钦陵的儿子弓仁也率吐谷浑七千余帐降唐，禄东赞家族在吐蕃几十年的专权统治就此终结。赞婆降唐之后，受封为辅国大将军归德郡王，官拜右卫大将军，并奉诏率部众守青海洪源谷，而弓仁则被拜为左玉钤卫将军、酒泉郡公，后累迁至左骁卫大将军、朔方副大使，卒后赠拔川郡王，其子亦在朝中为大将军。

这场内讧虽然使得赤都松赞在剪除噶尔家族后，加强和巩固了自己的王权，但也使得吐蕃实力开始衰落。久视元年（700）秋，吐蕃以大将麹莽布支攻打凉州，兵至洪源谷，打算围攻昌松县。司卫卿兼凉州都督、右肃政御史大夫，持节陇右诸军州大使唐休璟率军迎击，临阵登高，见吐蕃军队衣甲鲜盛，唐休璟笑而对麾下说："自从论钦陵死后，论赞婆归降，麹莽布支成为新元帅，想要炫耀威武，所以吐蕃国中贵族子弟都跟着他。虽然人马看起来强盛，但不通军事，我为诸君取之。"于是披甲先登，六战六克，斩麹莽布支副将二人，斩首二千五百级，筑京观还军。

长安二年（702）十月十四，吐蕃赞普赤都松赞亲率万余人寇茂州，都督陈大慈与之四战，皆破之，大胜，斩首千余级。同一年，武则天在天山北路设立北庭都护府，管辖原安西大都护府所辖天山北路、热海以东的西突厥故地，安西大都护府只管辖天山南路、葱岭以东的地区，以抵抗吐蕃对丝绸之路的北侵，可以这样说，安西、北庭、河西、陇右，自此全部处于大唐控制之下，帝国对吐蕃处于绝对的优势。

不过尽管吐蕃的威胁暂时被压制了，唐帝国对十姓的控制却并不成功。帝国始终戒备突骑施坐大，因此一直致力于扶持已经衰弱的阿史那氏一系。武后久视元年（700），大唐任命司礼卿兼蒙池州都护、竭忠事主可汗阿史那斛瑟罗为左屯卫将军，仍立平西军大总管，还镇碎叶。很显然，大唐是试图以扶持阿史那斛瑟罗回西域的方式，来遥控效忠于阿史那贵族的西突厥部落，不过虽然在大唐的支持下阿史那斛瑟罗控制了一些西突厥部落，与十姓中的突骑施和依附的诸部落分庭抗礼，但也使得西突厥十姓自此分裂为两部，最重要的是，帝国扶持起来的这个阿史那斛瑟罗不得人心，《新唐书》卷二百一十五就记载其"政残，民不悦"，亦"不为突厥所附"。

事实上，阿史那斛瑟罗长久以来凭借安西都护府的支持，才能够控制局面，以至于在吐蕃支持下的阿悉吉薄露叛乱时，斛瑟罗竟"不能制，赖唐将田扬名、封思业平之"。阿史那斛瑟罗在长安三年（703）七月又与乌质勒发生了冲突，"突骑施酋长乌质勒与西突厥诸部相攻，安西道绝"，结果斛瑟罗大败，再度奔唐，不敢还蕃。乌质勒本为斛瑟罗之莫贺达干，史载其"能抚士，有威信，胡人顺附"，由此崛起，置二十都督，各督兵七千，以楚河流域之碎叶城为大牙，伊犁河流域之弓月城为小牙。辖境东临后突厥，西接中亚地区的昭武九姓，尽有斛瑟罗故地。此时的乌质勒虽未称汗，但其所建政权已发展为真正的汗国规模了。不过乌质勒推翻斛瑟罗仅在于反抗阿史那氏的统治，并非意在大唐，而大唐也逐渐认识到这一异姓突厥政权是强有力的，遂再遣解琬至其牙，晋封其为金河怀德郡王。

不过虽然大唐册封乌质勒为王，可这个时期，大唐仍未放弃扶立阿史那氏汗裔君临十姓的传统政策。长安四年帝国就曾经册立阿史那斛瑟罗子阿史那怀道为第三任继往绝可汗兼濛池都护，而这位"神龙年累授右屯卫大将军、光禄卿，转太仆卿兼蒙池都护十姓可汗"，居然是在碎叶镇守使周以悌的护送下，才得以重返碎叶的。

但西突厥大部分部众都不肯尊阿史那怀道为主，甚至大多都加入了突骑施的阵营。阿史那怀道还封后，则频频插手干预突骑施的内政，也为西域的局势再次动乱不宁埋下了隐患。

当初大唐册立乌质勒为金河怀德郡王，本就是为了拉拢安抚突骑施，然而乌质勒甫受唐封，旋即病卒，时为中宗神龙二年（706）十二月事。史载："中宗神龙二年十二月，安西大都护郭元振诣突骑施乌质勒牙帐议军事。时大风雪，元振立于帐前夕与乌质勒语。久之，雪深，元振不移足。乌质勒老，不胜寒，会罢而卒。其子娑葛勒兵将攻元振，副御史中丞解琬知之，劝元振夜逃去。元振曰：'吾以诚心待人，何所疑惧，且深在寇庭，逃将安适？'坚卧不动。明旦，入哭甚哀。娑葛感其义，待元振如初。戊戌，以娑葛袭嗢鹿州都督，怀德郡王。"

乌质勒死后，其长子娑葛继位，袭嗢鹿州都督、金河怀德郡王，拜左骁卫大将军兼卫尉卿，由唐羁縻可汗、漾池都护阿史那怀道持节册立。而娑葛即位后第一件大事即击灭阙啜忠节，统一十姓，称汗建国。阙啜忠节，也称阿史那忠节，"啜"乃五咄陆爵称，以阿史那氏而领啜爵，则必为咄陆诸部监国吐屯之裔，忠节则为降唐后所赐名。史书中对他有两种不同的记载。《旧唐书》称其人曾为"乌质勒部将"，《景龙文馆记》则说"娑葛父子与阿史那忠节代为仇雠"。但不管怎么样，从这里来看，那就是娑葛讨伐阙啜忠节的根本原因就是统一十姓故地。

对于突骑施的这场内战，史书中仅简单地记为"数相攻击，忠节弱不能支，金山道行军总管郭元振奏追忠节入朝侍卫"，但实际上并没有这么简单。最初的时候，娑葛甫袭父爵后，多次表请唐朝"除忠节"，然而兵部尚书宗楚客以为"忠节竭诚于国，作捍玉关，若许娑葛除之，恐非威强拯弱之义"，于是诏不许，从这里可以看出阙啜忠节得到大唐的支持。于是不得已之下，娑葛率部进攻阿史那忠节，结果阿史那忠节获得碎叶镇守使周以悌的援助，史载周以悌"率镇兵数百人大破之，夺其所夺忠节及于阗部众数万口"，于是娑葛搬来后突厥的援兵，大败阿史那忠节。

娑葛击败阙啜忠节以后，建号贺腊毗伽十四姓可汗，这一称号反映娑葛已有效地控制了原来的西突厥全境，除原有十姓外又增加了四姓。严格意义上的突骑施汗国至此始正式形成，其承袭了西突厥的大小可汗制度与吐屯监国制度，由娑葛及其弟遮弩分疆而治，并遣突骑施索葛莫贺啜及阿利施啜出身的吐屯分赴所属各邦监国。

然而就在此时，大唐却为突骑施的内部事务开始发声了。朝臣、边将两派势力不仅公开表态，并一度卷入了这场冲突。当初阙啜忠节兵败后听从周以悌的建议，遣人厚赂宗楚客，"请留不行，发安西兵及引吐蕃以击娑葛，并求阿史那献为可汗以招十姓，使郭虔瓘发拔汗那兵以自助"，这显然是北庭都护府的意见，也就是要求册立阿史那弥射系统的阿史那献为十姓可汗，以取代阿史那步真系统的阿史那怀道，继而对付同后突厥结盟的娑葛，这一主张的后台则为兵部尚书宗楚客。

而以郭元振为代表的安西都护府，所持政见则与之相反。他们认为"册可汗之子孙，亦未获招胁十姓之算也"，反对继续扶立阿史那氏，认为唐之大患为吐蕃而非娑葛，主张承认娑葛政权，此派得到了侍御史中丞解琬，甚至太平公主等势力的支持。

由于北庭派的意见一度占了上风，故而在景龙二年（708），唐与突骑施发生了小规模的冲突。史载宗楚客"勒书簿责元振"，并遣御史中丞冯嘉宾持节安抚忠节，同时以侍御史吕守素处置四镇，并以牛师奖出任安西副都护，统领甘州、凉州兵马，联合吐蕃一起出讨娑葛，此外，宗楚客又奏请以周以悌为安西大都护，征召郭元振入朝，并册封阿史那献为西突厥十姓可汗，派军进驻焉耆，讨伐娑葛。由于突骑施使者娑腊此时正在长安，闻讯后立即赶回，通报娑葛，"于是娑葛分五千骑出安西，五千骑出拨换，五千骑出焉耆，五千骑出疏勒，入寇"，而在分别攻打安西四镇的同时，娑葛还趁阙啜忠节迎接冯嘉宾时，派兵偷袭，擒阙啜忠节于计舒河口，并杀死冯嘉宾、吕守素，接着突骑施又击杀牛师奖于火烧城，进陷安西，断绝四镇之路。

大胜之后，娑葛并没有得意忘形，他清楚地知道自己的实力，而且此时大唐正准备册封阿史那献为西突厥十姓可汗，派军进驻焉耆，准备进讨，于是他致书郭元振称："我与唐无恶，但仇阙啜。宗尚书受阙啜金，欲枉破奴部落，冯中丞、牛都护相继而来，奴岂得坐而待死？又闻史献欲来，徒扰军州，恐未有宁日，乞大使商量处置。"一连串的失败和娑葛的态度，可以说明郭元振当初承认突骑施汗国的政见是明智的，也是有远见的。在接到娑葛的书信之后，郭元振"遣其子赍娑葛书间道诣京"，通过太平公主上诉于朝，史载"时太平公主尤与宗（楚客）不善，故讽（解）琬以弹之"，于是朝议之后，周以悌坐流白州，复以郭元振为安西大都护。景龙三年（709）秋七月，大唐正式承认了突骑施汗国，册娑葛为贺腊毗伽钦化可汗，赐娑葛名守忠，遮弩名守节。娑葛乃与后突厥断绝关系，自此重新臣属于唐，甚至是忠心耿耿地为大唐守卫西疆。

而阿史那氏，由于自垂拱以后，十姓部落频被突厥默啜侵掠，死散殆尽。其随斛瑟罗父子徙居内地者,不过六七万人。少数残部留西域者,又多为突骑施所并,故而西突厥阿史那氏于是渐绝。

不久之后,吐蕃再一次对西域发起了试探性的进攻。

唐咸亨元年(670)四月,吐蕃名将论钦陵攻占了龟兹、焉耆、疏勒、于阗安西四镇,切断了唐朝到西北一线以至中亚的交通,对大唐王朝造成了极大威胁。加上在此之前,吐蕃击灭吐谷浑,占据其地,进逼河湟,使得大唐不得不出兵青海,结果有了大非川之败。仪凤三年(678),大唐以中书令李敬玄为洮河道大总管兼安抚大使将兵十八万与论钦陵战于青海之上,兵败,工部尚书、右卫大将军彭城僖公刘审礼为吐蕃所虏。

调露元年(679)二月,芒松芒赞去世,论钦陵拥立都松芒布结为赞普。李治闻信后,认为这是彻底打败吐蕃、使吐蕃真正臣服的时机,于是与礼部尚书兼检校右卫大将军裴行俭商议,可这位曾任安西都护、吏部侍郎、洮州道左二军总管、秦州右军总管、平灭西突厥阿史那都支以及李遮匐叛乱,并以定襄道行军大总管的身份镇压东突厥阿史德温傅叛乱的一代名将却以"钦陵为政,大臣辑睦,未可图也"为理由,说明这不是彻底打败吐蕃、使吐蕃真正臣服的时机,从这里可以看出钦陵在当时吐蕃国中的威望之高。

但钦陵兄弟在吐蕃执政数十年,权倾当朝,赞普器弩悉弄随着年长,意欲收回旁落的国事大权。圣历二年(699)二月,赞普与大臣论者乘钦陵在外之机,捕杀其亲党两千余人,并召钦陵兄弟来朝。钦陵自知去必死,便举兵抗命。赞普出兵讨伐,结果钦陵兵败自杀身亡。

如此能征善战的家族覆灭了,对于吐蕃来说,也许不算是幸事,尽管其权势滔天,威胁君权。然而赤都松赞在剪除钦陵后不久,在征讨六诏时,病死于军中,其子尺带珠丹继位,是为赤德祖赞。由于当时的赤德祖赞还很年幼,故而政权实际是由祖母没庐氏赤玛类执掌。赤德祖赞即位之初,吐蕃没有强有力的统治者,且内无谋臣,外无良将,因此政局动荡不安。西南的属国尼婆罗、悉立纷纷起兵反抗,此外又有岱仁巴农囊扎、开桂多囊等大臣叛乱丁那拉山,可谓是内忧外患。

这种情况下,吐蕃选择了与大唐恢复和平,以解脱为连年战争所困的局面,神龙三年(707)三月,吐蕃摄政太后赤玛类派遣使者悉薰热到大唐进贡,并向李显请求联姻,李显应允。该年四月,李显下旨进封

　　　　　　　　　　　　　　　　大漠烽烟

邠王李守礼（李治之孙，章怀太子李贤次子）之女李奴奴为金城公主，出嫁吐蕃赞普弃隶蹜赞，并命左骁卫大将军杨矩护送金城公主入蕃，于是两国再结"舅甥之盟"。

景龙四年（710），金城公主至吐蕃，吐蕃赞普为其筑城以居之，并尊称其为"可敦"（赞普正妻），而且金城公主进藏时带去几万匹锦缎，还有许多书籍和乐工杂伎，对唐蕃文化交流影响深远。甚至《旧唐书》记载，李隆基时，吐蕃赞普还曾上表："外甥是先皇帝舅宿亲，又蒙降金城公主，遂和同为一家，天下百姓，普皆安乐……外甥以先代文成公主、今金城公主之故，深识尊卑，岂敢失礼！又缘年小，枉被边将谗构斗乱，令舅致怪。伏乞垂察追晋，死将万足……伏望皇帝舅远察赤心，许依旧好，长令百姓快乐。如蒙圣恩，千年万岁，外甥终不敢先违盟誓。谨奉金胡瓶一、金盘一、金碗一、马脑杯一、零羊衫段一，谨充微国之礼。"但实际上，唐与吐蕃之间的战事在赤德祖赞在位期间却是频频发生……

景龙四年（710），就在金城公主和亲这一年，安西都护张玄表派兵侵掠吐蕃北境。吐蕃虽怨，但却未将和亲之事断绝，而是贿赂鄯州都督杨矩，由杨矩上表睿宗将九曲之地赠予吐蕃，作为金城公主的汤沐邑。然而谁也没有想到，此举本是以结盟好，但最后竟是祸患，此后数年间唐蕃在九曲之地征战不断。九曲之地的割让让吐蕃对大唐边境再一次形成了威胁，而此时摄政的没庐氏赤玛类已经平定了内外叛乱，基本巩固了政权，这种情况下，为防吐蕃，景云二年（711）睿宗下诏设置河西藩镇，次年，没庐氏病逝，因赤德祖赞还年幼，故而由大论韦·乞力徐尚年（汉文作乞力徐）摄政，也就从这个时候开始，大唐与吐蕃再起战事。

开元元年（713）李隆基设置陇右藩镇，次年派遣左骁卫郎将尉迟瑰出使吐蕃看望金城公主，尉迟瑰此行同时也是为了窥探吐蕃的情况。然而就在这一年，吐蕃却开始采取攻势，他们先是遣使赴长安，请求大唐派使臣前来会盟，并要求以河源一带为两国边界，于是李隆基遣老臣解琬前去会盟。

解琬被授官左散骑常侍，处理与吐蕃会盟之事，其实所谓会盟之事，主要就是和吐蕃划分边界，兼处理十姓降户等事务。在和吐蕃人接触的这段时间内，这位八十岁的老人认为吐蕃不可信赖，于是"请调兵十万驻守在秦渭之间，严加防范"。

这年冬天，吐蕃果然大举入侵了。开元二年（714）秋，吐蕃以大论乞力徐、大将坌达延率兵十万兵临洮州、兰州、渭州，夺得大批牧马而还。鄯州都督杨矩想到自己曾请赐吐蕃河西九曲之地，而今蕃军竟然以此为据点，频繁进攻，遂悔而自尽。皇帝下诏，起用老将薛讷，以白衣摄左羽林将军，为陇右防御使，与太仆少卿王晙等率兵邀击吐蕃军。

薛讷乃薛仁贵之子，不过他的仕途却是由城门郎而起，后为蓝田县令，李治时因御边有功，官封平阳郡公，圣历元年，后突厥阿史那默啜入侵河北，武则天以薛讷将门虎子，提拔其为左武威卫将军、安东道经略。临行前，武则天于同明殿召见薛讷，问计于其，薛讷道："丑虏恁凌，以卢陵为辞。今虽有制升储，外议犹恐未定。若此命不易，则狂贼自然款伏。"武则天非常欣赏这番奏对，于是拜其为幽州都督兼安东都护，转并州大都督府长史，兼检校左卫大将军。

先天二年（开元元年,713）李隆基讲武于骊山之下，征兵二十万，旌旗连亘五十余里，然而李隆基却为立威，故以军容不整，坐兵部尚书郭元振于纛下，将斩之。幸亏宰相刘幽求、张说跪于马前，谏说："元振有大功于社稷，不可杀。"这才免死，流新州。随后，帝又以制军礼不肃，斩给事中、知礼仪事唐绍，一时间，诸军多震惧失序，只有时为左军节度的薛讷、朔方道大总管解琬二人所领兵马岿然不动。帝遣轻骑召之，但因薛讷治军严整，于是"皆不得入其阵"，对此李隆基深叹美，慰勉有加，赞薛讷有周亚夫之风。

其实就在开元二年夏，薛讷刚刚吃了一场大败仗，其受命和左监门将军杜宾客、定州刺史崔宣道，率领大军两万，抵御契丹。因军士苦于酷暑，大军行至滦州，不期与契丹军遭遇，诸将统率不协调，交战不利，死者十之八九。薛讷与数十骑突围得免，被削去官爵。此番起用薛讷，并让其以布衣摄左羽林军，为陇右防御使，是皇帝考虑到他"资忠报主，见义忘身"，而所谓的"资忠报主，见义忘身"，一个重要原因是，当初中书令姚元崇等皆认为正值酷夏，天气炎热，将士们披甲执戈，携带粮草深入敌境，恐怕很难获胜，于是纷纷认为不宜出兵，而薛讷却说："夏月草茂，羔犊生息之际，不费粮储，亦可渐进。一举振国威灵，不可失也。"李隆基当时即位之初，欲威服四夷，薛讷此言甚合其意，于是诏薛讷同紫微黄门三品，总督兵马征讨奚、契丹。此战之后，皇帝斩崔宣道、李思敬等八人于幽州，但却敕薛讷免死，只将他削官为民。

所谓知耻而后勇，就在李隆基下诏准备御驾亲征，发兵十万、马四万之时，薛讷已与右骁卫将军郭知运率大军至武街驿，面对吐蕃大军，唐军并没有选择固守，而是实施机动，陇右群牧使王晙率两千轻骑奔袭二十里外之来谷口。此处驻有吐蕃大军十万之众，王晙选勇士七百"衣胡服夜袭之"，七百勇士分为两队，前队杀入营中，后队擂鼓以助威，吐蕃人不明就里，以为唐军主力来袭，惊惧混乱，自相杀伤，死者万计，随后王晙又挥兵武街驿，而薛讷则率兵夹击，于是大败之，斩首一万七千，获马羊超过二十万。此后唐军乘胜追击至洮水，复战于长城堡。面对困局，吐蕃军背水而战，围薛讷军先锋太子右卫率丰安军使郎将王海宾入其阵，因唐军诸将嫉其战功，故而迟迟不发兵增援王海宾，竟终其战死沙场。就在王海宾力战而死之时，薛讷率军赶到，大败吐蕃军，吐蕃军大将六指乡弥洪被擒，兵士死伤数万，横尸遍野，"相枕藉而死，洮水为之不流"。玄宗听闻薛讷等大获全胜，大悦，于是停止亲征。追赠王海宾为左金吾卫大将军，赐物三百段、粟三百石，将其子接入宫中抚养，并收为假子，赐名"忠嗣"，同时命紫微舍人倪若水赶赴前线，记录诸将功勋。

武街之战后，唐蕃关系彻底恶化，虽然吐蕃请和，但却要求用与帝国平等的礼节，于是李隆基不许，从此吐蕃岁岁犯边，忽和忽战。开元四年（716）二月，吐蕃围松州，结果在二十六日为松州都督孙仁献于城下大破之。次年七月初五，陇右节度使郭知运在九曲之地大败吐蕃军，献俘于长安。之后，在青海地区战争减少，但为了对抗大唐，吐蕃开始遣使通好于大食、突厥、突骑施。这年八月，突骑施别部苏禄果引大食、吐蕃谋取四镇，围拨换及大石城，安西副大都护汤嘉惠发阿史那献与葛逻禄兵击之。

由于自中宗时起，为了抵制突骑施对西域的侵蚀，大唐便册封阿史那元庆之子阿史那献为右骁骑大将军、昆陵都护、兴昔亡可汗，统辖咄陆五部，镇守庭州，并以其为招慰十姓使、碛西节度使，开元三年又加定远道行军大总管，以抵御大食和拔汗那，所以事实上，吐蕃此时染指西域，实际上首先要面对的不是大唐的安西大都护府的四镇锐卒，而是突厥、葛逻禄等臣服于大唐的番部。

综观这一时期大唐在西域的战争，主要原因就是吐蕃势力的介入和民族政策的错误，使得西域不宁。唐在西域略占优势，吐蕃则在河陇占有优势。不得不承认的是自李世民、李治至武则天以来，大唐在军事上对周边各族大都占有明显优势，但唯独吐蕃是个例外。这除了军事指挥外，还有其他多种原因，譬如吐蕃国法严整，上下齐力，内部较稳固，民风剽悍尚武，且河陇一带的军事地理形势对其十分有利，因为吐蕃位于青藏高原，攻唐可居高临下，直入平川，而唐击吐蕃却要仰攻高寒缺氧的青藏高原，行军作战十分不便。不过，还有一个重要的原因就是大唐内部的朝局不稳定。

14. 女皇时代

　　自李治中期以后，帝国的权力逐渐由皇后武氏掌握。史载武氏出生于高祖武德七年，其父武士彟早年从事木材买卖，故而家境殷实，隋炀帝大业末年，李渊任职河东和太原之时，因多次在武家留住，因而结识。晋阳起兵后，武家曾资助过钱粮衣物，故大唐建立以后，武士彟曾以"元从功臣"历官工部尚书、黄门侍郎、判六尚书事、扬州都督府长史及利州、荆州都督等职，贞观中，累迁工部尚书、荆州都督，封应国公。其母杨氏乃隋宗室，是给事黄门侍郎、吏部侍郎，位受开府仪同三司，任内史侍郎、鄜州刺史、郑州刺史、赵州刺史、工部尚书，加上开府位的遂宁县子杨达之女。

　　贞观十一年（637）十一月，李世民听闻十四岁的武氏姿色艳美，将她纳入宫中，封五品才人，赐号"武媚"，也因此，武氏被后世讹称为"武媚娘"。对于武氏在李世民时期于宫中的生活，史书并没有详细的描述，仅见武氏在晚年时回忆自己为李世民驯马一事。当时，李世民有名马师子骢，肥逸无能调驭者，令李世民不知所措。武氏侍候在侧，对李世民说："妾能制之，然须三物：一铁鞭，二铁楇，三匕首。铁鞭击之不服，则以楇楇其首；又不服，则以匕首断其喉。"李世民壮武氏之志。贞观十七年（643），太子李承乾被废，晋王李治被立为太子。此后，武氏在侍奉李世民之际和李治相识并互生爱慕之心。贞观二十三年（649），李世民驾崩，而被封为才人的武氏依唐后宫之例，剃发入感业寺出家为尼。

　　永徽元年（650）五月，李治入感业寺进香之时，与武氏相遇，二人互诉离别相思之情。此事被因无子而失宠的王皇后知悉后，出于打击当时颇为得宠的萧淑妃的目的，主动提出让李治将武氏纳入宫中，而显然李治早有此意，于是当即应允。一年之后，也就是永徽二年（651）五月，李治的孝服已满，于是时年二十七岁的武氏还俗，再度入宫。其实在入宫前武氏便已怀孕，入宫后不久，武氏便生下一子，取名李弘。次年五月，武氏被封为二品昭仪。

永徽六年（655）六月，李治意欲将武昭仪升为一品宸妃（大唐后宫四夫人中本来并无宸妃此封号，而原本的四夫人名额已满，李治为了武氏，才创宸妃封号），但此举立即遭到侍中兼太子宾客韩瑗、中书令检校吏部尚书来济的反对，以至于最后不能成事。由此，武氏与韩瑗、来济等朝中重臣结怨。但此时，身处内宫的她，显然手中缺少一个打击外臣的工具，然而不久之后，一个叫李义府的人主动投上门来。

李义府，时为中书舍人。此人自小聪慧，贞观八年，剑南道巡察大使李大亮以义府善属文，表荐之，对策擢第，补门下省典仪。后又得到黄门侍郎刘洎、侍书御史马周的举荐，故而改任监察御史，随侍晋王。贞观十七年，李世民立晋王为皇太子，故而任命李义府为太子舍人、崇贤馆直学士。李治继位之后，李义府改任中书舍人并兼修国史，加弘文馆学士。此人"貌状温恭，与人语必嬉怡微笑"，但表面温和、笑里藏刀，以至于人号"李猫"。

永徽六年（655），李义府因为得罪国舅长孙无忌，而被贬为壁州司马。敕书尚未下达门下省时，李义府已得知此情，于是问计于同为中书舍人的王德俭。王德俭是礼部尚书许敬宗甥，此人虽瘿却智而善揣事，他给李义府找了一个出路："皇帝欲立武昭仪为皇后，但又畏宰相议，所以尚未正式提出。你若能推助此事，定可转祸为福。"于是李义府遂代替王德俭值夜，叩阁上表，请求废黜王皇后，改立武昭仪。李治大喜，召见与语，并赐珠一斗，其后强行推行废后改立之事。

显庆五年（660），李治患上了风疾之症，头晕目眩，不能处理国家大事，武后遂开始代理朝政，然而因武后渐有主导政局的趋势，李治颇为担忧，甚至一度有废后的打算。麟德元年（664），武后引道士入宫，行厌胜之术，被宦官王伏胜告发。于是李治意欲借此机会将之废为庶人，便密召银青光禄大夫、西台侍郎同东西台、弘文馆学士上官仪商议此事。

因上官仪说"皇后专横，海内失望，应废黜以顺人心"，于是李治便命他拟写废后诏书。这边诏书还没写完，那边武后便得到消息，于是"涕泣陈请"之下，李治不忍废后，事遂中辍，但上官仪却由此为武后所怨。当年十二月，上官仪被许敬宗告发与王伏胜、废太子梁王李忠谋反，因上官仪曾在李忠的陈王府担任咨议参军，并与王伏胜一同事奉过李忠，因此遭到诬陷，最终他被以"离间二圣、无人臣礼"之罪下狱，后与王伏胜一同被诛，家产亦被抄没，其子上官庭芝也同时被诛杀。上官仪获罪遭诛后，其孙女上官婉儿虽然尚在襁褓之中，但却与母亲郑氏一同被没入掖庭，充为官婢。

虽是在内廷为奴，可婉儿在其母的精心培养下，熟读诗书，不仅能吟诗著文，而且明达吏事，聪敏异常。《景龙文馆记》记载："（婉儿）年十四，聪达敏识，才华无比。天后闻而试之，援笔立成，皆如宿构，于是免其奴婢身份。"武后称帝之后，诏敕多出其手，时称"内舍人"，万岁通天元年（696）或圣历元年（698）后，上官婉儿受命处理百司奏表，参决政务，权势日隆。《旧唐书》所载"自圣历已后，百司表奏，多令参决"，而《新唐书》则说是"自通天以来，内掌诏命，掞丽可观"。至于《景龙文馆记》中的记载也是如此，所谓"自通天后，建景龙前，恒掌宸翰。其军国谋猷，杀生大柄，多其决"。

自诛上官仪后，武后开始垂帘问政，不过其原因并不是皇帝废后失败沦为傀儡，而是因为李治的风疹之疾发作，史载："上每视朝，天后垂帘于御座后，政事大小皆预闻之，内外称为'二圣'。帝欲下诏令天后摄国政，中书侍郎郝处俊谏止之。"从这里可以看出，让武后摄理国政，加强其权力，是李治自己的意思，而《旧唐书》也记载："高宗称天皇，武后亦称天后。后素多智计，兼涉文史。帝自显庆已后，多苦风疾，百司表奏，皆委天后详决。自此内辅国政数十年，威势与帝无异，当时称为'二圣'。"由此可知，所谓的武氏掌握权柄、以李治为傀的说法，其实是很荒谬的。

不过有一点是肯定的，那就是"二圣"时期，表面上是李治和武后共同执掌朝政，但由于李治风眩更甚，实际上是由武后以"天后"的身份来处理大量的国事。而武后也很清楚，自己深居后宫，要想驾驭整个国家，实在是太难了。

可是朝中大事不可无人处理，皇太子李弘倒是可以监国，李弘乃是武后长子，永徽三年入宫后诞下，是为李治第五子。由于王皇后没有子嗣，当时的太子是李治的庶长子李忠。永徽六年（655），李治废王皇后和萧淑妃为庶人，改立武氏为皇后，李弘由此成为李治的元子（嫡长子）。同年，李弘与胞弟李贤被晋封为亲王，李弘为代王，显庆元年（656），李治诏令废黜太子李忠，改立四岁的代王李弘为皇太子。

这位帝国的皇太子李弘以"仁孝"而誉满朝野，史载："咸亨二年，驾幸东都，留太子于京师监国。时属大旱，关中饥乏，令取郭下兵士粮视之，见有食榆皮蓬实者，乃令家令等各给米使足。"可见其爱民之心。李治倒是想要禅位于太子，可太子却体弱多病，以至于监国政务多由东宫官员戴至德、张文瓘、萧德昭等人代为处理，正如史书中所记载的那样："是时戴至德、张文瓘兼左庶子，与右庶子萧德昭同为辅弼，太子多疾病，庶政皆决于至德等。"就在上元二年（675）的四月，李弘随帝后出行洛阳，在合璧宫绮云殿猝然离世，年仅二十三岁。时人以为武后所毒杀，但也有说法称李弘本来病弱，故而早夭。前者以为李治虑及身体不支，有提前禅位给太子之意，但当时的武后政治上得意，李弘因此成为了其总揽大权的障碍。还有就是咸亨二年（671），李弘在长安监国时，发现义阳公主和宣城公主被幽禁宫中，二人皆因其母萧淑妃获罪，年逾三十而未嫁，李弘悲悯二人，于是奏请出降，李治许之，此举使得"武后大怒"。不过客观上来说，"鸩杀说"很值得推敲。一来，李治在《赐谥皇太子弘孝敬皇帝制》中提到，弘自被立为太子后就染上痨瘵，又接受父君之命带病理政，以致操劳过度，使旧病加剧，最终病卒。而根据"太子多疾病，庶政皆决于戴至德、张文瓘、萧德昭等人"这点来看，也似乎能够印证这一点。

不管怎么样，李弘的确是死了，这个时候，对于大唐来说，政权该由谁掌握，的确是个问题，而对于武后来说，如果想要控制朝局，就必须要应用亲信，于是武后把目光投向了"北门学士"。当初她从左、右史和著作郎中，物色了一批才学俱佳的文人学士，"以修撰为名"召入禁中，由于这些先后撰成《玄览》《古今内范》《青宫纪要》《少阳正范》《维城典训》《紫枢要录》《凤楼新诫》《孝子传》《列女传》《内范要略》《乐书要录》《百僚新诫》《兆人本业》《臣轨》等书的饱学之士是被特许从玄武门出入禁中的，故而时人称之为"北门学士"（唐制，官衙都在宫城之南，院在银台之北，从玄武门出入可以不经南门）。武后为了能够在朝中多用自己的心腹，于是密令这批"北门学士"参决朝廷奏议，以分朝中宰相之权。事实上，北门学士在帮助武后分减皇权和相权的同时，也提出了不少治国良策，在各个方面作出了不少贡献，而其中的范履冰、刘祎之等人更是一代名臣。

弘道元年（683）十二月，李治驾崩，临终遗诏：太子李显于枢前即位，军国大事有不能裁决者，由武后决定。四天以后，太子即位，是为中宗，武后被尊为皇太后。李显本是李治第七子，武后第三子，初封周王，授洛州牧。仪凤二年，徙封英王，改名哲，授雍州牧。上元二年（675），太子李弘猝死后，雍王李贤继立，然而这个武后第二子却与其母关系紧张。时有正谏大夫明崇俨以旁门左道、江湖术数而深得高宗和武后信赖，此人曾对武后说"太子不堪承继，英王（武后第三子）貌类太宗"，又言"相王（武后幼子）相最贵"，李贤听闻后深感厌恶。加之当时宫中有流言说李贤不是武后亲生，而是武后的姐姐韩国夫人与李治的儿子，于是李贤顿生疑虑，感到恐惧。

此时，武后又送《少阳政范》和《孝子传》给李贤，以责备他不懂得为人子、为太子，还曾亲手书信斥责，李贤越发感到不安，调露二年（680），明崇俨为人所杀，武后疑出贤谋，遣人发太子阴事，诏薛元超、裴炎、高智周办理此案，结果在东宫"获甲数百"，此事一出，于是武后以"为人子心怀谋逆，应该大义灭亲，不能赦免罪行"，太子当即被废。然而《资治通鉴》对太子事发记载了另一段插曲：李贤平日颇好声色，养户奴赵道生为男宠，多赐之金帛，曾有东宫官员上书劝谏不听。太子事发后，赵道生供认是太子命他刺杀明崇俨。永淳二年（683），李贤被流放到偏僻的巴州，走时妻儿仆从衣缕单薄，十分凄凉。时为皇太子的李哲（即李显）为此上《请给庶人衣服表》，恳请帝后怜悯，稍赐春冬衣物。

不过这位当年为自己的哥哥上表请赐衣物的皇太子虽然平生庸弱无能，但在继位后，却也是野心勃勃，李治病重，以侍中裴炎、黄门侍郎刘齐贤、中书侍郎郭正一并于东宫平章事，后李治驾崩之后，裴炎受遗诏辅政，政事皆取决于武太后，李显不满，于是重用韦后亲戚，他将国

唐代章怀太子墓壁画——狩猎出行图

丈（韦后之父）韦玄贞由普州参军提拔为豫州刺史，并想要擢升为侍中，又欲任命乳母之子为五品官，裴炎力谏，结果李显大怒说："我以天下给韦玄贞，也无不可，难道还吝惜一侍中吗？"这意思是说朕即使把天下都给韦玄贞，又有何不可？还在乎一个侍中吗？武太后得知后，决定废黜李显，于是命裴炎与中书侍郎刘祎之、羽林将军程务挺、张虔勖率军入宫，宣布废黜李显的懿旨，然后扶李显下殿。李显道："我有什么罪过？"武则天道："你欲把天下让给韦玄贞，怎能说无罪！"时李显继位不过五十五天。

嗣圣元年（684）废李显为庐陵王，并迁于房州，而立第四子豫王李旦为帝，是为睿宗。之后武太后开始临朝称制，自专朝政。由于担心李唐宗室谋反，于是太后命左金吾卫大将军丘神勣前往巴州检查庶人李贤居所，谁知道这位酷吏到巴州后，竟将李贤囚禁于他室，逼令自杀。消息传来，"则天举哀于显福门，贬神勣为叠州刺史，追封贤为雍王"。

事实上，这个时候武则天的担心并不是没有理由的，就在这一年九月，李世勣之孙、承袭英国公爵位的李敬业联合给事中唐之奇、长安主簿骆宾王、詹事司直杜求仁以扶持庐陵王为由，起事于扬州，自称为匡复府大将军，十多天内竟聚十万部众。消息传来，武则天大怒，下诏剥夺李敬业赐姓，又以左玉钤大将军李孝逸为扬州道大总管，率兵三十万前往征讨，又以左鹰扬大将军黑齿常之为江南道大总管前往讨伐，当年十一月，李敬业兵败自杀。此后，又有豫州刺史越王李贞则起兵豫州，其子博州刺史琅邪王李冲于博州举兵，一时间，天下似乎动乱不已……

导致这两位李唐宗室谋反的原因很简单，那就是垂拱二年（686）三月，太后下令制造铜匦，置于洛阳宫城之前，随时接纳臣下表疏，同时，又大开告密之门，规定任何人均可告密。此外，武则天还任用索元礼、周兴、来俊臣、侯思止等一大批酷吏，掌管制狱。一时间，告密之风盛行，李唐宗室频频被卷入所谓的谋反案中。皇亲国戚接连遭到翦除，先是舒王李元名及其子豫章王李亶被诛，后有密王李元晓之子南安王李颖等宗室十二人被杀，于是诸王不自安，这才有了"越王李贞、韩王李元嘉、鲁王李灵夔、霍王李元轨、元嘉之子黄国公李撰、灵夔之子范阳王李蔼、元轨之子江都王李绪、博州刺史琅邪王李冲等，密谋匡扶大唐，并命长史萧德琮等招募士卒，分报韩、鲁、霍、越、纪五王，各令起兵应接，以赴神都"之事。然而很显然，叛乱很不靠谱，史载："初，冲与诸王连谋，及冲先发而莫有应者，惟贞以父子之故，独举兵以应之。"

李冲起兵七日就败死，史载其仅有士卒五千，攻武水，积薪焚其门，结果因为风向不对，于是"火作风反"，破城不得，于是士气低落、众心沮解，其属董元寂诵言："王与国家战，乃反尔。"冲斩以徇，众惧，遂溃，唯家僮数十从之，乃走博州，为当关刺死。而前来平乱的丘神勣大军到来时，见官吏素服来迎，这位清平道大总管居然因无叛可平，而挥刃尽杀之，破千余家，并以此为战功获加左金吾卫大将军。

而豫州刺史越王李贞起兵豫州后，武则天当即命左豹韬卫大将军麹崇裕为中军大总管，夏官尚书岑长倩为后军大总管，率兵十万讨之，仍令凤阁侍郎张光辅为诸军节度。大军进逼之下，李贞饮药自杀，此时距离他起兵仅仅二十日，其次子常山公常州别驾李倩皆被牵连，而第三子李温被流放岭南。至于韩王李元嘉、鲁王李灵夔、黄国公李撰、左散骑常侍范阳王李蔼、东莞郡公李融、霍王李元轨及子江都王李绪、虢王李元凤及子东莞公李融、常乐公主等尽皆被卷入其中。一时间，腥风血雨，史载"自是宗室诸王相继诛死者，殆将尽矣。其子孙年幼者咸配流岭外，诛其亲党数百余家"。

在平定了李贞、李冲叛乱，并剪除了李唐宗室之威胁后，武则天开始谋求进一步的权力。从客观上来说，在武后掌权与称帝期间，国家较贞观时期有更大的发展，均田制的继续推行促进了农业生产，科举制度进一步完善，开创出殿试和武举，此举不仅压制了自西魏以来的关陇集团，还使得帝国能够更多地发现和选拔人才，如张柬之、张仁愿、姚崇等一代名臣将领都是武后年间所出。

又譬如狄仁杰，其人刚正廉明，执法不阿，任大理寺丞间，一年中判决了大量的积压案件，涉及一万七千人，竟无冤诉者。他先后举荐了张柬之、桓彦范、敬晖、窦怀贞及姚崇等数十位干练的官员，皆为唐朝中兴之臣，有人对他说："天下桃李，悉在公门矣。"狄仁杰却说："举贤为国，非为私也。"就是这种"非为私也"才使得朝中政风为之一变，不过狄仁杰之贤不仅如此，他曾犯颜直谏，力劝女皇续立唐嗣，从而唐祚得以维系，这才是这位"神探"最大之贤。

圣历元年（698），武承嗣、武三思谋求当太子，几次使人对武后说："自古天子未有以异姓为嗣者。"而女皇也想立侄梁王武三思为太子，一时间犹豫未决，深谋远虑的狄仁杰却劝说武则天顺应民心，还政于庐陵王李显，勿让权予侄。他说："姑侄之与母子，哪个比较亲近？陛下立子，则千秋万岁后，祭祖于太庙，立侄则未闻侄为天子祭姑于太庙者。"女皇颇为不喜，说："此朕家事，卿勿预知。"然而狄仁杰答曰："王者以四海为家。四海之内，孰非臣妾？何者不为陛下家事！君为元首，臣为股肱，义同一体。况臣位备宰相，岂得不预知乎？"女皇由是无立武承嗣、武三思之意。此后他又力劝武后召还庐陵王（中宗）东都，并立为皇嗣，从而使李唐得以维系。女皇很是信重狄仁杰，常谓之"国老"而不呼其名，史载"仁杰好诤谏"，但女皇却是"每屈意从之"。

圣历元年（698）秋，后突厥南下入侵，女皇命太子为河北道行军元帅、狄仁杰为副元帅征讨突厥，迅速恢复了河北的安定。回朝后，狄仁杰迁内史（中书令），但不久之后，他便病倒，久视元年（700），狄仁杰病故，朝野凄恸，女皇甚至泣曰："朝堂空矣！"并常叹："天夺吾国老何太早邪！"正因狄仁杰之贤，使他不仅在身故之后，被女皇赠文昌右相（尚书右仆射），谥文惠，而且李显再次继位后，还追赠司空，睿宗年间又追封之为梁国公。

有正也有邪，有狄仁杰之贤，自然也有奸臣贼子了。武则天晚年宠信张易之、张昌宗，史载"张易之初以门荫迁为尚乘奉御，武后临朝后，太平公主荐易之弟昌宗入侍禁中，昌宗复荐易之"。入宫之后，兄弟二人深得武则天的恩宠，张易之历任司卫少卿、控鹤监内供奉、奉宸令、麟台监，封恒国公；张昌宗为云麾将军、行使左千牛中郎将、右散骑常侍、春官侍郎，封邺国公。二张年少美姿容，兼善音律歌词，故而史家多认为这二人的受宠与其美貌有关，例如《唐书》载杨再思对昌宗称"人言六郎似莲花，非也，正谓莲花似六郎"（张氏兄弟二人在当时被朝内高官、宗室并称为五郎、六郎）。

唐永泰公主墓壁画侍女图

不过虽然女皇宠爱，赐田宅玉帛无数，二张却专权跋扈，朝廷百官无不惧之，甚至武承嗣、武三思等女皇子侄等亦争执鞭辔，中宗长子邵王李重润（中宗第二次为太子时封其为邵王）与其妹永泰郡主及郡主婿武延基窃议张易之兄弟"何得任意入宫"，结果张易之控告于武后，武后竟敕李重润、永泰郡主、武延基皆赐死。

神龙元年（705）正月，武则天病笃，卧床不起，只有张易之、张昌宗兄弟侍侧。于是在正月廿二癸卯（705年2月20日），凤阁侍郎张柬之、鸾台侍郎崔玄暐、左羽林将军敬晖、右羽林将军桓彦范、司刑少卿袁恕己联络右羽林卫大将军李多祚、左羽林将军李兴宗等，发动兵变，称麟台监张易之、司仆卿张昌宗谋反，于是率禁军入宫诛杀张易之、张昌宗，随即包围寝宫长生殿，要求武氏退位。次日，武则天命太子李显为监国，第三天禅让帝位于太子，第四天李显正式即位，是为中宗。二月初四甲寅（3月3日），李显下诏，复国号为唐，武周朝终结，因为有改朝换代的因素，所以称之为"神龙革命"。

中宗即位之后，初为女皇上尊号"则天大圣皇帝"。神龙元年农历十一月二十六日（705年12月16日），年已八十二岁的武则天在上阳宫病死，遗制去帝号，于是称"则天大圣皇后"，这位叱咤风云的女人在神龙二年（706）五月与李治合葬乾陵，耐人寻味的是，至今乾陵前依然并立着两块巨大的石碑，西侧的一块叫"述圣碑（或称述圣纪碑）"，是武则天为歌颂李治功德而立的碑，五千余字的碑文由她亲自撰写，黑漆碑面，字填金粉，光彩照人，而东侧则是她为自己留下的"无字碑"，这块无字之碑仿佛是这个在历史上留下深厚烙印的女人为自己的一生所做的最后一个总结，那就是：功过是非，任由后人去评说。

武周时期结束，李显重祚，唐朝复辟，百官、旗帜、服色、文字等皆复旧制，并诏以神都为东都。李显同时封其弟李旦为安国相王，其妹太平公主为镇国太平公主，继而又不顾大臣的劝阻，破格追封韦后之父亲为王，并让韦后参预朝政，此举导致了中宗年间大唐内政极为混乱的局面。

无字碑

　　　　　　　　　　　　　　　　　　　　　　　　大漠烽烟

延和元年（712）八月三日，李隆基即位，是为玄宗，改元先天，不过此时的情况对他来说并不妙，当时朝中宰辅多是太平公主之党，文武大臣也多依附她，于是，除掉太平公主就成了李隆基的当前要务。

史载，李隆基英俊多艺，仪表堂堂，从小就很有大志，在宫里自诩为"阿瞒"，虽然不被掌权的武氏族人看重，但他一言一行依然很有主见。七岁那年，诸王参加每月朔望，金吾大将军武懿宗见李隆基的车骑仪仗威严而整齐，心中不悦，于是呵排仪仗，因欲折之。李隆基怒声叱之曰："这是我李家的朝堂，干汝何事？敢迫吾骑从乎！"随之扬长而去。武则天知道后，非常惊讶，不仅未加罪于他，反而更加宠爱他。长寿初年（692），因李弘无子嗣，武则天命已封为楚王的李隆基作为孝敬帝嗣子，以承继香火。

其实自从景龙四年（710）开始，李隆基就已经秘密发展自己的武装力量，他首先将目光放在了北门禁军。李世民时，于玄武门置"左右屯营"，领以诸卫将军，号"飞骑"，成分混杂，统属复杂；唐高宗龙朔二年，改"北门（玄武门）左右屯营"为"左右羽林军"，史载"高宗龙朔二年，始取府兵越骑、步射置左右羽林军，大朝会则执仗以卫阶陛，行幸则夹驰道为内仗"。至垂拱元年五月十七日羽林军正式独立建制，取消了以往以南衙诸卫将军检校羽林军的制度，从而使得羽林军正式升格为行政系统上独立的北衙禁军，定额兵士六千人。

高宗、武周两朝羽林军的建立和官署的完善，使北衙禁军在建制上彻底脱离南衙十二卫，这显然与同时期"关中本位政策"的瓦解以及皇权的强化紧密相连。也就在这一时期，北衙禁军开始大规模消解府兵的职任和人员，在宫城宿卫方面承担了主要角色，而羽林军内部的"万骑"则与皇帝之间的关系最为密切。

所谓"万骑"的前身是"百骑"，唐太宗时，选官户及番口中骁勇的武士穿虎纹衣，跨豹纹鞯，从游猎，于马前射禽兽，谓之百骑。根据《旧唐书·王毛仲传》记载："初，太宗贞观中，择官户番口中少年骁勇者百人，每出游猎，令持弓矢于御马前射生，令骑豹文鞯，着画兽文衫，谓之'百骑'。"又有《新唐书·兵志》记载："及贞观初，太宗择善射者百人，为二番于北门长上，曰'百骑'，以从田猎。"而《通典·职官十》则记载："大唐之初有禁兵，号为'百骑'，属羽林。"武后时，因崇重内廷，故而增加为千骑，中宗时发展为万骑。李隆基就在这支亲军万骑中发展势力，聚结才勇之士，所以才有了后来"唐隆政变"的成功。

事实上，从那之后，李隆基就非常重视万骑的作用，而且万骑在"唐隆政变"中的作用，还在某种程度上影响了李隆基一朝禁军系统的格局，至李隆基登基之后，他更是将左右"万骑"制度化，并在开元二十六年（738）将万骑从左右羽林军中分出，置为左右龙武军，兵号万骑，自此也就有了所谓的"北衙四军"。不过由于充任羽林大将军的，不是皇亲国戚，就是皇帝最为亲信的将领，故其地位远在诸卫大将军之上，所以谁都想把自己的人安排在这个位置上，而在当时，左右羽林都掌握在太平公主的手里。

根据《资治通鉴》的记载，太平公主与左仆射窦怀贞、侍中岑羲、中书令萧至忠以及太子少保薛稷、雍州长史新兴王李晋（高祖堂弟李德良之孙）、左羽林大将军常元楷、知右羽林将军事李慈、左金吾将军李钦、中书舍人李猷、右散骑常侍贾膺福、鸿胪寺卿唐和胡僧慧范等合谋废掉李隆基，此外还与宫女元氏合谋，准备在进献给李隆基服用的天麻粉中投毒。

得到消息的李隆基与岐王李范、薛王李业、兵部尚书郭元振、殿中少监姜皎、太仆少卿李令问、尚乘奉御王守一、内给事高力士、果毅李守德等人定计率先下手。他先命王毛仲调用闲厩中的马匹以及禁兵三百余人，亲自率领太仆少卿李令间、王守一，内侍高力士，果毅李守德等亲信十多人从武德殿进入虔化门，先杀左羽林大将军常元楷、知右羽林将军事李慈，在控制了羽林军之后，继而擒获了太平公主的亲信右散骑常侍贾膺福及中书舍人李猷，并将此二人与侍中岑羲、中书令萧至忠一起斩杀，窦怀贞虽然暂时走脱，最后自缢而死，但却被戮尸。太平公主见党羽被诛杀殆尽，不得不逃入南山佛寺，三日后乃出。虽然太上皇出面请李隆基能够恕其死罪，但却被李隆基拒绝，于是太平公主最终被赐死家中。这便是历史上著名的"先天之变"，太平公主、公主诸子及党羽死者数十人，唯有其子薛崇简以数谏其母被挞，特免死，赐姓李，官爵如故。这次血雨腥风的屠杀使得大唐自武则天以来的女主政治至此结束，此后李隆基终于掌握了皇帝应有的权力。当年，李隆基下诏，将年号改为"开元"。

其实纵观"先天之变"，禁军的作用依然很大，其一便是王毛仲，此人乃是高句丽人，年幼时，因父违法全家没入官府为奴，王毛仲成为临淄王李隆基的奴仆，因其"性识明悟"、"骁勇善骑射"，服侍李隆基左右，甚得器重。李隆基离开长安任潞州别驾时，王毛仲身任护卫侍从，与李宜德等"挟弓矢为翼"。当初李隆基为了与韦后、安乐公主相对抗，培植自己的势力，于是对"万骑"中的豪俊者，或赐饮食财帛，王毛仲生性聪颖，深知主子的意图，于是对万骑将士更是"待之甚谨"，亦"布诚结纳"，使李隆基"益怜其敏惠"。相较于韦后令亲信"韦播、高嵩为羽林将军押万骑，以苛峭树威"，李隆基的厚赏显然更得人心，于是万骑"果毅葛福顺、陈玄礼诉于王"，这才有了"唐隆政变"中万骑的"皆愿决死从命"。韦后、安乐公主伏诛后，相王（李隆基之父）李旦复位，是为睿宗。李隆基被封为平王，兼知内外闲厩、押左右厢万骑，掌管禁军和御马，很快又被立为皇太子。王毛仲虽然专掌太子东宫驼马鹰狗等坊，但却是李隆基的心腹。此次政变，便是他率领三百禁军，假传召见左羽林大将军常元楷、知右羽林将军事李慈，而引禁军诛之，才得以控制了羽林军。

其实关于控制羽林亲军的重要性，还有一点，那就是荆州长史崔日用入朝奏事与李隆基的对话，史载："州长史崔日用入奏事，言于上曰：'太平谋逆有日，陛下往在东宫，犹为臣子，若欲讨之，须用谋力。今既光临大宝，但下一制书，谁敢不从？万一奸宄得志，悔之何及！'上曰：'诚如卿言，直恐惊动上皇。'日用曰：'天子之孝在于安四海。若奸人得志，则社稷为墟，安在其为孝乎！请先定北军，后收逆党，则不惊动上皇矣。'上以为然。以日用为吏部侍郎。"

也就是说，荆州长史崔日用认为："太平公主图谋叛逆，是由来已久的事情。当初，陛下在东宫做太子时，在名分上还是臣子，如果那时想铲除太平公主，需要施用计谋。现在陛下已为全国之主，只需颁下一道制书，有哪一个敢抗命不从？如果犹豫不决，万一奸邪之徒的阴谋得逞，那时候再后悔可就来不及了！"而当李隆基说"你说得非常正确，只是朕担心会惊动太上皇"时，崔日用的计策很简单，那就是："请陛下首先控制住左右羽林军和左右万骑，然后再将太平公主及其党羽一网打尽，这样就不会惊动太上皇了。"

唐玄宗

李隆基虽然在清除太平公主之后，彻底巩固了皇权，但他所面临的形势却不容乐观，兵变大大地伤了帝国的元气，而自高宗朝以来，吏治的混乱、腐败亟待治理，所以，李隆基首先要做的就是量才任官，提拔贤能人，他先后任用姚崇、宋璟、卢怀慎、张九龄与韩休等贤臣，此外还采纳张九龄的建议，将京官中有能之士外调为都督刺史以训练行政能力，又将有为的都督刺史升为京官，从而增加了中央和地方官员的能力，此外还裁减武周中宗时期的员外官等冗官，精简机构以便节省开支与提升行政效能。

史载开元二十三年（735）四月，李隆基与中书门下及礼官、学士宴于东都集仙殿。他说："仙者凭虚之论，朕所不取。贤者能治理国家，朕与诸位合宴，宜更名曰集贤殿。""仙"、"贤"虽一字之差，却由此可见李隆基重视人才的态度。也正是皇帝的励精图治和革新政治，才有了历史上的"开元盛世"。而在这近三十年的盛世时期，不仅中原地区、江淮地区以及成都平原经济发达，就连人口较少的陇右河西地区也逐渐繁荣。

15. 盛极而衰

　　客观上说，开元时期是帝国的极盛时期，但就在这"开元盛世"中，危机也埋伏了下来，譬如李隆基采纳张说的提议，实行募兵制，以取代日渐废弛的府兵制。由于唐朝初期沿前隋制度，实行府兵制，但到李隆基登基后，府兵制遭到了严重破坏。唐初规定府兵三年一代，府兵大都是从均田户中选拔充任的……"于六户中等以上，家有三丁者，选材力（勇武有力）一人，免其身租庸调"……须自己置办各种用具和武器。……固然兵役负担很重，但由于他们尚能分配到足够的永业、口分田（均田制下分配的两类土地），府兵本人也能够免除租庸调，因此他们的经济比较优裕……但随着李治、武后年间边患增加，用兵不断，戍期延长，加上腐败日益严重，边将侵吞兵士财物，强迫兵士为自己服苦役，而且均田制逐渐破坏，府兵受田很难足额，这样一来也就渐渐没人愿当府兵了，甚至府兵乃纷纷"亡匿"、"耗散"，以致折冲府无兵上番。

　　这种情况下，帝国不得不停止征发府兵，改行募兵制。其实唐初曾在局部边地实施了少量募兵，在武后时期，也出现了团结兵制度，至开元年间，京师宿卫、边镇戍兵和州兵基本上俱为募兵充任。而且在开元十年，皇帝更是亲自挑选府兵及壮丁，作为京师的宿卫。南衙禁军，原由诸州府兵轮番上值，分属十二卫，可由于府兵制被破坏，诸军府番上的卫士（府兵）常不足额，到李隆基初年，十二卫已是力量严重不足了，于是张说建议，请招壮士充宿卫，不问色役（免除各种徭役），优为之制，逋逃者争出应募。根据这个建议，帝国开始在两京及其周围地区的府兵及白丁中简募强壮者，免除其征镇赋役，作为南衙禁军，称为长从宿卫。十三年，改名"彍骑"，共十二万人，分隶十二卫，替代番上府兵，专任京师卫戍，间或用以出征（开元末，吐蕃入攻剑南，唐曾经派遣关中彍骑远征）。十六年，一部分彍骑编入左右羽林军，又成为北衙禁军的组成部分。彍骑之制，实际上仅存在于开元中至天宝末，为时甚短，但其意义在于标志着府兵制瓦解，募兵制代替征兵制，甚至可以说是有唐一代，乃至中国兵制演变史上的一件大事。

开元二十五年（737）李林甫为相后，更是接连推动一系列的政治军事改革，首先就是"长征健儿"制度的确定。"长征健儿"又称长行健儿、兵防健儿，本系临时招募的自愿留镇者，给以赏赐。开元二十五年，下诏"于诸色征人及客户中，招募丁壮，长充边军"。于是天下诸军镇所需兵额，一律从即将复员的各种征行人及客户中招募。由于"长征健儿"允许携带家口，到军后，给以田地房屋，以便久住；长征健儿终身免除课役，装备、给养全由国家供应，因此，又叫官健。

长征健儿的出现使得府兵制事实上彻底瓦解，原本更替戍边的制度从此不复存在，征募到的长征健儿，不再是耕战结合，而是变成为终身职业。此外过去的府兵，因为"取之土著，恐累亲族"，所以不敢"外叛内侮及杀师自擅"，但长征健儿既然是以此为职业，"于是师不土著，无家族之顾"，最为让人感到担忧的是这些虎狼之兵则完全掌握在藩镇将帅的手中。所谓藩镇，即李隆基在天宝元年（742）于边地设置的"碛西、北庭、河西、陇右、朔方、河东、范阳、平卢、剑南、岭南"十大兵镇，因以节度使节制，故而统称"藩镇"，此举本是作为威慑异族与边疆防御的措施，但却影响极为深远。

《资治通鉴》记载："唐睿宗景云元年（710），丁酉，以幽州镇守经略节度大使薛讷为左武卫大将军兼幽州都督，节度使之名自讷始。"景云二年（711），贺拔延嗣为凉州都督充河西节度使，节度使开始成为正式的官职。因受职之时，朝廷赐以旌节，故称"节度使"。根据《新唐书·百官志四》记载："节度使掌总军旅，颛诛杀。初授，具帑持兵仗诣兵部辞见，观察使亦如之。辞日，赐双旌双节。行则建节、树六纛，中官祖送，次一驿则上闻。入境，州县筑节楼，迎以鼓角，衙仗居前，旌幢居中，大将鸣珂，金钲鼓角居后，州县赍印迎于道左。"由此可见，节度使威仪极盛。

虽然景云二年（711）开始设节度大使，但李隆基设立十大兵镇，却显然是等于扩大了节度大使职权。节度使初置时，作为军事统帅，主要掌管军事、防御外敌，而没有管理州县民政的职责，后来渐渐总揽一区的军、民、财、政，所辖区内各州刺史均为其节制，并兼任驻在州之刺史。这种集军、民、财三政于一身，又常以一人兼统两至三镇，多者达四镇，威权之重，已远远超过魏晋时期的持节都督，时称节镇。于是从此之后，帝国"内重外轻"的布局态势也被破坏，当初折冲府主要分布于关内、河东、河南及邻近诸道，旨在"居重驭轻"而"举关中之众以临四方"，但现在，却是"外重内轻"，军力皆集于边地，而非内地。

不过最可怕的还不仅如此，府兵制的"若四方有事，则命将以出，事解辄罢，兵散于府，将归于朝"。最大的特点就是兵不识将、将难专兵，这就有效地防止了将帅拥兵作乱的发生，有利于中央集权的巩固和国家的统一。正如《新唐书·兵志》所称的：府兵之道，居无事则耕于野；其番上者，宿卫京师而已。若四方有事，则命将以出，事解辄罢。兵散于府，将归于朝，故士不失业而将帅无握兵之重，所以防微杜渐，绝祸乱之萌也。

而且折冲府直隶于所属上级卫府，府兵的调遣、征发权在皇帝手中，重要军机大事由政事堂举行的宰相会议辅佐皇帝商决，尚书省的兵部，主要负责武官的考核、任免，军队的编制、简点和轮番，以及图籍、厩牧、甲仗的管理等。一旦有战事，则由皇帝下敕书，通过兵部传达执行。如有战事，朝廷临时点将，率领从各地征发的府兵出征。可节度使制，却改变了这一做法。

李隆基虽然没有发动过像太宗、高宗朝时那样的大规模的开边军事行动，但他在位期间周边地区与邻近少数族吐蕃、契丹、南诏等的战事连绵不断。

开元十年，吐蕃入侵其西部的小勃律国，其王没谨忙求救于北庭节度使张孝嵩曰："勃律，唐之西门；勃律亡，则西域皆为吐蕃矣。"于是乃遣疏勒副使张思礼将番汉步骑四千救之。昼夜倍道，与谨忙合击吐蕃，大破之，斩获数万，自是累岁吐蕃不敢犯边。当年，安南贼帅梅叔焉自称黑帝，与林邑、真腊国通谋，陷安南府，并围攻州县。李隆基遣骠骑将军兼内侍（宦官）杨思勖讨之，思勖募群"蛮"子弟，得兵十余万，袭击，大破之。斩叔焉，积尸为京观而还。

开元十五年（727），吐蕃大将悉诺逻恭禄在青海湖西被王君㚟击败。九月，吐蕃攻陷瓜州，河西节度使萧嵩用反间计，使赞普杀死了悉诺逻恭禄。次年，吐蕃大将悉末朗寇瓜州，被瓜州都督张守圭在城下大破之，随后河西节度使萧嵩、陇右节度使张忠亮大破吐蕃于渴波谷（今青海湖南），忠亮追之，拔其大莫门城（今青海省龙羊峡），擒获甚众。紧接着，左金吾将军杜宾客破吐蕃于祁连城下。同年，吐蕃复入寇，萧嵩遣宾客将强弩四千击之，战自辰至暮，吐蕃大溃，获其大将一人，斩副将一，上级五千首。吐蕃败兵散乱逃入山中，哭声四合。

开元十七年（729），瓜州都督张守珪、沙州刺史贾师顺击吐蕃大同军，大破之。同年，信安王李祎率唐军攻占石堡城，分兵据守要害，令敌不得前进。自是唐朝河、陇诸军得以游弈自如，拓地千余里，李隆基闻之大悦，更名石堡城曰"振武军"。

在接连的军事胜利的刺激下，李隆基日益滋长了他好大喜功的思想，宠爱有战功的边将，边将也因此不断对外族开战，以邀功请赏。朔方行军大总管牛仙客入朝为工部尚书，加同中书门下三品，又升侍中，兼兵部尚书之后，更开放了番将以边功为手段，窥伺入朝的机会。于是战事遂起，边地开始战火纷飞。

开元二十四年（736），吐蕃人又进攻小勃律，李隆基命吐蕃罢兵，吐蕃不奉诏，遂破勃律。次年，河西节度使崔希逸发兵大破吐蕃于青海之上，杀获甚众，吐蕃将领乞力徐只身而逃……

次年，吐蕃进攻河西，鄯州刺史杜希望率众攻占吐蕃新城，以其城为威武军，发兵一千以镇之。其后，杜希望又从鄯州发兵夺吐蕃河桥，于河左筑盐泉城，吐蕃发兵三万反攻。左威卫郎将王忠嗣率所部攻击敌军，所向披靡，敌军遂乱，而杜希望也纵兵乘之，于是吐蕃军大败。

开元二十八年（740），金城公主去世，次年，吐蕃再次攻陷石堡城。这种情况下，陇右节度使皇甫惟明挥兵讨伐，先是击破吐蕃大岭军，又破青海道莽布支营三万余众，斩获五千余首级，而河西节度使王倕破吐蕃渔海及游弈等军，王难德更是阵斩吐蕃赞普之子琅支都。

天宝二年（743），皇甫惟明引军出西平，击吐蕃，行千余里，攻破洪济城，但没有能够攻占石堡城。天宝五年（746），王忠嗣率军与吐蕃

　　　　　　　　　　　　　　　　　　　　　　　大漠烽烟

多次战于青海、积石，皆获大胜。又伐吐蕃属国吐谷浑于墨离，平其国，虏其全部而归，然而在次年攻打石堡城时，却未能得逞。此战皇帝本是令王忠嗣攻吐蕃石堡城的，但王忠嗣奏称，石堡形势险固，不宜轻举妄动，"以数万之众争一城，得之未足以制敌，不得亦无害于国"，上言切谏。李隆基不听，王忠嗣只得出兵，结果大败而回。败报传来，李林甫又以济阳别驾魏林诬陷王忠嗣"欲奉太子"，李隆基大怒，召见王忠嗣入朝，命令三司详细审讯，几乎将其陷害致死。适逢哥舒翰代替忠嗣为陇右节度，舒翰极言王忠嗣无罪并请求以自己的官职来赎王忠嗣的罪，李隆基不听，走入内宫，哥舒翰一路追随，"言词慷慨，声泪俱下"，李隆基深受感动，遂贬忠嗣为汉阳太守。

王忠嗣被贬以后，无人再敢忤逆李隆基开疆拓土的心愿，哥舒翰被委以重任后，首先面临的就是石堡城的问题。他是王忠嗣一手提拔起来的，也是战功赫赫之将，史载其初为陇右节度使王忠嗣幕府将，天宝六年（747），王忠嗣提拔哥舒翰为大斗军副使，迁左卫郎将，在苦拔海之战中，哥舒翰率军连破三路吐蕃军，所向披靡，而积石军之战，更是全歼五千吐蕃骑兵。

可石堡城并不是那么好啃的，石堡城在日月山以东，背靠华石山，面临药水河，位于三百米之高的绝壁方台上，虽然地处"南丝绸之路"，但却是唐蕃古道要冲，是兵家必争之地。此城建于隋代，约为大业五年，炀帝亲自统兵西征吐谷浑时构筑，因为三面险绝，唯一条石径盘曲可上，可谓"一夫当关，万夫莫开"，故而吐蕃人称此城为"铁刃城"，王忠嗣奏言"石堡险固，吐蕃举国而守之。若顿兵坚城之下，必死者数万"不是没有道理的。

天宝八载（749）六月，李隆基诏命以哥舒翰统领陇右、河西及突厥阿布思之兵，益以朔方、河东兵，凡六万三千，攻石堡城。显然，为了夺回石堡城这个战略要地，就算血流成河，李隆基也在所不惜。吐蕃数百人凭险据守，多贮粮食，积檑木及石，唐兵前后屡攻之，不能克。进攻多日，伤亡惨重，却不能拔其城，哥舒翰大怒，召裨将高秀岩、张守瑜，欲斩之，二人请三日期可克，结果如期拔之，然而仅获吐蕃铁刃悉诺罗等四百人……三日后，唐军占领石堡城，但代价却是极为惨烈的，史载"唐士卒死者数万，果如王忠嗣之言"。而从高适《同李员外贺哥舒大夫破九曲》一诗中的"喷泉诸戎血，风驱死羌魂。鬼哭黄埃暮，天愁白日昏"之句可以看出这场战斗之残酷、大唐士卒牺牲之惨烈。

此战使得大唐在青海势力达到顶峰，《册府元龟》卷三百九十八记载："哥舒翰……筑神威城于青海上，旋为吐蕃所破。又筑城于青海中龙驹岛上……名为应龙城。吐蕃自此遁逃，不复近青海……"不过在青海方面失败之后，吐蕃一方面北面与突骑施联合，东南与云南的南诏联合，合兵对唐造成巨大威胁，另一方面又将目光转向了西域。

吐蕃起初是和后东突厥汗国及突骑施等联盟，同大唐多次较量，争夺的重点在安西四镇及北庭一带。这个时候，由于"开元盛世"所积攒下的资本，帝国的国力空前强盛，而国力的增强，自然使唐朝的军事实力也随之增强，进而使得大唐在与吐蕃的战争中逐渐占有优势。当吐蕃开始与帝国争夺西域的时候，帝国在西域的战略主要是依托安西、北庭所辖各军镇，并号令各藩国，虽然吐蕃和后东突厥汗国及突骑施等联盟，但实际上并不能够占据优势。

后东突厥及突骑施衰落后，于是唐蕃争夺的重点逐渐转移到葱岭以南地区。在当时，葱岭之上有两个小国，即小勃律（在今克什米尔西北部，都城孽多城，今吉尔吉特）和大勃律（今克什米尔中部一带，都城巴尔蒂斯坦）。其实两国本是一国，称为"勃律"，自东晋始，史籍中便对此国有所记载，譬如东晋智猛的《游行外国传》、北魏宋云的《宋云行记》和惠生的《行记》，史籍之中又有波伦、钵卢勒、钵露勒、钵露罗、钵罗等不同译名。在吐蕃兴起之前，勃律居于巴尔蒂斯坦，该地连接吐蕃、天竺和葱岭，正因如此，吐蕃兴起之后，勃律也就自然成为了首先被侵扰的对象。因不堪所扰，于是勃律王被迫迁往西北方的娑夷水（今克什米尔吉尔吉特河）流域，国遂分为大、小勃律，留居原地巴尔蒂斯坦者称大勃律，或曰布露，而向西北迁移至罕札河谷即今吉尔吉特地方的称为小勃律，大勃律位于小勃律的东南，相距三百里。

按照史书记载，则天顺圣皇后垂拱二年（686），大勃律被吐蕃所征服，然而根据《册府元龟》卷九百七十的记载，也就在这一年，勃律国首次遣使至长安朝贡，不过按照《新唐书》卷二百二十一的记载，武后万岁通天二年（697），大勃律首次朝唐，所以由此可见，勃律之分为大、小只能是垂拱二年（686）至通天二年（697）这十年之间的事。事实上，自武后万岁通天二年（697）至李隆基开元年间，大勃律曾经三次遣使入唐，而帝国也先后册立其君主。至于小勃律，其国位于吐蕃与西域之间，吐蕃从此西进可与大唐争夺乌浒河（今阿姆河）流域的昭武九姓诸国，东进可控制安西四镇，所以这里也就成了唐与吐蕃必争的战略要地。

事实上，小勃律的位置的确很重要，其位于吐蕃从西道进入葱岭以东的道路上，即从大勃律（今巴基斯坦境内的巴勒提斯坦）经小勃律、播密川（帕米尔），再向东经喝盘陀（塔什库尔干）就可以到达疏勒镇。如果说吐蕃此前尚可以经由其他道路到达葱岭以东，但是大唐收复安西四镇并派遣汉兵前往镇守之后，情况就不同了，按照史书的记载，于阗东三百里有坎城镇（今策勒县东北），东六百里有兰城镇（今民丰县东安迪尔/安得悦），南六百里有胡弩镇（地在今赛图拉），西二百里有固城镇（今皮山县桑株镇），西三百九十里有吉良镇（今皮山县西南克里央），而按照大唐的兵制，镇下还有城、戍、守捉等驻防单位。在唐朝如此严密的重兵防守之下，吐蕃很难再从此道直接向北进入西域，于是，向西绕道葱岭便成为唯一的选择，这里也就成了帝国和吐蕃的争夺要点。

而当大唐以重兵防守北道以后，大食势力在河中地区的扩张，又进一步使得吐蕃非从小勃律借道不可了，因此吐蕃力图控制小勃律。

开元初年，小勃律国王没谨忙入唐朝贡，李隆基以子相待，并以其地为绥远军，使其防御吐蕃。吐蕃为求向外扩张，向小勃律发动过多次进攻，但均以失败告终。这种情况下，吐蕃赞普曾派人对没谨忙说："我非利若国，我假道攻四镇尔。"可对大唐忠心耿耿的没谨忙并没有中计，仍勒兵守境，不肯借道。在这种情况下，开元十年（722）吐蕃再次发起进攻，夺其九城，没谨忙求救于北庭节度使张孝嵩，张孝嵩认为"勃律，唐之西门，勃律亡则西域皆为吐蕃矣"，于是遣疏勒副使张思礼率锐兵四千倍道往，没谨忙见唐军来援，趁机发起反攻，此战"大破吐蕃，杀其众数万，复九城"。战后，帝国"诏册为小勃律王"。从此战之后"累岁吐蕃不敢犯边"的情况来看，小勃律对于吐蕃进攻安西四镇地理位置的重要性，也说明了小勃律对大唐帝国的重要性，而张孝嵩出兵援救小勃律，实质上也是为了对付吐蕃，保护帝国在西域的统治。

开元二十八年，吐蕃再次出兵小勃律，此时没谨忙已死，其子苏失利之继位小勃律王，此次大唐出兵不及，小勃律为吐蕃所击败，于是"苏失利之叛唐而附吐蕃"，同时吐蕃赞普还把公主嫁给小勃律王苏失利之为妻，从而彻底控制了这个吐蕃通往安西四镇的交通要道。小勃律国归附吐蕃的影响是恶劣的，这件事的后果是西北二十余国"皆为吐蕃所制，献贡不通"，也就是说吐蕃通过控制小勃律，进而控制了西北各国，使得西北二十余国皆臣吐蕃，从而中断了对大唐的朝贡，这种情况下，帝国自然不能容忍了，田仁琬、盖嘉运、夫蒙灵察等安西节度使数次派兵讨伐，但都因地势险要，加之吐蕃援救，皆无功而返。

天宝六年（747）三月，李隆基再次下诏以安西副都护、都知兵马使、充四镇节度副使高仙芝为行营节度使，内侍边令诚为监军，率军万人，第四次征讨小勃律。

高仙芝，史载其姿容俊美，善于骑射，骁勇果敢，本是高句丽人，高句丽灭亡后，其父高舍鸡内迁至中原，在河西军从军，因功累迁至四镇十将、诸卫将军。高仙芝少年时即随父亲高舍鸡到安西，二十岁时以父有功授游击将军，与父亲班秩相同，不过他的军旅生涯并不顺利，其先后在田仁琬、盖嘉运等安西四镇节度使手下任职，未受到重用，直至夫蒙灵察担任节度使时，才开始重用他，并很快将他提拔为安西副都护、四镇都知兵马使。

此番出征，高仙芝预先做了充分的准备，他率部从安西出发，一路西行，经十五日至拨换城（今新疆阿克苏），又经十余日至握瑟德（今新疆巴楚），再经十余日至疏勒（今新疆喀什），随后挥军南下，踏上葱岭，开始了异常艰苦的行军，在翻越了帕米尔高原之后，经过二十余日的艰苦行军，唐军到达了葱岭守捉（今新疆塔什库尔干塔吉克自治县）。然后再次向西，沿兴都库什山北麓西行，又经二十余日到达播密水（今阿富汗瓦汉附近）。唐军继续前行，再经二十余日到达特勒满川（今瓦罕河）。至此，唐军经过百余日的跋山涉水，已经彻底将葱岭抛于身后。

随后，高仙芝兵分三路，一路由疏勒守捉使赵崇玼统三千骑兵出北谷，一路由拨换守捉使贾崇瓘统领，自赤佛堂路南下，主力则由高仙芝与中使边令诚亲率从护密国南下。三路兵马约定于七月十三日辰时在吐蕃连云堡（今阿富汗东北部喷赤河南源兰加尔）下会合，进袭此地。

大漠烽烟

连云堡所在的巴罗吉勒山口是通往坦驹岭的必经之路，此堡南面依山，北临婆勒川，关于守军，《旧唐书》中记载"（吐蕃军）堡中有兵千人，又城南十五里因山为栅，有兵八九千人"，《新唐书》则记载"城南因山为栅，兵九千守之"。《旧唐书·李嗣业传》中记载："于时吐蕃聚一万众于娑勒城，据山因水，堑断崖谷，编木为城。"所以综合这些史料来看，吐蕃大军应该有万余人。

当唐军进至婆勒川时，河水暴涨，无法渡河，高仙芝却认为，当前的形势是大军必须尽快渡过婆勒川，否则吐蕃守军一旦发现唐军，势必做好准备，那样一来将大大增加攻占连云堡的困难，于是他"以三牲祭河"，继而将士备足三日干粮，于次日清晨渡河。谁知次日清晨，婆勒川居然河水低缓，于是唐军迅速渡过了婆勒川，以致"人不湿旗，马不湿鞯，已济而成列矣"。高仙芝显然自己也不相信渡河会如此顺利，以至于在渡河后，他对边令诚欣喜地说："向吾半渡贼来，吾属败矣，今既济成列，是天以此贼赐我也。"

兵贵神速，高仙芝甚至来不及等待疏勒守捉使赵崇玭、拨换守捉使贾崇瓘统领的另外两路大军，遂以李嗣业和田珍为左右陌刀将，率士卒猛攻连云堡。关于此战，《旧唐书·高仙芝传》中的记叙为"登山挑击，从辰至巳，大破之。至夜奔逐，杀五千人，生擒千人，余并走散。得马千余匹，军资器械不可胜数"，也就是唐军登山攻击连云堡，从辰时直到巳时，大破连云堡中的吐蕃守军。到了夜晚，吐蕃军奔逃被追逐，杀其五千人，生擒千人，剩下的都逃散了，获得敌军战马千余匹，军资器械难以计算。

而《新唐书·高仙芝传》中则如此描写连云堡之战："遂登山挑战，日未中，破之。拔其城，斩五千级，生擒千人，马千余匹，衣资器甲数万计。"即：派李嗣业等率军登山挑战，还没有到中午，就攻破了连云堡。拔除其城堡，斩首五千，生擒千余人，获马千余匹，衣服物资数以万计。

两书记载的共同点就是此战从早上辰时（七点）开始，至于巳时（十一点）便结束了，战斗的具体情况，《资治通鉴》卷二百一十五有所记载："自安西行百余日，乃至特勒满川，分军为三道，期以七月十三日会吐蕃连云堡下。有兵近万人，不意唐兵猝至，大惊，依山拒战，炮櫑如雨。仙芝以郎将高陵李嗣业为陌刀将，令之曰：'不及日中，决须破虏！'嗣业执一旗，引陌刀缘险先登力战，自辰至巳，大破之，斩首五千级，捕虏千余人，余皆逃溃。"

此战唐军的死伤人数不详，但根据《新唐书·西域志》中"天宝六载，王跌失伽延从讨勃律战死，擢其子都督、左武卫将军，给禄居藩"这段记载，可以得知随同唐军作战的识匿国国王跌失迦延死于此战，由此可见唐军也付出了一定的代价。

夺取连云堡之后，高仙芝并没有停下脚步，而是准备继续前行，但边令诚却胆怯了，史载"玄宗使术士韩履冰往视日，惧不欲行，边令诚亦惧"，又有"仙芝欲遂深入，令诚惧，不肯行"之句，于是仙芝留令诚等以羸病尪弱三千余人守其城，遂引师行。疾行三日，大军到达坦驹岭。坦驹岭是今天的克什米尔北部德尔果德山口，在今克什米尔西北境巴勒提特之北、兴都库什山米尔峰东，长约四十里，山口海拔4688米，是兴都库什山著名的险峻山口之一，史载"至坦驹岭，直下峭峻四十余里"、"三日，过坦驹岭，岭峻绝，下四十里"，由此可见其之难行，虽然坦驹岭下就是阿弩越城，但登临山口，必须沿冰川而上，别无其他蹊径。这里有两条冰川，东面的一条叫雪瓦苏尔冰川，西面的一条叫达科特冰川，冰川的源头就是坦驹岭山口。这两条冰川长度都在二十里以上，而且冰川上冰丘起伏，冰塔林立，冰崖似墙，裂缝如网，稍不注意，就会滑坠深渊，或者掉进冰川裂缝里丧生。这种情况下，高仙芝自然"恐兵士不下"，于是乃先令二十余骑诈作阿弩越城胡服上岭来迎，既至坦驹岭，兵士果不肯下，云："大使将我欲何处去？"言未毕，其先行潜遣的二十骑来迎，并声称："阿弩越城胡并好心奉迎，娑夷河藤桥已斫讫。"娑夷水（即今克什米尔西北吉尔吉特之北的印度河北岸支流）即古弱水，大河之上有一藤桥，乃是小勃律通往吐蕃的唯一之路，断桥则吐蕃不能入援。高仙芝奉迎之后，假装闻讯欢喜，兵士听后，畏惧心理顿消，唐军于是迅速下岭，向阿弩越城进发。

大军下岭三日之后，阿弩越城守军果然派人前来请降，次日，唐军顺利进入城中。入城以后，高仙芝先令将军席元庆、贺娄余润率兵修桥梁、道路。为了避免强攻造成大的伤亡，高仙芝决定用"假途灭虢"之计智取孽多城。次日，高仙芝令席元庆率一千骑行至孽多城下，对小勃律王说："不取汝城，亦不斫汝桥，但借汝路过，向大勃律去。"城中有五六个大酋长，皆赤心为吐蕃，于是仙芝先约元庆："军到，首领百姓必走入山谷，招呼取以敕命赐彩物等，首领至，齐缚之以待我。"元庆既至，一如高仙芝之所教，缚诸首领。小勃律王及吐蕃公主慌忙逃入石窟躲避，唐军一时无法找到他们的踪迹。高仙芝率唐军主力到达后，首先处死了那五六个首领，然后急令席元庆率军砍断通往吐蕃的藤桥。藤桥离孽多城有六十里，席元庆在日落时终于赶到，并将藤桥砍断。这边藤桥刚砍断，那边吐蕃兵马已至婆夷水东岸，但由于桥已砍断，而且史载："藤桥阔一箭道，修之一年方成。勃律先为吐蕃所诈借路，遂成此桥。"吐蕃兵马只得隔水观望，束手无策。在断绝吐蕃援救之路后，高仙芝又派人招谕小勃律王，劝其投降，而小勃律王得知吐蕃兵众被隔在水东，援军路绝，生路无望，只得携公主出降，于是其国遂平。

不过就在高仙芝从长安回到安西之后，战事随之又起，这一次是吐火罗叶护失里怛伽罗上表，说"邻胡羯师谋引吐蕃攻吐火罗"，于是请求安西兵助讨，而唐军之所以出兵，也是因为事关唐朝在西域的统治。

自平定了小勃律国之后，唐军声威大震，而帝国重新控制小勃律，显然在西域引起了巨大影响，史载"于是拂、大食诸胡七十二国皆震恐，咸归附"。为了确保此地长为唐所有，唐又"诏改其国号归仁，置归仁军，募千人镇之"。这些史实皆说明了小勃律在唐朝西域战略部署中的重要地位，也说明了控制小勃律对大唐的重要性，可根据《册府元龟》卷九百九十九《外臣部》载："勃律地狭人稠，无多田种，镇军在彼，粮食不充，于个失密市易盐米，然得支济，商旅来往，皆着羯师国过，其王遂受吐蕃货求，于国内置吐蕃城堡，捉勃律要路。"唐镇军在勃律地狭无田，只能靠与个失密交易获取盐米。而羯师受吐蕃的唆使，在勃律市易要道上设城堡，阻断唐镇军的后勤供给。唐朝为了保证小勃律镇军的粮食供应，不得不扫清羯师这个障碍。

于是在这种情况下，高仙芝奉命出兵，虽然从安西到竭师国（今巴基斯坦奇特拉尔）的距离还要远于小勃律，但由于有了远征小勃律的经验，高仙芝显然并不在意距离，就这样，唐军的行军虽然艰苦，但却很顺利。天宝九年（750）二月，高仙芝击败了羯师军，俘虏了羯师王勃特没。三月十二日，唐廷册立勃特没的哥哥素迦为羯师王，彻底平定此处。

经过高仙芝这两次征战，大唐在西域对吐蕃的战争中取得了全面胜利，唐朝也发展到了顶峰，同时高仙芝也为自己赢得了极大的声誉，被吐蕃（今青藏高原）和大食誉为山地之王。不过高仙芝虽然取得了巨大的成就，但他在处理民族关系时却犯了很大的错误。由于李隆基好大喜功，使得当时的边帅节度使们也纷纷不顾大局，肆意开战，这些行为都严重损害了帝国和周边藩国的关系，从而导致边疆出现不稳定的局面。高仙芝刚刚升任安西都护，他很清楚自己该怎么样才能够继续往上升迁，于是在平定了羯师国之后，他再一次把目光投向了西方，这一次，他的目标是地处中亚的石国（都城拓折城，在今乌兹别克斯坦塔什干）。

石国，西域古国，昭武九姓之一，最早《魏书·西域传》称为者石。《隋书·西域传》称为石国："石国居药杀水，都城方十余里，其王姓石名涅……有粟麦，多良马。其俗善战……南去铍汗六百里东南去瓜州六千里。"杜佑《通典》："石国隋时通焉。居于药杀水，都柘枝城，方十余里，本汉大宛北鄙之地。东与北至西突厥，西至波腊界，西南至康居界……有粟、麦，多良马。隋大业五年，唐贞观八年，并遣使朝贡。"石国是唐代高僧往印度取经时必经之地，玄奘在去往印度取经时，曾路过赭时国，即石国；《大唐西域记》卷一记载"赭时国周千余里……西临叶河，役属突厥"。石国人善舞，有柘枝舞流行于唐代长安，此舞到宋代仍流行。

由于石国地处丝绸之路，农业发达，居民善于经商，可谓富甲西方，所以自然引来了各方势力的垂涎。其实一直以来，对比西域各国，石国国王对唐朝的态度可以说是比较恭顺和真诚的。显庆三年（658），唐以石国瞰羯城为大宛都督府，授其王瞰土屯摄舍提于屈昭穆为都督，自此石国成为唐朝的属国。从那之后，石国一直与唐保持良好的关系。开元初，唐封其君莫贺咄吐屯为石国王。开元二十八年，石国助唐讨突骑施苏禄可汗有功，大唐又册其王为顺义王。天宝初，唐还封其王子那俱车鼻施为怀化王，并赐铁券。一直以来，石国都很谦恭于唐帝国，据《册府元龟》卷九百七十一记载，自天宝以来，石国对唐朝一直朝贡不断：天宝二年（743），遣女婿康国大首领泰染缅献方物；天宝五年（746），遣使献骏马十五匹，石国副王伊捺吐屯屈也遣使献方物；天宝六年，遣使献马；天宝八年（749），还派王子远恩入关朝觐。但天宝九载，已是安西节度使的高仙芝却以石国无蕃臣礼，率兵讨之。

　　高仙芝为何要讨伐石国，按照汉文史料中的记载，因认为石国王于藩臣之礼有亏，故而高仙芝奏请讨之。不过值得注意的是这个"于藩臣之礼有亏"的石国国王到底是谁，现有史籍中，仅有《新唐书·高仙芝传》提到这位石国王的名字是车鼻施，所以自然而然地认为高仙芝所讨伐之石国王就是这位车鼻施，不过还有另外一种观点认为，被擒的石国王是为《册府元龟》所记之石国王特勒（勤）。

　　据阿拉伯史料记载，高仙芝是在天宝九年，破羯师国回军途中，应拔汗那王之请而击石国的。在石国被大唐平定之后，紧接其后自二月开始，拔汗那就频频派遣使团远赴长安。从阿拉伯史料的记载来看，拔汗那遣使应该是有酬谢唐廷为己出兵平怨之意。而有的学者认为，讨伐石国的原因是石国与黄姓突骑施相互勾结，触动了大唐在碎叶川一带的利益，因而引起大唐帝国对石国的不满。

　　综合起来看，似乎是因为石国和拔汗那结怨，或者是其他原因，石国开始对大唐不守藩臣之礼，而且又触动了大唐的利益，所以高仙芝出兵了。不过这次出兵的影响是巨大的，那就是当唐军到来后，石国国王主动请和投降，可高仙芝却是"伪与石国约和，引兵袭之，虏其王及部众以归，悉杀其老弱"，也就是说，高仙芝假装和石国和谈，却趁其不备，出兵掩袭，俘虏石国部众。随后高仙芝纵兵杀掠，甚至连老弱病残都不肯放过。更恶劣的是，高仙芝性贪，"他掠得瑟瑟十余斛，黄金五六橐驼，其余口马杂货称是，皆入其家"，接着高仙芝从石国回军的途中，又称突骑施反叛，攻打突骑施，俘虏了移拨可汗。

　　其实讨伐石国的同时，攻打突骑施只是高仙芝此次出兵的一系列举动中的一部分，史载："（高仙芝）平石国，及破九国胡并背叛突骑施。"从中可以看出，高仙芝出兵平石国、破九国胡并背叛突骑施三件事，这是一系列相互关联的举动，进讨突骑施不过是这次出兵的组成部分而已。至于所谓的九国胡，就是九姓胡，即吐火罗一粟特人。从这里也可以看出，石国不仅与反唐的黄姓突骑施纠结在一起，而且还得到九姓粟特胡支持，严重威胁了唐朝对西域的控制。因此，高仙芝借讨伐石国，对九国胡及突骑施一并实施了打击。

　　天宝十年（751）正月二十四日，高仙芝入朝，献其所俘获的突骑施可汗、吐蕃酋长、石国王、羯师王。《册府元龟》卷一百三十一对这次入朝记载很详细："安西四镇节度、特进兼鸿胪卿员外置同正员、摄御史中丞高仙芝，生擒突骑施可汗、吐蕃大首领及石国王并可敦及杰帅来献。"虽然这些异邦酋首并不是同时被擒获，但从这里可以看出高仙芝是将他们一并来献的。然而谁也没有想到的是，石国国王等行至长安西北的开远门时，却被李隆基所杀，而突骑施移拨可汗也被处斩，这引来了西域诸国的一片哗然。

从这里可以看出，高仙芝讨伐石国的举动使唐朝在西域的威望大大下降，"由是西域不服"。石国王子逃到诸胡部落，将高仙芝欺诱贪暴之事遍告诸胡昭武。诸胡部落大怒，暗中联合大食国欲共攻安西四镇，而大食也趁机以此为借口，实施其扩张计划。

大食是唐人根据波斯语对阿拉伯帝国的称呼。当初穆罕默德在阿拉伯半岛麦加创立伊斯兰教，阿拉伯人遂在伊斯兰教义的指引下，建立了政教合一的政权，穆罕默德逝世时，他们已经实现了阿拉伯半岛政治上的统一。此后，穆罕默德的继承者四大哈里发（即纯洁的哈里发或正统哈里发）开始全面向外扩张。

后一位"纯洁的哈里发"阿里在661年被刺杀后，阿拉伯帝国的叙利亚总督穆阿维叶压服反对者，成为哈里发。679年，穆阿维叶一世宣布其子叶齐德一世为哈里发继承人，将哈里发的选举制破坏，从此阿拉伯帝国成为一个由世袭王朝统治的军事帝国。在汉文史料中，这个帝国被称为"白衣大食"，而由于这个庞大的哈里发国是由倭马亚家族所统治，故而也被称作"倭马亚王朝"。

倭马亚家族是麦加贵族古来氏族中十二个支系中最强盛的一支，为古来氏族部落首领库赛伊的长子阿卜杜勒·马纳夫的后代。至于"倭马亚"一名，则得自于阿卜杜勒·马纳夫的后代倭马亚·伊本·阿卜杜勒·沙姆斯的名字。早在先知穆罕默德传教时期，身为麦加贵族的倭马亚家族发生了分裂，家族首领阿布·苏富扬以坚决反对穆罕默德闻名，曾迫使穆罕默德迁居麦地那（希吉来），而家族的另一位重要成员奥斯曼·伊本·阿凡却是穆罕默德最初的追随者和最亲密的战友之一。

由于穆罕默德生前并未指示其继承人的产生方式，故而他死后，他亲手缔造的帝国在哈里发的人选问题上发生分裂。奥斯曼·伊本·阿凡

　　　　　　　　　　　　　　　　　　　　大漠烽烟

西方人笔下的阿拉伯武士

于644年成为哈里发，不过这位哈里发却因为大力提拔本家族成员在帝国境内担任要职，引起很多人的不满，十二年后，奥斯曼·伊本·阿凡遇刺，他的侄子——阿布·苏富扬的儿子穆阿维叶却在此时攫取了权力，并在此后建立了"倭马亚王朝"。

在倭马亚王朝时代，阿拉伯帝国的对外征服达到了另一个高峰，他们的疆域最广阔之时，东至中亚和印度、西至伊比利亚半岛。而当大食东向扩张时，他们的第一个目标就是昔日的宗主国萨珊波斯王朝。此时波斯由于连年政争，已走向衰落。大唐贞观十二年，大食攻占波斯首都泰西封，此后又在尼哈温之战中歼灭了波斯的大部分军队。永徽二年（651），波斯王伊嗣俟三世投奔吐火罗，但半道在木鹿被大食兵击杀，萨珊波斯王朝从此灭亡。

史载，波斯曾向大唐求援，其中《册府元龟》卷九百九十五《外臣部》载："伊嗣侯（俟）之子卑路期（斯）走投吐火罗，遣使来告难。上以路远，不能救之。"之所以不能救，其实不是因为"路远"，而是因为大唐正全力平息西突厥阿史那贺鲁叛乱，根本无力支援波斯。波斯王子卑路斯只好以近邻吐火罗国为避难之所，日后又在吐火罗的支持下复国。

此后，波斯又遭到大食的入侵，并再次请求帝国的支援。根据《新唐书》卷二百二十一《波斯传》载："龙朔初，又诉为大食所侵。"由于当时帝国已平灭阿史那贺鲁的庞乱，并控制了西突厥汗国旧地，因而开始介入波斯事务。史载："是时天子方遣使者到西域分置州县，以疾陵城为波斯都督府，即拜卑路斯为都督。"大唐在波斯置都督府，将波斯纳入帝国的版图，置波斯于唐朝的保护之下。龙朔二年（662）正月，帝国又正式宣布"立波斯都督卑路斯为波斯王"，开始支持波斯复国。

唐朝对波斯的态度，可以说是对大食入侵的一种对抗，当时大食疯狂向东方扩张，而且征服的对象主要都是西域诸国，此外大食也有染指中国的企图，根据史料，雅古比《历史》记载过这样一个说法：总督哈贾吉·本·优素福曾经对他麾下的两名骁将穆罕默德·本·卡西姆和屈底波·伊本·穆斯利姆说：谁先踏上中国的领土，谁就出任统治中国的总督。这个许诺虽然诱人，但实际上，大食的铁骑并没有真正到达过大唐的本土。不过大唐显然对于大食人的野心做出了回应，只是大唐并没有采取军事行动。

龙朔三年（663）大食又"击波斯、拂，破之，吞灭诸胡，胜兵四十万"，于是"波斯俄为大食所灭"。波斯再度失国之后，这一次波斯王卑路斯以帝国为避难之所，咸亨元年（670）卑路斯携其子泥涅师辗转来到长安，被帝国授为右武卫将军，但大唐依然没有采取军事行动。直到调露元年（679），为打击龙朔二年（662）率五咄陆叛唐的西突厥阿史那都支、李遮匐（两者于龙朔二年率五咄陆叛唐），大唐才以裴行俭为册立波斯王兼安抚大食使，率兵以护送卑路斯之子泥涅师（时卑路斯已死）还国为名，出兵西域。但此次出兵，只是平灭阿史那都支和李遮匐，而没有到达波斯。裴行俭至碎叶擒二番而归后，唐军送泥涅师到吐火罗，也再无表示，于是泥涅师客居吐火罗二十年。后大食占据了其波斯都督府所在疾陵城，并入侵吐火罗，收服康、石诸国，大唐并非不知，但由于此时帝国正全力与吐蕃人争夺西域，并不想和大食人有所冲突。

直到咸亨元年（670），大食人所到的最东之处还在吐火罗西部和塞斯坦，之所以没有继续东进，很大程度上是因为大食人在西域的征服结果多半是"讲和"，尽管总是在退走之前进行大量的勒索，直到屈底波·伊本·穆斯利姆出任呼罗珊总督后，大食人开始强硬推行征服政策，这使得大食帝国在东面的势力达到了顶峰，他们一度控制了河中地区、吐火罗，进而北上将乌浒河流域纳入其势力范围。甚至在开元三年（715），进入了真珠河流域，继而又远达白水城，乃至深入拔汗那地，此外哈贾吉·本·优素福的侄子，也是他麾下的勇将穆罕默德·本·卡西姆，南下攻入印度，迅速征服了如今的信德和旁遮普地区。

可以说，这个时候，大食已经对大唐构成了威胁，河中地区对于大唐有着极其重要的意义，通过这些地区可以很容易地进入葱岭以东的四镇，而四镇大军也可以通过这里南下、西进，很显然，在帝国看来大食人在河中地区的行动，就是在帝国的眼皮子底下实施的挑衅，已经严重地威胁到了大唐在这里的权威。

其实这个时候，无论是大唐，还是大食，都很小心翼翼，不想直接发生冲突，按照阿拉伯方面的史料记载，713年（开元元年），呼罗珊总督屈底波·伊本·穆斯利姆的一位特使来到中国，他向中国皇帝傲慢地宣布，如果中国皇帝不向他进贡，他的铁骑绝不会离开中国，而中国皇帝则回应"你已看到我伟大的帝国，回去告诉你们的指挥官，最好在我对自己的军队下令打败你们之前撤退"。虽然大食使臣傲慢无礼，但两国之间并没有爆发战争，也就是说，其实两国都在有意地避免战争。

事实上，大食人也很清楚，此时尽管他们迅速扩张，但以他们的实力并没有达到可以触怒大唐这个庞大帝国的地步，更别说是征服这个拥有广袤国土的帝国了。此后，雄心勃勃的屈底波·伊本·穆斯利姆在大食的内乱中被部下所杀，很显然，他的死无疑使大唐与大食这两大东西方帝国之间的大规模冲突推迟了。

而对于大唐来说，在此时，还犯不着和大食兵戎相见，因为尽管西面有大食的挑战，但西域的这几股势力中，吐蕃才是最大的威胁，甚至可以说吐蕃是唐朝统治西域的最大威胁。事实上，吐蕃一直认为西域关系到其国的安全，正如万岁通天二年（697）吐蕃大论钦陵对唐使郭元振所说的那样："西十姓突厥，四镇诸国，或时附蕃，或时归汉，斯皆类多翻覆，而十姓中，五咄六诸部落僻近安西，是与吐蕃颇为辽远。俟斤诸部密近蕃境，其所限者，唯界一碛，骑士腾突，旬月即可以蹂践蕃庭，为吐蕃之巨蠹者，唯斯一隅。"因此，吐蕃一直试图控制西域，甚至倾全力与唐朝争夺西域。

一直以来，吐蕃都是采取联合西突厥以共同对付唐朝的手段，来拓展自己在西域的势力，而安西四镇自然也是他们进攻的首要对象，所以对大唐来说，吐蕃与西突厥的南北夹击，才是帝国维持其在西域统治的最大威胁，因此，防范吐蕃进入西域与西突厥联合，继而确保葱岭以东即安西四镇及周边藩国的安全，才是唐朝对西域政策的重中之重。当大食崛起之后，黑衣铁骑逐渐进入葱岭以西时，大唐的确有所顾虑，特别是大食灭亡波斯，占领阿姆河和锡尔河下游之间地区之后。但也正是大食人的势力渗入才使得西域的情况由唐与吐蕃的对峙，变成了唐、吐蕃、大食三国之间的争夺，由于三国势力和利益在这里纠葛，加上彼此之间各有忌惮，所以西域局势变得错综复杂。由于吐蕃兵力较强且最有侵略性，所以大唐主要防范的是吐蕃，而不是大食。

大唐对西域诸国请兵讨伐大食的态度很明确，那就是"允"与"不允"，而这种"允"与"不允"，并不取决于这些西域诸国上表时的态度诚恳与否，甚至不取决于其与帝国或大食的关系近密与否，而取决于该国在西域的地理位置，甚至可以说是取决于该国的得失对葱岭以东的安西四镇的关系。如果该国地理位置重要，失去其对于安西四镇威胁很大，那么大唐为了保证自身在西域的统治，就算是其国没有主动上表求援，大唐也会出兵实施干预，譬如平定小勃律，譬如讨伐石国。

虽然在"重葱岭以东"西域政策下，大唐对西域诸国请兵讨伐大食持有"允"与"不允"的态度，却不等于大唐会完全放弃葱岭以西，去放任大食的势力东侵染指河中，也不是置西域诸国于不顾，而是采取了册封、嘉奖诸国，并利用突骑施等势力对抗大食的方式。根据《册府元龟》卷九百六十四《外臣部》的记载："遣使册立乌长国王、骨咄国王、俱位国王，并降册文，皆赐彩二百段。三国在安西之西，与大食邻境。大食煽诱为虐，俱守节不从，潜布款诚于朝廷。帝深嘉之。"而《资治通鉴》卷二百一十二更是说得很明确，"大食欲诱之叛唐，三国不从"。也就是说，开元八年（720）四月，大唐册封乌长国王、骨咄国王、俱位国王，从而表明了帝国对于这三国阻挡大食势力东侵的支持，当然了，除比之外，就是充分利用突骑施来对抗大食在中亚的扩张。

在开元三年和开元五年，大食对大唐的战争均遭到失败之后，大食东侵虽然迟缓了，但他们仍旧执着地向河中进行扩张。不过由于地理上的巨大优势，更因为大唐这个时期在青海和吐蕃进行大规模的战争，故而无暇顾及西域，阿拉伯的影响力慢慢地体现出来，军事加上宗教的影响，使得唐朝原本在西域的属国粟特诸国纷纷倒向了大食一边，此时仅仅依靠册封、赏赐显然是不够的，于是为了对抗大食在西域扩张，帝国开始利用突骑施。

对于突骑施人来说，他们也不是无所获得，积极抗击大食，他们首先是在捍卫自己的利益，因为大食的东侵直接威胁到了突骑施。此外，大食侵占的地方原属于西突厥领地，突骑施想通过抗击大食来趁机收复失地。譬如苏禄可汗在击败侵入骨咄的大食人之后就曾说："骨咄属于我，它是吾祖及吾父之土地。"从这话里就可以看出突骑施人的想法。说到底，突骑施人也是为了自己和更多的利益而战。选择大唐作为依靠，不仅能够避免两面作战，而且能够利用唐帝国在西突厥本土和西域各国的威望和影响，高举着"天子诏令"的大义名分来增强自身的号召力，从而在联合诸国共同抵御大食的同时，提升自己的影响力。

很显然，大唐对突骑施的羁縻政策和突骑施人出于自身利益的想法，确实使得突骑施开始全力向西发展，并遏止了大食在河中的扩张。开元六年（718）大食将加拉赫统兵北征，先于河中北部得胜，并已准备侵入大唐领土，但被突骑施人包围，经过偿付赎金，才好不容易得以脱身。开元八年，苏禄可汗率大军参与粟特反抗大食的叛乱，击败呼罗珊总督，随后，大食兴兵攻击拔汗那，突骑施奉诏出征，大破之。开元十二年，大食再攻拔汗那，围其都渴塞城，从而爆发了渴水日之战，大食军大败，后卫主将战死，导致原已叛附大食的康、石诸国复归于唐。这一挫折使大食向东的扩张不得不暂时中止。此后在开元十四年，苏禄可汗之子西进，然而被大食击败。开元十七年，"游行之战"爆发，处于大食统治下的粟特发生叛乱，苏禄派军支援粟特，与大食人在阿木勒河对峙三个月，而这期间安国、石国、拔汗那尽皆参战，康国王子、波斯王子更是在突骑施军中，与苏禄可汗一起围攻大食军，此战迫使大食人败退康国，结果康国国王乌拉克亦叛。开元十九年的"隘路之战"更是让大食人尝到了苦头，事实上，"隘路之战"也是倭马亚王朝时期相关史书中，对战斗情况、伤亡人数记载最为详细的战役。

通过这接连的征讨，突骑施不仅深深地渗入粟特，远至康国，而且还一跃成为西域第一强大势力，虽然这一段时间，突骑施在西域是作为唐朝代言人的身份出现的，但这个时候，苏禄可汗却与大唐开始发生矛盾了。史载，开元十四年，苏禄可汗之妻交河公主遣牙官以马千匹诣安西互市，与都护杜暹发生矛盾，市易未成，马冻死。开元十五年，苏禄怒攻四镇，于是大唐皇帝下诏调杜暹入朝为相，苏禄乃止。

但事情其实并没有这么简单，开元十二年（724），安西都护张孝嵩调任太原尹，安西都护之职出缺。朝廷中便有人推荐杜暹，认为他曾出使安西，深得番人思慕。杜暹当时正为继母守孝，被李隆基夺情起复，擢拜为黄门侍郎，并充任安西都护府副大都护、碛西节度使。交河公主派使者到安西互市时，曾向杜暹宣读公主教令，杜暹怒道："阿史那的女儿怎敢向我宣读教令。"他鞭答使者，将其扣留。于是苏禄可汗大怒，举兵侵入安西四镇，并围困安西。由于此时李隆基召拜杜暹入朝为同中书门下平章事，所以安西都护此时为赵颐贞暂代，面对来势汹汹的突骑施人，赵颐贞只能据城自守，于是"四镇人畜储积，皆为苏禄可汗所掠，仅安西全"。既而苏禄可汗听闻杜暹已入相，才撤军而回，之后又派使者入朝，献方物。

开元十五年（727）闰九月，苏禄可汗联合吐蕃赞普共围安西城，此时已经是安西副大都护的赵颐贞为一雪前耻，率军将之击破。次年正月，赵颐贞再败吐蕃于曲子城，让苏禄尝到了苦头。

开元二十一年，突骑施再次起兵，这一次的原因是阙俟斤驱羊马至北庭互市时，与下属何羯达发生矛盾。何羯达向北庭都护告发阙俟斤密谋叛唐作乱，都护刘涣轻信谗言，误杀阙俟斤。苏禄因此反，朝廷以擅杀罪杀刘涣全家，才得以平息此事。但苏禄仍不肯罢休，联合吐蕃攻安西四镇、北庭，又抢劫商贾，甚至进军护密、识匿，阻碍唐与葱岭以南及各国的交通。这种情况下，大唐不得不与突骑施开战。

由于对大食的作战节节胜利，而这些胜利又助长了苏禄的骄气，所以大唐不得不调集河西军，甚至发动内地兵力以支援西域，同时向大食、后突厥借兵。最初的时候，大唐是向后突厥发出了征召，甚至李隆基还致信给其可汗，不计较其击奚、契丹的行为，声称只要"儿若总兵西行，朕即出师相应"，并许诺事成之后，"羊马土地，总以与儿。子女玉帛，别有优赏"。但突厥人却没有发兵，于是大唐又"使人星夜倍道，与大食计会"，使张舒耀与大食呼罗珊总督阿萨德议定，大食从吐火罗北上，唐军从勃达岭北上，双方共捣突骑施汗庭碎叶。大食随后出兵攻克吐火罗，并将总督府从木鹿迁到缚喝，为北上做好了准备。

开元二十三年十月廿六，突骑施攻打北庭和安西拨换城，次年被北庭都护盖嘉运打败。八月初七，在大唐与大食的压力下，苏禄可汗不得不遣使请降。但李隆基以其无真心，不许。不久，突骑施发生内乱。苏禄可汗开始的时候很节俭，把掠夺的财物都分给各部落，但在他娶了唐朝、突厥、吐蕃三国公主之后，开始奢侈起来，晚年更是尽失人心。原可汗娑葛的部落为黄姓，不服苏禄的黑姓。

开元二十六年夏，苏禄可汗被部将莫贺达干、都摩度所杀。其后，二者所辖部落互攻，都摩度拥立苏禄可汗的儿子骨啜为吐火仙可汗，占据碎叶和怛罗斯城。开元二十七年（739）莫贺达干联络唐安西都护府破碎叶和怛罗斯城，生擒吐火仙可汗，这才平定了苏禄的残余势力。

应该说，大唐打击突骑施苏禄的势力，对于抵制大食东侵来说，无异于自毁长城，西方有学者就认为"强横一时的突骑施在中国人的外交阴谋下失败，但也使中国人失去了一个抵抗大食人的坚固壁垒以致自己直面大食人"，但有一点是肯定的，那就是突骑施人并不总是对唐臣服，他们一再侵扰四镇的行为，使得大唐认为其已经成为了帝国的威胁，在这种情况下为保护四镇歼灭突骑施便不足为奇了。也就是说，和大食合兵平灭突骑施虽然使得帝国需要直面大食，但对于帝国稳定葱岭以东的统治来说，却又是必要的。大唐西域政策就是这样，在确保葱岭以东之时，方能力争葱岭以西以南地区，在葱岭以东基本安全的情况下，帝国能够利用突骑施抵制大食军队的东侵，而当突骑施背叛帝国、侵扰四镇及周围地区时，帝国就必须消灭突骑施这个打手。

在突骑施瓦解之后，大食并没有能够继续向东扩张，虽然安国、火寻、戊地、石国、吐火罗等国一度屈服于他们，但大食人让这些河中诸国按时缴纳沉重的赋税的做法却也引来了这些国家的不满，这使得唐与大食在争夺西域的统治地位时能够被西域诸国拥护，此外大唐在西域实施的一系列有效的政策，也能够有效地遏止大食向东继续扩张的势头。就在大食人试图再次东侵的时候，大食内部发生了动乱。

天宝五年（746），先知穆罕默德的叔父阿拔斯·伊本·阿卜杜勒·穆塔里卜的后裔阿布·阿拔斯利用波斯籍释奴阿布·穆斯林在呼罗珊木鹿城的力量，联合什叶派穆斯林，发起了起义。此后，阿布·阿拔斯的大军一路所向披靡，天宝九年，阿布·阿拔斯在大杰河（底格里斯河支流）一役中击溃倭马亚王朝的大军，从而推翻了在叙利亚大马士革的由倭马亚家族主导的伊斯兰哈里发，建立了以阿拔斯家族为主导的阿拔斯王朝。由于阿拔斯王朝旗帜多为黑色，故中国史书称该王朝为黑衣大食。阿拔斯王朝建立之初，大肆捕杀倭马亚余党，几乎全部杀害了倭马亚家族（只剩下最后一个男丁阿卜杜勒·拉赫曼一世，他逃亡到伊比利亚半岛，建立后倭马亚埃米尔），而倭马亚王朝势力退缩到伊比利亚半岛，中国称之为白衣大食。

阿布·阿拔斯在军事方面完全仰仗阿布·穆斯林，他是阿布·阿拔斯最杰出的将领，正是阿布·穆斯林天宝五年（746）在莫夫绿洲发动的叛乱揭开了推翻倭马亚王朝的大幕，阿布·阿拔斯成为哈里发后，首先便是任命阿布·穆斯林为呼罗珊总督，很显然，此举意味着新兴的阿拔斯王朝将开始全力争夺东方。应该说，这个时期大食势力在西域开始膨胀起来，大唐的影响正在衰退，西域诸国夹在大唐和大食两大帝国之间，首先就需要站队，而在大唐势力处于下降趋势、大食则处于上升趋势的背景下，本身就存在西域诸国倒向大食的可能性，而作为宗主国的大唐要求诸国守"番臣之礼"，却不能尽保护番臣之责，更使得那些西域小国偏向于大食了。一直以来，大唐认为吐蕃的威胁远胜于大食，因而帝国长期以来将驱逐吐蕃人牢牢控制葱岭边缘之地以保四镇，视为帝国在西域的主要目标，所以，才有了大食介入西域以来所发生的河中诸国上书天可汗请击大食而唐一直未予答应的一幕，但对于受到吐蕃人攻击的小国的呼救，唐一次次的不惜动用军力。

应该说高仙芝以石国无落臣礼对石国行诛伐之事，彻底使得大唐与大食两大势力在西域角逐激烈化了，也使得那些西域小国纷纷倒向大食一方，而这种倒向也就使得大食和安西四镇接壤，战争便无法避免了。

按照阿拉伯方面的史料记载，天宝九年，河中地区布哈拉（即安国）发生一次小规模的什叶派起义，这次起义是阿拔斯王朝建立后，在西域的第一次起义。呼罗珊总督阿布·穆斯林派齐亚德·伊本·萨里率军一万前去镇压，而阿布·穆斯林本人则紧随其后，齐亚德·伊本·萨里渡过阿姆河来到布哈拉城下，双方激战数十日，最终齐亚德·伊本·萨里攻入城内，城内守军大部分丧命，被俘虏的人都被吊在城门之上，随后，齐亚德·伊本·萨里又转战撒马尔罕（即康国），进一步剿灭了当地的残余势力，这种血腥的镇压使得河中诸国胆寒不已，但也彻底为大食的兵锋所慑服。

也正是如此，当石国王子逃到中亚诸国，告高仙芝欺诱贪暴之状后，诸国皆怒，但却又知道自身不是大唐的对手，于是乃潜引大食欲共攻四镇，而高仙芝获知此事后，当即决定先发制人。按照《新唐书》《旧唐书》记载，大食攻高仙芝于怛罗斯城，而《资治通鉴》认为是高仙芝在该城与大食遇，那么也就有一个问题，即怛罗斯处于谁的控制下。《新唐书·石国传》记载"怛罗斯城，石国常分兵以镇之"，显然这是高仙芝与大食在此相遇的重要原因，从这里来看，似乎是考虑到一旦大食来攻四镇，很可能会像此前的突骑施一样攻陷安西，故而为了阻止大食的东进，以攻为守，远征大食，成了深谙兵法的高仙芝的选择，而且之前有过远征小勃律、羯师的经验，远征也似乎成为最佳手段。

按照史料记载：高仙芝亲率番、汉兵三万攻打大食。唐军深入大食国境七百余里，到怛罗斯城（即今哈萨克斯坦共和国东南部江布尔城），与大食军遭遇。双方激战五日，未见胜负。在双方相持的重要时刻，唐军中的葛罗禄部众突然叛变，与大食夹击唐军，高仙芝大败，乘夜间逃跑。由于道路阻隘，拔汗那部众又在前面挡住去路，人马壅塞道路，幸亏右威卫将军李嗣业奋起大棒，为他杀开一条血路，才得以逃脱。这次战役，"士卒死亡略尽，所余才千余人"。

史料很简单，但其实此战背后却有很多地方值得讨论，关于高仙芝大军集结前往怛罗斯的时间、地点等细节问题，正史并无太多记载，不过，从高仙芝僚属岑参的几首诗来看，高仙芝可能是在献俘后的天宝十年四月辞长安，五月整师西征，不过直到五月时唐朝大军还在集结当中，尚未开赴战场，而大军至少计划六月过西州所属之赤亭镇。

关于高仙芝大军的兵力一直以来是史学界争议的话题，杜佑所著的《通典》卷一百八十五《边防序》记载："我国家开元、天宝之际，西陲青海之戍，东北天门之师，碛西怛逻之战，云南渡泸之役，没于异域数十万人。天宝中哥舒翰克吐蕃青海，青海中有岛，置二万人戍之。旋为吐蕃所攻，翰不能救而全没。安禄山讨奚、契丹于天门岭，十万众尽没。高仙芝伐石国，于怛逻斯川七万众尽没。杨国忠讨蛮阁罗凤，十余万众全没。向无幽寇内侮，天下四征未息，离溃之势岂可量耶？"从这里来看，似乎是七万人。

至于阿拉伯方面的史料，记载为："阿布·阿拔斯掌权三年后（751），布哈拉爆发起义，为首的是舒莱克，他率三万名阿拉伯人和其他人对阿布·穆斯林展开报复行动，反抗他的血腥手段和滥杀无辜的行为。阿布·穆斯林前去镇压，派齐亚德·伊本·萨里和阿布·达乌德·哈立德·本·伊卜拉欣·祖赫利为先锋。双方交锋，舒莱克被杀。他再次征服布哈拉和粟特，并下令构筑撒马尔罕墙，以期在敌人进攻时成为一道防御。他派遣齐亚德·伊本·萨里继续挺进，后者征服了河外地区的城镇乡村，一直抵达怛逻斯和伊特莱赫。于是中国人出动了，发兵十万余人。塞义德·本·侯梅德在怛逻斯城加强城防，阿布·穆斯林则在撒马尔罕的军营中镇守，大批将领和招募来的兵士聚集在塞义德那里。他们分几次将他们（中国人）各个击败，共杀死四万五千人，俘获两万五千人，其余纷纷败逃。穆斯林们占领了他们的军事要地，进军布哈拉，降服河外地区的国王和首领们，将他们斩首，并掳走他们的子孙，抢去他们的全部财产，他们不止一次将俘虏（当地土著）五万人五万人地渡过河去。阿布·穆斯林决意进攻中国，并为此做好了准备，但接下来发生的一件事使他改变了这一计划，齐亚德·伊本·萨里向他展示了一封无法证实其真实性的、来自阿布·阿拔斯的信，信上说委任他为呼罗珊的总督，阿布·穆斯林开始施展计谋，最终将齐亚德·伊本·萨里杀死，并派人把他的首级送到阿布·阿拔斯那里。"从这里来看，似乎是唐军

损失十万：死四万五千、被俘两万五千，共七万，还有三万人则逃跑了。

另外一部史料则记载："这一年，拔汗那的伊赫希德与石国国王反目为仇，伊赫希德向中国国王求救。中国国王派出十万大军驰援，将石国王包围。石国国王归顺中国国王，他和手下没有受到他（中国国王）的迫害。消息传到阿布·穆斯林那里，他派齐亚德·伊本·萨里（Ziyad ibn Salih）前去交战。两军大战于怛罗斯河，穆斯林们最终战胜了他们，消灭近五万人，俘获约两万人，残部逃回中国。此役发生在天宝十年（751）十二月。"这里说唐军是十万，死五万，被俘两万，三万人逃出。

不过唐朝在安西的驻军数量，据《资治通鉴》引柳芳的《唐历》记载，唐朝在天宝元年时，十节度使军镇的总兵力是四十八万多；其中安西节度使镇兵两万四千，排名第八；而北庭节度使镇兵两万，排名第九，两个节度使镇兵数量为四万四千，根本不会有十万人，虽然发拔汗那、葛罗禄，但也不会有十万之众。所以史学界普遍认为，高仙芝的四镇番汉兵也就两三万人。

此外，1973年所出土的吐鲁番文书提到高仙芝战前曾经分兵征碎叶之事。所谓天威军，也就是哥舒翰于石堡城所置神武军，后更名天威军。天威军征碎叶的时间是在怛罗斯之战前，高仙芝入朝献俘突骑施可汗、石国王之后，碎叶周边的局势并未因此稳定下来，反而可能因为高仙芝此举而变得更加动荡不安，因此高仙芝在得知阿拔斯欲攻四镇时，欲却敌于外，但发兵前往怛罗斯，本身就是悬师远征，自然在军事补给方面有所不便，如果突骑施于后叛乱，那么情况自然不堪设想了，于是天威军赴碎叶就是为了避免碎叶一带的突骑施配合大食及诸胡行动，从而使得高仙芝在发汉兵及葛逻禄、拔汗那的番兵前往怛罗斯的同时，后方能够安定。不过根据记载，天威军赴碎叶是在七月之前，最迟到八月中完成使命，随后就从碎叶战场返回了。

至于大食人的兵力，史料中同样记载不详，不过通常认为，刚刚在安国平叛完毕的大食军应该不超过五万人，加之阿布·穆斯林的呼罗珊其他兵力，总共应该在十万人左右，但是由于诸胡皆从之，也就是西域诸国纷纷与大食为盟，那这个数字也就不好说了，可以肯定的是，大食及昭武九姓联军的人数远胜于唐军。

如此悬殊的兵力，唐军又如何能够坚持五天？有一点是肯定的，那就是唐军无论装备、素质、士气，还是将帅能力上，都很强。唐代"重"骑兵，马槊和横刀的使用使得唐军骑兵的冲击力很强，太宗皇帝李世民领军之时，喜选择敌阵薄弱部位，亲率骑兵冲锋，于是"敌无不溃败"。

此外，唐军还多用弓弩，按照记载，唐军一般使用四种弩：射程三百步（450米）的伏远弩，射程二百三十步（345米）的擘张弩，射程二百步（300米）的角弓弩，以及射程百六十步（240米）的单弓弩，在那个时期，这些弓弩所带来的威胁几乎是可怕的。此外唐军还有车弩，史载车弩是"十二石"强弩，以轴转车（即绞车）张弦开弓，弩臂上有七条矢道，居中的矢道搁一支巨箭，"长三尺五寸"，"粗五寸"，以铁叶为翎，左右各放三支略小的箭矢，诸箭一发齐起，"所中城垒无不摧毁，楼橹亦颠坠"，这些致命的强弩硬弓加上可怕的陌刀，应该能够让人想象到当时面对唐军时的场景。

陌刀开始流行于李治调露前后至开元十年之间，开始时使用陌刀是为了对抗突厥骑兵，后来在诸军流行则是为了对付以骑兵称雄的唐之"四夷"，于是陌刀也因此成为唐军材官（步兵）的主战兵器之一。陌刀威力极大，列阵而出则"如墙而进"，肉搏时候威力不减，史载李嗣业用陌刀肉搏，"当嗣业刀者，人马俱碎"。

至于作战方式，依据唐《李卫公兵法》的记录，唐军作战时，诸军按其职能分为弓手、弩手、驻队、战锋队、马军、跳荡、奇兵……展开阵形之后，贼在一百五十步时候，弩兵以强弩射之；贼入六十步时，弓箭手以硬弓相迎……疾风暴雨的箭矢洗礼之后，则弓弩手发箭后执刀棒与战锋队齐入奋击……短兵相接开始后，奇兵、马军、跳荡军皆不准轻举妄动，如果前方的战况不顺利，跳荡、奇兵、马军方可迎前敌出击，以掩护前军后退整顿后准备再援，如果跳荡、奇兵、马军进攻不利，所有的步军必须配合马军同时作战。贼军退却，马军不得轻易追击，必须确认贼军真正溃败后，才能相继掩杀。

也就是说，唐军是步马结合，攻守有职，配以弓、弩、陌刀的步军为正面先锋，也是最主要的正面迎敌力量，而骑兵则为侧辅，通常用于迂回包抄贼军或者迅速冲击立足未稳的贼军阵脚之用。

我们想象一下，天宝十年（751）四月，高仙芝率安西四镇汉番大军从安西出发，在翻过葱岭、越过草原，并经过了三个月的长途跋涉之后，于七月到达了怛罗斯城下，城中是石国大军驻守，于是唐军开始围攻怛罗斯城。据阿拉伯史书《创世与历史》记载，大食在接到唐军远征的消息之后，阿布·穆斯林立即率军赶来增援，双方在怛罗斯城下相遇，唐军虽然人数较少，但步军的强弓硬弩和如墙推进的陌刀阵打得有声有色，然而大食及胡人联军人数众多，战局僵持，到了第五天，情势突变，葛逻禄人忽然叛变发难，趁着唐军因为葛逻禄人突然叛变而暂时混乱的时机，大食军迅速展开进攻，于是唐军全面溃败，高仙芝在李嗣业、段秀实等诸将的护卫下，匆匆向安西逃遁，途中恰逢拔汗那兵也溃逃至此，造成兵马车辆拥挤堵塞道路，此前曾劝高仙芝弃兵逃跑，被段秀实斥责为"惮敌而奔，非勇也；免己陷众，非仁也"的李嗣业恐大食追兵将及，不惜对番兵大打出手，他挥舞大棒毙杀百余名拔汗那人，才杀开一条血路，残余唐军得以通过。在收拢残兵之后，高仙芝并不甘心，依然想进行一次反击，在李嗣业等人的劝说之下终于放弃。最后高仙芝只得引残兵逃回安西，此战数万安西精兵只剩下数千人逃出生天。

此战之中，葛逻禄人是极其关键的角色，他们的叛变成为了怛罗斯之战的转折点，关于葛逻禄部反叛的原因，可能是他们和大食人交易的结果，葛逻禄人帮助大食人打败唐军，而大食则默许葛逻禄人在两河流域附近的扩张。怛罗斯之战后，葛逻禄强盛起来，逐渐取代突骑施，占有楚河流域西突厥故地，其中包括碎叶城、怛罗斯城。

怛罗斯之战中，安西都护府的精锐虽然损失殆尽，但在节度使制下很快便恢复了，仅仅过了两年，升任安西节度使的封常清于天宝十二年（753）进攻受吐蕃控制的大勃律，"大破之，受降而还"，说明安西都护府的实力已经大体恢复。高仙芝败退后，仍被李隆基委以重任。天宝十四年（755）十一月，安禄山叛于范阳，天下大乱。高仙芝奉命征讨叛军，在防务空虚、兵不习战的情况下扼守潼关，这位高句丽族名将显示出自己卓越的军事才能，一度保卫了长安的门户。遗憾的是，不久李隆基听信谗言，错斩了高仙芝，此后唐朝逐步陷入藩镇割据状态，再也未能重现昔日辉煌，在西域的霸权也随着盛唐的崩溃而随风消逝。

至于大食一方，怛罗斯之役后不久，阿布·穆斯林因功高震主而被谋杀，手下大将齐雅德·伊本·萨里也被处死，由此引来呼罗珊的内乱，大食忙于平乱，没有能力再去东进，只能巩固他们在河中取代唐朝建立的霸权。这也就使得大唐和大食失去了再次交手的机会，法国学者勒内·格鲁塞在他的《草原帝国》一书中这样写道：如果不是唐帝国内部的那场内乱，也许，不过几年，他们就会从阿拉伯人手中夺回他们的霸权，但是，随后爆发的安史之乱却使唐军永远地失去了这个机会，也正是这场来自帝国内部的持续八年的内战，几乎耗尽了这个强盛帝国的所有财富，衰落从那个时候才骤然开始，从废墟中重建的那个帝国已不再是曾经的天可汗帝国。

第六章 塞外余晖

16. 暗流涌动

　　后世普遍将怛罗斯之战看得意义不同，因为在所有人看来，这是大唐帝国与大食帝国这两个东西方霸主第一次直面的冲突，但其实这场冲突对于双方的意义都不算很大，西域的政治格局甚至并没有因为此战而发生大的改变。

　　大食没有能够继续东进，也没有中断一直以来对唐的通使，永徽二年（651）时，大食遣使唐朝，与大唐开始了正式官方交往，此后基本上保持往来，怛罗斯之战后仍然如此。而西域诸国也没有能够摆脱自身的宿命，他们仍然处在唐朝与大食两大势力之间，这些河中诸国在遭到大食的蹂躏时，仍然寻求帝国的庇护，从"天宝十三载闰十一月，东曹国王设阿及安国副王野解及诸胡九国王，并遣上表，请同心击黑衣，辞甚切至"。此外，大唐帝国的势力也没有退出西域，唐朝仍然册封诸国，如"天宝十二载十月，封石国王男邦车俱鼻施为怀化王"。甚至帝国对西域诸国的政策依旧，那就是并没有因此战而刻意将大食作为一个对手，对于诸国的请求，帝国仍然是"帝方务以怀柔，皆劳赐，慰喻遣之，以安西域"的态度，很显然，大唐还是将吐蕃作为自己最大的威胁。

　　天宝十二年（753），安西节度使封常清率军进讨大勃律国，因为大勃律国依附吐蕃。此战，安西军所向披靡，大军一路至菩萨劳城，因为屡次获胜，上自节度使封常清、下至唐军兵士几乎人人以为贼番不堪一击，此时一扫两年前怛罗斯兵败阴影的唐军试图一举讨平大勃律，可正在封常清欲挥军一战而击灭大勃律时，斥候府果毅段秀实却进谏，认为："贼兵羸，饵我也，请备左右，搜其山林。"封常清从之，派兵搜索，果

　　　　　　　　　　　　　　　　　　　大漠烽烟

然发现大勃律的伏兵，于是唐军"大破之，受降而还"。

应该说，在历唐太宗"贞观之治"、高宗"永徽之治"、武后"贞观遗风"及玄宗"开元之治"之后，大唐帝国不仅国势大增，而且文治武功也在此时达到鼎盛状态，此时的大唐正处于巅峰时期，以至于后人也常常感叹这是史无前例的盛世。

可也就在这一盛世之下，帝国却是隐患重重。武德皇帝立国以来，大唐采取的是外重内轻的军事部署，以及府兵制，全国六百三十四个军府，有二百六十一个在京畿及关中，这种布局使得帝国中枢能够牢牢控制全国，而府兵制则是根本，其实府兵制的特点可以简单概括为"平时为民，战时为兵；兵不识将，将不知兵"，在这种制度下，府兵的户籍由军府所掌握。平时府兵耕地种田及日常操练，此外每年冬季十一月，由军府统一召集"教其军阵战斗之法"，战时则由皇帝下诏、兵部调遣。战后，府兵仍归其本来所在的军府。

客观上来说，府兵制算是一种兵役制度，而这种制度的初衷本是为了解决自东汉末年以来，经三国、历南北朝，将领兵权在握，从而使得军队成为其私人"部曲"的局面，由于"兵不识将，将不知兵"的优点，故而有利于中央掌握军权，可以防范地方割据势力的出现，此外还结合了屯田制，有利于开展农业生产，从而极大地减轻国家军费开支，甚至部分解决了一些

唐三彩骆驼载乐俑

行军打仗时的后勤供给问题，同时能够保障兵源的稳定。

府兵制是建立在均田制的基础上的，可是武周之后，均田制被破坏，而且边患日深，用兵不断，戍期延长，加上腐败日益严重，边将侵吞兵士财物，强迫兵士为自己服苦役，因此一时无人愿当府兵，加上人口流动等因素，就使得府兵制遭到了严重破坏。至天宝年间，府兵制已无法维持，加上兵士多逃匿，管理府兵的折冲府根本无兵可交，于是天宝八年五月十日，随着宰相李林甫奏停折冲府上下鱼书，折冲府至此名存实亡。这种情况下，不得不停止征发府兵，改行募兵制。唐初曾在局部边地少量募兵，然而自府兵制被废之后，募兵制也就成了兵员来源的唯一选择，以至于后来京师宿卫、边镇戍兵和地方州兵基本上俱为募兵充任。镇守京师称长从宿卫，后改名彍骑，戍边称健儿，又称长从兵或长征健儿，地方则称团结兵，兵士由朝廷招募而来，长期服役，军器衣粮均由朝廷供给，由专门将领统御，改变了府兵制下将不专兵、兵不识将的现象，与之所共同产生的，还有节度使制。

最初之时，节度使仅负军事之责，而且人选都颇为慎重，并有不久任、不遥任、不兼任之原则。但帝国自唐太宗、唐高宗年间屡次开疆拓土，先后讨平突厥、百济、高句丽等番，朝廷为了能够加强对边疆的控制、巩固边防和统理异族，于是在开元十年（722）的时候，在边地设十个军镇，分别是碛西、北庭、河西、陇右、朔方、河东、范阳、平卢、剑南、岭南，这十个军镇由九个节度使和一个经略使管理，于是也就有了所谓的"天宝十节度使"：

其一，安西节度使，又称安西四镇节度使、四镇节度使，本是为防御天山南路安西四镇而设置的节度使，开元元年（712）以安西都护领四镇经略大使，治所在安西都护府（龟兹）。后以副都护领碛西节度使，驻西州。开元十五年，改为伊西节度使，开元十九年（731）与北庭节度使合并为安西四镇北庭节度使。开元二十九年（741）再分为北庭节度使和安西四镇节度使。安西四镇节度使抚宁西域，下辖龟兹、疏勒、于阗、焉耆四镇和安西都护府，领兵两万四千。

其二，北庭节度使，为防御天山北路所设置，治庭州，开元元年（712）九月以北庭都护领节度，开元十五年（727）分为伊西北庭节度使，开元十九年（731）合并为安西四镇北庭节度使，开元二十九年（741）

　　　　　　　　　　　　　　　　　　　大漠烽烟

分为北庭节度使和安西四镇节度使。北庭节度使防御突骑施、坚昆，下辖瀚海军、天山军、伊吾军、西州和伊州，领兵两万。

其三，河西节度使，睿宗景云二年（711）四月以贺拔延嗣为凉州都督充河西节度使，以断隔吐蕃、突厥，治凉州，统辖凉州、甘州、肃州、瓜州、沙州、伊州、西州等州。

其四，朔方节度使，又称灵武节度使，本为防御后突厥汗国而设，治灵州，开元二十二年（734），朔方节度兼关内道采访处置使。

其五，河东节度使，开元十八年（730），更太原府以北诸军州节度为河东节度。自后节度使领大同军使，副使以代州刺史领之，复领仪、石二州。治太原府，管兵五万五千人，马万四千匹，衣赐岁百二十六万疋段，军粮五十万石。与朔方节度使互为犄角，以防突厥。辖天兵军、大同军、岢岚军、横野军、云中守捉、忻州、代州、岚州。

其六，范阳节度使，又称幽蓟节度使、燕蓟节度使、幽州节度使、卢龙节度使，开元元年（713）所设，初名幽州节度使，以防奚族、契丹，治幽州，统辖幽州、蓟州、妫州、檀州、易州、定州、恒州、莫州、沧州等九州，天宝元年（742），改为范阳节度使。

其七，平卢节度使，开元七年（719）以平卢军使升平卢军节度，治所营州，以防室韦与靺鞨，开元二十八年前后，朝廷敕令平卢军节度使乌知义"渤海黑水近复归国，亦委卿节度"，自此，平卢兵士担负了经略河北之任。

其八，陇右节度使，乃是为了防御吐蕃所置的，开元二年（714）初设，五年后正式设立，驻鄯州，领并七万五千，辖临洮、河源、积石、莫门、白水、安人、振武、威武、宁塞、镇西、宁边、威胜（宛秀）、金天、曜武、武宁、天成、振威等军及绥和、平夷、合川守捉。

其九，剑南节度使，开元七年（719）升剑南度支营田处置兵马经略使为剑南节度使，治所在益州（辖益州、彭州、蜀州、汉州、眉州、绵州、梓州、遂州、邛州、剑州、荣州、陵州、嘉州、普州、资州、巂州、黎州、戎州、维州、茂州、简州、龙州、雅州、泸州、合州二十五州和昆明军），相当于今四川省中部，后增加翼州、当州、柘州、松州、恭州、姚州、悉州、奉州、霸州、保宁都护府，统辖天宝军、平戎军、昆明军、宁远军、江南军、澄川军。

唐胡人彩绘俑

其十，岭南节度使，设置最晚，开元二十一年（733）设岭南五府经略讨击使后，以其治夷。

然而，此等每以数州为一镇的节度使不但管理军事，而且还因兼领按察使、安抚使、节度使等职而兼管辖区内的行政、财政、人民户口、土地等大权，令原为地方长官之州刺史变为其部属。据《新唐书·志第四十·兵》言："既有其土地，又有其人民，又有其甲兵，又有其财赋。"很显然，开元十年所设之节度使，许其率兵镇守边地，以至于军力日渐强大，渐有凌驾中央之势，而军事与行政的统合更是使得节度使得以雄踞一方，尾大不掉，渐渐也就成为唐室隐忧。

在外的将帅与兵士的关系较密切，是节度使坐大的直接原因，因为府兵制崩坏，故而大唐军制不得不由府兵制转变为募兵制，其实这个时候，军事力量地方化的态势已经形成，因为虽然以节度使统兵虽然使得巩固边地、讨伐番国很是便利，但却也使兵士只知将帅，而不知朝廷，这样一来，招募而来的兵士们逐渐成了将领的私军。此外，募兵的军器衣粮由朝廷统一供给，这也就在很大程度上增加了朝廷的军费支出和财政负担，而节度使则通过掌握驻地的民政、财赋、刑法权力，来扩充自己的势力，从而逐渐脱离朝廷控制，继而成长为地方的割据势力。最初的时候，李隆基并不是没有担心这一点，所以也就有了宦官监军的设置。

宦官监军其实早在东汉之时就已经有过先例，东汉恒帝延熹五年，武陵郡（今湖南常德西）蛮起兵叛汉，进攻江陵（今属湖北），荆州刺史刘度、南郡太守李肃望风而走，武陵蛮占据荆州大部，汉廷派车骑将军冯绲率兵十余万进讨，冯绲上书请设监军。史载："时天下饥馑，弩藏虚尽。每出征伐，常减公卿俸禄，假王侯租赋。前后所遣将帅，宦官辄陷以折耗军资，往往抵罪。绲性烈直，不行贿赂，惧为所中，乃上疏曰：夫势得容奸，伯夷可疑，不得容奸，盗跖可信，乐羊伐中山，反而语功，文侯示以谤书一箧，愿请中常侍一人监军财费。"此后，冯绲大破武陵蛮，斩首四千余级，武陵蛮降者十余万人，荆州平定。不过从当时的情况来看，冯绲此举不过是为防止遭受猜忌陷害的权宜之计。

其实所谓监军都是朝廷临时所遣，以代朝廷协理军务，督察将帅，汉武大帝时曾置监军使者，两汉、魏晋、隋代皆有，省称监军，也称监军事，又有军师、军司，亦为监军之职。唐初，袭前隋制，以御史监军。《通典》载："至隋末，或以御史监军事，大唐亦然。时有其职，非常官也。开元二十年后，并以中官为之，谓之监军使。"也就是说初期的监军其实只有御史充任，而且不过是执行"监视刑赏，奏察违谬"之责而已，既不是常设之职，也不参与军事。

然而李隆基宠用宦官高力士，以至于"每四方进奏文章，必先呈力士，然后进御，小事便决之"，甚至高力士还参与机要，又称"尚父"。而按照武德年间定下的朝章，宦官的职责不过是守御宫门、洒扫内廷、经管内库和皇帝的饮食起居，兼有出入宫掖传宣之事，是无权干预政治的。而大唐初立之时，还明确规定内侍省官不得超过三品，其长官内侍的阶品通常仅是四品。虽然此后不断增加宦官员额，不过这些阉人一直没有能够获得什么权力，自李世民至武周以来"权未假于内官，但在阁门守御，黄衣（流外官服）廪食而已"。然而神龙年间，宫内宦官人数却开始显著增加，时有宦官三千余人，超授七品以上员外官者千余人，但这个时候"然衣朱（四品）紫（三品）者尚寡"，可到李隆基时，情况却发生了变化，诸宫品官黄衣（是时为六品官服色）以上三千人，衣朱紫者千余人，而宫内宦官员额的迅速增加，也使得宦官的地位得到了相应上升。在这种情况下，宦官监军也就不足为奇了，从开元二十年后，开始出现以宦官监军。譬如天宝六年，高仙芝军出讨小勃律时，就由宦官边令诚以监军身份随高仙芝远征。

不过虽然当时宦官监军已经开始出现，但还属于临时制度而已，所谓"监军则权过节度，出使则列郡辟易。其郡县丰赡，中官一至军，则所冀千万计"便是这个意思。但天宝十一年，李隆基曾下诏曰："诸军节度使等委任尤重，虽奉谋受律，去侧捷归，而甄赏叙勋，率多非实。自今以后，朝要并监军中使子弟，一切不得将行。先在军者，亦即勒还。"从这道诏令中可以发现，由宦官出任监军在这个时候已渐渐普及，并且具有一定的规模了，最重要的是，宦官在军中的权力也开始愈来愈多、越来越重。

然而，宦官监军在根本上却改变不了问题。唐初，举国共有府兵六十八万，关中便有二十六万，而至天宝元年（742），全国有兵五十七万之众，边地竟有四十九万，正如《资治通鉴》记载："猛将精兵，皆聚于西北，中国无武备。"这倒并不是危言耸听，因为此时，帝国的确存在"外重内轻"之巨大隐患。相较于碛西、北庭、河西、陇右、朔方、河东、范阳、平卢、剑南、岭南这十大边镇，处于朝廷直接掌握下的军队实在少得可怜，而且军士素质也极为糟糕。

而且，作为天子亲军的"北衙四军"其战斗力也很是令人担忧，从北门屯营始置，至左右羽林军建立，很长一段时间内，飞骑曾经是守卫宫禁的主要力量，而且所有飞骑也都是由元从禁军的子弟和卫士（府兵）中选充。李隆基登基之后，亦有规定，所有飞骑一律从卫士中简补。次年，又从出征吐蕃的兵募中选拔壮勇之士为飞骑。可是随着府兵制的败坏，由于卫士不再上番宿卫，于是飞骑全部出于招募。本来飞骑的任务是宿卫宫禁，但在必要的时候，也需要奉命出征，这就要求飞骑的身高、体力、弓马技艺都必须通过严格的考核，并且合格的才能选充。可实际上，自从招募之后，开元、天宝间的禁军飞骑多半出自长安坊市间的商富之家以及无赖游手，他们投充飞骑主要是为了逃避徭役和获得庇护，再加上平时很少训练，更少实战经验，因此可以说是几乎没有什么战斗力的"花架子"。

多是招募市井无赖为兵的镇守京师的彍骑已然不堪，而"北衙四军"则又军中腐败丛生、战斗力低下，地方团结兵更为不堪，大唐唯有边镇军力强大，这种情况下，帝国军事布局"外重内轻"的隐患已经到了一个临界点了，碛西、北庭、河西、陇右、朔方、河东、范阳、平卢、剑南、岭南，本是守卫边地的军镇，此时竟成了帝国安全的巨大威胁。

大漠烽烟

17. 安史之乱

如果皇帝勤政、宰相用事、朝政清明，倒也能够压制边军可能的叛乱，可偏偏天宝年间，李隆基怠政，李杨用事，更是直接使得本就存在的隐患发酵了。开元末年时，天下承平日久，在盛世之下，大唐国家富庶，地方无事，边地捷报频传，于是李隆基丧失了向上求治的精神，改元天宝后，生活奢华，很少过问政事，而官场则是愈加腐败，朝廷内外一片靡靡之风，而宫内斗争又是一片血腥。

开元二十五年（737）四月，李隆基因听信所宠武惠妃谗言，将自己的三个儿子太子李瑛、鄂王李瑶、光王李琚废为庶人，旋又将之赐死，同时改立忠王李玙（肃宗李亨）为太子，而颇为吊诡的是，作为这场皇室悲剧始作俑者的武惠妃，却在构陷太子、鄂王、光王，并导致三人被赐死后，因"数次见到其鬼魂作祟"故而惊吓成疾，于同年死去。

武惠妃生前颇为玄宗皇帝所宠爱，以至于其死后，后宫虽多美人，竟没有一人能使郁郁寡欢的李隆基开颜，这个时候，有人进言，称皇帝第十四子寿王妃杨氏"姿质天挺，宜充掖廷"，李隆基见后，果然以为美貌不凡，堪称绝世无双。

杨氏出身弘农杨氏，其本是前隋上柱国、吏部尚书杨汪之后，她的父亲杨玄琰，曾担任过蜀州司户，后因丧父，故为曾任河南府士曹参军的叔父杨玄璬收养长大，杨氏自幼天生丽质，而且性格婉顺，精通音律，擅歌舞。开元二十三年（735）七月，李隆基第二十一女咸宜公主下嫁卫尉卿杨洄，杨氏受邀参加婚礼，与公主同为武惠妃所生的寿王李瑁对其一见钟情，于是当年十二月，受封为寿王妃。

正如白居易在《长恨歌》中所写的那样："天生丽质难自弃，一朝选在君王侧。"李隆基在一眼看中杨氏之后，便将之召入后宫，但人言可畏，于是李隆基采取了一个过渡之法，也就是《新唐书》记载的那样，在开元二十八年（740）十月，以为李隆基母亲窦太后祈福的名义，敕书杨氏出家为女道士，道号"太真"。

天宝四年（745），寿王娶韦昭训之女武氏为妃后，杨太真还俗受册封为贵妃，时杨氏二十六岁，而李隆基已是六十岁了。自杨氏入宫以来，备受宠幸。史载，岭南经略史张九章、广陵长史王翼二人，因献给贵妃的贡品精美，竟得以仕途更进一步，于是，京内境外大小官吏竞相仿效，"妃欲得生荔支（枝），岁命岭南驰驿致之，比至长安，色味不变"。诗人杜牧在他的《过华清宫绝句》曾对此有过描写："长安回望绣成堆，山顶千门次第开。一骑红尘妃子笑，无人知是荔枝来。"

正如民间歌之曰"生男勿喜女勿悲，君今看女作门楣"那样，因为贵妃的受宠，杨氏一门也因此获得"恩露"，其父杨玄琰累次追赠为太尉、齐国公，母亲受封凉国夫人。抚养她长大的叔父杨玄珪更是被提拔为光禄卿，其堂兄杨钊，原为市井无赖，因善计算，居然因贵妃而飞黄腾达，李隆基赐名国忠，甚至一度位居宰相兼文部尚书之位，并身兼四十余职。而杨国忠之子杨昢、杨暄，贵妃弟弟杨鉴，皆娶公主、郡主为妻，史载"杨氏一门尚两公主、两郡主"，此外，贵妃父祖立私庙，李隆基更是御制家庙碑文并书。杨玉环的三个姐姐也均赐府邸于京师，宠贵赫然，大姐被封为韩国夫人，三姐则封为虢国夫人，八姐册封为秦国夫人，三夫人都生得貌美色绝，尤其是虢国夫人，以天生丽质自美，不假脂粉。杜甫《虢国夫人》诗云："虢国夫人承主恩，平明上马入金门。却嫌脂粉污颜色，淡扫蛾眉朝至尊。"乃为事实之写照。于是"上呼之为姨，出入宫掖，并承恩泽，势倾天下"。

史载，三夫人凡是有所要求，各级官吏立刻承办，所谓"奉请托，奔走期会过诏敕。四方献饷结纳，门若市然"。某年，李隆基游幸华清池，以杨氏五家为扈从，每家一队，穿一色衣，五家合队，五彩缤纷。沿途掉落首饰遍地，闪闪生光，其奢侈无以复加。

而李隆基本人显然很享受这种奢靡的生活，史载李隆基好诗歌，精音律，多御制曲，又有"听政之暇，教太常乐工子弟三百人为丝竹之戏，音响齐发，有一声误，玄宗必觉而正之"之说，而关于这一点，在《新

270

唐书·礼乐志》中更有明确记载："玄宗既知音律，又酷爱法曲，选坐部伎子弟三百，教于梨园。声有误者，帝必觉而正之，号皇帝梨园弟子。"因此后世遂将戏曲界习称为梨园界或梨园行，而戏曲演员则称为梨园弟子。

生活的奢靡，随之而来的是政治上的腐败。天宝初年，李林甫为相，此人为人阴险，有"口蜜腹剑"之称，凭着李隆基的信任，竟专权用事达十六年，杜绝言路，排斥忠良，以致言路壅蔽、谄媚当道、忠贞去国、贪饕升天、社鼠残害、民不堪命。譬如为了掌握大权，他曾训斥诸谏官道："今明主在上，群臣将顺之不暇，何须多言！"史载，有补阙杜琎上书言事，次日即被降为下邽令，于是自此以后，没有人敢再有谏争之言了。

此外，他对才能功业在他之上而受到李隆基宠信、威胁到他相位的官员，一定要想方设法除去，尤其忌恨以文才仕进的。如李隆基曾于勤政楼垂帘观看乐舞，兵部侍郎卢绚以为李隆基已经离去，便扬鞭策马从楼下缓缓而过，因其风度翩翩，李隆基赞美不已，李林甫担心此人会被李隆基重用，于是将卢绚调任为华州刺史，不久他又奏陈李隆基，称其患病不能理事，将他贬为太子员外詹事。李隆基又欲重用绛州刺史严挺之，李林甫竟欺骗李隆基说严挺之年老多病，宜授其散职，便于他养病。于是，严挺之又被送到洛阳养病去了。

此外，李隆基欲广求天下之士，只要精通一艺，便可到长安备选。李林甫恐草野之士对策斥言其奸恶，竟然建言："举人多卑贱愚聩，恐有俚言污浊圣听。"他建议让郡县长官先对士子加以甄选，将其中优秀者送到京师，在御史中丞的监督下，由尚书省复试，将名实相符者推荐给皇帝。最终，送到京师的士子被考以诗、赋、论，于是"遂无一人及第者，林甫乃上表贺野无遗贤"。

当初唐太宗、高宗、武后时平定东突厥及契丹各族后，将其内徙至河北北部一带，河北北部于是成为胡人杂居之地，帝国为了便于统治，倚重能通多种胡语及了解外族民风者。天宝十年（751），李林甫兼领安西大都护、朔方节度使、单于副大都护，鉴于开元年间张嘉贞、王晙、张说等文臣以边将入相的先例，故而欲杜绝出将入相的根源，以巩固自己的相权，李林甫便请辞兼任的朔方节度使之职，继而举荐安思顺继任，并奏道："文臣为将，怯于战阵，不如用寒族、番人。番人骁勇善战，而寒族在朝中没有党援。"李隆基采纳了他的建议。很显然，他出于一己之私，为了杜绝边将入相之路，称胡人忠勇无异心，建议皇帝用胡人为镇守边界的节度使，而且又放任他们拥兵自重的做法，为帝国埋下了很大的隐患，所谓"诸道节度使尽用胡人，精兵咸戍北边，天下之势偏重，卒使天下倾覆"。

不过李林甫虽然专权乱政，但在位期间，政局尚稳。可当他于天宝十一年（752）死后，情况便不同了，李隆基一方面以擅权弄法的杨国忠出任右相，另一方面则使用胡人为边将，以图左右平衡。可杨国忠本是因杨贵妃得到宠幸而得以仕途高进的，此人只知搜刮民财，以致群小当道，国事日非，朝政腐败，而皇帝重用番将，虽然使得高仙芝、哥舒翰等番将成为独当一面的大将，但也使得安禄山等心怀叵测之徒得以长期控制河北，为日后帝国的大乱埋下了隐患。

由于杨国忠的专权乱政比李林甫更甚，此人只重用亲信，大肆排斥异己，天宝十二年（753）时，关中大饥，因京兆尹李岘不甚顺从，杨国忠竟然以灾气归罪于李岘，贬李岘为长沙太守。后来霖雨成灾，李隆基过问灾情时，杨国忠又掩盖灾情真相，并说："雨水虽多并未伤害庄稼。"玄宗竟然信以为真。以后，扶风太守房琯奏报当地出现水灾，杨国忠便以御史前去审之，从此再没有人敢汇报实情。以至于到了后来，面对大权在握的杨国忠，甚至就连李隆基信赖的高力士也不敢声言。

最为可怕的是，范阳节度使安禄山为了和杨国忠在李隆基面前争宠，竟互相诋毁。李隆基对此摇摆不定，认为主要政事交付宰相，边防事务交付诸将，无可忧虑，只是他想不到的正是自己的摇摆不定，导致了安禄山的最终反叛。

安禄山，本姓康，名轧荦山，营州柳城人，母阿史德氏，父为昭武九姓的粟特人，母为突厥巫师，信仰祆教。史载安禄山少孤，因母改嫁突厥番官安延偃，遂改姓安，改名禄山。此人通晓六国语言，初为互市马牙郎，后被节帅张守珪养为假子，渐升至千卢将军。开元二十八年（740）禄山为平卢兵马使，以贿赂交结唐廷派往河北的御史，博得李隆基的称许与宠信。开元二十九年，官至营州都督，至天宝元年（742）时，又升为平卢节度使，天宝三年，又兼范阳节度使、河北采访使；天宝十年，又兼河东节度使，此后又受封为东平郡王。

此人之所以能够得势，除了熟悉河北军情，能够对不时进扰河北的奚族和契丹进行镇压，以至于被李隆基倚为"安边长城"之外，最重要的原因是他善于谄媚逢迎，因而能够得到李隆基、杨贵妃等人的宠信和支持。史载，安禄山十分肥胖，重三百多斤，某次，皇帝问他为何体肥，其答曰："唯赤心耳！"还曾经在玄宗面前做胡旋舞，竟然能"疾如风焉"，于是皇帝十分宠信他。

天宝年间，李隆基对边军管制逐渐松动，而安禄山在各边军中势力最强大，他身兼三大兵镇，独掌十八万大军，遂有轻朝廷之心。

安禄山平生很是惧怕李林甫，根据记载，安禄山初见李林甫时，仗着皇帝宠信，神色倨傲，李林甫遂当着他的面以事召王铁。王铁与安禄山俱为御史大夫，可他虽然权势仅次于李林甫，但却在这位"口蜜腹剑"的李相公面前卑辞趋拜，态度恭谨。从此之后，安禄山便被李林甫的威严所慑服，态度也逐渐恭谨。李林甫每次与安禄山交谈，都能猜透他的心思并抢先说出，这让安禄山惊惧不已，于是平时飞扬跋扈、对朝中公卿多有侮慢的安禄山却唯独忌惮李林甫，以至于"每见，虽盛冬，常汗沾衣"。安禄山返回范阳后，每次刘骆谷从长安回来，他必会问："醴陵分说了些什么？"得美言则喜，但如果李林甫说"告诉安大夫，让他须好检校"，安禄山便会拍着床榻，忧愁惧怕地道："噫嘻，我死定了！"

尽管安禄山对大权在握的李林甫很是惧怕，而对同样被李隆基所信赖的杨国忠则根本瞧不起，李林甫死后，安禄山也就在朝中失去了忌惮的对象，不过此人感念李隆基恩德，本想等衰老的李隆基归天之后再行叛乱，然而杨国忠为相后，因不能制服安禄山，便常向李隆基说安禄山有谋反的野心和迹象，想借李隆基之手除掉安禄山。可李隆基认为这是将相不和，不予理睬。于是杨国忠又奏请以陇右节度使哥舒翰兼河西节度使，以便牵制安禄山。天宝十三载（754）春，李隆基召安禄山入朝，试其有无谋反之心。可安禄山因为事先得到杨贵妃的通风报信，故而向李隆基诉说自己的一片"赤心"，从而赢得了李隆基的信任。最初李隆基打算让安禄山加同平章事，以为相，并令太常卿张垍草拟诏敕，可杨国忠知此事后，立即劝阻道："安禄山虽有军功，但他目不识丁，怎能当宰相。如果发下制书，恐怕四夷皆轻视朝廷。"李隆基只好作罢，任安禄山为左仆射。

至此杨、安两人关系交恶，加上安禄山考虑到自己之前又得罪太子李亨，于是精选豢养同罗、奚、契丹降人八千为义子，称"曳落河"，皆骁勇善战；又蓄战马数万匹，多聚兵仗，分遣胡商至各处经商致财。天宝十四年，又请以番将三十二人代汉将，从而完成了叛乱的准备。

李林甫在位时尚可稳住朝政，杨国忠不但没有李林甫的才干，反而纵容贪污腐败，局面遂不可收拾，当时官吏贪渎，政治腐败，民怨沸腾，这种情况下，兼任平卢、范阳、河东三镇节度使的安禄山在天宝十四年十一月初九（755年12月16日），联以罗、奚、契丹、室韦、突厥各族，约十五万大军，号称二十万，在蓟城南郊誓师，借以"忧国之危，奉密诏讨伐杨国忠以清君侧"为名，于范阳起兵，其后与平卢节度使史思明，挟三镇兵力，直指东都洛阳。

叛乱之初，太原驿站得报，疾驰赶到骊山，当时在骊山华清池的李隆基还不相信安禄山会叛变，此后尽管叛变的消息不断传来，李隆基仍半信半疑，直到平原郡太守颜真卿派人传来消息，李隆基才如梦初醒。在犹豫之后，下诏以入京朝见的安西节度使封常清兼任范阳、平卢节度使赴洛阳募兵迎战，同时又以郭子仪为朔方节度使，右羽林大将军王承业为太原尹，卫尉卿张介然为河南节度使，程千里为潞州长史；命皇六子荣王李琬为元帅、右金吾大将军高仙芝为副元帅，率飞骑、彍骑及朔方、河西、陇右等兵，又出禁中钱招募了关辅新兵，计五万人，准备东征。十二月一日，高仙芝从长安出发，李隆基亲自在勤政楼为荣王、高仙芝举行宴会，又到望春亭为他们送行，并命边令诚为监军，进屯陕郡。

面对安禄山以讨伐杨国忠为名，所发起的行夺取皇位之实的兵变，承平日久的帝国竟然无法应对，以至于"民不知战，河北州县，望风瓦解"，太守、县令或逃或降之后，河北诸地很快便沦陷。此后，安禄山大军进逼洛阳。

当初李隆基以毕思琛往东都洛阳募兵，虽得兵六万人，但多富家子弟，更由于承平日久，民不知战，而六军宿卫多市井劣徒，不能受甲，十二月，安禄山率众从灵昌渡过黄河，史载"禄山精兵，天下莫及"，故而虽然封常清善于用兵，但依然三战皆败，十二月十二日，安禄山攻入洛邑。东京留守李憕和御史中丞卢奕不降，为安禄山所杀，河南尹达奚珣投降安禄山。封常清率残部退守陕郡时，陕郡太守窦廷芝已逃往河东，城中吏民皆已逃散，可谓局势已然不堪。

李隆基听说封常清兵败后大怒，削其官爵，让他以白衣在高仙芝军中效力，高仙芝命封常清巡监左右厢诸军，以助自己。由于和叛军交过手，故而封常清向高仙芝说："常清连日血战，贼锋不可当，况且潼关无兵，如果叛军攻破潼关，那么长安就危险了，关陕之地就无法防守，不如引兵前往潼关与叛军对抗。"

高仙芝听了封常清的建议之后，率军退往潼关，同时打开太原仓，把库中的缯布全部分赐给将士，并放火焚烧了仓库，率兵向潼关方面撤退，中途唐军被叛军追及，官军一触即溃，"甲仗资粮委于道，弥数百里"。虽然如此，唐军还是得以成功退守潼关。此后，高仙芝马上整顿部伍，据险抗击，安禄山麾下之崔乾祐面对潼关天险，一时不能攻下，只好退居陕郡。

崔乾佑率兵屯于陕郡之后，临汝、弘农、济阴、濮阳、云中等郡都降于安禄山，而皇帝下诏所征的朔方、河西、陇右诸道兵，尚未抵达长安，一时间，关中震动。幸好安禄山滞留洛阳准备称帝，没有全力进攻，加之高仙芝、封常清及时退守潼关，做好拒守准备，遏制了叛军攻势，关中军民慌恐之情才得以稍安。

然而谁也没有想到一场灾难却在此时降临了，当初高仙芝率军东征时，监军边令诚曾向高仙芝建议数事，高仙芝不从，使边令诚怀恨在心。高仙芝退守潼关后，边令诚入朝奏事，向李隆基反映了高仙芝、封常清败退之事，并说："常清以贼摇众，而仙芝弃陕地数百里，又盗减军士粮赐。"李隆基听信了边令诚的一面之辞后，大怒不已，于十二月十八日遣边令诚赴军中，逮捕高仙芝与封常清。边令诚到了潼关，先把封常清叫来，向他宣示了敕书。

史载，封常清临刑前说："常清所以不死者，不忍污国家旌麾，受戮贼手，讨逆无效，死乃甘心。"然后便把自己草写的遗表交给边令诚，请他呈送李隆基，表曰："臣今将死抗表，陛下或以臣失律之后，诳妄为辞；陛下或以臣欲尽所忠，肝胆见察。臣死之后，望陛下不轻此贼，无忘臣言，则冀社稷复安，逆胡败覆，臣之所愿毕矣。仰天饮鸩，向日封章，即为尸谏之臣，死作圣朝之鬼。若使殁而有知，必结草军前。回风阵上，引王师之旗鼓，平寇贼之戈铤。生死酬恩，不任感激，臣常清无任永辞圣代悲恋之至。"遂从容就死。封常清被斩后尸体陈放在一张草席之上，高仙芝回帐之后，边令诚又以陌刀百人自从，对高仙芝说："大夫亦有恩命。"高仙芝听后立刻下厅，边令诚遂宣示敕书。高仙芝说："我退，罪也，死不辞；然以我为减截兵粮及赐物等，则诬我也。"对边令诚说："上是天，下是地，兵士皆在，足下岂不知乎！"又对麾下大声说："我于京中召儿郎辈，虽得少许物，装束亦未能足，方与君辈破贼，然后取高官重赏。不谓贼势凭陵，引军至此，亦欲固守潼关故也。我若实有此，君辈即言实；我若实无之，君辈当言枉。"兵士皆呼："枉。"声音震天，但边令诚不听。于是高仙芝又回头看封常清尸体，叹息道："封二，子从微至著，我则引拔子为我判官，俄又代我为节度使，今日又与子同死于此，岂命也夫！"言毕被杀。

当李隆基听信监军宦官的诬告，以"失律丧师"之罪处斩封常清、高仙芝后不久，起用病废在家的陇右节度使哥舒翰为兵马副元帅，镇守潼关。十余日之后，天宝十五载正月初一，安禄山在洛阳称大燕皇帝，改元圣武。

潼关地形险要，易守难攻，哥舒翰统军防御此处以来，立即加固城防，深沟高垒，闭关固守。天宝十五载正月，刚刚称帝的安禄山命其子安庆绪率兵攻潼关，被哥舒翰击退。叛军主力被阻于潼关数月，不能西进。安禄山见强攻不行，便命崔乾佑将老弱病残的士卒屯于陕郡，而将精锐主力隐蔽起来，想诱使哥舒翰弃险出战。

五月，李隆基接到叛将崔乾佑在陕郡"兵不满四千，皆羸弱无备"的消息后，遣使令哥舒翰出兵收复陕洛。哥舒翰上书称："安禄山久习用兵，今起兵叛乱，不会不做准备，一定是用羸师弱卒来引诱我们，如若进兵，正好中计。况且叛军远来，利在速战；官军凭借潼关天险，利在坚守。故主张在潼关据险固守，以打破叛军的速决企图，待其兵力削弱，内部发生变乱时，再大举反攻。"对于哥舒翰的这个建议，郭子仪、李光弼也认为潼关只宜坚守，不可轻出，图利用险要地势暂时死守，保卫京师，同时引朔方军北取范阳，覆叛军巢穴，促使叛军内部溃散。

但是，宰相杨国忠却怀疑哥舒翰意在谋己，便对李隆基说，哥舒翰按兵不动，会坐失良机。李隆基轻信谗言，便连续派遣中使催哥舒翰出战。这种情况下，哥舒翰被迫于六月初四领兵出关，初七，在灵宝西原与崔乾佑部相遇。灵宝南面靠山，北临黄河，中间是一条七十里长的狭窄山道。崔乾佑预先把精兵埋伏在南面山上，于初八领兵与唐军决战。唐军以王思礼等率精兵五万在前，庞忠等率十万大军继后，另派三万人在黄河北岸高处击鼓助攻。

两军相交，唐军见叛军阵势不整，偃旗欲逃，便长驱直进，结果被诱进隘路。叛军伏兵突起，从山上投下滚木檑石，唐军士卒拥挤于隘道，难以展开，死伤甚众。哥舒翰急令毡车在前面冲击，企图打开一条进路，但被叛军用纵火焚烧的草车堵塞不得前进。唐军被烟焰迷目，看不清目标，以为叛军在浓烟中，便乱发弩箭，直到日落矢尽，才知中计。

这时，崔乾佑命同罗精骑从南面山谷迂回到官军背后杀出，唐军前后受击，乱作一团，有的弃甲逃入山谷，有的被挤入黄河淹死，绝望的号叫声惊天骇地，一片惨状。唐后军见前军大败，不战自溃。黄河北岸的唐军见势不利，也纷纷溃散，哥舒翰只带数百骑狼狈逃回潼关。唐军将近二十万大军，逃回潼关的只有八千余人。初九，崔乾佑攻占潼关，哥舒翰被部将挟持至洛阳，不得不降于安禄山。

潼关一破，都城长安震惊，失陷在即。天宝十五年六月安禄山占领长安，而在这之前，李隆基已于六月十三日凌晨逃离长安，御驾行至马嵬坡，途中军士饥疲，六军不发，龙武大将军陈玄礼率兵诛杀了杨国忠，并请皇帝诛杀贵妃，以防止日后报复。李隆基言国忠乱朝当诛，然贵妃无罪，本欲赦免，无奈禁军士兵皆认为贵妃乃祸国红颜，安史之乱乃因贵妃而起，不诛难慰军心、难振士气，迫于情势危急，为求自保的李隆基不得已之下，以高力士将杨贵妃缢死于佛堂前的梨树之下，方才稳住军心。杨氏死时，年三十八岁，正如白居易在《长恨歌》中所写的那样，"六军不发无奈何，宛转蛾眉马前死"。

最初安禄山叛乱时，李隆基本想禅让太子李亨，但此次兵变，太子李亨被认为是主谋，使李隆基大受打击。于是李隆基与李亨于马嵬驿分道，李隆基向南入蜀，而李亨向北收拾残兵败将。此后不久，李亨就在灵武自行登基即帝位，是为唐肃宗，改元至德，遥尊李隆基为太上皇。封郭子仪为朔方节度使，奉诏讨伐。次年郭子仪上表推荐李光弼担任河东节度使，此后，郭子仪与李光弼分兵进军河北，继而会师恒州，击败史思明，收复河北。

至德二年（757）正月，安庆绪以尹子奇为河南节度使，以归、檀及同罗、奚兵十三万人南下，尹子奇为安庆绪手下之名将，率领大军扫荡河南，此时河南城镇纷纷陷落，唯有重镇睢阳未陷。睢阳太守许远向张巡告急，河南节度副使张巡认为宁陵城小，难以抵强敌，故率兵三千自宁陵入睢阳，与许远合兵共六千八百余。

此后，虽然尹子奇率军全力攻城，但在张巡率领下，守城将士坚守孤城，昼夜苦战，有时竟一日之内击退叛军二十余次进攻，就这样连续抗击十六昼夜，杀敌两万余，俘获叛军将领六十余人，就连主将尹子奇也被射瞎一目。这接连的大捷使得朝廷开始重视起睢阳孤城，李亨下诏令张巡为御史中丞、许远为侍御史、姚訚为吏部郎中，并要求他们继续坚守此处。然而，李亨仅仅只是要求坚守，却并没有给睢阳派来援军，至十月间，睢阳守军已是外无援兵、内无粮草，临淮守将贺兰进明、濠州刺史闾丘晓近在尺咫，却不愿出兵相救，于是在内外交困之下，睢阳陷落，守将张巡、许远、南霁云、雷万春等尽皆被杀。

睢阳孤城坚守十月之久，前后大小四百余战，张巡以不足万人之众，屡败贼兵，无一败仗，杀伤贼兵十几万人，最后因为守军病饿力竭，寡不敌众，方才城破，此战的意义是巨大的，因为孤城苦撑，却屏障了江淮半壁江山十个月之久，保江淮免于战乱十个月，在当时，大唐之所以没有覆灭也就因为有江淮赋税的支撑。睢阳乃江淮重镇，一旦失守，则南北运河阻塞，后果不堪，正是因为睢阳守军的坚守，才使得大唐能够不断地得到江淮财赋的接济，继而完成了恢复、准备到反攻的过程。就在睢阳陷落前的一个月，唐军已经收复京师长安，而在睢阳陷落十天之后，官军又收复了东都洛阳，可以说，帝国江山之所以能够得以保全，全仗睢阳坚守十月之久。

唐军之所以能够迅速收复失地，其原因众多，但最为重要的一个原因便是叛军自身内讧。史载安禄山原患有眼疾，自起兵以来，视力渐渐减退，至此又双目失明，看不见任何物体。同时又患有疽病，性情变得格外暴躁，对左右侍从稍不如意，非打即骂，稍有过失，便行杀戮。安禄山于天宝十五年（至德元年）正月初一称帝后，常居深宫，诸将很少

278

能面见他议事，多是通过严庄转达。而严庄虽受器重，也时而遭安禄山鞭笞。又有宦官李猪儿常为安禄山穿衣解带，服侍左右，挨打最多，怨气也大。此外安禄山宠幸的段氏，生下一子名庆恩，此子很受禄山宠爱，禄山常想以庆恩代庆绪。由于时常担心被废，安庆绪便起了杀父之心，而严庄则担心宫中事变于己不利，于是便干脆与安庆绪、李猪儿串通一气，决心谋害安禄山。

至德二年（757）正月五日夜，安庆绪与严庄、李猪儿串通，三人悄悄进入安禄山寝宫。虽有侍卫在场，但因见是严庄和安庆绪，故而也就没有人过问。于是严庄、安庆绪持刀站立在帐外，而李猪儿手持利刃直入帐内，一刀砍向安禄山的腹部。虽然安禄山平日间总是把佩刀放在床边以防不测，可此次谋反本就是自己身边之人所发起，故而事前李猪儿已偷偷拿走了佩刀，已挨了一刀的安禄山虽知大事不好，却无法持刀相抗，气急败坏的他只能摇着帐竿大声呼喊："贼由严庄。"就在这凄惨而愤怒的喊叫声中，安禄山肠流体外，很快死于非命，时年五十五岁。在杀死了自己的父亲之后，安庆绪草草在床下挖坑数尺，又以毡子裹尸，连夜埋于坑中，随后诫令宫中，不得外泄。次日，严庄对众人称：安禄山病危，诏立安庆绪为太子，军国大事皆由太子处分。随即安庆绪继承帝位，年号载初，并尊禄山为太上皇，继而发丧。

在杀父自立为帝后，安庆绪命史思明回守范阳，而留蔡希德等继续围太原。而此时，唐军的反击也开始，叛军内乱之际，急于收复两京的肃宗没有采纳侍谋军国、元帅府行军长史李泌之建策，先捣范阳叛军老巢、断其归路，而是诏令司空、关内河东副元帅郭子仪进攻长安，五月，唐军在长安西之清渠受挫，退保武功，郭子仪自请处分，被降职为尚书左仆射。九月，皇帝又以广平王李俶为兵马元帅，郭子仪为中军副将，率兵十五万，并借回纥骑兵四千，再攻长安，二十八日，唐军与叛军安守忠、张通儒等部十万人战于长安以南的香积寺、沣水东，两军激战之时，回纥兵从叛军背后出击，前后夹攻，叛军全线溃败，叛将张通儒弃城逃往陕州，唐军一战收复长安。

虽然此战之后，唐军乘胜收复长安，但由于李俶未及时遣军追击，故而使叛军得以整队撤退。慌乱之中，安庆绪令其御史大夫严庄率洛阳兵马与退保陕郡的张通儒部会合，共步骑十五万，欲阻止唐军

李光弼

东进。当年十月十五日，郭子仪率军与叛军战于陕郡西之新店，叛军依山而阵，占据有利地形，先以轻骑出战。郭子仪遣军迎击，叛军不战而走，于是唐军趁势追击，此时叛军下山猛攻，并欲包围唐军，于是唐军稍退。就在唐军初战不利之时，回纥骑兵突然从新店之南袭击叛军侧后，叛军惊呼回纥兵至而溃散。唐军与回纥军前后夹击，大败叛军，严庄、张通儒弃陕城东逃。当日，李俶、郭子仪等入陕郡，并以仆固怀恩等率军分路追击。次日，在洛阳的安庆绪杀前所获唐将哥舒翰等三十余人，仅率千余人连夜北逃。十八日，李俶等领军入东都洛阳，但未遣军追击，致使安庆绪等得以逃往邺城据守，其部将李归仁等率精锐及胡兵数万人，溃归范阳史思明。

在收复洛阳城之后，唐军分兵攻占河内等地，迫降严庄，随后陈留军民又杀尹子奇归唐，加上河南节度使、都统淮南等道诸军事、银青光禄大夫、南阳郡公张镐率鲁炅、来瑱、李祗、李嗣业、李奂五位节度使，陆续收复河南、河东各郡县，形势可谓一片大好。

但此时李亨却忙于迎太上皇还都，而没有及时遣军追击安军残部。安庆绪至邺后重整旗鼓，旬日之间，其将蔡希德自上党、田承嗣自颍川、武令珣自南阳，各率所部至邺城会合，连同安庆绪在河北诸郡新募之兵，已有约六万之众。因契丹、同罗等族精兵大部归史思明，于是安庆绪忌

　　　　　　　　　　　　　　　　　　大漠烽烟

史思明势盛，加上对他收其溃散的残部不满，开始琢磨除去史思明，十二月遣阿史那承庆、安守忠、李立节三人，带骑兵五千至范阳，以征兵为名，实则察看情况，准备偷袭，结果事泄，三人尽皆被擒。此时的史思明开始有了想法，自围攻太原被李光弼击退，回到范阳后，他先是被安庆绪封为妫川王，兼范阳节度使。可范阳本是叛军老巢，当初安禄山从东都洛阳和京师长安所掠的珍宝，多半都被运往这里存放，这种情况下，史思明自然恃富而骄，欲将范阳占为己有，从而不再为安庆绪所节制。

于是史思明向李亨奉上归降书，愿以所领十三郡及兵八万降唐，李亨大喜，当即封他为归义王，兼范阳节度使。但史思明"外示顺命，内实通贼"，不断招兵买马，引起肃宗警觉。乾元元年（758）五月，皇帝以乌承恩为河北节度副大使，至史思明军中，以图思明，然而不久事情便泄露，于是史思明复叛，与安庆绪遥相声援。

乾元元年九月，李亨以郭子仪、鲁炅、李奂、许叔冀、李嗣业、季广琛、崔光远等七节度使及平卢兵马使董秦共领步骑约二十万，进攻安庆绪，又命李光弼、王思礼两节度使率所部助攻，以宦官鱼朝恩为观军容宣慰处置使，监督各军行动。十月，唐军等部先后北渡黄河，与李嗣业部会攻卫州，以弓弩手伏击而逐，大败安庆绪亲领七万援军，克卫州；旋又趁势追击，在邺城西南愁思冈击败叛军，先后共斩其三万余人。安庆绪退回邺城，被唐军包围，急派人向史思明求援，许以让位。于是史思明率兵十三万自范阳南下救邺城，先遣步骑万余进驻滏阳，遥为声援。十二月，史思明击败崔光远夺占魏州后，按兵观望。

乾元二年正月，李光弼建议分兵逼魏州，各个击破叛军，鱼朝恩不纳。二月，唐军围邺城四月不下，师老势屈，史思明率部向唐军逼近，并截断唐军粮运。三月初六，号称六十万之唐军，布阵于安阳河之北、县南。史思明亲领精兵五万至，双方激战，伤亡甚重，作为后军的郭子仪刚刚率军赶来，未及列阵，狂风骤起，天昏地暗，两军皆大惊而退。唐军因无统一号令，众节度各自兵退本镇，于是邺城得以解围。此战之后，虽然郭子仪被李亨任命为东都留守，东畿、山南东道、河南等道行营元帅，但由于鱼朝恩一直妒忌郭子仪，趁机把相州之败的责任推到郭子仪身上，并在李亨面前进谗言。不久，李亨将郭子仪召还京师，解除其职务，而任命赵王李系为天下兵马元帅，李光弼为副帅，以统辖诸军。

此战之败，归根结底是李亨之责，李亨待安庆绪逃至邺城一年后才下令攻讨，已然是错，虽然诏命九位节度使，合力发兵数十万，但竟不设元帅，只用宦官鱼朝恩为观军容宣慰使，以至于数十万大军没有统一节度，此后，唐军久围城不下，后方粮秣供应不继，以致军心不稳，终于酿成这次大溃败。

此战之中，安西名将李嗣业也战死了，李嗣业，京兆高陵人，天宝初，随募至安西，频经战斗，他善用陌刀，每为队头，所向必陷，于是初任昭武校尉，后历任中郎将、右金吾大将军、骠骑大将军、北庭行军兵马使、卫尉卿、怀州刺史、北庭行营节度使等，封虢国公。天宝六年（747）时，曾随四镇节度副使高仙芝击讨小勃律，连云堡一战中，"嗣业执一旗，引陌刀缘险先登力战，自辰至巳，大破之，斩首五千级"，又有"嗣业引步军持长刀上，山头抛檑蔽空而下，嗣业独引一旗于绝险处先登，诸将因之齐上。贼不虞汉军暴至，遂大溃，填溪谷，投水溺死，仅十八九"。天宝十年，李嗣业再随高仙芝讨平石国、突骑施，并以跳荡先锋加特进，面对这位勇将，胡人惊恐，称之为"神通大将"。恒罗斯之战，葛罗禄部众叛，与大食夹攻唐军，高仙芝大败，士卒死亡略尽，所余数千人。已是右威卫将军的李嗣业见情况不对，于是劝高仙芝消遁，道路阻隘，拔汗那部众在前，人畜塞路，于是他"前驱，奋大梃击之，人马俱毙，仙芝乃得过"。天宝十二载，加骠骑大将军，入朝，李隆基赐酒，其醉而起舞，于是"帝宠之，赐彩百、金皿五十物、钱十万，曰：为解醒具"。

安禄山起兵，两京陷落，李亨继位于灵武，诏嗣业赴行在。于是李嗣业自安西统众万里，威令肃然，所过郡县，秋毫不犯。至凤翔谒见，肃宗大喜曰："今日得卿，胜数万众，事之济否，实在卿也。"遂以其为先锋将，与郭子仪、仆固怀恩等统军平叛，史载"嗣业每持大棒冲击，贼众披靡，所向无敌"。

收复长安的战事中，李嗣业脱衣肉袒，执长刀大呼出阵前，杀数十人，阵复整，史载"立于阵前，大呼奋击，当其刀者，人马俱碎，杀数十人，阵乃稍定"。随后其又率前军步卒二千持陌刀如墙而进。此战中，他身先士卒，所向披靡，一战而斩首六万级，贼填涧壑死几半，余者东走，遂平长安。

进击邺城，"贼每出战，嗣业被坚冲突"，然而由于履锋冒刃，终为流矢所中，就在他休养数日，伤势即将痊愈时，忽闻金鼓之声，其知这是在和庞均交战，因而大叫"杀敌"，以致伤口破裂，血出数升注地而卒。李亨得知后，甚是震惊惋惜，下诏赐谥号为忠勇，追封武威郡王。

邺城之战，由于李亨的孱弱和猜忌，使得诸军不设统帅，以致战事久拖不下，后安庆绪得史思明之助，大唐九节度使之六十万大军无功而返。此战之后，叛军再起内讧，史思明收集部众驻邺城南，诱杀安庆绪及高尚、崔乾祐等，入城兼并其军，遂留其子史朝义守邺城，自还范阳。上元二年（761）三月，内讧再起，史思明为其子史朝义所杀，内部离心，屡为唐军所败，但此时，大唐内部也祸起萧墙。

李亨信用宦官，如李辅国、程元振等得以操纵军政大权，一时间，阉人势力日益嚣张，在宦官们的谗言下，李亨对领军大将颇为猜忌，譬如上元元年时，史思明再陷洛阳，而西戎也趁机入侵，李亨虽然任命郭子仪为邠宁、鄜坊两道节度使，但仍将其留在京师，后在百官的要求下，方命郭子仪出镇。如此信用阉人，而不顾大局，自然使得平叛难以迅速成功了。同时，李亨又宠信张皇后，纵容其干预政事。宝应元年（762）李亨患病，接连几个月不能上朝视事。四月，太上皇（李隆基）归天，李亨更是悲恸不止，以至于病情加剧。李隆基在时，甚是厌恶张皇后与李辅国，常劝李亨不要宠幸此二人，然而李辅国却构谄李隆基，称太上皇预谋复辟，故一直以来，李隆基被软禁于西宫甘露殿，并流高力士于巫州，晚年的李隆基一直忧郁寡欢。

李亨病重之时，张皇后欲谋杀太子李豫而立越王李系为嗣君，于是发宦官数百人，控制宫闱。李辅国获知此事，以宦官程元振将太子劫持进飞龙殿，随后鼓动禁军攻入宫内，捕杀张皇后、越王，张皇后闻变，慌忙逃入肃宗寝宫躲避。李辅国竟带兵追入寝宫，逼张皇后出宫。张皇后不从，哀求李亨救命。李亨由于受到惊吓，一时说不出话来，李辅国则趁机将张皇后拖出宫去，随后杀死张皇后、李系等人，李亨因受惊而病情陡然转重，加之无人过问，当天就死于长生殿，时年五十一岁。此后，李辅国立太子李豫为帝，是为唐代宗。

宝应元年（762）十月，李豫即位后，借回纥兵收复洛阳，史朝义奔莫州，次年春，田承嗣献莫州投降，送史朝义母亲及妻子于唐军。慌乱之中，史朝义仅率五千骑逃往范阳，可范阳节度使李怀仙又献范阳投降，走投无路的史朝义最终于广阳城外的树林中自缢而死。就这样，历时七年又两个月的安史之乱结束。

李豫基于迅速结束战争的考量，甚至不惜招抚叛军，大肆分封为节度使、观察使，同时还允许其保留所据之地与手中兵马，譬如皇帝任命叛军余部田承嗣为魏博节度使，李怀仙为幽州节度使，李宝臣为成德节度使，薛嵩为昭义节度使，于是一时间藩镇（方镇）数量激增，各地均置节度使。这些节度使、观察使割据一方，控制了地方的政务，所谓"郡将自擅，常赋殆绝，藩镇废置，不自朝廷"，由于这些方镇表面上臣服于帝国，但事实上却割据一方，使得大唐从此之后陷入藩镇割据的局面。至后来这些方镇甚至使得帝国完全分裂，因其自补官吏，不输王赋，或者不入贡于朝廷，甚至骄横称王称帝，更让帝国从此陷入频频内乱之中。

18. 日薄西山

这场战乱带来的影响是巨大的，战乱使得自武德末年来，百余年太平没有战事的中原大地遭到了一场前所未有的空前浩劫，杜甫的一首《无家别》"寂寞天宝后，园庐但蒿藜。我里百余家，世乱各东西。存者无消息，死者为尘泥。贱子因阵败，归来寻旧蹊……"便是当时的真实写照。如《旧唐书·郭子仪传》记载，"宫室焚烧，十不存一，百曹荒废，曾无尺椽。中间畿内，不满千户，井邑榛荆，豺狼所号。既乏军储，又鲜人力。东至郑、汴，达于徐方，北自覃、怀，经于相土，为人烟断绝，千里萧条"，战火蔓延了几乎整个黄河中下游流域，经过战乱，本是富饶之地的关中、河东、河南之地一片荒凉。

此外，大唐为了平乱而向回纥借兵，可回纥自恃平叛有功，却屡屡向大唐勒索财帛，甚至连年侵扰边境，于是帝国的声威至此沦落，以至于"天可汗"之威竟无法维持。此外，陇右、塞外、西域也相继被吐蕃和回纥完全占领，大唐帝国从此无法再去经营、左右西域。

西域的陷落并不是偶然的，怛罗斯之战前后，可谓是大唐经营西域的全盛时期，虽有怛罗斯之败，但大唐并没有伤筋动骨，然而天宝十四年（755）的安史之乱爆发后，情况却发生了彻底逆转，安禄山叛军自范阳一路南下，攻陷东、西两京，李隆基仓皇入蜀。肃宗在灵武继位之后，首先便调集西北边军勤王平叛，于是西域的安西、北庭边兵被大批调往内地。仅仅在至德元年（756）安西便先后有李嗣业、段秀实统领精兵五千，安西行军司马李栖筠率七千之众，以及马璘锐卒三千，共计一万五千之众自西域先后进抵凤翔，参与平叛，后来皇帝以此安西兵组成了镇西北庭行营（至德元年安西节度更名镇西）。诗人杜甫于乾元年（758）秋在华州时，写下了著名的《观安西兵过赴关中待命二首》："四镇富精锐，摧锋皆绝伦。还闻献士卒，足以静风尘。老马夜知道，苍鹰饥著人。临危经久战，用急始如神。"又有"奇兵不在众，万马救中原。谈笑无河北，心肝奉至尊。孤云随杀气，飞鸟避辕门。竟日留欢乐，城池未觉喧"。而杜甫写下此两首诗的背景便是相州之役前，据《资治通鉴》所载："乾元元年六月，李嗣业为怀州刺史，充镇西北庭行营节度使。八月，同郭子仪等将步骑二十万讨安庆绪。"

的确，帝国调河西、陇右、西域等镇边军精锐参与平叛，在很大程度上缓解了当时的压力，但也大大削弱了帝国在西域的控制力，这时西域的外部威胁主要是大食和吐蕃，大批锐卒的调走自然使得大唐在西域的统治失去了支柱，这显然给了吐蕃、大食以机会。不过大食并没有趁机入侵，而是出兵参与了平叛，与大食一同发兵的还有参与怛罗斯之战的拔汗那。其实从一开始，在将大批西域边兵内调的同时，大唐就征发了西域各藩国的军队，以协同平叛，譬如有于阗王尉迟胜所率本国兵

西方人笔下的马球

大漠烽烟

马五千，还有乾元元年（758）吐火罗叶护乌那多与西域九国首领来朝，请求"助国讨贼"时，肃宗当即派他们赴朔方行营效力。

虽然大食没有趁机入侵，但对吐蕃而言，他们可不会坐失此次良机，这时大唐不仅仅是撤回了安西、北庭的边兵，而且也调回了陇右、河西防备吐蕃的诸军，对于吐蕃而言，入侵陇右、河西要比进攻西域便捷得多，也有利得多，于是吐蕃当即大举进攻河西。

朔方、河西、陇右边军大量内调，以平息安禄山的叛乱，使得陇右之地的边防极为虚弱，以至于吐蕃趁机攻略陇右诸州时，当地守军竟力不能支，至德元年（756）十二月，吐蕃陷陇右所辖的威戎、神威、定戎、宣威、制胜、金天、天成等六军及石堡、百谷、雕窠三城，同时又陷鄯、武、叠、宕四州，宝应元年（762）至广德元年（763），先后取秦、渭、洮、临、成、河、兰、岷、廓九州，至此，河西、陇右之地全部为吐蕃所占。自高宗年间开始的唐蕃战争的主要战场东移到今关中之地和蜀地之间，这也就是说吐蕃能够经常长驱直入唐境，唐都长安也处于吐蕃的威胁之下，然而也就在这个时候，发生了仆固怀恩反叛之事。

仆固家族是铁勒九大姓之一"仆骨部"，怀恩乃是仆固首领仆骨歌滥拔延之孙，"仆骨"因音讹史载为"仆固"之误。安史之乱初，仆固怀恩任朔方左武锋使，骁勇果敢，随朔方节度使郭子仪在振武军及以东连败叛将高秀岩、薛忠义等部。天宝十五年（756），又配合李光弼战于常山南北诸县，数次挫败史思明部。七月，随郭子仪赴灵武，拥立肃宗。次年，因率回纥兵参加收复两京有功，封丰国公。随后在夺取愁思冈等地的作战中，常为先锋，勇冠军中。乾元二年（759），任朔方行营节度，进封大宁郡王。宝应元年（762），任领诸军节度行营，为天下兵马元帅雍王之副，领前锋发兵陕州，再次克复洛阳，随后仅用半年时间，便悉平河北，可以说，平定安史之乱，仆固怀恩居功至伟。

史载，安史之乱中，仆固怀恩家族中有四十六人为国殉难，可谓满门忠烈，此外，还曾出使回纥借兵，并嫁二女与回纥和亲，也因此，他在安史之乱后，因功升尚书左仆射兼中书令、河北副元帅、朔方节度使、加太子少师衔，实封一千一百户、大宁郡王。然而平乱之后，当仆固怀恩率朔方兵屯汾州之时，大唐却陷入了宦官擅权、藩镇割据、朋党争斗的乱局之中。朝廷对那些平乱中崛起的藩镇骁将们没有办法，却将郭子仪、李光弼等兴唐名将明升暗降地剥夺了兵权，而平定安史之乱中的勇将来瑱则干脆因为得罪了宦官而被贬赐死。

广德元年（763）仆固怀恩奉命送回纥登里可汗和光亲可敦（女婿和女儿）回漠北，监军宦官骆奉先误信辛云京的谣言，竟向朝廷诬告仆固怀恩与回纥勾结。仆固怀恩无法自明，于是向朝廷列举了自己的六大罪状："昔同罗叛乱，臣为先帝扫清河曲，一也；臣男玢为同罗所虏，得间亡归，臣斩之以令众士，二也；臣有二女，远嫁外夷，为国和亲，荡平寇敌，三也；臣与男玚不顾死亡，为国效命，四也；河北新附，节度使皆握强兵，臣抚绥以安反侧，五也；臣说谕回纥，使赴急难，天下既平，送之归国，六也。"又说："子仪先已被猜，臣今又遭诋毁，弓藏鸟尽，信匪虚言。陛下信其矫诬，何殊指鹿为马！"

尽管代宗遣宰相裴遵庆慰问，而仆固怀恩见到裴遵庆之后，也曾抱着他的脚大哭，但面对裴遵庆让他入朝的建议时，在其副将范志诚的唆使下，仆固怀恩因害怕被杀而最终选择了反叛。当镇守南阳的梁崇义因为来瑱被杀，而襄汉军在襄州反叛之时，仆固怀恩则在汾州引回纥、吐蕃入侵河西，攻陷泾州，进犯奉天（今陕西乾县）、武功。代宗仓皇出奔陕州，匆匆以郭子仪为关内副元帅，镇守咸阳。三十万吐蕃大军进入长安，大掠一番，并拥立吐蕃国舅李承宏（金城公主的弟弟）为帝。

此后，由于吐蕃军不适应长安秋季的酷热，军中疾病流行，加上光禄卿殷仲卿率蓝田兵渡过浐水，吐蕃不知虚实，以为郭子仪大军已经到来，故而惶惶不安，加上射生将王甫入城纠集数百少年，夜间在朱雀街击鼓呐喊，大喊："唐军来了！"以至于吐蕃军惊惶溃散，于是在占据长安十五天之后，吐蕃退出长安，但至此，陇右道东十三个州已经全陷入吐蕃之手。

当年十一月，吐蕃军在回撤途中围攻凤翔城，凤翔节度使孙志直紧闭城门拒守，蕃军攻城数日不下。时任镇西节度使的马璘得知代宗李豫出逃陕州的消息后，心急如焚，立即率精骑四千余人自河西赴长安救难。正值蕃军围攻凤翔，马璘率众破阵突入城中，随后又身不解甲，出城再战，此战之中，这位安西节度使单骑争先，于是士卒奋击，俘斩蕃军千余，血流于野。次日吐蕃撤军而走，缩守于原、会、成、渭等州。

史载马璘虽出身将门之家，祖父马正会，为右威卫将军，父亲马晟，为右司御率府兵曹参军，但少孤无业，整天到处游荡，二十岁时，偶读《马援传》，深为所激，叹道："岂使吾祖勋业坠于地乎！"遂入安西投军，此后，以奇劳累迁金吾卫将军。安史之乱时，他统精甲三千赴凤翔，肃宗委以东讨。初战于卫南，马璘即以百骑破叛军五千，后战河阳，又立殊功，战乱平定时，已因功而官至镇西北庭行营节度使。代宗返回长安之后，于永泰元年（765）正月，以马璘兼南道和番使，出访吐蕃。

不过此番马璘出访可不是为了什么和平，自从吐蕃趁帝国内乱之时，不仅夺取了陇右、河西诸州，而且还不断侵边犯境，向西攻略。广德二年（764），吐蕃陷凉州，而河西节度使杨志烈则因攻仆固怀恩不成，所部丧失殆半，以孤城无援，只得出奔甘州，却为沙陀人所杀。同年，仆固怀恩引吐蕃攻邠州。这种情况下，大唐不得不做出一些反应。此外，最重要的是，自当年入据长安之后，终代宗之世，吐蕃人每年秋季都要骚扰攻击唐朝，京城每次都要戒严，称之为"防秋"。所谓"防秋"就是大量从内地调兵到边地以防御吐蕃，因吐蕃多在秋高马肥时进攻，故而这些从内地调来的兵士也被称为防秋兵。这一时期，大唐虽然在整体战略上完全处于防御姿态，但仍力争以有限的进攻来挫败吐蕃，同时采用依托坚固城池来实施机动防御并伺机反击的战略，以应对不利的局面，这似乎如同当年武德年间应对突厥的入侵那样。

此番，大唐以四镇行营节度使马璘兼南道和番使出访吐蕃，也就是为了查探吐蕃虚实。三月十九日，吐蕃以和谈为名，派使臣入长安，代宗皇帝诏宰相元载、杜鸿渐一众接待吐蕃使臣，并在兴唐寺会盟，然而就在同时，代宗皇帝却以名将郭子仪督统河南道节度行营、出镇河中，很显然，此举是为了提防吐蕃。此外，考虑到泾州离吐蕃较近，为了能够加强泾州的防务，以抗击吐蕃随时可能的入侵，代宗还以马璘镇泾州，并兼权知凤翔陇右节度副使、泾原节度、泾州刺史，其余如故，而后又将之擢升为河南道副元帅，以郑、滑二州隶之。马璘至泾州后，立即"分建营堡，缮完战守之具"。就在代宗皇帝做出这一系列的安排后没多久，当年九月，仆固怀恩诱引吐蕃、回纥、党项、羌、奴剌、吐谷浑等三十余万（一说数十万）大军分兵三路南下，其中北路大军由吐蕃大将尚结息、赞摩、马重英率领，与回纥等联兵自泾州、邠州、凤翔府攻取奉天、醴泉，进逼京师长安，仆固怀恩亲率朔方兵二十万为后援，而党项帅任敷、郑庭和郝德等自东路攻同州，并计划自华阴攻取蓝田，此为南路，吐谷浑、奴剌等众则为西路。三路大军压境，京师震恐。

郭子仪上书李豫，称仆固怀恩所部皆是骑兵，其来如飞，不可轻视，故请皇帝下诏以诸道节度使分别出兵扼守冲要，以抗吐蕃。同月二十一日，代宗下制亲征，派中使传诏，以淮西节度使李忠臣驻守东渭桥，检校太子太保李光进驻兵云阳，镇西节度使马璘、河南节度使郝庭玉驻守便桥，同时以军容使骆奉先及将军李日超驻守熬厘、凤翔节度使李抱玉驻扎凤翔、同化节度使周智光驻守同州、鄜坊节度使杜冕屯兵坊州，而李豫亲率六军驻屯禁苑督战。

在唐军的节节抵抗下，北路吐蕃军进展极为缓慢，尚结息、赞摩、马重英率领之北路大军进至邠州城下时，唐军守将鄜坊、邠宁节度使白孝德闭城拒守，蕃军攻城数日不下，不得不转而进攻奉天。据守奉天的唐将乃是朔方兵马使浑瑊、讨击使白元光，此二人都是当时有名的悍将。

浑瑊出自铁勒九姓中的浑部，世居皋兰州，其高祖浑阿贪支是浑部的大俟利发，贞观年间内附大唐，从此以部为氏。浑瑊的父亲浑释之武艺高强，投身朔方军中，战功赫赫，一路升迁，官至朔方节度留后，开府仪同三司、封宁朔郡王，浑瑊在这样的家庭中长大，成为一代名将也就不奇怪了。

天宝五年（746），年仅十一岁的浑瑊跟着父亲参加例行的冬季边防，朔方节度使张齐丘看他一脸稚气，开玩笑道："带乳母来了没有。"然而谁也想不到这个乳臭未干的孩子，却在数年后，参与石堡城之役，此后再战龙驹岛，战功赫赫、"勇冠诸军"，升折冲果毅，此后又受安思顺所遣，领偏师深入敌境，大破反叛的朔方军节度副使阿布思，在安史之乱爆发前，凭军功而升中郎将。

安史之乱时，浑瑊随河东节度使李光弼在河北平叛，后随郭子仪收复两京，与安庆绪的叛军浴血奋战，被提拔为武锋军使，又跟随仆固怀恩平定史朝义，大小数十战，军功赫赫，被授予太常卿，食实封两百户。仆固怀恩引吐蕃、回纥等兵入侵，浑瑊之父浑释之以朔方节度使之职镇灵州，战死沙场，于是代宗皇帝诏以浑瑊为朔方行营兵马使。

白元光是突厥人，父道生，历任宁州、朔州刺史。元光初隶本军，后补节度先锋。安史之乱爆发后，诏徙朔方兵东讨，白元光遂领所部结义营，随李光弼出征平叛。累迁太子詹事，封南阳郡王，为两都游弈使。当初夺取两京时，长安初平，他奉命率兵清宫，进击余寇，结果身被数创，肃宗大为感慨，躬为敷药。后转卫尉卿，兼朔方先锋，其后历灵武留后、定远城使。此番吐蕃军来找此等勇将的麻烦，那纯粹是自找不快。史载，蕃军刚开始列营，浑瑊率骁勇轻骑二百，趁敌布阵未稳，出其不意地发起冲击，身先士卒冲入敌阵，二百轻骑紧随其后，冲突一番之后，再次杀返城中。此战，浑瑊俘蕃将一人，杀数十人，而从骑无一伤亡。遭到突然打击的蕃军自然恼火不已，但他们攻城数日不下，虽伤亡颇多而一无所获，只得收兵回营。此时，浑瑊再次出击，他趁蕃军戒备不严，夜袭蕃军军营，杀千余，生擒五百，吐蕃士气极为低落。

此后浑瑊、白元光在率奉天守军严守城池的同时，又频频利用坚城作为依靠，不断以小股兵马出击，围绕着这奉天城，双方竟先后交战二百余次，吐蕃大军不但没有能够夺下奉天，反被唐军杀伤万余众。奉天失利，又遇大雨不止，蕃军只好移兵攻打醴泉，同时以党项等西进白水，并分兵东攻蒲津。同月二十八日，蕃军终于决定退兵了，在大掠奉天、醴泉等地百姓数万之后，十万大军逐步西退。所过之处，焚烧房舍，禾稼被毁殆尽。而此时，也就在吐蕃大军南下的九月初八日，仆固怀恩已然暴死于军中。

一路西退的吐蕃大军撤退并不顺利，同州守将周智光率兵在澄城以北与蕃军鏖兵，周智光大败蕃军，迫使其在十月初一退兵邠州，因途遇回纥军，于是双方再次合兵东进，初三攻打奉天。初八，蕃回合围泾阳，统领各部的郭子仪下令要求诸将严守不战，傍晚，蕃回联军退扎于北原。

次日，蕃回联军又到泾阳城下挑战，然而就在此时，传来了仆固怀恩暴死的消息，在得知这一消息之后，吐蕃和回纥为争夺盟军之主而失和，两军分营驻扎。郭子仪借机利用蕃回矛盾而派牙将李光瓒等游说回纥，离间二者的关系，并欲与回纥共击吐蕃，而为取得回纥信任，郭子仪更是不顾个人安危，亲自去见回纥酋长，执酒定约而还。蕃将尚结息得知回纥大将药葛罗被唐所用的消息后，半夜率兵沿旧路西退，结果药葛罗率兵反戈而击，一路追杀吐蕃大军，郭子仪则派白元光率所部精骑增援回纥，两军合力，于十五日，在灵台西原大败蕃将尚结息十万

郭子仪

余。此战，蕃军被斩首五万，生擒近万。十八日，唐与回纥又在泾州东部再败蕃军，使吐蕃的这次入侵终于以惨败而收场。

自永泰元年的这场大败后，吐蕃人并没有放弃入侵，大历元年（766），吐蕃攻原州，同时还陷甘州及州境的居延海，并由东而西攻克肃州、瓜州。次年春，代宗派宦官鱼朝恩和吐蕃会盟，然而就在九月，吐蕃却又出兵攻打灵州，幸得郭子仪、路嗣恭率军防守。大历三年，吐蕃又攻邠州、灵州，大唐以马璘、李抱玉、白元光、李晟率军抵御。此役，白元光于灵武外围斩敌两万，而李晟迂回奔袭吐蕃后方，于定秦堡，焚其积聚，迫使吐蕃撤围退走。

面对此等局面，宰相元载建议以郭子仪率朔方军镇守邠州，而马璘率安西军镇守泾州，以抗吐蕃，但这一举措并没有能够改变被动局面。大历四年，吐蕃攻灵州，结果为留后常谦光所击退。大历五年（769），吐蕃攻永寿，次年，又以大军攻青石岭，至大历七年，吐蕃再来，攻灵州。

大历八年，吐蕃以十余万兵入寇泾州、邠州，郭子仪派朔方军马使浑瑊率步骑五千拒之，十月十八日，两军战于宜禄，唐军大败，士卒死者大半。十月二十二日，马璘与吐蕃战于盐仓，又败，唯有行军司马段秀实坚守邠州。此战之后，郭子仪召诸将谋议："败军之罪在我，而不在诸将。但朔方兵闻名于天下，现为吐蕃所败，不知诸将有何策略可以雪耻？"众将莫对。浑瑊说："我是败军之将，本不该再议军政大事，但愿进一言，请治我败军之罪，否则就再任用我。"郭子仪赦其罪，并以浑瑊、马璘分别在百城、潘原大败吐蕃军，截其所掠及辎重，杀数千。

大历十年吐蕃入寇，九月十六日攻临泾，十七日，又入寇陇州及普润，大掠人畜而去，百官皆遣家属出城躲避。二十一日，凤翔节度使李抱玉破吐蕃于义宁。此后吐蕃又入寇泾州，泾原节度使马璘破之于百里城。二十三日，代宗命卢龙节使度朱泚出镇奉天行营，以抵御吐蕃人。

大历十一年（776），泾原节度使马璘病死，同年吐蕃攻石门镇。大历十二年，吐蕃攻原州、坊州、盐州、夏州，郭子仪以李怀光率军抵御，吐蕃军退，但随后又寇坊州。大历十三年，正月二十一日，回纥入寇太原，河东押牙李自良说："回纥兵精锐，远来求战，难与争锋，不如筑二垒于其归路，以兵守卫。如果来攻，坚守勿与战，等其军疲归去，然后出兵攻之。二垒抗其前，大军攻其后，一定能够获胜。"但留后鲍防不听他的建议，而是派大将焦伯瑜等迎战，结果正月二十六日，两军交战于阳曲，唐军大败，死万余人，回纥纵兵大掠而归。二月，代州都督张光晟败回

西方人笔下的唐军

纥于羊武谷，回纥方才暂退。李豫不问回纥入侵之罪，待之如初。七月十四日，郭子仪奏言：回纥兵尚在塞上，随时可入，边人恐惧，请遣邠州刺史浑瑊帅兵镇振武军。李豫从之，回纥于是引退。同年，吐蕃大将马重英攻灵州、庆州、盐州、银州、泾州。

纵观代宗一朝，大唐一直是疲于应付吐蕃的扰边，而根本无力处理安史之乱的善后，这直接导致了河北三镇的坐大，从而使得藩镇割据的局面渐渐形成。也就在这个时期，对西域至关重要的沙州、北庭之地尽皆易手吐蕃。

大历元年（766），杨休明继任河西节度使，初徙镇沙州，后有刺史周鼎，大历六年（771），因周鼎欲弃城东奔，而被都知兵马使阎朝杀，此后阎朝便领州人保城抵抗，建中二年（781），在粮械皆竭的情况下，阎朝以勿徙他境为条件而开城出降，沙州遂陷。在夺取沙州之后，吐蕃西进陷伊州，刺史袁光庭自天宝末年以来，已坚守累年，后粮尽兵乏，于是袁光庭"城陷而殉"。

780年，李适即位，是为德宗，吐蕃开始和唐朝商议会盟之事，建中四年（783）正月十日，陇右节度使张镒与幕府齐映、齐抗、鸿胪卿崔汉衡、计会使于顿、樊泽、入蕃使判官常鲁在清水县，与吐蕃大相尚结赞、大将论悉颊藏、论臧热、论利陀、论力徐会盟，厘定两国边界，这次会盟之前，吐蕃已经占领了西自洮州东到陇山西麓，包括大夏河、洮河、渭水上游、西汉水上游的大片土地，在这一情势下，大唐被迫承认了这一既成事实，于是兰、渭、原、会、成等州尽皆为吐蕃所有。

然而就在清水会盟的同年冬天，建中四年（783）十月，却发生了著名的"泾原兵变"。此事的前因是建中四年八月，叛唐的淮西节度使李希烈发兵三万，围攻河南襄城，李适为解襄城之围，诏令泾原节度使等各道兵马援救襄城，十月，泾原节度使姚令言率五千兵抵达长安。这些泾原军士冒雨寒而来，本希望到长安后能得到朝廷的优厚赏赐，结果一直到离开长安城都一无所得。此外，虽然李适下诏，命令京兆尹王翔犒赏三军，但那位京兆尹却仅以粗茶淡饭相待，这更加引起了泾原兵的不满，因为"吾辈弃父母妻子，将死于敌，而食不饱，安能以草命抗白刃耶！国家琼林、大盈，宝货堆积，不取此以自活，何往耶"，于是哗然兵变，姚令言虽竭力劝解，并称到了东都洛阳就会有厚赏，但军士不听，眼看情况失控，姚令言当即上奏此事，李适急令赏赐布帛二十车，并让普王与学士姜公辅前往安抚，二人刚到，叛军已经斩断城门，陈兵于丹凤楼。当天，李适带着皇妃、太子、诸王等仓皇出逃，由咸阳至奉天，护驾只有宦官霍仙鸣及窦文场。随后泾原兵进入皇宫，并大肆掳掠京师府库财物，皇叔彭王李仅、皇弟蜀王李溯也于混乱之中被杀。当时，前任泾原节度使朱泚闲居长安，泾原兵于是拥立朱泚为主。

这种情况下，陇右留后韦皋急派亲信求见，建议李适请吐蕃军协助平息叛乱，李适应允，并先后两次派使向吐蕃求助，口头承诺平定叛乱后将安西、北庭之地划归吐蕃，并每年赠送彩绢一万匹。然而虽然在此后吐蕃派兵以助唐平定朱泚之乱，但事实上，吐蕃仅出偏师二万，而且还趁火打劫，这种情况自然使得大唐不满了。叛乱平定后，宰相李泌明确反对当初决议割地给吐蕃一事，以至于李适想让驻守西域的两镇节度使郭昕、李元忠还朝，以其地割与吐蕃，也被李泌所劝止。李泌进谏说："安西、北庭，人性骁悍，控制西域五十七国及十姓突厥，又分吐蕃之势，使不能全力东侵，为何拱手让之！且两镇军民，势孤地远，尽忠竭力，为国家固守近二十年，诚可哀怜。一旦弃之于吐蕃，必怨朝廷，将与吐蕃入寇，如报私仇。何况吐蕃在平朱泚叛乱中，观望不进，大掠武功，受赂而去，有什么战功呢！"众议也认为不可，李适无奈，于是不再向吐蕃提割地一事，而以满足彩绢需求为酬赏，吐蕃自然恼怒。贞元二年八月二十日，吐蕃大相尚结赞率兵大举攻泾州、陇州、邠州、宁州等地，并毁坏农田禾稼、抢掠人畜，顿时边地骚动，州县纷纷备战守城。

李适诏浑瑊率兵万人，骆元光率兵八千人屯咸阳，凤翔、陇右、泾原节度使，行营副元帅西平郡王李晟遣其将王佖率骁勇三千伏于汧城，戒之曰："俟吐蕃前军已过，见五方旗、虎豹衣，乃其中军，击之，必大捷。"王佖用其言，果然大获全胜，以至于吐蕃尚结赞感叹道："唐之良将，李晟、马燧、浑瑊而已，当以计去之。"

后唐军步骑五千奇袭摧沙堡，途中遇蕃军两万，双方激战，蕃军败退，唐军乘胜追击，攻克摧沙堡，杀守将扈屈律悉蒙等七人，焚其积聚，方才退兵。尚结赞率残军从宁州、庆州北撤，在合水县北扎营。邠宁节度使韩游瓌派部将史履程夜袭蕃军营寨，虽然蕃军早有防备，杀死唐兵数百人，并追击史履程，然而韩游瓌早已在平川列阵，以策应史履程，蕃军见势大惊，丢弃所掠辎重而退。

此后，蕃军攻盐州，唐盐州刺史杜彦光畏而派人送牛酒犒劳蕃军，继而拱手让城于蕃军，并移兵鄜州。十二月，蕃军又进攻夏州，夏州刺史拓跋乾晖率众弃城东逃。此后，吐蕃人又犯银州，直到攻克麟州之后，方才退守鸣沙城。时冬春交季，蕃军粮运不继，羊马死亡严重，驻守灵、夏二州的蕃军供给危机，而大唐则趁机展开反击，李适派马燧任绥银麟胜招讨使，命其和华州节度使骆元光、邠宁节度使韩游瓌及凤翔府各镇大军在河西会合讨伐。当听闻马燧出兵并抵达石州之后，尚结赞遂改变策略，派使臣与唐通好，以归还灵、夏二州为条件，要求重新盟会，修改界约。然而德宗不仅不允，反令骆元光和陈许兵马使韩全义率领步骑兵万余会合邠宁守军攻取盐州，又令马燧率河东军攻蕃军腹背。

这种情况下，尚结赞又遣使卑辞厚礼求和于马燧，并请修清水之盟而归所侵之地，马燧居然信其言，留军于石州，不再渡河，并为之请于朝。贞元三年二月七日，李适下诏，以检校左庶子崔浣充入吐蕃使，很显然在马燧的"担保"下，李适动摇了。

虽然李晟、韩游瓌皆认为吐蕃不讲信用，强则入寇，弱则求盟，此时不击更待何时？而检校尚书左仆射、同平章事、江淮转运使郑国公韩滉也认为："现在藩镇叛乱已被平定，可以专意对付吐蕃。其所用资粮，臣请主办。"但因为马燧、张延赏皆与李晟有隙，欲反其谋，故而争言和亲有利。而李适则因恨回纥，欲与吐蕃和好共击回纥，于是听二人言，正合己意，遂以和为计。崔浣既见尚结赞，责其背约入侵，但尚结赞说：吐蕃助唐破朱泚，未获赏，所以来。盐、夏守将以城授我而逃，并非我所攻占，我们犹望践前言以修好。就这样，在尚结赞的花言巧语之下，大唐决议和吐蕃和议。

当年四月，李适拟遣侍中浑瑊与吐蕃盟于清水，并令吐蕃先归盐、夏二州。但在五月二十二日，尚结赞又遣使来言：清水非吉祥之地，请盟于原州之土梨树，盟后再归盐、夏二州，而李适"皆许之"。

虽然神策军将马有麟曾奏言：土梨树地势险阻，恐吐蕃有伏兵，不如平凉川坦夷。而当浑瑊从长安出发前去原州时，中书令李晟也曾告诫

"盟所为备不可不严"，但没人听从他们的告诫，宰相张延赏就曾说过："李晟不欲盟好之成，故戒浑瑊以严备。互不信任，盟何以成！"因此李适"召瑊，使其推诚以待吐蕃"。

后来浑瑊上奏说吐蕃决定以辛未（闰五月二十日）会盟时，张延赏还召集百官，以浑瑊表称诏示说："李太尉说与吐蕃和好必不成，这是浑侍中的表，盟日已定。"听闻这个消息李晟不但没有高兴，反而痛哭失声，他说："我从小生长在西部边陲，深知吐蕃之狡诈。之所以要论奏，是怕朝廷被犬戎所侮。"

其实这个时候，李晟早已经被明升暗降了，年初时，宰相张延赏屡言于李适，说："李晟不宜久掌兵权，请以郑云逵代之。"李适遂对李晟说："朕欲与吐蕃和亲。卿既与吐蕃有怨，不可再去凤翔，宜留在朝廷辅朕，卿可择一人自代。"于是李晟即荐都虞候邢君牙。贞元三年三月二十二日，李适下诏以邢君牙为凤翔尹兼团练使。次日，加李晟太尉、中书令。虽然上柱国、西平王如故，但余官皆罢之，这也就使得李晟的发言权大不如从前了，不过他的提醒还是让李适决定以骆元光率兵屯潘原，同时以韩游瓌屯于洛口，以为浑瑊之援。

由于骆元光认为"潘原至盟所平凉七十余里，如果有急，我怎能知之"，于是率兵与浑瑊师团连营相进，至盟所三十余里方止。此后，他又伏兵于营西，而韩游瓌也遣骑兵五百伏其旁，并说："如果有变，你们就率兵西进柏泉以分敌势。"然而当浑瑊至平凉，吐蕃尚结赞与浑瑊约定时，却是"各以甲士三千人列于盟坛之东西，只准常服者四百人至坛下"。

就这样，贞元三年（787）闰五月二十日，一场灾难降临了，吐蕃伏精骑数万于坛西，蕃军游骑贯穿唐军，出入无禁；而唐骑入其军，皆为所擒，对此危机，浑瑊等人还尚不知。后待到使团入幕，换礼服之时，吐蕃擂鼓三声，数万伏兵蜂拥而上，副使崔汉衡、都监宋奉朝等于幕中尽皆被俘，只有会盟使浑瑊从幕后逃出，抢到一匹没有马镫的战马，伏鬣入其衔，驰十余里，突围而出。

三千唐军甲士皆向东而逃，吐蕃纵兵追击，被杀者数百人，被擒千余人，幸亏骆元光早有准备，发伏兵成阵以待之，吐蕃追骑至，见韩游瓌的邠宁军西进柏泉，故而担心被截断后路，遂不再追击。骆元光与浑城方才得以收罗散兵，整军以还。

史载，就在当天，李适临朝，对众官说："今日与吐蕃结盟息兵，真是国家之福！"马燧曰："然。"兵部侍郎、以本官同中书门下平章事、宜城县伯柳浑却说："戎狄豺狼也，非盟誓可结，今日之事，臣窃忧之。"李晟曰："诚如浑言。"李适怒而变色呵斥道："柳浑书生，不知边计，大臣亦为此言耶？"于是柳浑与李晟皆伏地顿首。夜半，邠宁节度使韩游瑰上表飞奏，说吐蕃劫盟，兵已近邠宁镇，李适大惊失色。

这次平凉劫盟事件之后，吐蕃频频入侵，八月二十八日，吐蕃率羌、浑之兵寇陇州。九月五日，李适下诏遣神策军将石季章戍武功，决胜军使唐良臣戍百里城。七日，吐蕃大掠汧阳、吴山、华亭，对老弱者皆杀之，有的被断手挖目。然后驱赶丁壮万余人至安化峡西，将万余人分隶于羌、浑之军，民众大哭，自投崖谷而死伤者千余。不久，吐蕃兵又围陇州，刺史韩清沔与神策军副将苏太平出兵击退之。同年九月，吐蕃入寇，陷华亭、连云堡，九月二十四日，吐蕃驱二城之民数千及邠州、泾州人畜万计而去。此外，由于连云堡乃泾州西大门，连云堡既陷，西门外即为吐蕃之境，樵采路绝。每次收获庄稼，必陈兵保之，否则为吐蕃所收割，因此泾州戍卒常缺食。十月四日，吐蕃又入寇丰义城，邠宁节度使韩游瑰击退之。五日，寇长武城，并在原州城的故地上修城以屯兵。

这种情况下，大唐决定改变原有的外交政策，以全力对付吐蕃。之前，回纥合骨咄禄可汗屡次遣使求和亲，李适因旧恨不许，此时宰相李泌劝李适结回纥、大食与南诏，共图吐蕃，说："与回纥和，吐蕃即不敢轻易犯边。招顺南诏，即断吐蕃右臂。南诏从汉朝以来就臣服于中国，因杨国忠无故扰之使叛，致臣于吐蕃，现在苦于吐蕃赋役繁重，愿意重新归顺。大食在西域为最强，与天竺皆慕中国，且世代与吐蕃为仇，招之必可。"于是贞元三年九月十三日，李适以咸安公主出嫁，结好回纥。

史载哀牢王族中的舍龙一族，为避难迁居至邪龙。邪龙本是哀牢国领土，汉时，为邪龙县，划归益州郡管辖，后汉朝衰落，于是被豪酋占据。舍龙一族的到来，很快得到哀牢人的支持，势力不断扩充壮大，逐渐形成以舍龙一族为中心的部落，这个部落开始被称作"蒙舍龙"或"蒙舍"。豪酋张乐为拉拢舍龙一族，将女儿嫁予舍龙之子细奴逻。

贞观二十三年（649），细奴逻继承蒙舍诏（王）。而唐初洱海地区部落林立，互不役属，蒙舍诏与蒙巂诏、越析诏、浪穹诏、邆赕诏、施浪诏为其中六个较大的部落，被称为"六诏"。因蒙舍诏位于这些"诏"的南面，也被汉史称作"南诏"。

永徽四年（653），为获得大唐的支持，细奴逻派子逻盛炎来到长安，李治封细奴逻为巍州刺史。其他五诏与河蛮部落，受吐蕃威胁，常弃唐归附吐蕃，只有南诏始终附唐，因而一直得到大唐的支持。开元元年（713），李隆基封南诏皮逻阁为台登郡王。开元二十五年（737），皮逻阁战胜河蛮，取太和城。次年，李隆基以"洱河诸部潜通犬戎（吐蕃），蒙归义率兵征讨有功"为由，赐皮逻阁名为蒙归义，晋爵为云南王。

开元二十六年（738），皮逻阁谋乘胜兼并五诏，张建成建议厚赂剑南节度使王昱，请求合六诏为一。王昱向朝廷代请，得李隆基允许。《新

南诏王室受封图

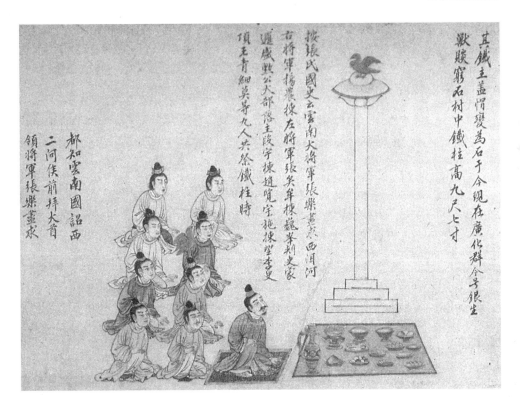

唐书》记载："当是时，五诏微，归义独强，乃厚以利啖剑南节度使王昱，求合六诏为一。制可。""又以破渳蛮功，驰遣中人册为云南王，赐锦袍、金钿带七事。于是徙治太和城。"根据记载，李隆基在给王昱敕文里说，蒙归义效忠出力，讨伐西蛮，"彼（指五诏）持两端（附唐也附吐蕃），宜其残破"。

于是皮逻阁出兵，大唐还遣中使王承训、御史严正诲参与军事，先灭越析，次灭三浪，又灭蒙巂，很快统一六诏，南诏正式立国。

开元二十七年（739）皮逻阁迁都太和城，建立了南诏，此时唐朝亦用兵于南诏，《新唐书》记载："初，安宁城有五盐井，人得煮鬻自给。玄宗诏特进何履光以兵定南诏境，取安宁城及井，复立马援铜柱，乃还……"

确切地说，南诏之所以能够建立，大唐的支持是最为重要的因素，而帝国之所以支持南诏，则是源于同吐蕃争夺洱海地区的控制权。南诏建立之初，皮逻阁奉行对唐和好政策，唐朝抵制吐蕃的目的部分实现了。自天宝四年（745）以来，两国关系迅速恶化，剑南节度使鲜于仲通、云南南郡太守张虔陀狂妄昏庸，无视吐蕃咄咄逼人威胁的存在，一味抑制南诏，更使矛盾激化。

天宝七年（748），皮逻阁死，其子阁逻凤继位，天宝九年（750），阁逻凤路过姚州，张虔陀先是利用阁逻凤是皮逻阁继子，企图在王位承袭上，用皮逻阁嫡子诚节取代，打击亲阁逻凤势力。张虔陀还派人辱骂前来谒见的阁逻凤，甚至侮辱随同前来的阁逻凤妻女。阁逻凤愤怒，起兵攻破云南，杀张虔陀，并取羁縻州。史载："鲜于仲通为剑南节度使，张虔陀为云南太守。仲通褊急寡谋，虔陀矫诈，待之不以礼。旧事，南诏常与其妻子谒见都督，虔陀皆私之。有所征求，阁罗凤多不应，虔陀遣人骂辱之，仍密奏其罪。阁罗凤忿怨，因发兵反攻，围虔陀，杀之。"

就这样，双方的冲突爆发了，天宝十年（751），剑南节度使鲜于仲通率兵八万出戎、巂州，往击南诏。

阁逻凤本意并非要与唐决裂，于是遣使谢罪请和，甚至表示愿意请还其所掳掠，赔偿损失，此外南诏使者还陈诉："往因张卿（虔陀）谗构，遂令番、汉生猜。赞普今见观衅浪穹，或以众相威，或以利相导。倘若蚌鹬交守，恐为渔父所擒。伏乞居存见亡，在得思失。二城复置，幸容自新。"并告："今吐蕃大兵压境，若不许我，我将归命吐蕃，云南非唐有也。"

然而鲜于仲通自持兵众，不仅不许，还进军至西洱河，进逼洱海，另派大军绕道点苍山，以图腹背夹击，平定南诏。阁逻凤在唐军压境下，派人到浪穹求援于吐蕃，并请归附，而这正是吐蕃所期望的。天宝十一年（752），吐蕃赞普赤德祖赞册封阁逻凤为"赞普钟"（意为赞普之弟），给金印，号"东帝"。

南诏得到吐蕃支持后，联兵合击，唐军大败，死六万众，云南自曲、靖二州以下东爨居地被唐兵破坏，此为南诏与唐间的第一次天宝战争。

时正逢杨国忠掌权，为掩盖鲜于仲通的失败，大唐于天宝十三年（754），命剑南留后李宓领兵七万，再征南诏。李宓孤军深入，补给困难，士兵又不习水土，疾病流行，不战自溃。南诏和吐蕃联军乘机追杀，"蒺角蒺冲，彼弓不暇张，刃不及发。白日晦景，红尘翳天。汉血成川，积尸壅水。三军溃衄，元师沉江"。李宓战死，全军覆灭，第二次天宝战争又以唐军惨败而告终。

两次战争唐军死伤众多，军费耗大，元气大伤。次年安史之乱爆发，唐朝无力顾及南诏，吐蕃实现了多年想控制南诏的目的。

可以说，天宝战争是大唐错误政策所造成的，南诏反唐归吐蕃一定程度上出于无奈。大历元年（766）阁逻凤曾在南诏王都太和城所立之德化碑上，记述被逼反唐的苦衷，碑曰"我世世事唐，受其封爵，后世容复归唐。当指碑以示唐使者，知吾之叛非本心也"。正如宰相李泌劝说李适时所说的那样："云南自汉以来臣属中国，杨国忠无故扰之使叛，臣于吐蕃。"

至德年间，吐蕃趁安史之乱，频频入侵河陇和蜀地，而南诏受吐蕃役使，曾配合吐蕃夺取巂州、会同、台登、昆明，进据清溪关，直逼川西平原，甚至威胁成都。

史载，至德元年（756）、二年（757），吐蕃联合南诏攻克巂州，广德元年（763），吐蕃攻占维州、松州，西川节度使高适无力夺回二州。此后在永泰元年（765），剑南节度使严武派名将崔宁在西山击败吐蕃军。之后，崔宁接任西川节度使，又多次击败吐蕃军的入侵。

大历十四年（779），代宗李豫驾崩，阁逻凤也死去，于是吐蕃联合南诏发兵十万进攻西川，当时崔宁在朝中未回，吐蕃、南诏一路连克剑南道数城。李适以李晟率军救援，大破吐蕃、南诏联军，追至大渡河外，吐蕃南诏死伤七八万之众，只剩万余残兵逃回。

此后，吐蕃不顾南诏怨恨，借其王位更替，加强控制，改封南诏王为日东王，改兄弟之邦为君臣关系，并在南诏设置营堡，每年要南诏派兵镇防，又对南诏征收很重的赋税和劳役，使双方矛盾加深。南诏王异牟寻深感依附吐蕃的害处，当时受南诏王宠信的清平官（宰相）郑回向异牟寻进言："中国有礼仪，少求责，非若吐蕃惏刻无极也。今弃之复归唐，无远戍劳，利莫大此。"异牟寻同意此议，但只在暗中谋划，尚不敢公开反对吐蕃。恰在此时，大唐也在调整对南诏的政策，

贞元三年（787），李适开始采取宰相李泌提出的"北和回纥，南通云南，西结大食、天竺，如此，则吐蕃自困"的谋略。李泌虽不久病逝，但其所持的南通云南，以"断吐蕃之右臂"的计划却得以贯彻下去。

贞元三年（787），不堪吐蕃压迫的南诏王异牟寻开始和西川节度使韦皋接触。韦皋首先招抚东爨首领，通过他们从中斡旋，掌握异牟寻意欲归唐的动向。其次，又激化南诏与吐蕃矛盾，贞元四年（788），吐蕃出兵十万，再度进攻成都。南诏也被迫从征，但驻兵金沙江北，按兵观望。韦皋有意将一封致南诏的信件转给吐蕃，吐蕃中计，对南诏的疑虑加深，派兵两万屯会川，阻击南诏，异牟寻怒而引兵南归，双方关系公开破裂。

贞元五年（789），韦皋遣其将曹有道将兵与吐蕃战于州台登谷，破之，斩首二千级，投崖及溺死者不可胜数，杀其大兵马使乞藏遮遮。史载"乞藏遮遮，吐蕃骁将也，既死，皋所攻城栅无不下"，于是不到三年，韦皋收复了巂州及周边。

贞元八年（792），吐蕃千余骑寇泾州，掠田军千余人而去。韦皋攻维州，获其大将论赞热，次年韦皋遣兵出西山，破吐蕃之众，拔堡栅五十余。剑南、西山诸羌女王汤立志、哥邻王董卧庭、白狗王罗陀、弱水王董辟和、南水王薛莫庭、悉董王汤悉赞、清远王苏唐磨、咄霸王董邈蓬及逋租王，先皆役属吐蕃，至是各率众归附大唐。

大唐在军事上的接连胜利，在政治上的劝诱，终使南诏王异牟寻决心归唐。贞元九年（793），异牟寻派出三批使者，一出戎州、一出黔州、

一出安南，均达成都。他在致韦皋的书信中痛诉受制吐蕃、污辱先人、孤遗受欠、吞声无诉之"四难忍"，表示"愿竭诚日新，归款天子"。

韦皋遣巡官崔佐时于次年（794）正月到达苴咩城，异牟寻率子寻梦凑等与之会盟于洱海边的点苍山神祠。盟辞互约，唐与南诏各守疆界，不相侵犯。就此，南诏归附唐朝。

随后，南诏与吐蕃激战于铁桥，南诏军在神川大破吐蕃，俘虏吐蕃五王，收降吐蕃兵十余万，攻取其铁桥等十六城。贞元十一年（795）正月二十四日，南诏遣使献俘于长安，并遣其弟凑罗栋、清平官尹仇宽等二十七人献地图、方物于大唐。李适册封异牟寻为南诏王，并以祠部郎中袁滋持节为册南诏使，成都少尹庞颀副之，崔佐时为判官；俱文珍为宣慰使，刘幽岩为判官，赐异牟寻"贞元册南诏印"。使者到达南诏，异牟寻离开座位，跪着接受册印，稽首再拜；又接受所赐各物，说："开元、天宝中，曾祖及祖皆蒙册袭王，自此五十年。贞元皇帝洗痕录功，复赐爵命，子子孙孙永为唐臣。"就这样，南诏正式重新向唐称臣，南诏和唐重修和好。

自贞元九年（793），大唐收复盐州、夏州等州县之后，大唐联合南诏、回纥频频实施围剿，吐蕃兵势渐弱，其虽然多次犯边，但都被西川节度使韦皋和回纥击败。贞元十三年（797），吐蕃大将尚结赞和吐蕃赞普赤松德赞先后死去。

尚结赞很有谋略，他任大相时，不仅于国内屠杀异己，独揽大权，对外更是率领吐蕃大军频频征战，开疆辟土。至于赤松德赞，他对吐蕃最大的贡献就是在位期间，将天竺一系的佛教定为国教，制定每一名僧人由三户属民供养的"三户养僧制"。为了推行佛教，他甚至制定所谓的"三喜法"，规定赞普杀死属民就像母亲打孩子一样，属民应服从赞普；但如果赞普违背佛法，属民可以抗拒赞普的法律。同时，这位赞普还命令群臣在全国各地广建佛寺、佛塔，要求群臣发誓永远信仰佛教。

过度推崇佛教及频频对外的战争都在很大程度上削弱了吐蕃的国力，当南诏归附大唐，同时大唐用和亲政策拉拢回纥，并通好于大食，从而形成对吐蕃的包围圈之际，尚结赞和赤松德赞在生前做了最后一次努力，吐蕃一方面唆使西域的属国抗击大食，同时全力进攻安西四镇，贞元六年（790）吐蕃策反回纥属下的葛逻禄各部，其后尚结赞大破支援西域唐军的回纥大军，使得回纥从此走向衰落。此后，庭州举城降于吐蕃，陇右十八州全境入吐蕃，不久之后，龟兹、疏勒、焉耆、于阗安西四镇也随之陷入吐蕃。至贞元十年时，吐蕃已经完全占领了西域地区，将唐朝与回纥的势力彻底驱逐，从而成为了东至陇右以及蜀西，南至印度中部恒河一带，西至帕米尔高原，北至天山的强大帝国。

尚结赞和赤松德赞先后死去时，吐蕃依然试图再做一搏，贞元十七年（801），吐蕃攻灵、朔等州。是年七月十八日，吐蕃攻打盐州，二十九日蕃军攻克麟州，杀刺史郭锋，毁坏城郭，并掠城内居民及党项部落属民后退兵。李适遣使敕命剑南节度使韦皋以"围魏救赵"之策，从成都西山攻入吐蕃。

韦皋派镇静军兵马使陈泊，威戎军使崔尧臣，维、保两州兵马使仇

吐蕃壁画

昱，保州、霸州刺史董振，分别率兵进逼吐蕃维州城，同时以北路兵马使邢砒并诸州刺史董怀愕等率兵四千进攻吐蕃栖鸡、老翁等城，都将高偈、王英俊等率兵两千进逼故松州，陇东路兵马使元膺并诸将郝宗等复分兵八千出南道雅、邛、黎等路。又令邛州镇南军使、御史大夫韦良金发镇兵一千三百续进，雅州经略使路惟明与三部落主赵日进等率兵三千进攻吐蕃偏松等城，黎州经略使王有道率三部落主郝全信等兵两千过大渡河，深入吐蕃界，儁州经略使陈孝阳与行营兵马使何大海、韦义等率兵四千进攻昆明（四川盐源）、诸济城。

韦皋率步骑兵两万九路并进，分别向吐蕃所属维、保、松州、栖鸡、老翁城等地发起攻势，两军多次交战，韦皋屡破吐蕃，转战千里，凡拔城七，军镇五，焚堡百五十，斩首万余级，捕虏六千，降户三千，遂围维州及昆明城。在这种情况下，吐蕃不得不调派进攻灵州、朔方的蕃军南下往援维州，以内大相兼东鄙五道节度兵马都统群牧大使论莽热前来解维州和昆明城之围。韦皋闻讯派西川兵万余在吐蕃援兵必经之险要地带设伏，论莽热率蕃军经过时，伏兵四出，于是十万蕃军大乱，论莽热被擒获，兵马死亡大半，吐蕃由盛转衰。

宪宗李纯在位时，吐蕃军骚扰泾州、宥州、盐州，但都被大唐击败，譬如元和十四年，吐蕃十五万进攻盐州，刺史李文悦竭力拒守，吐蕃不能克，灵武牙将史敬奉率军绕至吐蕃军背后攻击，大破吐蕃军，杀戮不可胜计，史载"史敬奉与凤翔将野诗良辅、泾原将郝玼皆以勇著名于边，吐蕃惮之"。

穆宗长庆元年至二年（821—822），唐蕃进行第八次会盟，称为"长庆会盟"（第八次会盟碑至今仍矗立在拉萨大昭寺前）。双方在盟文中重申"和同为一家"的舅甥亲谊，决心今后"社稷叶同如一"，"各守本境，互不侵扰"，"烟尘不扬"，"乡土俱安"。

其后，文宗太和五年（831）时，吐蕃维州守将悉怛谋请降，西川节度使李德裕派兵入据其城，这引起宰相牛僧孺的不满，牛僧孺令缚还悉怛谋及从者，被吐蕃官吏尽杀于维州城下，此次事件只是"牛李党争"中一个插曲而已。

武宗时期，皇帝一度命令准备武器粮草，并派人收集吐蕃情报，准备收复河湟失地，但由于当时朝廷正忙着讨伐昭义，收复失地的事情也就暂时搁置了。至武宗会昌二年（842），吐蕃末代赞普朗达玛被佛教僧人拉隆·贝吉多杰刺杀（朗达玛因为在位期间，对佛教采取禁绝措施，史称"朗达玛灭佛"）。其死后，王妃那囊氏为了巩固自己的地位，诡称生下了一个"有牙的儿子"，将云丹拥立为赞普，自己摄政。关于云丹的真实身份，《旧唐书》称是那囊氏的哥哥尚延力之子，而藏文文献《贤者喜宴》与《西藏王统记》则称云丹是一名乞丐的儿子，被那囊氏收为养子。

然而大臣们对这个刚出生就长了牙的孩子的真实身份十分怀疑，因此不少大臣反对云丹继位。譬如大相韦·甲多热不服，竟被那囊氏逮捕灭族。此后不服云丹统治的大臣退往山南地区，立次妃所生的遗腹子俄松。从此，吐蕃分裂，吐蕃王国名存实亡。

时任洛门川讨击使的论恐热趁着讨伐云丹的机会，大败大相尚思罗所率八万大军，自称吐蕃国相，因为鄯州节度使尚婢婢不服自己，于是论恐热以大军二十万征讨尚婢婢，但却被尚婢婢以四万兵马击败，几乎全军覆没。此后论恐热再攻鄯州，还是大败，直到宣宗大中三年（849）

唐代敦煌壁画

屯军河源军的尚婢婢轻敌，才败于论恐热，退往甘州。由于尚婢婢和论恐热的争斗，加上云丹在伍如（逻些小昭寺）和以云如（山南昌珠寺一带）为据点的俄松对立，双方频频交战，一时间，吐蕃分散于各处的将领也纷纷拥兵称雄，彼此争立，过去一些归属吐蕃的部落也相继脱离其管辖。紧接着一场奴隶平民大起义爆发，席卷了整个高原和西域地区，吐蕃王朝在这样的局势下轰然崩溃了。

吐蕃内乱之时，自大中三年（849）开始，大唐开始了攻势，凤翔节度使李玭取清水，泾原节度使康季荣取原州及取石门等六关，灵武节度使李钦取安乐州，邠宁节度使张钦绪取萧关，凤翔节度使李玭取秦州，西川节度使杜悰取维州……

而此时，失陷于吐蕃的大唐陇右等州官民也纷纷奋起反抗，当初吐蕃趁安史之乱而攻略河西诸州，从乾元元年（758）至大历十一年（776），廓州、凉州、兰州、瓜州等地相继陷落。陷落后的河西、陇右之地，为吐蕃所有，当地大唐子民惨遭吐蕃的蹂躏，史载，丁壮者沦为奴婢，种田放牧；"羸老者咸杀之，或断手凿目，弃之而去"。处在水深火热之中的大唐子弟几乎是日夜思归大唐。史载，开成年间（836至840），唐使者赴西域，途中"见甘、凉、瓜、沙等州城邑如故，陷蕃之人见唐使者旌节，夹道迎呼涕泣曰：'皇帝犹念陷蕃生灵否？'其人皆天宝中陷吐蕃者子孙，其语言小讹，而衣服未改"。由此可见，尽管陷落于吐蕃几十年，但诸州子民仍念念不忘大唐。

会昌年间，吐蕃灾荒连年，"人饥疫，死者相枕藉"，其后吐蕃内乱，尚婢婢和论恐热为了争权夺利，相互厮杀，一时大乱。宣宗大中三年，大唐收复了陷于吐蕃的原州、乐州、秦州三州和石门、驿藏、木峡、特胜、六盘、石峡和萧关七关，这极大程度地影响了河西地区。

不久，论恐热率五千骑至瓜州，大肆劫掠河西鄯、廓等八州，此举直接导致了沙州归义军的出现。当初吐蕃军攻取沙州时，虽然沙州与大唐的联系中断，但城中军民却依然坚守孤城。沙州刺史周鼎一边撄城固守，一边向回纥求救，但救兵经年不至。周鼎召集诸将商议，欲焚毁城郭，率众东奔。部众都不同意，都知兵马使阎朝便缢杀了周鼎，自领州事，继续抗击吐蕃军。当时沙州被围，内无粮草，外无救兵，处境十分困难。为了解决军粮问题，阎朝"出绫一端，募麦一斗，应者甚众"。

最后，"粮械皆竭"。为了保护城内兵民，阎朝与蕃将绮心儿相约，"苟毋徙他境，请以城降"。在绮心儿许诺不将沙州人民外迁的前提下，遂于建中二年（781）出城投降，史载"自攻城至是十一年"。

而自从开成五年（840），回纥汗国灭亡以来，有大批回纥人流落河西走廊，这更使得当地的情况复杂化，此时，原陷于吐蕃的沙州首领张议潮站了出来，此人本是沙州豪门首富，因心向大唐，故而暗中结交豪俊，密谋归唐。大中二年（848），张议潮见时机成熟，遂发动起义，"众擐甲噪州门，汉人皆助之，虏守者惊走，遂摄州事"。张议潮等率众驱逐了吐蕃守将，光复了沙州之后，即派遣使者，赴京师告捷。此后一两年间，张议潮修治兵甲，且耕且战。

由于凉州等地仍控制在吐蕃手中，东道受阻，张议潮当初派出的使者，不得不迂道东北的天德城，直到大中五年正月，张议潮所遣告捷的使者才到达长安，李忱（为宣宗）大喜，当即任命张议潮为沙州防御使。而此时，张议潮已先后收复了瓜州、伊州、西州、甘州、肃州、兰州、鄯州、河州、岷州、廓州等十州。向东直至灵武，得地四千余里，户口百万之家，使六郡山河宛然如被吐蕃陷没之前一样。

同年八月，张议潮又派其兄张议潭和州人李明达、李明振，押衙吴安正等二十九人入朝告捷，并献瓜、沙等十一州图籍。至此，除凉州外，陷于吐蕃近百年之久的河西复归大唐。得知此事之后，李忱特下诏令，大力褒奖张议潮等人的忠勇和功勋，诏令说，张议潮"抗忠臣之丹心，折昆夷之长角。窦融河西之故事，见于盛时；李陵教射之奇兵，无非义旅"，因命使者赍诏收慰，擢张议潮为沙州防御使，拜明达为河西节度衙推兼监察御史，明振为凉州司马检校国子祭酒、御史中丞，吴安正等亦授官武卫有差。十一月，唐朝令于沙州置归义军，统领瓜沙、甘、肃、鄯、伊、西、河、兰、岷、廓十一州，以张议潮为节度、管内观察处置、检校礼部尚书，兼金吾大将军、特进，食邑二千户，实封三百户。不久，又加授左仆射。

懿宗咸通二年（861）三月，张议潮命其侄张淮深率番、汉兵七千人克复陷于吐蕃的最后一州——凉州，并表奏朝廷。史载此战归义军"分兵两道，裹和四方。人持白刃，突骑争先。须臾阵和，昏雾张天"。两军对阵之时，归义军人人置生死于度外，"列乌云之阵，四面急攻，

　　　　　　　　　　　　　　大漠烽烟

蕃贼糜狂，星分南北"。最终吐蕃军终于支撑不住，于是"汉家持刀如霜雪，虏骑天宽无处逃，头中锋矢陪垅土，血溅戎尸透战袄"。汉军得势，押背便追。不过五十里之间，杀戮横尸遍野。攻下凉州之后，陷没百余年之久的河湟故地已全部收复，正如史载那样，"河陇陷没百余年，至是悉复故地"。

咸通四年（863），大唐复置凉州节度使，统领凉、洮、西、鄯、河、临六州，治所在凉州，由张议潮兼领凉州节度使，贞元初年失守而废置的凉州军镇又得以恢复。

宣宗时，大唐的情况并不比吐蕃好多少，当时官吏腐败，藩镇林立，帝国已经国力衰微，除置军设使以官爵羁縻张议潮以外，已没有经营河西的能力，因此"张议潮以瓜、沙、伊、肃、鄯、甘、河、西、兰、岷、廓十一州来归，而宣（宗）、懿（宗）德微，不暇疆理，惟名存有司而已"。张议潮身兼节度、管内观察、营田支度等使，掌握河西军事、行政、财经，固然权势巨大，但他首先要做的就是巩固河西。南面的吐蕃还在伺机卷土重来，东面的党项、北面的回纥、西南的吐谷浑残部也都在觊觎着河西这块富庶之地。另外，吐蕃国内，自"尚恐热作乱，奴多无主，遂相纠合为部落，散在甘、肃、瓜、沙、河、渭、岷、廓、叠、宕诸州之间，吐蕃微弱者反依附之"。这些势力纠合在一起，大肆劫掠河西各地。

而张议潮经营河西之地的策略就是"耕战"，如同当初的府兵制那样，兵农合一。

史载，大中十年（856），吐谷浑王欲来劫掠沙州，张议潮趁着"吐浑王集诸川番人欲来侵凌抄掠，其吐蕃至今尚未齐集"的时机，率先出兵讨伐，两军在西同附近相遇，张议潮首战破敌，吐谷浑王败逃，张议潮率军乘胜追击千余里，大获全胜，活捉吐谷浑宰相三人，斩首示众，夺驼马牛羊二千头，而后唱《大阵乐》，凯旋而归。

此后，在沙州北约一千里远的伊州城西，有纳职县，聚集着大批回纥及吐蕃残部，他们频频劫掠伊州，俘虏人口，为了解除这一威胁，大中十年（856）六月，张议潮又亲率甲兵，进击纳职。回纥一时无备，措手不及，归义军大军四面围攻，军士奋勇冲杀，"不过五十里之间，杀戮横尸遍野"，此战回纥大败，竟"各自仓皇抛弃鞍马，走投入纳职城，把牢而守"。此战，张议潮再次大胜，收夺驼马之类万匹，凯旋而归。

大中十一年，吐蕃将领尚延心以河、渭二州蕃部在张议潮的影响下归唐，唐以尚延心为河、渭等州都游弈使。吐蕃至此，业已衰微不堪，再也无力威胁河湟之地，但归义军仍然"朝朝秣马，日日练兵，以备凶顽，不曾暂暇"。后来叛乱回纥劫夺大唐册立回纥使王端章，张议潮闻知大怒，出兵讨伐。显然，此时的归义军是大唐在河西地区的主要生力军。

懿宗咸通七年（866）二月，张议潮表奏朝廷，已令回纥首领仆固俊克复西州、北庭、轮台、清镇等城。同年十月"拓跋怀光以五百骑入廓州，生擒论恐热，先刖其足，数而斩之，传首京师"，其余众逃奔秦州，途中又遭到了尚延心的袭击，再败，奏迁于岭南，"吐蕃自是衰绝"。河陇肃清，大唐无西顾之忧。至此，河西地区初步形成了统一局面，"西尽伊吾，东接灵武，得地四千余里，户口百万之家，六郡山河，宛然如旧"，大唐王朝的势力，再次抵达陇右诸地。

咸通八年（867）二月，在长安留为人质的兄长张议潭去世，于是已六十九岁高龄的张议潮入觐长安，右神武统军，晋官司徒，职列金吾，并赐给田地宅邸。之所以前往长安，这是张议潮决心以"先身入质，表为国之输忠；葵心向阳，俾上帝之诚信"的气概向大唐的君王证明自己的忠诚。

张义潮入京后，尚遥领河西节度，而以其侄张淮深知留后，也就是说，河西职务实际是由兄长张义潭之子张淮深所掌握。当初收复了瓜州、伊州、西州、甘州、肃州、兰州、鄯州、河州、岷州、廓州等十州之后，张义潮和作为义军重要领袖的兄长张义潭两人经过商议，即遣张义潭入朝为质，而由张义潮主持河西军政大局，张义潮之后，则张义潭之子张淮深继任。咸通十三年（872）八月张义潮卒于长安，享年七十四岁，皇帝下诏，赠官太保。

张义潮入朝之后，安西的回纥再次叛唐，咸通十一年（870）九月，回纥引兵进犯肃州、酒泉、西桐，于西桐海为归义军节度使张淮深所败，僖宗乾符二年（875）正月，张淮深又败回纥。大唐遣左散骑常侍李众甫、供奉官李全伟等上下九使，诏赐张淮深，兼重赐金银器皿、锦绣琼珍。

史载昭宗大顺元年（890）二月廿二，张淮深死，而关于他的死，现无定论。几个说法是：张议潮的女婿索勋发动政变，杀张淮深夫妻和

六子，自立归义军节度使；归义军内部以张文彻为首的实力派杀死张淮深及其一家，企图夺权；张淮深的儿子张延兴、张延嗣杀死了张淮深和异母兄弟张延晖、张延礼六兄弟及张淮深夫人颍川郡陈氏。还有说法张淮深的死是其派兵追随静难节度使朱玫拥立李煴之故。

朱玫原为徐州叛首庞勋部下裨将，咸通十年（869）降唐，为邠州戍将，后邠宁节度使李侃调任河东，朱玫随行，为马步都教练使。李儇（僖宗）乾符六年（879），河东军乱，朱玫被任为三城斩斫使，捕杀乱兵，后改河东马步军都虞候。同年十二月，诏以为代州刺史。次年，李儇诏河东节度使郑从谠将河东军给夏绥节度使诸葛爽和朱玫以便他们南讨黄巢。朱玫为邠州通塞镇将时，假装效力于黄巢所任邠宁节度使王玫，乘机起兵杀之，而以别将李重古为留后，约定合兵讨黄巢。此战中，袭击黄巢军，战于开远门，被长枪洞穿咽喉，竟不死。以功升晋州刺史、邠宁节度副使，合泾、原、岐、陇兵八万屯兴平，号定国砦，后为黄巢将王播所围，战于涝上，败走邠州，退屯奉天及龙尾陂，诏命灵、盐军相助，同年升邠宁节度使。

中和二年（882）朱玫被任为河南都统，引兵屯中桥，列五壁，进西北面都统。次年春，僖宗重返长安后，授朱玫同中书门下平章事，封吴兴侯。李儇改邠宁为静难后，其为静难节度使。

中和五年（885）三月，为李儇所重用的宦官田令孜与河中节度使王重荣交恶。因光启二年（886）王重荣上书列举田令孜十大罪状。于是田令孜调拨禁军，引鄜州、延州、灵州诸道军，及静难节度使朱玫、凤翔节度使李昌符讨伐王重荣，结果朱玫反而联合李克用、王重荣、李昌符讨伐田令孜。于是田令孜乃纵火焚烧坊市和宫室，挟李儇逃往凤翔。朱玫拥李煴为帝，改元建贞，他则自任侍中，专断朝政，又派王行瑜率军五万追击李偓，结果王行瑜倒戈杀朱玫。如果张淮深之死是被朝廷内部的权力争斗波及，那么数年前邠宁节度使朱玫叛乱攻入长安，立襄王李煴为帝时，张淮深一定是派兵支持了朱玫的，但目前没有更多的史料能够支持这一说法。

关于张淮深之死，还有一个说法——张议潮之子张淮鼎杀死了他。当初张议潮入朝，官授司徒，留下侄子张淮深处理归义军军务，张淮鼎随同前往。黄巢之乱后，张淮鼎回到敦煌，担任沙州刺史，得到以张文彻为首的归义军实力派的支持，于是张淮鼎发起政变，杀死了张淮深，自立为归义军节度使。而张议潮的女婿索勋则因为拥立张淮鼎为归义军节度使留后，次年（891）年底张淮鼎死后，他得以继承归义军节度使之职。

但也正是索勋继承归义军节度使，使得他谋逆杀张淮深及其妻儿，立张淮鼎为傀儡节度使的说法成了学术界普遍的认识。通常认为大顺元年（890）二月廿二，索勋发动政变，杀张义潮的侄子归义军节度使张淮深夫妻和六子，拥立张议潮的儿子张淮鼎为归义军节度使。两年后，张淮鼎死，索勋没有扶立张淮鼎的儿子张承奉，而是以张淮鼎子张承奉孤弱，遂自立为节度使，这引起了张议潮第十四女、被朝廷拜为凉州司马检校国子祭酒、御史中丞李明振之妻张氏（索勋的小姨子）的不满，她于乾宁元年（894）派三个儿子率诸将士诛杀索勋，所谓"赖太保神灵，辜恩剿毙，重光嗣子，再整遗孙"，而在张氏拥立张承奉为归义军节度使后，张议潮之祚因而复振。

耐人寻味的是，根据史家的记载，张氏及其子（又称李氏诸子）在拥立张淮鼎的儿子张承奉为归义军节度使后，在此后的数年间一直把持着归义军的大权，成为了另一种意义上的夺权者。只不过，李氏诸子小看了张氏在归义军中的影响力，深受张氏两代之恩的瓜州、沙州豪族们在三年后的乾宁三年（896）发动新一轮的政变，推翻李氏诸子的统治，并将实权交还给了张承奉。光化三年（900）八月，李晔（昭宗）下诏正式册封张承奉，诏令说："制前归义军节度副使、权知兵马留后、银青光禄大夫、检校国子祭酒、监察御史、上柱国张承奉为检校左散骑常侍，兼沙州刺史、御史大夫，充归义节度，瓜、沙、伊、西等州观察处置押蕃落等使。"

经过多次内乱的归义军已经是千疮百孔，先前被回纥占了高昌和甘州，高昌回纥又攻占了伊州，历次内乱时肃州的本地家族龙氏也脱离了归义军，而凉州和沙州因为隔着甘、肃凉州，实际上也早失去了控制能力。到了张承奉掌权，只有瓜、沙凉州还能够得到有效的控制，这实在是一个烂摊子。张承奉执政的前十年，始终以唐臣自居，未有异心。史载，张承奉至天复年间犹为河西节度使，奉唐正朔，终唐之世，始终为唐经略河西，亦可谓不忝祖德。天祐年间，朱温挟天子而令诸侯，群雄逐鹿中原，大唐名存实亡。天祐二年（905），张承奉遂自立为白衣天子，建号西汉金山国。此后，张承奉频频领军与回纥交战，但屡战屡败，不少百姓家破人亡，境内"号哭之声不止，怨恨之气冲天"，开平五年（911），甘州回纥围攻沙州，张承奉国力衰微、抵挡不住，只得求和归顺，认回纥可汗为父，彻底成为了甘州回纥政权的附庸。

而此时，大唐也已到了最后的时刻。宣宗去世后，相继为帝的懿宗与僖宗皆为无道昏君，大唐的国势一直走下坡。政治败坏，叛乱相继发生，作为经济命脉的江南地区在安史之乱时尚且得以保存，而此时也已经被破坏殆尽，接连的叛乱更是彻底动摇了这个政权。先有王仙芝聚众于长垣起事，隔年攻陷山东西部、流窜于河南淮南一带，声势益盛。后王仙芝战死于黄梅，余部溃散投奔黄巢。黄巢由亳州南下掠夺江南与岭南地区，沿路屠杀不断，并且攻陷商业大城广州，华南经济几乎全毁。此后，黄巢率军经桂州、沿湘江北上流窜回江南。隔年，黄巢大军西进，连续攻陷洛阳与潼关，掌权宦官田令孜挟僖宗逃往蜀中，黄巢入长安后建国"齐"。

大唐只能以李国昌、李克用父子率沙陀军协助唐军克复长安，与此同时，黄巢部将朱温投降，赐名朱全忠，受封宣武节度使。黄巢东走，包围朱全忠于陈州，但为李克用率军解围，不久之后，黄巢被其甥林言斩杀，于是黄巢之乱平定。而后，黄巢降将秦宗权复叛，甚至一度攻陷东都，一时间"极目千里、无复烟火"，此叛乱直到昭宗时才由朱全忠平定。

平定民变后的唐室，从此被关中藩镇反噬，而宦官与外廷为了政治斗争又拉拢藩镇加入战局，最后演变成各藩镇争夺朝廷。这些藩镇以河东李国昌、宣武朱全忠与凤翔李茂贞最强，各路藩镇征战不休，大唐江

朱温

山一片残破。僖宗死后，其弟李晔被宦官杨复恭拥立，是为昭宗。

李晔登基之时，所谓大唐仅有京师长安还为天子所有，虽然李晔一度建立殿后四军，以图自保，但凤翔李茂贞大军逼近长安时候，昭宗不得不逃往华州，于是殿后四军被废。最后有赖李克用、朱温率军入援，李晔得以返回长安，而后又有宰相崔胤与宦官韩全诲争权。李晔被韩全诲所幽禁，此后宦官刘季述立李晔之长子为皇帝（成帝李裕，德王），崔胤以朱温入援。而韩全诲则强迫李晔投往李茂贞，于是朱温率军围困凤翔。隔年，凤翔军粮草耗尽，李茂贞无奈，于天复三年（903）正月杀韩全诲等二十人，与朱温议和。

此后，朱温挟昭宗回长安，李晔从此成了他的傀儡。李晔也深知自己的境遇，他对朱温说："宗庙社稷是卿再造，朕与戚属是卿再生。"因此他对朱温唯命是从。不久，朱温杀宦官七百众，自李隆基以来长期专权的宦官势力受到了彻底的打击。此后，朱温则被任命为守太尉、兼中书令、宣武等军节度使、诸道兵马副元帅，晋爵为梁王，并加赐"回天再造竭忠守正功臣"的荣誉。

眼看局面失控，崔胤后悔不已，有意摆脱朱全忠的威胁，暗中招募六军十二卫，但被朱温在长安的眼线所察觉。天祐元年（904），朱温杀崔胤，然后逼迫李晔迁都洛阳，长安城被毁。史载，李晔"车驾至华州，民夹道呼万岁。上泣谓曰：'勿呼万岁，朕不复为汝主矣！'"又对他的侍臣说："朕今漂泊，不知竟落何所！"

此后，朱温把李晔左右的小黄门、打球供奉、内园小儿等二百余人全部缢杀，而代之以他选来的形貌大小相似的亲信，从此之后，"昭宗初不能辨，久而方察。自是昭宗左右前后皆梁人矣！"同年八月，朱温弑帝，另立李晔子李柷为帝，是为昭宣帝，即唐哀帝。隔年，朱温又杀李裕等昭宗九子于九曲池，当年六月杀裴枢、独孤损等朝臣三十余人，投尸于滑州白马驿附近的黄河之中，说是要让这些自诩为"清流"的官员成为"浊流"，史称白马之祸。

　　天祐二年（905）十二月，朱温借故处死了枢密使蒋玄晖，又借口"玄晖私侍积善宫皇太后何氏，又与柳璨、张廷范为盟誓，求兴唐祚"，将哀帝母后何氏杀死，并废黜为庶人。不久，宰相柳璨亦被贬赐死，其弟兄也被全部处死。太常卿张廷范被五马分尸，其同伙被除名赐死者若干。此时的朱温已是生杀予夺，大权在握了。

　　天祐四年（907），时为天下兵马元帅、梁王的朱温更名为朱晃，逼李柷禅位，自登帝位，改元开平，并建国号"大梁"，史称"后梁"。并升汴州为开封府，建为东都，而以大唐之东都洛阳为西都。十七岁的李柷"禅位"以后，先被降为济阴王，迁于开封以北的曹州，被安置在朱全忠亲信氏叔琮的宅第。但由于当时太原李克用、凤翔李茂贞、西川王建等仍奉李柷，废帝的存在使朱全忠感到不安，于是在天祐五年（开平二年，908）二月二十一日，朱温派人前往曹州毒死李柷，其死后谥号为哀皇帝，以王礼葬于济阴县定陶乡。

　　盛极一时的大唐至此宣告灭亡，历史由此进入了五代十国时期，而西域这片苍凉而又雄浑的土地也在默默地等待着下一个华夏政权的到来。1757年，清高宗乾隆二十二年，大清帝国彻底平定了困扰帝国数十年的准噶尔叛乱，完成了圣祖康熙、世宗雍正两朝来的西域经营大业，乾隆皇帝把这片土地命名为"新疆"，取"故土新归"之意。